BIEN VU, BIEN DIT

Intermediate French

Ann Williams

Metropolitan State College, Denver

Carmen Grace

University of Colorado, Boulder

Christian Roche

Center for International Studies, Denver

Boston Burr Ridge, IL Dubuque, IA Madison, WI New York
San Francisco St. Louis Bangkok Bogotá Caracas Kuala Lumpur
Lisbon London Madrid Mexico City Milan Montreal New Delhi
Santiago Seoul Singapore Sydney Taipei Toronto

The McGraw·Hill Companies

This book is printed on acid-free paper.

1 2 3 4 5 6 7 8 9 0 WCK/WCK 0 9 8 7

ISBN 978-0-07-289759-3
MHID 0-07-289759-7

Editor-in-chief: *Emily Barrosse*
Publisher: *William R. Glass*
Sponsoring editor: *Katherine K. Crouch*
Marketing manager: *Nick Agnew*
Director of development: *Susan Blatty*
Developmental editors: *Connie Anderson, Susan Coleman, Jackie Rebisz, Julie Melvin*
Production editor: *Anne Fuzellier*
Manuscript editor: *Melissa Gruzs*
Art director: *Jeanne M. Schreiber*
Cover designer: *Violeta Diaz*
Text designer: *Carolyn Deacy*
Art editor: *Ayelet Arbel*
Photo research: *Alexandra Ambrose, Jennifer Blankenship*
Supplements producer: *Louis Swaim*
Production supervisor: *Randy Hurst*
Composition: *10.5/13 Berkeley Book by Techbooks-York*
Printing: *45# Pub Matte, Quebecor Versailles*

Credits: *The credits section for this book begins on page C-1 and is considered an extension of the copyright page.*

Library of Congress Cataloging-in-Publication Data

Williams, Ann.
Bien vu, bien dit : Intermediate French / Ann Williams, Carmen Grace, Christian Roche.
p. cm.
Includes index.
ISBN 0-07-289759-7
1. French language—Textbooks for foreign speakers—English. I. Grace, Carmen. II. Roche, Christian, III. Title.

PC2129.E5W54 2006
448.2'421—dc22 2006047153

www.mhhe.com

TABLE DES MATIÈRES

CHAPITRE 5

Des histoires de famille 147

CHAPITRE 6

Les recherches s'organisent 183

CHAPITRE 7

Camille ne se décourage pas 223

CHAPITRE 8

Camille prend des risques 257

CHAPITRE 9

On parle enfin à Camille 295

CHAPITRE 10

Une piste méditerranéenne 331

CHAPITRE 11

Camille apprend la vérité 369

CHAPITRE 12

Nouveaux départs 403

PRÉFACE

To the Instructor

This comprehensive intermediate language-learning program integrates the feature-length film *Le Chemin du retour* and the textbook *Bien vu, bien dit* to help students develop increasing proficiency in French at the intermediate level in all skill areas.

This program lends itself to several class-time formats. The versatility of *Bien vu, bien dit* and its components makes it suitable for two semesters, for three quarters, for intensive courses, for block courses, and for intermediate-level high school classes.

The engaging story line of *Le Chemin du retour* captures students' attention from the very first episode. *Le Chemin du retour* tells the story of how a young television journalist, Camille Leclair, seeks to unravel the mystery surrounding her grandfather's disappearance in France during World War II. Her interaction with family members, friends, and colleagues allows viewers to see people of different nationalities, ages, and professions. The people she encounters on her quest and the places to which she travels show the diversity of France and the French as well as the richness of Moroccan culture. The film thus allows students to hear a variety of accents and to gain confidence in their ability to understand authentic, spoken French. The film also introduces students to one of the most important historical events in 20th-century France, namely, its occupation by Germany in World War II, and shows the continuing importance of that event for French people today, more than half a century later.

Bien vu, bien dit together with *Le Chemin du retour* provides students with innumerable opportunities for linguistic and cultural growth, as well as a context for critical thinking. This program fosters a learning environment that is enriching, challenging, and enjoyable.

Culture in *Le Chemin du retour* and *Bien vu, bien dit*

Cultural content was a central focus in the development of the plot for the film, *Le Chemin du retour*. By watching the characters in the film interact with each other as they deal with complex interpersonal and professional issues, students are exposed to communicative language, as well as the sights and sounds of everyday life.

Culture has also been integrated into every section of the textbook, with several sections of each chapter devoted exclusively to culture: **Culture en images**, **Culture** readings, and the recurrent **Notes culturelles,** all of which expand students' understanding of France and the Francophone world. In addition, the on-screen postviewing activity on the Instructional Version of the film, entitled **Pour mieux comprendre la culture,** focuses students' attention on an interesting aspect of culture in each episode, through a short visual presentation. These presentations are followed by on-screen discussion questions that invite students to draw comparisons between French and Francophone cultures and their own.

The National Standards

The National Standards are often referred to as the "5 C's": Communication, Cultures, Communities, Comparisons, and Connections. The *Bien vu, bien dit* program was designed with each of these important facets of language learning in mind.

Both the textbook and the film invite students to analyze *Le Chemin du retour* from a **cultural** perspective, as already described. *Bien vu, bien dit* also emphasizes **communication** through its focus on functional language and its numerous pair and small-group activities. The questions for reflection and writing that accompany the readings encourage students to make **connections** and **comparisons** between their culture and those highlighted in the program. Finally, the film and many of the readings introduce students to the concerns and history of various Francophone **communities** throughout the world.

Organization of the film *Le Chemin du retour*

Le Chemin du retour is available in two versions. The Director's Cut is the uninterrupted, full-length feature film (102 minutes); the Instructional Version of the film (also available to students for purchase) divides the story into twelve episodes, which correspond to the twelve chapters of the textbook. Each episode follows the same three-step format.

1. **Pour mieux comprendre l'intrigue.** Students watch three key scenes from the episode, with French subtitles. Each scene is followed by a multiple-choice question to test comprehension. The scenes are then replayed with the answers to the questions highlighted in the subtitles.
2. **Visionnement du film.** Students watch the chapter episode (average of 8 to 10 minutes in length).
3. **Pour mieux comprendre la culture.** Students watch a presentation that highlights a particular cultural aspect of the episode. Cross-cultural comparison questions appear on-screen to prompt class discussion.

Using *Le Chemin du retour* with *Bien vu, bien dit*

The film, *Le Chemin du retour*, can be used as the foundation for a classroom-based intermediate French course at the college level. Depending on how many contact hours the course has, an instructor may choose to have students view the film episodes in class, or outside of class (at home or in the media center / language laboratory).

CAST OF CHARACTERS

Camille Leclair
A young television journalist who searches for the truth about her grandfather's past.

Mado Leclair
Camille's mother, who fears the truth and wants to keep her father's history hidden forever.

Bruno Gall
Camille's cohost on the morning television show "Bonjour!"

Rachid Bouhazid
A new reporter at "Bonjour!" who, with his family, must adjust to a new life in Paris.

Louise Leclair
Camille's grandmother, who encourages her granddaughter to pursue her quest for the truth.

MartineValloton
Producer of "Bonjour!", who has to risk her job to support Camille's determination to find out about her grandfather.

Hélène Thibaut
A journalist from Quebec, and friend of Bruno and Camille.

David Girard
Historian, friend of Bruno, who researches information about Camille's grandfather.

Alex Béraud
A musician who plays in the Mouffetard Market. Friend of Louise, Mado, and Camille.

Sonia Bouhazid
Wife of Rachid and mother of their daughter, Yasmine.

Jeanne Leblanc
A woman who knew Camille's grandfather during the time of the German occupation of France.

Roland Fergus
A man who worked with Camille's grandfather during the German occupation and who holds the key to the truth.

A GUIDED TOUR OF BIEN VU, BIEN DIT

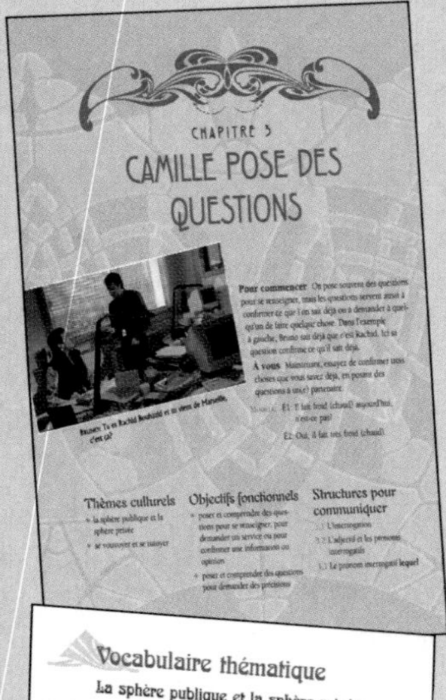
CHAPITRE 3

CAMILLE POSE DES QUESTIONS

Thèmes culturels

Objectifs fonctionnels

Structures pour communiquer

Chapter Opener: Each of the twelve chapters begins with a still image from the film, as well as a list of the cultural themes, functional objectives, and grammar topics that will be found in the chapter. The **À vous** activity prompts students to reactivate their knowledge of French from the previous year to accomplish one of the chapter functions.

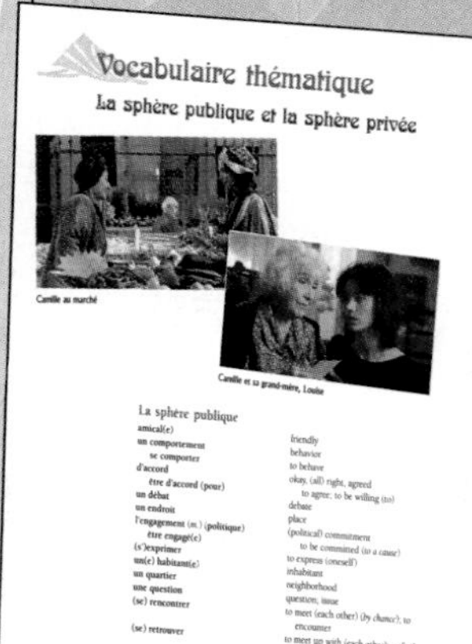
Vocabulaire thématique

La sphère publique et la sphère privée

Vocabulaire thématique: The chapter vocabulary is grouped thematically to give students the tools to talk about the film episode, related chapter themes, and readings. It is constantly recycled throughout the chapter exercises and activities.

Applications: This section consists of exercises to practice and reinforce the **Vocabulaire thématique**. Exercise types include:

- **Les nuances des mots**, an activity that focuses on important differences of meaning in words and expressions to promote intermediate-level vocabulary acquisition.
- **Informational paragraphs**, which focus on the chapter's cultural theme, offer contextualized vocabulary practice, and provide opportunities for student discussion.
- **Structured vocabulary exercises**, which reinforce the vocabulary and prepare students for the communicative activity that follows.
- A **communicative activity**, which prompts students to use the chapter vocabulary to talk about their own lives and about issues related to the chapter themes.

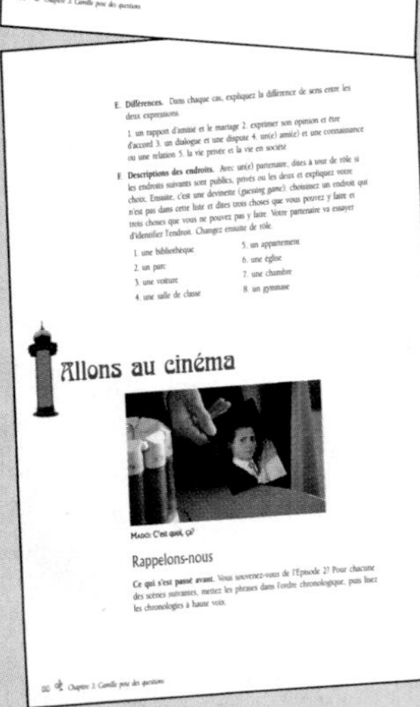
Allons au cinéma

Rappelons-nous

Allons au cinéma: This section prepares students for the first viewing of the film episode. It is accompanied by a still image from the episode and a short excerpt from the dialogue, and includes the following sections:

- **Rappelons-nous**, an activity beginning in **Chapitre 2** that gives students the opportunity to review the important plot points of the previous episode(s).
- **Préparons-nous pour l'épisode**, which prepares students for the upcoming episode by providing additional vocabulary or cultural information that will facilitate the viewing. Students may also be asked to hypothesize about upcoming events using stills from the episode as a point of departure.
- **Vocabulaire de l'épisode**, a box that highlights key words and expressions to facilitate comprehension of the episode.

- **Regardons l'épisode**, a viewing activity that consists of a single question designed to focus attention on an important fact or event from the episode.
- **Parlons de l'épisode**, a section with additional activities that students do after watching the episode and finishing the on-screen pre- and postviewing activities. These activities check their comprehension of the basic plot and encourage them to analyze the story at a deeper level.

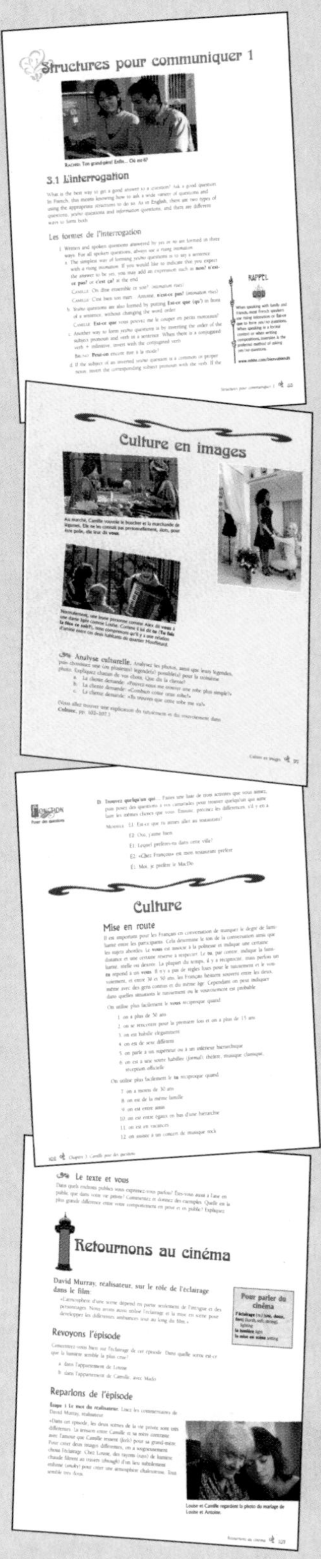

Structures pour communiquer: This section contains the grammar explanations and structures needed to accomplish the functions highlighted in each chapter. Each chapter covers three to five grammar points, which are divided into two sections separated by the **Culture en images** page.

Each main grammar point is followed by exercises designed to practice and reinforce the material just covered and culminates with **Prenons la parole**, activities that allow students to apply the grammar that they have just learned and to practice a variety of linguistic functions.

Culture en images: In this innovative feature, students analyze images from the target cultures for cultural information. Still images from the film and photos based on the chapter theme are accompanied by captions that give students insight into their cultural importance.

Culture / Littérature: Cultural and literary readings are presented in alternating chapters. Each of the twelve readings is thematically related to the film, to the chapter theme, and to the **Culture en images** section. The cultural readings are taken from authentic French and Francophone sources, and the literary texts include poetry, as well as excerpts from plays and novels. Each reading includes the following sections:

- **Mise en route**, a feature that introduces the text and provides biographical information about the author. It also includes a prereading activity to focus students' attention on an important aspect of the text.
- **Questions de compréhension**, which follow the text.
- **Questions d'analyse**, which expand on students' understanding of the issues raised by the reading.
- **Le texte et vous**, which invites students to discuss an important theme of the reading in relation to their own lives.

Retournons au cinéma: This optional second-viewing section prompts students to watch the film again, this time focusing on cinematographic aspects explained by the director, David Murray, in **Le mot du réalisateur**. It includes the following sections:

- **Pour parler du cinéma**, a box that presents cinematic terms that will help students analyze the film.
- **Revoyons l'épisode**, which presents a single question designed to focus attention on an important film technique in the episode.

- **Reparlons de l'épisode,** which always starts with **Le mot du réalisateur**. This is a short commentary by the director on the technical and sometimes the metaphorical nature of the filming process. It is designed to give students insight into the filmmaking process and to give them the tools to analyze film. These short readings are followed by comprehension questions and a personalized activity.
- **Hors-champ,** which reviews the main grammar points presented in the two **Structures pour communiquer** sections. It is based on the backstories the screenwriter wrote to help the actors in the film better understand their characters.

Pour mieux écrire: In this box, on the last page of each chapter, students are referred to the *Workbook/Laboratory Manual* for guided writing activities on topics related to the chapter themes. For more information about this feature, consult the preface to the *Workbook/Laboratory Manual*.

Multimédia: This box highlights the many multimedia resources that students may use to reinforce what they have learned in the chapter. They consist of the Online Learning Center, the Quia™ *Online Workbook/Laboratory Manual,* and the film, *Le Chemin du retour,* on DVD and on videocassette. (For detailed descriptions of these media supplements, see the following page.)

Additional Textbook Features: The following are recurrent marginal note features throughout the book.

- **Note culturelle** provides a cultural context for selected activities to enable students to interact in a more meaningful way.
- **À noter** draws attention to key points related to vocabulary and grammar that students typically find difficult to remember.
- **Rappel** reviews grammar points most students will have learned in the first year or in preceding chapters of *Bien vu, bien dit*, that they will need to build upon in order to acquire the structure being presented.

- One **Rappel** note in each chapter has a corresponding activity in the *Bien vu, bien dit* Online Learning Center to provide students with additional review. These special **Rappel** notes include the WWW icon.
- The **Study Tips** feature gives students mnemonic devices and tricks to help them retain grammar points.

Print and Media Supplements

As a full-service publisher of quality educational products, McGraw-Hill does much more than just sell textbooks to students; we create and publish an extensive array of print, video, and digital supplements to support instruction on your campus. Orders of new (versus used) textbooks help us to defray the substantial cost of developing the supplements that accompany *Bien vu, bien dit*.

Le Chemin du retour

- **Director's Cut:** The full, feature-length film (102 minutes) is available on DVD and on videocassette, both with and without French subtitles.
- **Instructional Version:** This version, available on DVD and on videocassette, divides the film into twelve episodes and includes on-screen pre- and postviewing activities.

Workbook/Laboratory Manual

The *Workbook/Laboratory Manual* follows the organization of the main textbook. Each section, as appropriate, may contain both workbook and laboratory activities. All chapters provide practice in global listening comprehension, pronunciation, speaking, vocabulary, grammar, reading, writing, and culture. At the back of the *Workbook/Laboratory Manual*, students will find useful verb charts for regular and irregular verbs, to which they can refer as they do the exercises.

Audio Program

For use with the laboratory activities in the *Workbook/Laboratory Manual*, the audio CDs offer 4 to 6 hours of listening, oral communication, and pronunciation practice. The complete Audio Program can also be accessed at the *Bien vu, bien dit* Online Learning Center website (**www.mhhe.com/bienvubiendit**). The audioscript is available to instructors in the Instructor's Edition of the Online Learning Center.

Quia™ Online Workbook/Laboratory Manual

Developed in collaboration with Quia™, the *Online Workbook/Laboratory Manual* offers the same excellent practice material as the printed *Workbook/Laboratory Manual* but with many added advantages, such as a fully integrated audio program, immediate feedback and scoring for students, as well as an easy-to-use gradebook and class roster system for instructors. This web version is easy for students to use and ideal for instructors who want to manage students' coursework online. To gain access, students purchase a unique Student Book Key (passcode). Instructors should contact their local McGraw-Hill sales representative for an Instructor Book Key.

Online Learning Center (OLC)

A complete learning and teaching resource center for both students and instructors, the *Bien vu, bien dit* website includes additional practice for each vocabulary and grammar section of each chapter (**www.mhhe.com/bienvubiendit**). One **Rappel** note in each chapter has a corresponding activity in the Online Learning Center to provide students with additional review. In the textbook, these special **Rappel** notes are indicated by the WWW icon. The complete Audio Program accompanying the *Workbook/Laboratory Manual* is also available in the OLC. Other useful learning

and teaching resources to be found in the OLC: verb charts for regular and irregular verbs, a glossary of grammar terms (in English and French), a list of prepositions used with place names, a list of prepositions and infinitive verbs, and an explanation of literary tenses. The verb charts are also included at the back of the *Workbook/Laboratory Manual*.

Online Learning Center (Instructor's Edition)

Instructors will find online teaching resources at the *Bien vu, bien dit* website (**www.mhhe.com/bienvubiendit**). These resources include the *Instructor's Manual / Testing Program* (see description below), the filmscript, and the audioscript. Instructors also have access to all student materials in the Student Edition of the OLC. Please contact your McGraw-Hill representative for your password to the Instructor's Edition.

Instructor's Manual / Testing Program

The *Instructor's Manual / Testing Program,* available *only in an online version* in the Instructor's Edition of the Online Learning Center, provides extensive general teaching suggestions, sample lesson plans for **Chapitre 2**, detailed teaching strategies for **Chapitre 4**, as well as syllabus planning, and scheduling suggestions.

The *Testing Program* consists of four review exams, each of which covers three chapters (**Chapitres 1–3, Chapitres 4–6, Chapitres 7–9, Chapitres 10–12**). Each exam is divided into five sections and assesses vocabulary, structures, culture, comprehension of the film, as well as students' writing and oral comprehension skills. Instructors may use the exams "as is" or choose items from them to create their own chapter exams, midterms, or final. Instructors may also use the exams as models to create their own assessment materials.

Acknowledgments

The authors and publisher would like to express their gratitude to the instructors listed here who contributed to the development of *Bien vu, bien dit* through their valuable participation in chapter reviews. (Note that the inclusion of their names here does not constitute an endorsement of the *Bien vu, bien dit* program or its methodology.)

Philip D. Ambard, United States Air Force Academy
Kathy Comfort, University of Arkansas, Fayetteville
Jill Crotty, United States Air Force Academy
Peter Dola, University of North Carolina, Greensboro
Adelaide Frazier, Louisiana State University, Baton Rouge
Audrey Gaquin, United States Naval Academy
Amy L. Hubbell, Kansas State University
Kathy Morton, University of North Carolina, Greensboro
Terri J. Nelson, California State University, San Bernardino
Scooter Pégram, Indiana University Northwest
Evelyn Rogers, United States Air Force Academy
Kendall Tarte, Wake Forest University
Valérie Thiers-Thiam, BMCC-CUNY

We would also like to gratefully acknowledge all of the people at McGraw-Hill who worked tirelessly to produce *Bien vu, bien dit* and its supplements. Our sincere thanks in editorial to Julie Melvin, Susan Coleman, Jackie Rebisz, Nicole Dicop-Hineline, Amanda Peabody, Letizia Rossi, Melissa Grusz, Connie Anderson, and especially to William R. Glass, our publisher and Katie Crouch, our sponsoring editor. We are grateful beyond measure to our director of development Susan Blatty for the skill, the inspiration, and the unflagging zeal with which she directed this project from beginning to end. In production, we would like to thank our project manager, Anne Fuzellier, and her colleagues in production and design, Alexandra Ambrose, Ayelet Arbel, and Louis Swaim. Special thanks go to Violeta Díaz and Carolyn Deacy for the beautiful Art Deco design. In the media group, we would like to thank Allison Hawco and Ron Nelms. We very much appreciate the support of Nick Agnew and Rachel Dornan in their marketing of this new edition.

We would also like to thank the other authors of *Débuts*—H. Jay Siskin and Thomas T. Field—for their inspiration, and David Murray, the director of our beautiful film, *Le Chemin du retour,* who provided the stills for the textbook and gave his perspective on the making of the film for our feature, *Le mot du réalisateur.*

To the Student

Welcome to second-year French! Whatever your goals for learning French, *Bien vu, bien dit* can help you to understand more French and to communicate more effectively on a wide variety of topics. You will also become familiar with important aspects of France and French-speaking cultures.

At the heart of this language program is the feature-length film *Le Chemin du retour*. As you watch the movie, you'll hear how the French language is spoken in an exciting and authentic context. You'll see how people interact and get things done in a variety of ways, as you follow the story of Camille Leclair, a young Parisian journalist, and accompany her on her quest to find the truth about a family secret.

Tips for Watching the Film

You will be watching an episode of *Le Chemin du retour* with each chapter of your textbook. To get the most out of this experience, we encourage you to follow these suggestions:

1. Use all the previewing materials provided in your textbook, including the **Vocabulaire thématique** and the vocabulary activities. These will activate new vocabulary that you will need and will prepare you to understand the themes of the episode.
2. The **Rappelons-nous** section will help you to remember what happened in the previous episode. The **Préparons-nous pour l'épisode** activities highlight aspects of language and culture and important plot points to help you understand the upcoming episode. The **Vocabulaire de l'épisode** will help you with unfamiliar terms.
3. As you watch the episode, remember that you don't need to understand every word that the characters use. As when you watch a film in your native language, you can count on gestures, context, and what you already know about the story to help you understand. Use the short question in **Regardons l'épisode** to help you focus on a main point.
4. The activities in **Parlons de l'épisode** reinforce what you have seen and heard and confirm your understanding of the episode. They also give you the chance to talk about the episode and to compare your observations and conclusions with those of your classmates.
5. The second viewing of the episode at the end of the chapter gives you an opportunity to pick up on details that you might have missed the first time. **Le mot du réalisateur**, which follows the second viewing, gives the director's point of view on cinematographic techniques and allows you to think about and discuss the film from that perspective.

We hope you will enjoy using *Bien vu, bien dit* and *Le Chemin du retour.* **Bon travail et bonne chance!**

CHAPITRE 1

LES GENS DE CANAL 7

Bruno Gall, l'un des animateurs (*hosts*) de l'émission «Bonjour!»

Pour commencer On utilise souvent des descriptions pour présenter ou identifier des gens dans un groupe.

À vous Notez le nom de trois étudiants et mentionnez à un(e) partenaire trois caractéristiques qui décrivent chacun(e) (*each one*). Votre partenaire va deviner qui c'est. Changez ensuite de rôle.

MODÈLE: É1: Dans notre classe, il y a un étudiant qui porte un tee-shirt bleu. Il est grand aux cheveux blonds et aux yeux verts.

É2: C'est l'étudiant là-bas, près de la porte.

É1: Oui! Il s'appelle Dave.

Thèmes culturels

- les études
- la vie professionnelle

Objectifs fonctionnels

- se présenter et parler de ce que l'on aime et de ce que l'on possède
- décrire la personnalité et l'apparence des gens
- décrire des endroits et des objets

Structures pour communiquer

1.1 L'article

1.2 **C'est** ou **Il/Elle est**?

1.3 Le nom

1.4 L'adjectif

Vocabulaire thématique

Les études et la vie professionnelle

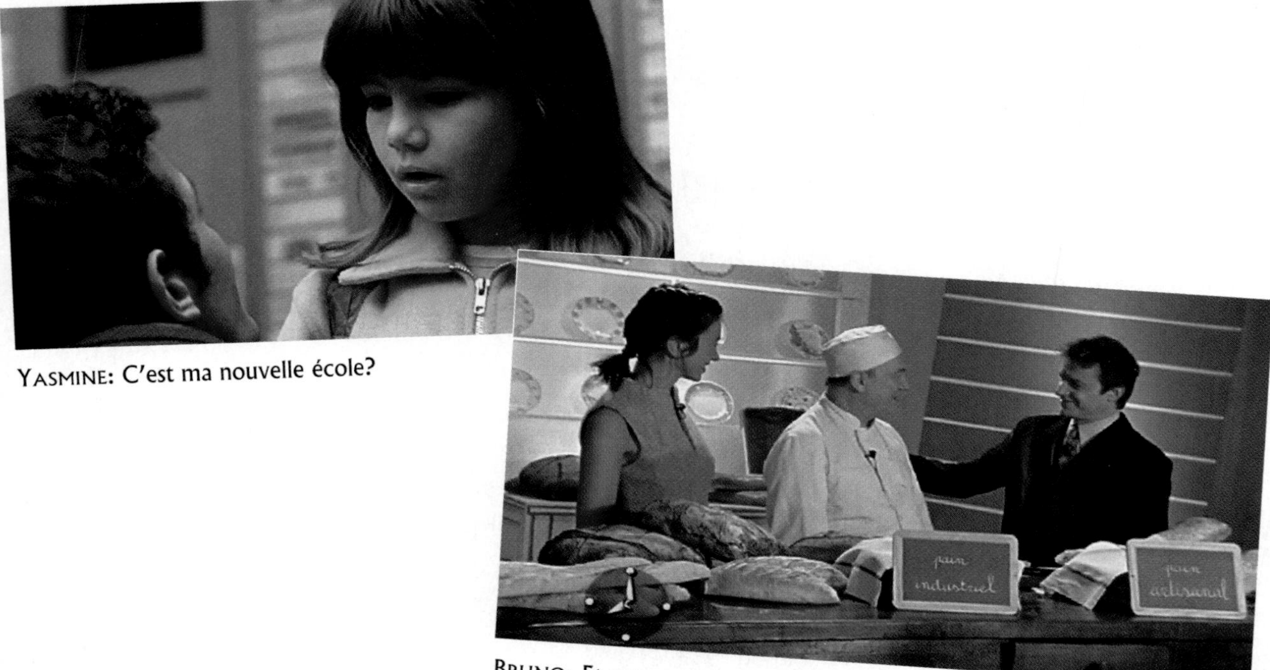

YASMINE: C'est ma nouvelle école?

BRUNO: Et avec nous aujourd'hui, un grand boulanger parisien... Bonjour, Monsieur Liégeois.

Les études

aller à l'université	to attend a university
un apprentissage	apprenticeship
assister à un cours (un événement, une conférence)	to attend a class (an event, a lecture)
une bourse	scholarship
étudier une matière	to study a subject
faire un stage	to do an internship
une formation	training
(s')inscrire (à)	to register (for), enroll (in)
une lecture	reading
un niveau	level
obtenir son diplôme	to graduate

passer du temps	to spend time
passer un examen	to take an exam
préparer un examen (un cours)	to study for an exam (a class)
rater un examen (*fam.*)	to fail an exam
recevoir une bonne (mauvaise) note	to get a good (bad) grade
la rentrée des classes	beginning of the school year
réussir (à)	to succeed
réussir (à) un examen	to pass a test
réussir à (+ *infinitif*)	to manage to (*do something*)
réussir sa vie	to have a happy life
réussir dans la vie	to be successful in life
une spécialisation	major
se spécialiser (en)	to major (in)

La vie professionnelle

un boulot (*fam.*)	job
une carrière	career
chercher du travail	to look for work
le chômage	unemployment
être au chômage	to be unemployed
un(e) chômeur/euse	unemployed person
démissionner (de)	to quit a job, resign
embauché(e)	hired
un emploi à temps partiel (à plein temps)	part-time (full-time) job
une entreprise	company
un entretien	interview
passer un entretien	to be interviewed
fier (fière) (de)	proud (of)
un job	low-paying, sometimes temporary job
licencié(e)	fired
un métier	occupation, trade
poser sa candidature	to apply for a job
un poste	job; position
une profession	profession
quitter	to leave (*something, someone, or a place*)
rédiger un C.V.	to write a résumé
un salaire	salary
le SMIC*	minimum wage
valoriser	to give value to
valorisant(e)	rewarding, gratifying
dévalorisant(e)	demeaning

À NOTER

The verb **quitter** requires a direct object.

Je **quitte** mon travail à 3 h.
Paul **quitte** ses amis après le dîner.

*Salaire (*m.*) minimum interprofessionnel de croissance

Applications

A. Antonymes. Trouvez le contraire.

1. rater un examen
2. avoir un poste
3. commencer un travail
4. être embauché(e)
5. s'inscrire à la faculté; commencer ses études
6. la fin de l'année scolaire
7. une personne qui a un travail

B. Les «faux amis». Certains mots en français ressemblent à des mots en anglais mais ont un sens différent. Complétez les phrases avec les mots de la liste. Faites tous les changements nécessaires.

1. Je reçois toujours une bonne _____ aux examens.
2. Mon amie est nerveuse quand elle _____ des examens. C'est parce qu'elle ne/n' _____ pas souvent aux _____ du professeur.
3. Les _____ dans ce livre ne sont pas difficiles. Je réussis toujours à comprendre l'idée générale.
4. Mon ami fait un _____ dans une entreprise pour apprendre la profession d'informaticien (*computer scientist*).
5. Mon père a peur d'être _____. Il ne veut pas perdre son travail.

assister
conférence
lecture
licencié(e)
note
passer
stage

C. Les nuances des mots. Lisez les phrases pour comprendre les différentes significations du mot en italique. Ensuite, écrivez vos propres phrases en imitant chaque exemple.

MODÈLE: *passer*

Je *passe* une heure à la bibliothèque tous les jours.

Les étudiants *passent* des examens à la fin du semestre.

a. Les enfants *passent* trop de temps devant la télévision.

b. Je suis nerveuse quand je *passe* un examen difficile.

1. *quitter*

Je *quitte* la maison à 8 h 30.

Ma sœur *quitte* son mari.

a. _____

b. _____

2. *préparer*

Éric *prépare* le café ce matin.

Que fait Zoé? Elle *prépare* son cours d'anthropologie.

a. _____

b. _____

3. *réussir*

Nous *réussissons* à finir notre travail avant 9 h.

Les étudiants bien préparés *réussissent* aux examens.

a. _____

b. _____

D. Les métiers et les carrières. Complétez les phrases avec les mots de la liste. Faites tous les changements nécessaires.

Votre boulanger. Un artisan authentique

En France, quand on veut un métier traditionnel, on fait un _____ [1]. Un jeune apprenti° travaille avec un maître pour apprendre le _____ [2] de boulanger, par exemple. Quand on arrive à un _____ [3] suffisant, on peut travailler seul. Cette _____ [4] est très importante, parce que l'apprenti apprend les techniques du métier, mais il est aussi _____ [5] de son travail. En général, un métier traditionnel est très _____ [6].

apprentissage
fier
formation
métier
niveau
valorisant

Il est possible en Côte-d'Ivoire de se préparer pour une _____ [7] moderne dans l'informatique. Au Centre d'Enseignement Supérieur des Technologies International d'Abidjan (CESTIA), on _____ [8] les maths et la programmation. Cette _____ [9] donne les bases théoriques. Un aspect important de cette formation est l'interface entre l'école et les _____ [10]. Les étudiants _____ [11] pour bien connaître la vie active.

carrière
entreprise
étudier
spécialisation
faire un stage

Certains jeunes Français ont des _____ [12] dans des restaurants fast-food. Ils travaillent _____ [13] et ils gagnent le _____ [14]. Ils considèrent parfois ce type d' _____ [15] un peu _____ [16], parce qu'ils font la même chose tous les jours.

à temps partiel
dévalorisant
emploi
job
SMIC

NOTE CULTURELLE

En France, il est rare que les lycéens et les étudiants au niveau universitaire travaillent à temps partiel dans les fast-foods. Ils habitent souvent chez leurs parents et l'université ne coûte pas cher, donc ils se consacrent entièrement à leurs études.

°*apprentice*

CESTIA-2 EP
Centre d'Enseignement
Supérieur des Technologies
International d'Abidjan
Tél. : 22 52 24 14
05 40 48 04
05 00 20 42
Fax : 22 52 24 13
22 41 21 47
E-mail : cesti@globeaccess.net
www.cestia2ep.com
Jeter un pont entre l'école
et la vie active
ENTREPRISE
L'après-école, notre
souci majeur

CESTIA est une école en Côte-d'Ivoire où l'on peut étudier l'informatique.

E. **Compréhension culturelle.** Relisez les paragraphes de l'Activité D pour bien comprendre l'information culturelle. Avec un(e) partenaire, répondez aux questions.

1. En France, que font les jeunes qui se préparent pour un métier traditionnel? Leur préparation est-elle théorique ou pratique?
2. Quel aspect du CESTIA en Côte-d'Ivoire permet aux jeunes un contact direct avec leur profession?
3. Quels sont les inconvénients (*disadvantages*) d'un travail dans un fast-food?

Un MacDo (*McDonald's*) à Paris

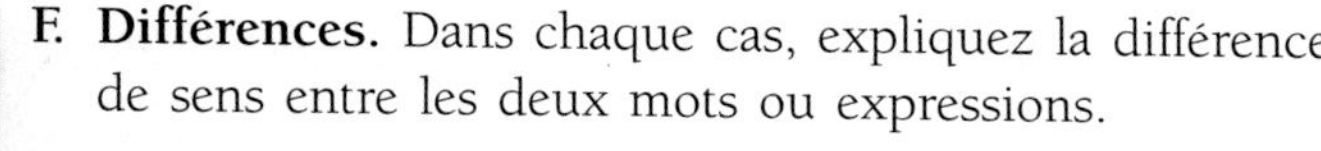

F. **Différences.** Dans chaque cas, expliquez la différence de sens entre les deux mots ou expressions.

1. réussir sa vie et réussir dans la vie 2. aller à l'université et faire un stage 3. recevoir une bonne note et recevoir une bourse 4. une lecture et une conférence 5. une profession et un boulot 6. démissionner et être licencié

G. **Chercher et trouver du travail.** D'habitude, après les études, on cherche du travail. Avec un(e) partenaire, décidez dans quel ordre on fait les activités suivantes et imaginez ce que l'on fait pour se préparer entre ces étapes (*stages*).

Vocabulaire utile: chercher un emploi, demander un certain salaire, être embauché(e), gagner un bon salaire, obtenir son diplôme, passer un entretien, poser sa candidature, rédiger un C.V., travailler à plein temps

Modèle: D'abord, j'obtiens mon diplôme. Ensuite, je prépare bien mes cours et je réussis à mes examens.

Prenez maintenant votre propre cas. Quel va être votre futur métier? Quelles préparations spécifiques ce métier va-t-il exiger (*require*)?

RAPPEL

The following expressions are useful when narrating a sequence of steps.

d'abord...	first, first of all, at first . . .
ensuite...	next, then . . .
et puis...	and then . . .
après...	afterward, after, next . . .
enfin...	finally, at last . . .

Allons au cinéma

Hélène: Les Français sont formidables! Au 21ème siècle, vous êtes encore inquiets pour le pain!

À la rencontre des personnages

Qui sont-ils? Avec un(e) partenaire, faites correspondre la description de chaque personnage du *Chemin du retour* avec sa photo.

Modèle:

__a__

1. 

2.

a. Yasmine Bouhazid, une petite fille. C'est son premier jour dans une nouvelle école.

b. Bruno Gall, un journaliste français qui présente l'émission (*TV program*) «Bonjour!» sur Canal 7. (*cont.*)

3.  4. 

5.  6.

c. Camille, une journaliste française qui présente l'émission «Bonjour!» sur Canal 7. Elle est mince et jolie et elle a les cheveux bruns.

d. Rachid Bouhazid, un reporter français d'origine franco-algérienne.

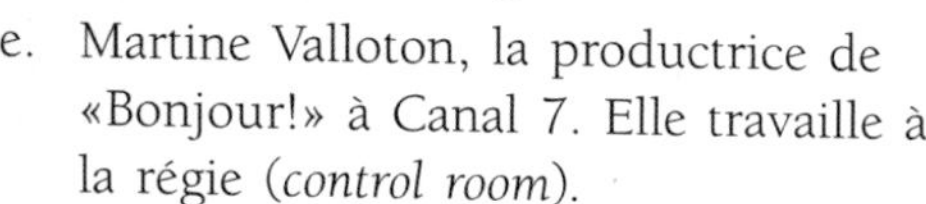

e. Martine Valloton, la productrice de «Bonjour!» à Canal 7. Elle travaille à la régie (*control room*).

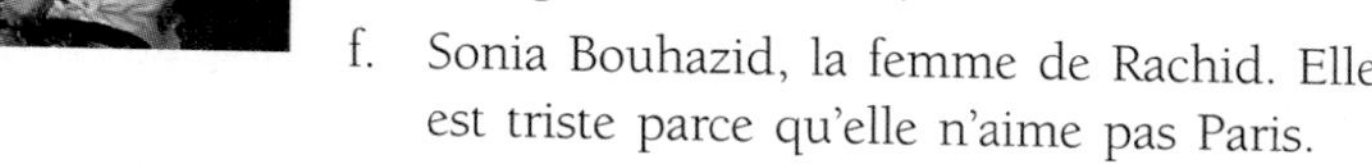

f. Sonia Bouhazid, la femme de Rachid. Elle est triste parce qu'elle n'aime pas Paris.

g. Hélène Thibaut, une amie de Bruno et Camille. C'est une journaliste québécoise. Aujourd'hui, elle porte une veste rouge.

Préparons-nous pour l'épisode

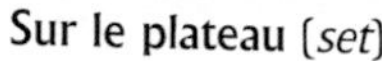

Sur le plateau (*set*)

À la régie

Dans un bureau

Dans un studio de télévision. Dans cet épisode, c'est le premier jour de travail pour Rachid au studio de Canal 7. Lisez le paragraphe pour comprendre ce qui se passe dans le studio.

À Canal 7, **les reporters** font des recherches avant **les reportages**, puis **les journalistes** travaillent dans **des bureaux** pour préparer ces reportages. Ils vont sur **le plateau** pour présenter **l'émission** au public. Les opérateurs utilisent les caméras et on voit les journalistes sur **l'écran**. **La scripte** assure une continuité pendant le tournage (*shooting*). **La productrice** contrôle tous les détails du tournage à **la régie**.

Maintenant, complétez le paragraphe suivant.

Un/Une ______ [1] (émission / reportage) de télévision est compliqué(e) à faire. La ______ [2] (productrice / scripte) est responsable de la continuité et le / la ______ [3] (reporter / productrice) s'occupe du tournage. La ______ [4] (journaliste / productrice) travaille aussi en régie, où elle regarde de petits / petites ______ [5] (écrans / émissions de télévision). Les ______ [6] (reporters / journalistes) présentent l'émission sur le ______ [7] (bureau / plateau) après les recherches faites par le ______ [8] (reporter / journaliste).

Vocabulaire de l'épisode

À l'école

ma puce sweetie
le déménagement move (*to a new home*)

À Canal 7

doux soft
moelleux smooth, velvety
industriel mass-produced, factory made
de mauvaise humeur in a bad mood
vingt et unième siècle twenty-first century
lancer to launch
le médaillon locket

À la cantine de Canal 7

du jarret de porc aux lentilles ham hocks and lentils
pas d'alcool no alcohol
algérien Algerian
musulman Muslim
bretonne from Brittany

Regardons l'épisode

En regardant l'épisode, essayez de comprendre pourquoi cette journée est importante pour Rachid. Où va-t-il travailler? avec qui?

Parlons de l'épisode

A. **Le matin de Rachid.** Dans quel ordre Rachid fait-il les activités suivantes? Mettez ces phrases dans l'ordre chronologique (1 à 6), puis répondez à la question.

_____ Il arrive au travail à Canal 7.
_____ Il accompagne sa fille à l'école.
_____ Il téléphone à sa femme.
_____ Il fait la connaissance de Camille.
_____ Il rentre dans son bureau.
_____ Il fait la connaissance de Bruno.

À votre avis, c'est un jour facile ou difficile pour Rachid? Expliquez.

B. **Les nuances du dialogue.** Parfois le dialogue d'un film donne des informations subtiles. Choisissez la meilleure interprétation des phrases suivantes.

1. RACHID (*à l'institutrice et à sa fille*): Au revoir madame. Salut, ma chérie.
   a. Rachid parle familièrement avec l'institutrice et respectueusement avec sa fille.
   b. Rachid parle respectueusement avec l'institutrice et affectueusement avec sa fille.
2. CAMILLE (*à M. Liégeois*): Alors, dans votre famille, on est boulanger de père en fils, n'est-ce pas?
   a. Camille connaît le père de M. Liégeois.
   b. Camille pense que les traditions sont importantes dans certains métiers.

Paris. Une entreprise familiale traditionnelle inspire confiance.

Ce graffiti, vu à Paris, présente un des stéréotypes du Français moyen (*average Frenchman*), **avec le béret et les baguettes.**

3. BRUNO: Franchement, Camille, ce béret-là... c'est ridicule, hein?
   a. Bruno n'est pas content de renforcer le stéréotype du Français moyen.
   b. Bruno veut porter un béret rouge.
4. MARTINE (*à Camille*): C'est à toi? Le médaillon est ravissant. Qui est-ce?
   CAMILLE:... Merci, Martine.
   a. Camille ne comprend pas la question de Martine.
   b. Camille ne veut pas répondre à la question de Martine.
5. BRUNO: Hélène... ? On se marie, toi et moi?
   a. Bruno désire se marier avec Hélène.
   b. Bruno plaisante (*is joking*) avec Hélène.
6. RACHID: Un hamburger, c'est possible?
   a. Rachid est allergique aux lentilles.
   b. Rachid ne mange pas de porc parce qu'il est musulman.

C. **Comme le disent les Français.** Quelquefois les personnages utilisent des expressions de la langue parlée. Trouvez dans la colonne B la traduction des mots soulignés dans la colonne A.

A	B
1. RACHID: <u>Allez viens</u>, ma chérie. Regarde les enfants.	a. Well
2. YASMINE: Elle m'aime toujours? C'est promis? RACHID: <u>Ben</u>, bien sûr!	b. Really
3. CAMILLE: <u>Eh bien</u>, faisons un test.	c. . . . don't you think?
4. BRUNO: <u>Franchement</u>, Camille, ce béret-là...	d. Okay
5. ... c'est ridicule, <u>hein</u>?	e. Come on

D. **Légende.** Regardez cette photo, puis écrivez une légende (*caption*) qui souligne une idée importante de l'épisode. Expliquez à un(e) partenaire pourquoi cette idée est importante. Votre partenaire va dire s'il / si elle est d'accord ou pas. Ensuite, comparez vos légendes et vos idées à celles du reste de la classe.

E. **Discussion.** Que savez-vous sur les personnages du film à la fin de cet épisode? Travaillez en petits groupes. Chaque groupe va analyser un personnage.

Personnages: Camille, Bruno, Rachid, Hélène, Martine, Yasmine, Sonia

Possibilités: Caractère / Description physique / Problèmes / Profession

> **À NOTER**
>
> To talk about professions, say: **Il est boulanger. C'est un boulanger.**

Structures pour communiquer 1

BRUNO: Hmmm! Délicieux! Je crois que c'est sans doute le pain artisanal, là.

1.1 L'article

L'article défini et l'article indéfini

Articles are small but have a very important role. In French, they indicate whether nouns are singular or plural, masculine or feminine, specific or nonspecific. Whether someone is saying "*the* interview," "*an* interview," or "*some* interviews" may be one of the most essential parts of communication, and only articles provide that information.

Les emplois de l'article défini et de l'article indéfini

1. Use the definite article, **le, la, l', les** (*the*), in both affirmative and negative utterances before a *specific* noun, as in English.

   Je ne connais pas **le** programme d'échange à Annecy.

   I don't know the Annecy study abroad program.

RAPPEL

Always use **le, la, l', les** with **aimer, préférer,** and **détester** because you are speaking in a general sense in both affirmative and negative utterances.

Je n'aime pas **les** maths.

Je préfère **la** psychologie.

RAPPEL

Only use an article to refer to a specific day of the week when the date is mentioned or you want to express "every."

La rentrée des classes est **lundi.** (*on Monday*)

La rentrée des classes est **le lundi 8 septembre.** (*date*)

Elle va à la messe (*mass*) **le dimanche.** (*every Sunday*)

À NOTER

des → **de/d'** before a *plural adjective* + *plural noun.*

As-tu **d'autres** questions?

Tu choisis **de bons** cours.

This change does not occur when the adjective *follows* the noun.

Elle a **des** idées **intéressantes.**

2. Use the definite article in both affirmative and negative utterances when speaking in a *general* way or in an *abstract* sense. Corresponding sentences in English do not have an article.

   Je n'aime pas **les** entretiens.

   I don't like interviews.

   Est-ce que **la** vie professionnelle est plus importante que **la** vie familiale?

   Is professional life more important than family life?

3. Use definite articles before parts of the body (in most cases).

   Elle a **les** mains froides. Est-ce qu'elle a mal à **la** tête?

   She has cold hands. Does she have a headache?

4. Definite articles are combined with **à** or **de** to express *to/at/in* (*the*) and *from/about/of* (*the*). Some combinations involve contraction of the preposition with the definite article.

	L'ARTICLE DÉFINI	**à** + ARTICLE DÉFINI	**de** + ARTICLE DÉFINI
MASCULIN SINGULIER	**le** chômage **l'**entretien	**au** chômage **à l'**entretien	**du** chômage **de l'**entretien
FÉMININ SINGULIER	**la** conférence **l'**université	**à la** conférence **à l'**université	**de la** conférence **de l'**université
PLURIEL	**les** entretiens	**aux** conférences	**des** universités

   Yasmine va **au** Jardin des Plantes. Ce n'est pas loin **de l'**école.

   Yasmine is going to the Botanical Garden. It's not far from the school.

5. In affirmative utterances, use the indefinite article, **un, une, des** (*a, an, some, any*), when speaking about *nonspecific nouns that can be counted.* The indefinite article may or may not be expressed in the English equivalent.

   Est-ce qu'elle suit **des** cours dans sa spécialisation ce semestre?

   Is she taking classes in her major this semester?

Exercices

A. M. Liégeois. Complétez cette description de M. Liégeois avec les articles définis ou indéfinis appropriés.

M. Liégeois est _____[1] bon boulanger artisanal. _____[2] baguettes qu'il fait sont d'excellente qualité. _____[3] pain de campagne et _____[4] croissants sont aussi délicieux. C'est _____[5] métier intéressant et valorisant. _____[6] matin, M. Liégeois commence très tôt et il travaille dur. À _____[7] fin de _____[8] journée, il est fatigué, mais fier.

B. Le pain français. Complétez les phrases suivantes avec les articles définis ou les contractions qui s'imposent.

_____[1] pain en France est très important. En général, _____[2] Français n'aiment pas _____[3] pain industriel que l'on vend _____[4] supermarché. Ils préfèrent _____[5] pain artisanal qu'ils peuvent acheter _____[6] boulangerie. _____[7] pain français artisanal est connu dans _____[8] monde entier. C'est une _____[9] choses qui contribuent _____[10] réputation glorieuse _____[11] cuisine française.

L'article partitif et l'omission des articles indéfinis et partitifs

1. The partitive article, **du, de la, de l'** (*some, any*), is used to indicate part of a whole.

   Wahid mange **de la** tarte.

   Wahid is eating some pie. (not the whole pie)

   Alina prend **du** melon.

   Alina is having some melon. (not the whole melon)

2. The partitive is also used when nouns cannot be counted.

   Hélène a **du** travail à Paris.

   Hélène has work in Paris. (work cannot be counted)

   Rachid boit **de l'**eau.

   Rachid is drinking water. (water cannot be counted)

3. In negative sentences, the partitive article and the indefinite article are omitted and become **de (d')**, except after the verb **être**.

   BRUNO: T'es musulman, je suppose? **Pas d'**alcool, **pas de** cochon...

   You're a Muslim, I suppose? No alcohol, no pork . . .

   Pour Camille, le médaillon **n'est plus un** simple bijou.

   For Camille, the locket is no longer just a piece of jewelry.

4. Partitive and indefinite articles are also omitted after expressions of quantity such as **assez de, beaucoup de, une bouteille de, une douzaine de, un groupe de, (un) peu de, trop de, une série de, une tasse de,** and **un verre de**.

   HÉLÈNE: Je lance **une série de** reportages sur la vie au Québec.

   I'm starting a series of reports about life in Quebec.

5. The partitive article and the indefinite article are omitted after **avec** or **sans** + a noun when:

   a. the expression is the equivalent of an adverb.

      Elle travaille **avec difficulté / avec courage**. (= difficilement / courageusement)

      She has a hard time working. / She works courageously.

   b. they are followed by an unmodified noun.

      Il prend son café **sans** sucre.

      He takes his coffee without sugar.

      But: Il pose sa candidature pour cet emploi **sans une** seule lettre de recommandation.

      He's applying for this job without a single letter of recommendation.

6. To speak about professions, use **être** + profession without any article.

   Camille **est** journaliste. *Camille is a journalist.*

Exercices

A. Une nouvelle école. Qu'est-ce que Yasmine voit dans sa nouvelle école? Écrivez le mot approprié: **un, une, des, de, d'**.

MODÈLE: pas <u>d'</u>autobus

1. une dizaine _____ adultes
2. pas _____ cafés
3. beaucoup _____ gens
4. _____ institutrice
5. pas _____ instituteur
6. un groupe _____ élèves
7. trop _____ livres

B. Au déjeuner. Complétez cette description du déjeuner entre Rachid et Bruno avec les articles (indéfinis, définis ou partitifs) ou les contractions appropriés.

Rachid et Bruno arrivent _____ [1] grande cantine de Canal 7. Bruno parle _____ [2] chef qui explique que _____ [3] plat du jour est très bon. Bruno choisit _____ [4] plat du jour mais c'est _____ [5] porc. Ça, c'est _____ [6] problème pour Rachid, parce qu'il ne mange pas _____ [7] porc. Il commande _____ [8] hamburger et un verre _____ [9] eau. Bruno sait que _____ [10] musulmans ne prennent pas _____ [11] alcool. Rachid explique que son père est musulman mais que sa mère est bretonne et qu'elle adore _____ [12] jambon.

1.2 *C'est* ou *Il/Elle est*?

C'est and **Il/Elle est** are often translated the same way in English.

Il est étudiant. *He is a student.* C'est un étudiant. *He is a student.*

To determine which expression to use, think about which words follow the verb.

C'est... + / **Ce sont...** +	article and noun	C'est **un Français**.
	article, noun, and adjective	Ce sont **des collègues sympathiques**.
	proper noun	C'est **Rachid**.
	pronoun	C'est **lui**.
Il/Elle est... + / **Ils/Elles sont...** +	adjective	Il est **français**.
	adverb	Elles sont **là-bas**.
	preposition and noun	Ils sont **à la cantine**.
	profession	Elle est **productrice**.

À NOTER

To give an opinion about an idea or a situation you are *about to mention,* use **il est** + adjective:

Il est bon de travailler. **Il est** essentiel que tu étudies.

But: To give an opinion about something *already mentioned,* use **c'est** + adjective:

Travailler, **c'est** valorisant.
Tu vas en France cet été? **C'est** formidable!

Exercice

Aller à l'université. Complétez les phrases avec **c'est, ce sont, il/elle est, ils/elles sont** ou ces mêmes mots au négatif, selon le cas.

_____ [1] une décision importante d'aller à l'université, et _____ [2] facile les premiers jours. Si _____ [3] un grand campus, _____ [4] difficile de trouver les salles de classe et quand vous arrivez, _____ [5] pleines d'étudiants. _____ [6] souvent aussi perdus que vous! Après, il y a le professeur. Si/S'_____ [7] intéressant et si/s'_____ [8] un cours que vous aimez, _____ [9] fantastique. Mais parfois _____ [10] des cours obligatoires et _____ [11] dans votre spécialisation. En tout cas (*In any case*), _____ [12] une nouvelle vie qui commence!

Prenons la parole

Parler de ce que l'on aime et de ce que l'on possède

A. Pour se connaître. Avec un(e) partenaire, utilisez les verbes suivants à la forme affirmative ou négative pour parler de vous-même, d'un membre de votre famille et d'un(e) de vos ami(e)s: **aimer, avoir, détester**.

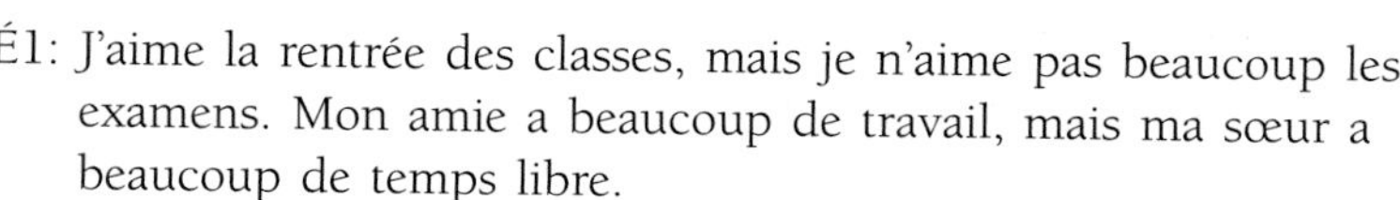

MODÈLE: É1: J'aime la rentrée des classes, mais je n'aime pas beaucoup les examens. Mon amie a beaucoup de travail, mais ma sœur a beaucoup de temps libre.

É2: Mon frère déteste la rentrée des classes, mais moi, j'aime aller à l'université. Mon ami Marc a un boulot fantastique.

RAPPEL

Here are some useful prepositions:

sous	under
sur	on
à côté de	next to
dans	in
devant	in front of
derrière	behind

www.mhhe.com/bienvubiendit*

B. **Quel bureau?** Choisissez un des quatre dessins suivants. Les membres de votre groupe vous posent des questions **oui/non** pour déterminer à quel bureau vous pensez. Changez ensuite de rôle.

MODÈLE: É2: Dans le bureau, est-ce qu'il y a deux fenêtres?
É1: Oui.
É3: Est-ce qu'il y a un verre à côté de l'ordinateur?
É1: Non.

*This **Rappel** has an activity on the *Bien vu, bien dit* website that will allow you to review and practice this point. Each chapter has one **Rappel** with a corresponding website activity, indicated by the www icon.

C. **Personnages et objets dans le film.** Trouvez dans la colonne B un ou deux personnages du film que l'on peut associer à chaque objet de la colonne A. Votre partenaire va vous dire s'il / si elle est d'accord ou pas avec votre choix et pourquoi. Changez de rôle après avoir discuté chaque objet.

Identifier et décrire

MODÈLE: un hamburger

É1: J'associe un hamburger à Rachid et au cuisinier.

É2: Je suis d'accord avec toi. Rachid veut un hamburger parce qu'il ne mange pas de porc. Le cuisinier peut préparer un hamburger, mais il ne veut pas vraiment le faire.

A	B
1. le pain	a. Rachid
2. le béret	b. Camille
3. le médaillon	c. Bruno
4. la photo de Sonia et Yasmine	d. M. Liégeois
5. un verre d'eau	e. le cuisinier
6. le plat du jour	f. Martine
7. un (téléphone) portable	
8. un hamburger	

1.3 Le nom

In French, knowing the gender and number of a noun is as important as knowing its meaning. It is helpful to understand that sometimes the meaning, the root, or the ending of a noun indicates gender or number, as in words such as **mère** and **père**, **acteur** and **actrice**, **journal** and **journaux**. Very often, however, you can't tell if a noun is masculine, feminine, singular, or plural when you hear it. Don't worry, though: what the stem or the ending of a word doesn't tell you, your textbook or a dictionary will.

Les formes du nom

Nouns in French are masculine or feminine, singular or plural. Articles such as *a*, *the*, and *some* must have the same gender and number as the nouns they modify.

un cours **une** bourse **le** professeur **des** professions

STUDY TIP

To improve gender usage, think of the acronym MVP:

1. **M**emorize **un** ou **une** with new words. (Think **un cours**, not just **cours**.)
2. **V**erify, never guess, gender.
3. **P**ractice using new words.

Le genre du nom

1. Most nouns referring to people have a masculine and a feminine form. Usually, these two forms have a slightly different ending. How are these endings different?

   a. Very often, to form the feminine, you add an **e** to the masculine noun.

   un ami / une ami**e** — un étudiant / une étudiant**e**
   un Chinois / une Chinois**e**

   b. For many nouns, including those indicating professions, there are different forms for the masculine and feminine.

À NOTER

Some professions are always masculine: **un juge, un chef, un écrivain, un médecin, un professeur, un ingénieur**. To form the feminine, you say: **une femme écrivain.**

Sa fille est **une femme médecin.**

Or simply:

Sa fille est **médecin.**

In familiar language only, **professeur** is shortened to **prof** and may be used in the masculine or the feminine.

MASCULIN	FÉMININ	EXEMPLES
-er/-ier	**-ère/-ière**	un pâtiss**ier**, une pâtiss**ière**
-eur	**-euse**	un chôm**eur**, une chôm**euse**
-ien	**-ienne**	un gard**ien**, une gard**ienne**
-éen	**-éenne**	un lyc**éen**, une lyc**éenne**
-on	**-onne**	un patr**on**, une patr**onne**
-teur	**-trice**	un ac**teur**, une ac**trice**
	-teuse	un chan**teur**, une chan**teuse**

2. Some nouns are *identical* in the masculine and feminine forms.

   a. nouns ending in **-iste** or **-aire: un(e) artiste, journaliste, touriste, partenaire**, and so on

   b. **un(e) adulte, camarade, collègue, élève, enfant, internaute** (*Internet surfer*)

3. Some pairs of nouns have two completely different roots to differentiate males and females. The feminine form doesn't always end in **-e**.

   un mari / une femme — un prêtre / une religieuse (*priest / nun*)
   un garçon / une fille — un neveu / une nièce
   un fils / une fille — un gendre / une bru (*son-in-law / daughter-in-law*)

À NOTER

A few nouns referring to people are always masculine: **un être, un individu, un ange** (*angel*).

Ta sœur est **un ange.**

4. Exceptionally, the following nouns are always *feminine*, even when they refer to men.

   une vedette — une personne — une victime

   Tom Hanks est **une** vedette de cinéma extrêmement populaire.

5. Most nouns referring to *things* have masculine or feminine gender in French because they had that same gender in Latin. In general, nouns ending in **-e** tend to be feminine and nouns ending in a consonant or a vowel other than **e** tend to be masculine, with the exception of some endings. Ninety-five per cent of the words with the endings listed here are masculine or feminine as indicated.

MASCULIN	EXEMPLES	FÉMININ	EXEMPLES
-age	le chôm**age**	**-ée**	une id**ée**
-eau	un chât**eau**	**-ie**	une idéolog**ie**
-in	un mat**in**	**-ion**	une profess**ion**
-l	un trava**il**	**-té, -tié**	une beau**té**, une ami**tié**
-oir	un esp**oir**	**-elle, -ette**	une chap**elle**, une fill**ette**
-sme	le réali**sme**	**-tude, -ture**	une habi**tude**, une lec**ture**
-t	un brui**t**		
EXCEPTIONS:	la page, la plage	le lycée, le musée	
	l'eau (*f.*)	l'avion (*m.*)	
	la fin, la main	l'été (*m.*), le côté, le pâté	
	la nuit, la mort		

STUDY TIP

To talk about what we study:

1. Languages are masculine regardless of their ending.
2. Words ending in *-y* or *-ism* in English often become **-ie** or **-isme** in French.

   Ici, on étudie **le** latin, **le** chinois, **la** biologie, **la** chimie, **la** philosophie, **le** socialisme, etc.

Exercices

A. Masculin ou féminin. Donnez l'article indéfini approprié.

MODÈLE: <u>une</u> avocate
<u>un(e)</u> pianiste

1. _____ cousine
2. _____ apprentissage
3. _____ collègue
4. _____ personne
5. _____ productrice
6. _____ été
7. _____ émission
8. _____ ciel

B. Une idéaliste. Complétez le paragraphe en choisissant l'article qui convient.

Jennifer est _____[1] (un / une) Américaine idéaliste. Elle pense que _____[2] (le / la) socialisme est une bonne idée et qu' _____[3] (un / une) nation qui valorise _____[4] (le / la) solidarité est admirable. Cette femme est _____[5] (un / une) individu qui pense qu' _____[6] (un / une) homme pauvre est souvent _____[7] (le / la) victime _____ [8] (du / de la) société.

Le nombre du nom

Many nouns sound the same in the singular and in the plural in French. The best clue to number is often the article that precedes French nouns.

une matière   des matières

1. You make most nouns plural in French by adding an **-s** to the singular.

SINGULIER	PLURIEL
une entreprise	des entreprise**s**
un emploi	des emploi**s**

2. Nouns ending in **-s**, **-x**, or **-z** in the singular do not change in the plural.

SINGULIER	PLURIEL
un cours	des cour**s**
un prix	des pri**x**
le gaz	les ga**z**

À NOTER

The following categories of nouns have regular plural forms:

- **-ail**: le détail → les détails
- **-ou**: le trou (*hole*) → les trous

EXCEPTIONS:

- le travail → les travaux
- le bijou → les bijoux

3. Some nouns follow different patterns in the plural.

TERMINAISON	SINGULIER	PLURIEL
-al → -aux	journal	journ**aux**
-au → -aux	tuyau (*pipe*)	tuy**aux**
-eau → -eaux	niveau	niv**eaux**
-eu → -eux	jeu	j**eux**
EXCEPTIONS:	bal / festival pneu (*tire*)	b**als** / festiv**als** pn**eus**

4. The following nouns have *irregular plurals*.

   un monsieur → des messieurs   un œil → des yeux

5. The following nouns are *always plural*.

   les gens   les vacances

6. *Compound nouns* are words consisting of two or three words joined by hyphens. How do you determine which elements in a compound noun become plural?

   a. To form plural compound nouns, add an **s** to each element if it can logically be made plural.

SINGULIER	PLURIEL
un grand-père	des grand**s**-père**s**
un arc-en-ciel	des arc**s**-en-ciel (*some rainbows, one sky*)
un demi-frère	des demi-frère**s** (*half brothers*)

   b. Verbs do not become plural in French compound nouns.

   le va-et-vient (*coming and going*)   les va-et-vient (*comings and goings*)

Exercices

A. Deux bébés en même temps! Le médecin annonce à Patricia qu'elle n'attend pas un enfant, mais deux! Ajustez la liste de courses (*shopping*) de Patricia en mettant les noms au pluriel.

MODÈLE: un lit: deux <u>lits</u>

1. un jeu: deux _____
2. un cadeau: deux _____
3. un chandail (*sweater*): deux _____
4. un bijou: deux _____
5. un cheval: deux _____
6. un arc-en-ciel en plastique: deux _____
7. un berceau (*cradle*): deux _____
8. un pyjama: deux _____

B. Un travail que l'on aime. Complétez les phrases avec le pluriel des mots entre parenthèses.

Paul fait des _____[1] (étude) de vétérinaire parce qu'il aime travailler avec les _____[2] (animal). Ses _____[3] (grand-parent) sont tous les deux _____[4] (médecin), et il sait que les _____[5] (niveau) d'études pour les deux _____[6] (profession) sont similaires. Il pense que les _____[7] (stage) en clinique sont préférables aux _____[8] (cours) théoriques, mais il comprend que les _____[9] (jeune) comme lui doivent beaucoup étudier pour réussir.

Prenons la parole

Énumérer

A. Le nouvel appartement. Vous déménagez de la cité universitaire pour habiter dans un nouvel appartement. Avec un(e) partenaire, qui va jouer le rôle de votre nouveau (nouvelle) colocataire (*roommate*), décidez ce que vous amenez (*bring*), jetez (*throw away*) et achetez pour votre habitation.

Vocabulaire utile: affiche (*f.*), assiettes (*f. pl.*), canapé (*m.*), chaîne-stéréo (*f.*), chaises (*f. pl.*), fauteuil (*m.*), lecteur (*m.*) de DVD, papier-toilette (*m.*), tableau (*m.*), tapis (*m.*), téléviseur (*m.*)

MODÈLE: É1: J'amène le lit. Et toi?

É2: Je jette la lampe.

É1: Très bien. J'achète un canapé.

É2: Et moi, j'achète des rideaux (*curtains*).

Décrire et identifier

B. Le monde de Canal 7. Décrivez à un(e) partenaire une des scènes suivantes. Mentionnez l'endroit, les objets, les gens. Votre partenaire va deviner quelle photo vous décrivez. Changez ensuite de rôle.

Vocabulaire utile: à l'extérieur, à l'intérieur, le bureau, la caméra, la cantine, la cuisine, le mur, l'ordinateur (*m.*), le plateau, la régie

1. 

2. 

3. 

4. 

Maintenant, choisissez une des photos et parlez du travail que fait la personne sur la photo. Votre partenaire va dire quelle formation est nécessaire pour arriver à cette profession (diplômes, stages, cours, etc.). Changez de rôle après avoir discuté chaque photo.

Culture en images

MARTINE: Et là, sur l'écran, Camille Leclair et Bruno Gall. Deux bons professionnels.

BRUNO: Délicieux. Je crois que c'est sans doute le pain artisanal, là.

Dans une salle de classe à Aurillac, en Auvergne

Analyse culturelle. Regardez les photos et lisez les légendes pour déterminer ce qu'elles ont en commun. Ensuite, répondez à la question avec la (ou les) réponse(s) qui vous semble(nt) valable(s). Justifiez votre choix.

Qu'est-ce que les photos indiquent sur la vie professionnelle de ces gens?

a. Leur motivation principale est l'argent.
b. Ils ont une formation professionnelle spécialisée.
c. Ils sont probablement fiers de leur travail.

(Vous allez trouver un exemple de l'attitude traditionnelle des Français envers le travail dans **Culture**, pp. 31–35.)

Structures pour communiquer 2

1.4 L'adjectif

Adjectives make our communications interesting. They allow us to describe everything and everyone we know or can imagine. If you doubt their significance, try speaking without them for a day. If you couldn't say that something was great or funny or terrible, what would you do?

Les formes de l'adjectif

Adjectives must be formed correctly and placed appropriately. In French, they agree in gender and number with nouns and pronouns and usually follow the words they describe.

un chômage **saisonnier** une formation **professionnelle** des cours **utiles**

Le genre de l'adjectif

1. Very often, you form the feminine by adding an **e** to the masculine form.

   Rachid est **musulman**. Sonia est **musulmane**.

2. For certain adjectives, there are different patterns for forming the masculine and feminine.

RAPPEL

A few adjectives end in **-e** in the masculine and the feminine.

Marc est toujours **triste** mais sa femme reste **calme**.

MASCULIN	FÉMININ	EXEMPLES
-c	**-che**	blanc/blanche; sec/sèche (*dry*)
-el, -eil, -il	**-elle, -eille, -ille**	cruel/cruelle; pareil/pareille (*similar*); gentil/gentille
-en, -on	**-enne, -onne**	algérien/algérienne; breton/bretonne
-er, -et	**-ère, -ète, -ette**	cher/chère; complet/complète; net/nette (*clear*)
-eur	**-euse, -rice**	travailleur/travailleuse; conservateur/conservatrice
-f	**-ve**	explosif/explosive
-s	**-sse**	bas/basse (*low*); gros/grosse
-x	**-se, -sse**	délicieux/délicieuse; jaloux/jalouse faux/fausse; roux/rousse (*red hair*)

3. The following adjectives are irregular.

MASCULIN	FÉMININ
doux	douce
favori	favorite
frais	fraîche
long	longue

4. The following adjectives are irregular in their masculine and feminine forms. Note that these adjectives have an alternate masculine singular form that is used before vowels or a mute **h**.

MASCULIN + CONSONNE	MASCULIN + VOYELLE/**h**	FÉMININ
un beau campus	un bel homme	une belle lecture
un fou rire	un fol espoir	une folle passion
un nouveau cours	un nouvel ami	une nouvelle organisation
un vieux métier	un vieil examen	une vieille profession

Le nombre de l'adjectif

1. The plural of most adjectives is formed in French by adding an **s** to the singular. However, there is no change when adjectives end in **-s** or **-x**.

	SINGULIER	PLURIEL
MASCULIN	dur	durs
FÉMININ	dure	dures
MASCULIN	nerveux	nerveux
FÉMININ	nerveuse	nerveuses

2. The following pattern is irregular in the masculine.

	SINGULIER	PLURIEL
MASCULIN	original	originaux
FÉMININ	originale	originales
EXCEPTIONS:	banal/banale/ban**als**/banales and final/finale/fin**als**/finales	

3. The following adjectives are invariable.
   a. compound adjectives of color:
      des yeux **bleu foncé** (*deep*) une chemise **vert clair** (*light*)
   b. adjectives of color that are also nouns:
      des robes **orange** des chemises **turquoise**
   c. these fixed expressions: **bon marché / chic**
      Ses chapeaux sont **chic** mais **bon marché.**

Exercice

Martine avant Canal 7. Voici l'histoire de la jeune Martine qui se lance dans le monde du cinéma. Complétez les phrases avec la bonne forme des adjectifs appropriés.

Martine adore regarder les _____ [1] films. Elle veut devenir productrice, mais elle sait que cette profession demande une _____ [2] formation. C'est une femme _____ [3] qui veut gagner beaucoup d'argent. Alors, malgré (*despite*) son désir de faire des films, elle suit des cours dans une école de commerce _____ [4].

long
prestigieux
travailleur
vieux

Mais après ses études, elle refuse un poste de manager pour une _____ [5] compagnie pharmaceutique. La vie d'une femme d'affaires semble trop _____ [6] et elle a toujours un _____ [7] espoir de faire du cinéma. Elle fait un stage chez Pathé, et aide à faire des films _____ [8]. Après, elle forme une société de cinéma, MV Production. Elle a un _____ [9] avenir devant elle.

banal
beau
bon
fou
original

La place de l'adjectif

1. Unlike English adjectives, French adjectives generally follow the noun they modify.

   un salaire **adéquat** une profession **demandée** des entretiens **télévisés**

2. When a *group* of nouns contains masculine and feminine nouns, place the adjective next to the masculine noun if possible.

   une mère et un enfant **africains**

3. The following adjectives precede the nouns they modify.

   a. adjectives of *beauty, age, number, goodness,* and *size*

(*beauty*)	beau	joli				une **jolie** fille
(*age*)	jeune	vieux	nouveau			un **jeune** homme
(*number*)	premier	deuxième...				le **premier** épisode
(*goodness*)	bon	mauvais				une **bonne** note
(*size*)	grand	gros	petit	long	haut	une **longue** histoire

   b. short and/or commonly used adjectives

   autre gentil meilleur même vrai   le **vrai** pain

À NOTER

When a *group* of masculine and feminine nouns is modified by an adjective, the adjective is always masculine.

STUDY TIP

The acronym BANGS will help you remember which adjectives precede nouns: *beauty, age, number, goodness, size.*

4. A few adjectives have different meanings depending on whether they precede or follow the noun.

ancien(ne)	un **ancien** collègue (*former*)	un médaillon **ancien** (*antique*)
cher (chère)	une **chère** amie (*dear*)	une voiture **chère** (*expensive*)
dernier (dernière)	la **dernière** semaine du mois (*last in a series*)	la semaine **dernière** (*just past*)
pauvre	ce **pauvre** homme (*unfortunate*)	un homme **pauvre** (*poor*)
propre	ta **propre** maison (*your own*)	une maison **propre** (*clean*)
seul(e)	un **seul** homme (*only one*)	un homme **seul** (*alone, lonely*)

Exercice

La vie de Rachid. Mettez chaque adjectif à la bonne place et à la forme correcte pour décrire la vie de Rachid.

1. (nouveau) Il a un ________ travail ________.
2. (beau) Il a un ________ appartement ________ à Paris.
3. (jeune / curieux) Il a une ________ fille ________.
4. (joli / algérien) Il a une ________ femme ________.
5. (familial) Il a des ________ problèmes ________.
6. (indiscret) Il pose parfois des ________ questions ________.
7. (évasif) Il donne parfois des ________ réponses ________.
8. (bon / sympathique) Il a beaucoup de ________ collègues ________.

L'adjectif démonstratif

1. The demonstrative adjectives, **ce**, **cet**, **cette**, and **ces**, express *this, that*, and *these, those*.

	MASCULIN + CONSONNE	MASCULIN + VOYELLE/**h**	FÉMININ + CONSONNE/VOYELLE
SINGULIER	**ce** béret	**cet** emploi	**cette** note
PLURIEL	**ces** stages	**ces** hommes	**ces** autos

2. It is possible to add **-ci** or **-là** after the noun to clarify whether you mean *this* or *that*, *these* or *those*.

ce béret-**ci** (*this*) ce béret-**là** (*that*)

ces bérets-**ci** (*these*) ces bérets-**là** (*those*)

Ce béret-**ci** est beau, mais ce béret-**là** est meilleur marché.

This beret is beautiful, but that beret is less expensive.

L'adjectif possessif

RAPPEL

Here are all the possessive adjectives:

mon, ma, mes *my*
ton, ta, tes *your*
son, sa, ses *his/her/its*
notre, nos *your*
votre, vos *your*
leur, leurs *their*

RACHID: Mon père est algérien et musulman. Et ma mère est bretonne et elle adore le jambon.

1. The possessive adjective agrees with the gender and number of the item(s) possessed, not with the number or gender of the possessor.

CHOSE(S)/PERSONNE(S) POSSÉDÉE(S)			ADJECTIF POSSESSIF
FÉMININ	SINGULIER PLURIEL	la maison les maisons	ma*/ta*/sa*/notre/votre/leur maison mes/tes/nos/vos/leurs maisons
MASCULIN	SINGULIER PLURIEL	l'ami les amis	mon/ton/son/notre/votre/leur ami mes/tes/ses/vos/vos/leurs amis

*Feminine nouns beginning with a vowel sound or mute **h** are preceded by **mon**, **ton**, or **son**: **mon amie / ton école / son histoire**.

2. There is sometimes confusion between **son/sa** and **leur** and between **ses** and **leurs**.

a. With *one possessor*, use **son/sa** or **ses**.

le fils d'Alain → Je connais bien **son fils**.

les filles d'Alain → Je connais bien **ses filles**.

b. With *two or more possessors*, use **leur** or **leurs**.

le fils de Charles et de Nadia → Tu connais **leur fils**?

les filles de Charles et de Nadia → Tu connais **leurs filles**?

Exercice

Canal 7. Vous êtes Bruno et vous faites visiter Canal 7 à un membre de votre famille. Dans votre description, utilisez les adjectifs possessifs et démonstratifs appropriés.

Bonjour et bienvenue à Canal 7! _____[1] bureau est à Rachid et à moi. Il est mal rangé mais nous travaillons beaucoup ici. _____[2] photo est à Rachid. Ce sont _____[3] femme et _____[4] fille. Tous _____[5] papiers sont à lui! Je passe une grande partie de _____[6] journée avec Camille sur le plateau. Ici, sur le plateau il y a _____[7] deux microphones. Sur _____[8] table-ci, nous avons du pain de M. Liégeois. Il le (*it*) fait comme _____[9] père et _____[10] grand-père. _____[11] tradition est importante pour tous les Français.

Prenons la parole

FONCTION

Se décrire

A. À des moments différents. Dites à un(e) partenaire comment vous vous sentez (*how you feel*) dans chaque situation. Votre partenaire va répondre en utilisant un autre adjectif. Changez de rôle après chaque situation.

Vocabulaire utile: nerveux, ravi, stressé, fatigué, content, triste, fâché, découragé, fier, plein d'énergie, frustré, heureux, stressé

MODÈLE: É1: Quand je travaille trop, je suis fatiguée.

É2: Moi, quand je travaille trop, je ne suis pas heureuse.

1. quand vous travaillez trop
2. quand vous cherchez du travail
3. quand vous trouvez un emploi
4. quand vous passez un entretien d'embauche
5. quand vous êtes licencié(e)
6. quan d vous avez beaucoup de choses à faire
7. quand vous démissionnez d'un job que vous n'aimez pas

Décrire et se décrire

B. Les choses de la vie. Travaillez avec un(e) partenaire. Pour chaque terme ou expression de la première colonne, chaque étudiant(e) va faire une phrase en utilisant le verbe **avoir,** un nom et un adjectif. Suivez le modèle et faites attention à la place et à la forme des adjectifs.

MODÈLE: É1: J'ai un bel appartement.

É2: J'ai un vieil appartement.

Je	{avoir}	un appartement	confortable
Nous		une voiture	vieux

(*cont.*)

Mon meilleur ami		des livres	nouveau
Ma meilleure amie		une famille	beau
Mon professeur de (sujet)	avoir	des vêtements	intéressant
Le président des États-Unis		des cours	cher
Une jeune fille		un travail	bizarre

Décrire

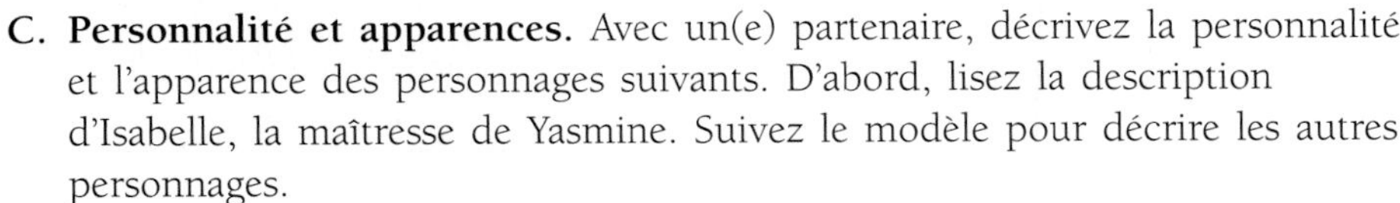

C. Personnalité et apparences. Avec un(e) partenaire, décrivez la personnalité et l'apparence des personnages suivants. D'abord, lisez la description d'Isabelle, la maîtresse de Yasmine. Suivez le modèle pour décrire les autres personnages.

MODÈLE: É1: Personnalité: Isabelle? C'est une institutrice patiente. Elle aime les élèves, et elle est heureuse dans son travail.

É2: Apparence: Elle est plutôt grande et elle a les cheveux blonds. Elle est assez chic porte des vêtements confortables.

1. Camille
2. Bruno
3. Rachid
4. Sonia (la femme de Rachid)
5. Hélène

Décrire

D. Trouvez quelqu'un qui... Faites une liste de trois de vos possessions et circulez dans la classe pour trouver quelqu'un qui possède la même chose que vous. Chaque étudiant(e) doit décrire cette chose en détail. Prenez des notes pour pouvoir présenter vos résultats à la classe. Suivez le modèle.

MODÈLE: É1: J'ai un téléviseur, un hamster et une plante.

É2: Moi aussi, j'ai un téléviseur. Il est petit et gris. Je n'ai pas de hamster. Je n'ai pas de plantes non plus.

É1: Mon téléviseur est grand et noir.

É2: (*à la classe*): Paul a un téléviseur et moi aussi. Son téléviseur est grand et noir et mon téléviseur est petit et gris.

Décrire

E. J'aime... je n'aime pas. Parlez des thèmes suivants à votre partenaire. Dites-lui pourquoi vous aimez ou n'aimez pas cette personne (cette chose ou cet endroit). Changez ensuite de rôle. Suivez le modèle.

MODÈLE: É1: J'aime l'actrice Julia Roberts.

É2: Comment est-elle?

É1: C'est une belle femme amusante et elle est pleine d'énergie.

1. l'actrice...
2. le café...
3. le film...
4. le group de rock...
5. le journal...
6. le parc...

7. le restaurant...
8. les conférences dans mon cours de...
9. les lectures pour mon cours de...
10. mon ami(e)...
11. mon travail à...
12. mon voisin (ma voisine)...

Culture

Mise en route

L'artisan-boulanger moderne perpétue, par son amour du travail bien fait et son esprit créatif, une part importante de l'identité française traditionnelle. Le pain artisanal est un des symboles de l'art de vivre à la française; c'est pourquoi un artisan-boulanger, s'il a beaucoup de talent, peut devenir une célébrité que l'on invite à la télévision et que l'on interviewe dans les magazines. Il fabrique un produit de haute qualité, difficile à réaliser et qui contribue chaque jour à la joie de vivre d'une communauté.

Activité

Avant de lire le texte, faites une liste de choses que vous appréciez beaucoup dans la vie quotidienne (objets, cuisine, loisirs, etc.). Discutez ensuite avec un(e) partenaire pour décider dans quelle mesure vos choix symbolisent l'identité nationale américaine: est-ce que l'on trouve facilement ces choses dans d'autres pays? Est-ce que ces choses sont utilisées pour représenter les États-Unis dans les films ou livres? Est-ce que ce sont des produits industriels ou artisanaux?

Le boulanger et l'amour du «travail bien fait»

Vous allez lire l'histoire de Thierry Meunier, adaptée de son site sur Internet. Il est artisan-boulanger au 32–34 rue Tristan Tzara dans le dix-huitième arrondissement de Paris. Artisan moderne, Thierry exerce son métier en France mais il forme (*trains*) aussi des boulangers à l'étranger et il utilise Internet pour établir et garder le contact avec ses clients et amis.

Vocabulaire utile

un fournil bakery
une chouquette puff pastry
un petit pain briochelike pastry
un CAP (certificat d'aptitude professionnelle) professional certificate (*primarily practical knowledge*)
un Brevet de Maîtrise advanced degree (*primarily abstract knowledge*)
un maître-artisan recognized expert
CFA (Centre de formation pour apprentis) apprentice training center

«Aujourd'hui, quand je façonne[1] le pain, je sais exactement comment il sortira du four.[2] Là est la maîtrise[3] et le savoir-faire… Il se résume en années d'apprentissage, d'observation et de curiosité.»

«Dans notre métier, la transmission du savoir est essentielle. Si on ne transmet[4] pas, notre métier s'arrêtera[5] un jour. »

Thierry Meunier

La boulangerie de Thierry Meunier

Lorsqu'il a 7 ans, Thierry Meunier, fils de boulanger, rêve déjà d'être boulanger. Il passe des heures dans le fournil de son village où il apprend les principaux aspects du métier. Au collège, il s'ennuie[6] car il est impatient de pouvoir cultiver sa passion. Il commence son apprentissage à 16 ans et obtient son CAP de boulanger.

Pendant son service militaire, il rencontre un Compagnon. Les Compagnons sont des artisans passionnés. Pour être Compagnon, on doit faire un Tour de France: on voyage à travers la France pour étudier avec des maîtres-artisans les différentes techniques du métier. Thierry voyage pendant cinq ans pour se perfectionner dans l'art de la boulangerie artisanale française et devient Compagnon lui-même.

---

[1]*make* [2]sortira… *will come out of the oven* [3]*mastery* [4]*pass on* [5]*will disappear* [6]*is bored*

Thierry Meunier, qui porte son médaillon «Meilleur Ouvrier (*Worker*) de France en Boulangerie»

Il reçoit ensuite son Brevet de Maîtrise et, dans la tradition des Compagnons, il transmet son savoir aux plus jeunes lorsqu'il encadre[7] les apprentis en CFA à Lyon et à Nîmes. Enfin il devient artisan indépendant et s'installe[8] dans sa propre boulangerie, «Aux ducs de la Chapelle», à Paris. Thierry apprend à ses clients à apprécier le goût[9] du pain artisanal et sa femme Catherine leur apprend comment associer les arômes des pains avec les mets[10] sur la table.

En 1997, il gagne la plus difficile des compétitions dans sa profession et devient «Meilleur Ouvrier de France en Boulangerie». En tant que[11] MOF, Thierry est aujourd'hui un ambassadeur de la boulangerie française à l'étranger et participe régulièrement à des formations pour professionnels au Japon, au Brésil, en Espagne et en Italie. Il a créé une nouvelle baguette, la Croustiflor, marque déposée.[12]

Mais Thierry ne forme pas seulement des professionnels. Il s'intéresse aussi aux petits amateurs: les enfants du quartier lui rendent visite à son fournil et rentrent chez eux avec le petit pain ou la pâtisserie qu'ils ont eux-mêmes fabriqués!

> «J'aime bien façonner les baguettes. Les croissants c'est un petit peu difficile parce que je sais pas[13] bien enrouler.[14] Il faut tirer[15] sur la pâte[16] un petit peu et enrouler les croissants, il faut des grosses mains. Si mon papa est vieux et qu'il a besoin d'aide je viendrai[17] l'aider à la boutique, même quand j'aurai 10 ans.[18]»
>
> **Luc Meunier** (fils de Thierry et Catherine Meunier)
> 8 Juin 2004 - (5 ans, presque 6!)

---

[7]*supervises* [8]*sets himself up* [9]*taste* [10]*dishes* [11]En... *As a* [12]marque... *registered trademark* [13]je... *In spoken French, the* ne *is often dropped in negative utterances. In written French, the correct form would be* je ne sais pas. [14]*roll [them] up* [15]*pull* [16]*dough* [17]*will come* [18]j'aurai... *I am 10 years old*

Marc Meunier. Paris, 2003.

«À la boulangerie, y'a un sac avec mon doudou[19] rouge. J'aime les gâteaux et les chouquettes. Je fais du pain avec la pâte pour mon papa. J'aime mieux faire des boules.[20]» **Jacques Meunier** (fils de Thierry et Catherine Meunier) 8 Juin 2004 - (3 ans)

«Des fois[21] [papa] il part former des jeunes pour être boulanger. Il aime bien transmettre son savoir, pas qu'on fasse n'importe quoi.[22] Il aime bien qu'on respecte le travail et les hommes. Si un copain veut être boulanger je lui dirai[23] qu'il faut pas être flemmard[24] et qu'il peut faire un stage chez mon père pour voir comment il travaille. Mes copains en général ne pensent pas au travail qu'il a fallu faire[25] avant que le pain sorte du four.» **Marc Meunier** (fils de Thierry et Catherine Meunier) 8 Juin 2004 - (11 ans)

Épilogue

Depuis 2004, Anis Bouabsa est le nouveau propriétaire[26] de la boulangerie «Aux ducs de la Chapelle». Anis Bouabsa est artisan-boulanger beur.[27] En 2004, âgé de 24 ans, Anis Bouabsa est le plus jeune Meilleur Ouvrier de France dans toutes les catégories de métiers! Son professeur? Thierry Meunier. Aujourd'hui, Thierry Meunier est formateur d'artisans-boulanger à plein temps.[28]

[19] *blankie* [20] *round loaves of bread* [21] Des... *Sometimes* [22] pas... *not for people to do it any old way* [23] je... *I'll tell him* [24] *lazy* (*slang*) [25] il a... *one had to do* [26] *owner* [27] *born in France of North-African parents* [28] à... *full time*

Questions de compréhension

1. Pourquoi est-ce que Thierry Meunier est boulanger? Depuis quand est-ce que Thierry Meunier s'intéresse au pain? Quelles personnes et expériences l'influencent dans son enfance? dans sa jeunesse?
2. Quelle organisation professionnelle française transmet l'amour du travail bien fait? Comment est-ce que cette association forme les apprentis?
3. Quels diplômes Thierry Meunier a-t-il? Comment transmet-il son savoir aux jeunes? Commentez.
4. Que signifie *MOF?* Est-ce que Thierry est créatif? Expliquez.
5. Est-ce qu'une initiation est nécessaire pour bien apprécier le pain artisanal? Laquelle?
6. Quelles sont les étapes (*stages*) principales du succès de Thierry Meunier?
7. Que fait Thierry Meunier maintenant? Qui est Anis Bouabsa?

Questions d'analyse

1. Quelles sont les qualités de Thierry Meunier d'après ce texte? Est-ce que ces qualités vous semblent importantes pour d'autres métiers? Lesquels?
2. Comment est-ce que les compétitions et le Tour de France ont contribué au succès de Thierry Meunier?
3. Pourquoi est-ce que les produits de qualité sont généralement plus chers que les autres et demandent plus de travail?
4. Quels autres produits représentent bien l'art de vivre à la française? Que faut-il faire pour les apprécier?

Le texte et vous

1. Connaissez-vous des organisations professionnelles américaines comparables aux Compagnons? Expliquez. Aux États-Unis, quelles sont les valeurs importantes dans le monde du travail? (le salaire, la créativité, le prestige, autre chose?) Ces valeurs sont-elles les mêmes que celles de l'artisan-boulanger français?
2. Est-ce que dans votre famille on fait souvent le même métier que ses parents? Connaissez-vous des professionnels qui ont choisi leur métier très jeunes?
3. Achetez-vous souvent des produits de qualité? Lesquels? Expliquez la notion de qualité pour ces produits.

Retournons au cinéma

David Murray, réalisateur, sur la présentation de l'intrigue et le ton du film:

«Faire un film, c'est raconter une histoire. L'histoire débute dès le moment où le générique commence à défiler (*go by*). Le montage du début et les premières scènes sont cruciaux parce qu'ils donnent le ton et les éléments principaux de l'histoire.»

Pour parler du cinéma

une ambiance atmosphere
le générique credits
une intrigue plot
le montage film editing
un personnage character (*in a movie, novel, play, etc.*)
un ton tone

Revoyons l'épisode

Concentrez-vous sur le ton des scènes dans les photos suivantes. Choisissez l'adjectif qui décrit le mieux ce ton.

1.  a. lourd b. sérieux c. comique

2.  a. lourd b. léger c. comique

Reparlons de l'épisode

Étape 1 Le mot du réalisateur. «Lorsque le générique du film défile au début, le montage ne consiste pas simplement en de belles images de monuments et de statues de Paris. Nous utilisons les images et la musique pour établir un contexte et des émotions pour l'histoire à venir. La vie et la culture se reflètent dans les petites vignettes représentant des gens ordinaires qui commencent leur journée de travail; un nettoyeur de rues (*street cleaner*), des serveurs et un jeune homme faisant du skate. Le premier jour de Rachid à son nouveau travail est une prolongation naturelle de l'ambiance établie par les premières images.

L'arrivée de Rachid au studio de Canal 7 constitue la véritable (*real*) introduction de l'intrigue. À la fin de l'épisode, on a suggéré les grandes lignes de cette intrigue, on a rencontré les personnages principaux et le spectateur attend la réponse à plusieurs questions concernant ces personnages, leurs relations et l'histoire. Tous ces éléments essentiels sont enclenchés (*set in motion*) dans les dix premières minutes du film.»

Étape 2 Le ton et l'intrigue. Répondez aux questions en comparant vos observations à celles d'un(e) partenaire. Utilisez les photos pour vous aider.

1. Quel ton est-ce que le réalisateur établit dans le montage du début?
2. Qu'est-ce que ce montage indique sur ce qui va suivre?

3. Que savez-vous des personnages?
4. Quelles questions sont soulevées (*raised*) pendant les dix premières minutes du film?

Étape 3 Vous êtes réalisateur. Imaginez un film sur votre vie. Choisissez un moment de votre vie et décrivez un montage fait pour présenter ce moment et donner le ton. Ensuite, décrivez une scène.

1. Où êtes-vous?
2. Qui est là?
3. Que se passe-t-il autour de vous?
4. Quelles sont les émotions que vous voulez communiquer à propos de cette scène?

Hors-champ°

°*Backstory*

A. Mieux connaître les personnages.

Étape 1: Lisez l'histoire de Camille et Bruno en complétant les phrases avec les mots appropriés.

Camille et Bruno sont ______[1] (de / les) bons amis. Ils sont ______[2] (∅ / des) journalistes et ils travaillent bien ensemble. Mais ______[3] (ses / leurs) histoires sont très différentes. Camille fait ______[4] (le / du) journalisme depuis l'âge de 19 ans. À l'époque,[a] elle est ______[5] (∅ / une) étudiante et elle fait ______[6] (un / des) reportages pour ______[7] (sa / son) école. (Un / Le) ______[8] jour, elle va à la station de radio où Bruno Gall est ______[9] (∅ / un) animateur.[b] Elle interviewe ______[10] (ce / cet) jeune homme et après, ils parlent de ______[11] (leur / leurs) projets. Camille annonce qu'elle va prendre ______[12] (le / du) poste de Bruno un jour après ______[13] (mes / ses) études. Il répond: «Tu vas prendre ______[14] (mon / ton) poste? C'est vrai que tu as ______[15] (de / du) talent et beaucoup ______[16] (de l' / d') énergie... Peut-être un jour... » Et ils se perdent de vue.[c]

Quelques années après, Camille cherche ______[17] (l' / un) emploi à Canal 7. Elle sait que Bruno présente ______[18] (l' / une) émission «Bonjour!» et qu'il a ______[19] (la / une) belle carrière. Elle parle avec Bruno pendant ______[20] (sa / son) entretien à Canal 7 et lui, il est très heureux de retrouver ______[21] (une / cette) jeune femme énergique. Il parle avec Martine, ______[22] (une / la) productrice, et ils embauchent Camille. Et maintenant, «Bonjour!» a ______[23] (du / le) succès—beaucoup ______[24] (du / de) succès. Et ______[25] (une / la) personne la plus célèbre? Est-ce Camille ou Bruno?

[a]À... *At that time* [b]*radio host* [c]se... *lose track of each other*

Étape 2: Maintenant, répondez aux questions.

1. Qui travaille comme animateur à la radio?
2. Qui travaille à Canal 7 le premier, Camille ou Bruno?
3. Qui embauche Camille à Canal 7?

B. Pendant les études et au travail. Avec un(e) partenaire, imaginez Bruno et Camille aux différents moments de leur histoire.

1. Décrivez Camille au moment où elle étudie le journalisme (son attitude, son apparence, sa vie). À votre avis, est-ce une bonne étudiante? Quelles sont ses qualités?
2. Décrivez Bruno au moment où il retrouve Camille à Canal 7. Parlez en particulier de ses sentiments. Avez-vous un ami (une amie) avec qui vous voulez travailler après vos études? Pourquoi? Quelles sont les qualités de cette personne?
3. Regardez ces photos et décrivez Camille dans ces deux situations. Quelles différences remarquez-vous? Commentez.

CAMILLE: Le pain, en France, est très important.

RACHID: «Bonjour!» est une émission très sympa. Vous êtes forts, Bruno et vous!
CAMILLE: Merci.

Pour mieux écrire

Dans la section **Pour mieux écrire** du *Cahier d'exercices,* vous trouverez des stratégies d'écriture et des sujets de composition française liés aux thèmes «réussir dans la vie» et «l'université».

CHAPITRE 2

À CHACUN SON SECRET

Rachid retrouve sa fille, Yasmine, à l'école.

Pour commencer Quand on parle de sa vie, on discute souvent de ses activités. On parle des endroits et des choses que l'on fait régulièrement ou à certains moments importants de la vie.

À vous Interviewez plusieurs étudiant(e)s de votre classe pour savoir ce qu'ils/elles font tous les jours. Notez leurs noms et leurs activités. Vous allez présenter ces renseignements à la classe.

MODÈLE: É1: Qu'est-ce que tu fais tous les jours?

É2: Je parle avec mes amis, je vais en cours et je réponds à mes mails (*e-mails*).

Thèmes culturels

- la famille
- les moments importants de la vie

Objectifs fonctionnels

- parler des activités quotidiennes
- parler des activités qui marquent des moments importants
- parler de ce que l'on va faire et de ce que l'on vient de faire
- parler des choses que l'on fait depuis un certain temps

Structures pour communiquer

2.1 Le verbe conjugué au présent

2.2 Les verbes pronominaux

2.3 Les emplois du présent

2.4 Constructions avec l'infinitif

Vocabulaire thématique

La famille et les moments importants de la vie

RACHID: Excuse-moi Sonia, je suis un imbécile.

CAMILLE: C'est Louise, ma grand-mère, le jour de son mariage...

La famille

l'aîné(e)	eldest child
des arrière-grands-parents (*m. pl.*)	great-grandparents
un beau-fils	stepson; son-in-law
un beau-frère	stepbrother; brother-in-law
un beau-père	stepfather; father-in-law
des beaux-parents (*m. pl.*)	mother- and father-in-law
une belle-fille	stepdaughter; daughter-in-law
une belle-mère	stepmother; mother-in-law
une belle-sœur	stepsister; sister-in-law
une bru	daughter-in-law
le (la) cadet(te)	younger/youngest child
un époux / une épouse	spouse
être originaire de	to be from
une famille recomposée	blended family
une femme	woman; wife

un gendre	son-in-law
un mari	husband
un marié / une mariée	groom/bride
une mère / un père célibataire	single mother/father
une origine (ethnique)	(ethnic) origin
un(e) parent(e)	parent; relative
vivre en union libre	to live together (*without being married*)

Les moments importants de la vie

une coutume	custom
déménager	to move, relocate
un divorce	divorce
un événement	event
la jeunesse	youth (*time of life*)
l'hospitalité (*f.*)	hospitality
un mariage	marriage, wedding
se marier (avec quelqu'un)	to get married (to someone)
une mort	death
une naissance	birth
le PACS (le Pacte civil de solidarité)	*French law granting same-sex couples (and other couples who choose not to marry) certain partnership rights*
réagir	to react
rendre (quelque chose)	to return (something)
rendre quelqu'un (triste, heureux)	to make someone (sad, happy)
la retraite	retirement
rompre avec quelqu'un	to break up with someone
se sentir (mal) à l'aise	to feel (un)comfortable
tomber amoureux/euse (de)	to fall in love (with)
le troisième âge	old age

Applications

A. Antonymes. Trouvez le contraire.

1. la naissance
2. l'aînée
3. le mariage
4. tomber amoureux de
5. la jeunesse

B. Associations. Pour chaque mot ou expression, trouvez deux ou trois termes associés.

1. la famille recomposée
2. les beaux-parents
3. le troisième âge
4. le divorce

C. Les nuances des mots. Lisez les phrases pour comprendre les différentes significations du mot en italique. Ensuite, écrivez vos propres phrases en imitant chaque exemple.

MODÈLE: *femme*

Ma grand-mère est *une femme* sympathique.

La femme de mon frère est ma belle-sœur.

a. Ma tante est *une femme* intéressante.

b. *La femme* de mon grand-père est ma grand-mère.

1. *parents*

Mes *parents* sont indulgents. Ils permettent à ma sœur de conduire leur voiture quand elle veut.

J'ai des *parents* qui habitent dans la même ville que moi.

a. ______

b. ______

2. *rendre*

Les étudiants *rendent* leurs examens à la fin de l'heure.

La naissance d'un nouvel enfant *rend* l'aîné jaloux.

a. ______

b. ______

D. Des mariages en pays francophone. Complétez les phrases avec les mots de la liste. Faites tous les changements nécessaires.

Quand un couple ______[1] en France, il y a toujours une cérémonie civile à la mairie.[a] Les deux futurs ______[2] signent un registre. Pour certains couples, un mariage religieux est aussi important. Cet ______[3] se passe avant ou après le mariage civil. Le type de fête dépend de l'______[4] des familles. En tout cas, c'est un moment joyeux.

époux
événement
se marier
origine ethnique

Au Burkina Faso, il y a beaucoup de ______[5] à respecter au moment d'un ______[6]. Des représentants de la famille de la ______[7] participent à la cérémonie et il y a un échange de cadeaux entre les deux familles. À un endroit sacré, le guérisseur[b] présente les ancêtres[c] de l'homme aux ancêtres de sa nouvelle ______[8]. Dans cette culture, l'______[9] est très importante, donc il y a une grande fête pour célébrer l'alliance des deux familles.

coutumes
épouse
hospitalité
mariage
mariée

[a]*city hall* [b]*medicine man* [c]*ancestors*

Un mariage civil en France

E. **Compréhension culturelle.** Relisez les paragraphes de l'Activité D pour bien comprendre l'information culturelle. Avec un(e) partenaire, répondez aux questions.

1. Quelles sont les différences entre le mariage en France et le même événement au Burkina Faso?
2. Dans le monde moderne, beaucoup de gens vivent ensemble sans se marier. Dans de nombreux pays, il y a l'union libre; en France, il y a aussi le PACS. Est-ce que ce concept existe dans votre pays? Que pensez-vous de ces différents modes de vie?

F. **Différences.** Dans chaque cas, expliquez la différence de sens entre les deux expressions.

1. signer un PACS et vivre en union libre 2. un père célibataire et un homme marié 3. le mari et le marié 4. écouter une nouvelle et réagir à une nouvelle 5. être originaire d'une ville et vivre dans une ville 6. se sentir à l'aise et se sentir mal à l'aise

G. **Les liens de parenté.** Dans le monde d'aujourd'hui, les relations familiales sont parfois compliquées. Lisez les descriptions suivantes avec un(e) partenaire et donnez le lien de parenté qui existe entre les personnes mentionnées. Ensuite, dites s'il existe de tels liens dans votre famille. Suivez le modèle.

MODÈLE: É1: Lise est la deuxième femme du père de Catherine.

É2: Lise est *la belle-mère* de Catherine. Je n'ai pas de belle-mère. Mes parents sont encore mariés.

É1: Moi, j'ai une belle-mère. La deuxième femme de mon père s'appelle Ashley.

(*cont.*)

1. Marie est la mère de la mère de Paul. Marie est ______ de Paul.
2. La deuxième femme du père de David a un fils de son premier mariage. Ce garçon est ______ de David.
3. Yacine est le frère du mari de Zoubida. Yacine est ______ de Zoubida.
4. Marguerite et Louis sont la mère et le père de la grand-mère de Benjamin. Marguerite et Louis sont ______ de Benjamin.
5. Jacques est le père de la femme de Samuel. Jacques est ______ de Samuel.

Allons au cinéma

YASMINE: **Alors qu'est-ce que vous attendez? Vous vous embrassez?**

Rappelons-nous

Ce qui s'est passé avant. Vous souvenez-vous de l'Épisode 1? Avec un(e) partenaire, associez chaque phrase avec un (ou plusieurs) personnage(s) du *Chemin du retour.*

Personnages: Bruno, Camille, Hélène, Martine, Rachid, Sonia, Yasmine

MODÈLE: É1: C'est son premier jour à l'école.
É2: C'est Yasmine.
É2: Ils parlent de mariage et de divorce.
É1: Ce sont Bruno et Hélène.

1. Il arrive à Canal 7 et il fait la connaissance de tout le monde.
2. Il choisit le pain artisanal pendant l'émission «Bonjour!».
3. Elle donne un béret à son collègue pour faire une plaisanterie (*joke*).
4. Elle est à Paris pour lancer une série de reportages sur la vie au Québec.
5. Elle perd un médaillon.
6. Elle trouve un médaillon.
7. Ils sont ensemble dans le bureau qu'ils partagent.
8. Ils mangent ensemble à la cantine.
9. Il téléphone à sa femme.
10. Elle est seule et malheureuse.

Préparons-nous pour l'épisode

Choisissez une des phrases pour prévoir certaines situations de l'Épisode 2. Ensuite, expliquez pourquoi vous choisissez cette réponse.

1. 

YASMINE: Viens, papa! Viens...

a. Sonia, la mère de Yasmine, est contente de voir son mari à l'école de sa fille.
b. Rachid et Sonia ont des problèmes de couple.

2. 

MADO: C'est ce code! A456, A458... Je me rappelle jamais.

a. Camille et Rachid ne vont pas devenir amis en dehors du travail.
b. Rachid va faire la connaissance de Mado, la mère de Camille.

(*cont.*)

3. 

Rachid: C'est elle, ta grand-mère?

a. Camille et sa mère vont parler de leur famille avec Rachid.
b. Camille et sa mère vont être mal à l'aise.

4. 

a. Camille agrandit la photo du mariage de ses grands-parents, parce qu'elle n'a pas d'autres photos de sa grand-mère.
b. Camille cherche quelqu'un d'autre sur la photo.

Vocabulaire de l'épisode

Devant Canal 7 et à l'école

inquiet worried
un imbécile idiot

Devant l'immeuble et dans l'appartement de Camille

un code entry code
tout ce qu'il faut all we need
un cadeau gift
les Cévennes *mountains in south-central France*
à cette époque at that time
emprunter to borrow
De quoi se mêle-t-il? What business is it of his?

À Canal 7

au maquillage in the makeup room
la mode fashion
au meilleur marché at the best price
un tailleur woman's suit
un rêve dream
vivante alive

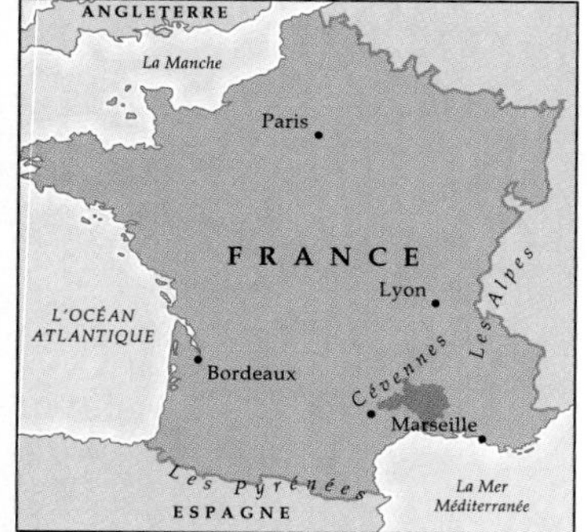

Trouvez les Cévennes sur la carte de France.

Regardons l'épisode

En regardant l'épisode, réfléchissez à l'importance des photos. Quelles photos sont importantes pour Camille? Quel est le rôle des photos pour Rachid?

Parlons de l'épisode

A. À Paris. Associez chaque personnage de la colonne A avec un ou plusieurs endroits de la colonne B et expliquez l'association.

MODÈLE: J'associe Camille avec son immeuble parce que c'est là qu'elle habite. Je l'associe aussi avec le bâtiment de Canal 7 parce qu'elle travaille dans ce bâtiment. Et finalement, je l'associe avec l'école de Yasmine, parce qu'elle va à l'école avec Rachid.

A	B
Martine	la tour Eiffel
Sonia	le bâtiment de Canal 7
Bruno	l'école de Yasmine
Yasmine	l'immeuble de Camille et sa mère, Mado
Rachid	le Jardin des Plantes
Camille	
Mado	

B. Les personnages réagissent. Dans l'Épisode 2, les personnages réagissent parfois de façon assez intense aux événements. Utilisez le **Vocabulaire utile** pour parler de ces réactions. Faites tous les changements nécessaires.

BRUNO: Où est Camille? Camille n'est pas là!!? Oh-oh, quelqu'un sait où est Camille?

Vocabulaire utile: curieux, frustré, heureux, impatient, inquiet, mal à l'aise

MODÈLE: Camille n'est pas sur le plateau trois minutes avant «Bonjour!». (Bruno) Cette situation rend Bruno inquiet.

1. Rachid n'a pas de nouvelles de sa femme. (Rachid)
2. Yasmine voit sa mère. (Yasmine)
3. Rachid voit Sonia. (Rachid)
4. Mado ne peut pas se souvenir du code de son immeuble. (Mado)
5. Chez Camille, Rachid regarde la photo de la grand-mère de Camille. (Rachid)
6. Rachid doit refuser le champagne. (Rachid)

(*cont.*)

Vocabulaire utile: curieux, frustré, heureux, impatient, inquiet, mal à l'aise

7. Rachid part vite. (Mado)
8. Rachid s'intéresse à la famille de Camille. (Mado)
9. Bruno aime la robe que Camille porte. (Camille)
10. Rachid trouve une photo dans le livre sur les Cévennes. (Rachid)
11. Rachid veut savoir si la grand-mère de Camille est toujours vivante. (Camille)
12. Camille regarde le visage (*face*) de son grand-père. (Camille)

C. **Comme le disent les Français.** Quelquefois quand les Français parlent, ils ne prononcent pas le **ne** dans une phrase négative. Ajoutez le **ne** pour faire des phrases correctes en français écrit.

De l'Épisode 1

1. BRUNO (*parle à Camille du béret*): Eh ben, moi, je trouve pas ça amusant du tout!
2. BRUNO (*à Hélène*): C'est pas vrai!

De l'Épisode 2

3. MADO: C'est ce code! A456, A458... Je me rappelle jamais.
4. BRUNO (*parle de Camille*): Au maquillage? Encore? C'est pas possible!
5. RACHID (*parle à Camille*): C'est pas grave. À plus tard!

D. **Légende.** Regardez cette photo, puis écrivez une légende qui souligne une idée importante de l'épisode. Expliquez à un(e) partenaire pourquoi cette idée est importante. Votre partenaire va dire s'il / si elle est d'accord ou pas. Ensuite, comparez vos légendes et vos idées à celles du reste de la classe.

E. **Discussion.** Quel est le rôle des photos dans cet épisode? Travaillez en petits groupes. Chaque groupe va analyser l'une des photos que vous voyez à la page suivante. Ensuite, chaque groupe va faire un reportage à la classe.

1. 

2. 

3. 

4. 

Structures pour communiquer 1

MADO: Je vous invite à dîner, mes enfants! J'apporte tout ce qu'il faut chez toi dans une demi-heure... !

2.1 Le verbe conjugué au présent

What helps make conversations understandable when intermediate learners talk to French native speakers? Does it surprise you to know that subjects and verbs are the heart of all communication and carry most of the meaning of what we're trying to say? If these words are formed and pronounced with care, French listeners will respond to you (in French, not in English!) and will respect the effort you are making.

RAPPEL

In French, most verbs are classified into three groups according to the ending of the infinitive: **-er**, **-ir**, and **-re**.

RAPPEL

An exception to this pattern is **aller**, a very irregular verb that is not conjugated like other **-er** verbs.

Les formes du verbe conjugué au présent

1. In French, most verbs end in **-er**. To form the present tense, drop the **-er** and add the endings **-e, -es, -e, -ons, -ez, -ent** to the remaining stem. A few **-er** verbs, such as **promener**, require spelling changes for pronunciation reasons. See **Appendice E**, in the Online Learning Center for further details on verbs such as **appe*l*er**, **commen*c*er**, **esp*é*rer**, **essa*y*er**, and **man*g*er**.

chercher → cherch-		promener → promèn-/promen-	
je	cherch**e**	je	promèn**e**
tu	cherch**es**	tu	promèn**es**
il/elle/on	cherch**e**	il/elle/on	promèn**e**
nous	cherch**ons**	nous	promen**ons**
vous	cherch**ez**	vous	promen**ez**
ils/elles	cherch**ent**	ils/elles	promèn**ent**

Elle **cherche** sa camarade de chambre qui **promène** son chien près du campus.

2. Most verbs ending in **-ir** (including **finir**, **grandir**, **obéir**, **réagir**, **réfléchir**, and **réussir**) are conjugated like **choisir**. However, a few **-ir** verbs (**mentir**, **partir**, **[se] sentir**, **servir**, **sortir**, and **s'endormir**) are conjugated like **dormir**.

RAPPEL

Verbs ending in **-frir** (**offrir**, **souffrir**) and **-vrir** (**ouvrir**, **couvrir**) are conjugated *exactly* like **-er** verbs. They drop the **-ir** and add **-e, -es, -e, -ons, -ez, -ent**.

Tu **souffres** de la chaleur? **J'ouvre** la fenêtre, d'accord?

choisir → chois-		dormir → dor-/dorm-	
je	chois**is**	je	dor**s**
tu	chois**is**	tu	dor**s**
il/elle/on	chois**it**	il/elle/on	dor**t**
nous	chois**issons**	nous	dorm**ons**
vous	chois**issez**	vous	dorm**ez**
ils/elles	chois**issent**	ils/elles	dorm**ent**

Elle **finit** le projet et elle **s'endort** tout de suite après.

3. Regular verbs ending in **-re** (such as **attendre**, **descendre**, **entendre**, **perdre**, **répondre**, and **vendre**) are conjugated like **rendre**.

rendre → rend-	
je	rend**s**
tu	rend**s**
il/elle/on	rend
nous	rend**ons**
vous	rend**ez**
ils/elles	rend**ent**

Le chanteur **perd** sa place et les musiciens **attendent** patiemment.

4. Six of the most commonly used verbs are irregular.

	être	**faire**	**dire**	**aller**	**avoir**	**savoir**
je/j'	suis	fais	dis	vais	ai	sais
tu	es	fais	dis	vas	as	sais
il/elle/on	est	fait	dit	va	a	sait
nous	sommes	faisons	disons	allons	avons	savons
vous	êtes	faites	dites	allez	avez	savez
ils/elles	sont	font	disent	vont	ont	savent

Ses beaux-parents **disent** qu'ils **vont** en Italie cet été. Ils **ont** de la chance!

5. Many other commonly used verbs are also irregular. Use **Appendice E**, in the Online Learning Center to practice conjugating verbs such as:

boire	écrire	mettre	ouvrir	prendre	venir
croire	décrire	permettre	couvrir	apprendre	devenir
devoir	lire	promettre	découvrir	comprendre	revenir
pouvoir	conduire	connaître	offrir		tenir
voir	courir	vivre	souffrir		ôbtenir
vouloir					

Aïcha **veut** venir ce soir, mais elle ne **peut** pas. Et toi?
Malheureusement, je **dois** partir tout de suite. Mais je te **promets** de venir la prochaine fois, d'accord?

RAPPEL

Go to the *Bien vu, bien dit* website for additional activities to practice these verbs.

www.mhhe.com/bienvubiendit

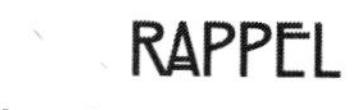

RAPPEL

Negations:

ne... pas	not
ne... jamais	never
ne... plus	no longer, no more

Le bébé **ne** dort **plus**. Il **n'**a **pas** sommeil.

Exercices

A. Qu'est-ce que l'on fait chaque semaine? Employez la forme correcte des verbes donnés afin de former des phrases complètes.

MODÈLE: nous / manger / puis nous / étudier / tous les soirs
Nous mangeons puis nous étudions tous les soirs.

1. nous / commencer / la journée à 8 h et nous / finir / nos devoirs vers 10 h
2. beaucoup de gens / acheter un journal / quand ils / prendre / le train
3. les étudiants / lire / leurs mails / et ils / écrire / des messages tous les jours
4. tout le monde / attendre le week-end avec impatience
5. le vendredi soir / on / appeler des amis et on / sortir ensemble
6. le dimanche / nous / ranger la chambre ... juste un peu!

B. **Connaissez-vous ces personnages?** Mettez les verbes entre parenthèses au présent de l'indicatif à l'affirmatif ou au négatif, selon l'intrigue du film.

MODÈLE: Au début du film, Yasmine _______ (connaître) son école.

Au début du film, Yasmine *ne connaît pas* son école.

1. Rachid _______ (vouloir) avoir des nouvelles de sa femme.
2. Rachid et Bruno _______ (devoir) travailler dans le même bureau.
3. Camille et Mado _______ (vivre) dans le même immeuble (building).
4. Mado _______ (offrir) du champagne à Rachid mais il _______ (boire) d'alcool.
5. Camille _______ (permettre) à Rachid d'emprunter le livre sur les Cévennes.
6. Rachid _______ (découvrir) une photo mystérieuse dans ce livre.

Prenons la parole

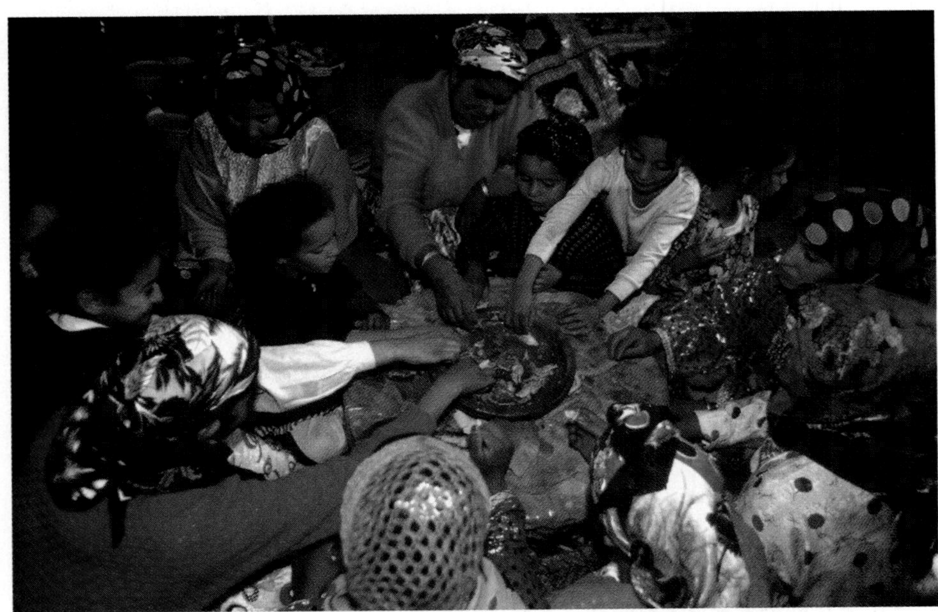

Une fête musulmane dans un village berbère au Maroc, près de Marrakech.

FONCTION

Parler des moments importants

A. **Un jour de fête.** Complétez le texte suivant avec les verbes entre parenthèses.

Saïd _____ [1] (avoir) 8 ans et il _____ [2] (être) très content parce que c'est le jour de l'Aïd. Tous les enfants de la famille _____ [3] (porter) de nouveaux vêtements pour la fête et ils _____ [4] (comprendre) que c'est une grande célébration. «C'est mon jour préféré! _____ [5] (dire) Saïd. Nous _____ [6] (manger) tellement de bonnes choses et puis nous _____ [7] (échanger) les cadeaux.» Papa, Saïd et Ali son frère _____ [8] (aller) à la mosquée pendant que maman et Amina sa sœur _____ [9] (préparer) les gâteaux. Après le repas, papa et maman _____ [10] (sortir) pour danser et chanter. Les enfants du village _____ [11] (partir) au stade. Saïd _____ [12] (proposer): «Nous _____ [13] (pouvoir) jouer au foot.» Pendant le jeu, Saïd _____ [14] (courir) très vite et il _____ [15] (réussir) à marquer un but (*goal*). Les enfants de son équipe _____ [16] (devenir) fous de joie. Pour Saïd, c'_____ [17] (être) une journée de fête qui _____ [18] (finir) très bien.

Maintenant, avec un(e) partenaire, parlez d'un jour de fête dans votre culture. Utilisez ce texte comme modèle.

NOTE CULTURELLE

L'Aïd est une célébration musulmane à la fin du mois sacré de Ramadan. C'est un moment de fête qui suit ce mois de réflexion religieuse.

B. Les cinq sens. Choisissez une des situations suivantes et aidez votre groupe à deviner de quelle situation il s'agit, en évoquant vos cinq sens. Vos camarades vont vous poser des questions pour déterminer ce que vous faites.

Situations possibles: aller à un mariage, discuter dans un café, être avec des amis ou la famille au restaurant, lire, faire un pique-nique, jouer au foot au parc, regarder un film d'horreur ou un film d'amour au cinéma, ?

FONCTION

Parler des loisirs

MODÈLE: É1: Je vois des gens autour de moi. Je sens le parfum des fleurs et j'entends des oiseaux.
É2: Est-ce que tu es à l'intérieur ou à l'extérieur?
É1: À l'extérieur.
É3: Qu'est-ce que tu fais?
É1: Je mange un sandwich.
É4: Tu fais un pique-nique.

Maintenant, à chacun son tour!

À NOTER

The five senses:
- **l'ouïe** (*f.*) → écouter, entendre
- **le toucher** → toucher, sentir (un objet, une sensation)
- **la vue** → voir, regarder, apercevoir
- **le goût** → goûter (*to taste*), manger, boire
- **l'odorat** (*m.*) → sentir (une odeur, un parfum)

C. Que font ces gens? Chaque étudiant(e) propose une phrase pour parler des activités des personnes suivantes, sans répéter les verbes utilisés par les autres.

1. des journalistes
2. une boulangère
3. des acteurs
4. un agent de police
5. un(e) étudiant(e)
6. une institutrice
7. des employés de fast-food
8. un chômeur

Parler des activités quotidiennes

2.2 Les verbes pronominaux

Les formes des verbes pronominaux

Pronominal verbs are accompanied by a *reflexive pronoun* designating the subject. The pronoun precedes the verb except in commands (see Chapter 4, **L'impératif**, for further details).

AFFIRMATIF	NÉGATIF	INFINITIF
je **me** réveille	je **ne me** réveille **pas**	je dois **me** réveiller
tu **te** réveilles	tu **ne te** réveilles **pas**	tu dois **te** réveiller
il/elle/on **se** réveille	il/elle/on **ne se** réveille **pas**	il/elle/on doit **se** réveiller
nous **nous** réveillons	nous **ne nous** réveillons **pas**	nous devons **nous** réveiller
vous **vous** réveillez	vous **ne vous** réveillez **pas**	vous devez **vous** réveiller
ils/elles **se** réveillent	ils/elles **ne se** réveillent **pas**	ils/elles doivent **se** réveiller

Les emplois des verbes pronominaux

Pronominal verbs are divided into three groups.

1. With *reflexive* verbs, the subject is doing something to or for himself/herself.

s'habiller	*to get dressed*
se laver	*to wash*
se maquiller	*to put on makeup*
se peigner	*to comb one's hair*
se raser	*to shave*

Elle **se douche** et **s'habille**. Il **se rase** et **se peigne**.

2. With *reciprocal* verbs, two or more people are doing the same thing to or for each other at the same time.

s'aimer	*to love each other*
s'écrire	*to write to each other*
s'embrasser	*to kiss each other*
s'entendre	*to get along with each other*
se quitter	*to leave each other*
se rencontrer	*to meet each other*

YASMINE: Alors, qu'est-ce que vous attendez? **Vous vous embrassez?**

3. Some pronominal verbs are neither reflexive nor reciprocal. They can't be translated literally, and are often called *idiomatic*.

s'amuser	*to have a good time*
s'ennuyer	*to get bored*

RAPPEL

Other reflexive verbs: **se baigner, se brosser, se coucher, se couper, se doucher, se perdre, se regarder, se réveiller.**

RAPPEL

Other reciprocal verbs: **se comprendre, se dire, se donner, se parler, se téléphoner, se voir.**

À NOTER

Verbs in groups 1 and 2 can be used with or without reflexive pronouns. A pronoun is needed only when the action is *directed back to the subject.*

Le soir, maman **couche** les enfants, puis elle **se couche.**
Luc et Lucie **quittent** le cinéma, puis ils **se quittent.**

RAPPEL

Other idiomatic verbs: **s'en aller** (*to take off; to leave*), **se dépêcher** (*to hurry*), **se passer** (*to happen*), **se souvenir (de)** (*to remember*), **se tromper (de)** (*to be wrong* [*about*]).

s'intéresser à | *to be (get) interested in*
se rappeler | *to remember*
se rendre compte de | *to realize; to become aware of*

MADO: D'abord, ma chérie, pourquoi **s'intéresse-t-il** à ces photos?

4. When forming questions with pronominal verbs, **est-ce que** is used more commonly than inversion.

   Est-ce que Nadia et Yann **se connaissent** depuis longtemps?

   Est-ce qu'ils pensent **se marier**?

5. When pronominal verbs are used in their infinitive form, the reflexive pronoun is placed directly in front of the infinitive, and it must agree with the subject of the conjugated verb.

   Tu dois **te lever** à sept heures si **tu** veux **te laver** les cheveux avant de partir.

RAPPEL

When inversion is used, the *reflexive* pronoun precedes the verb and the *subject* pronoun follows it.

Te reposes-**tu** assez?
S'amusent-**ils** beaucoup?

Exercices

A. On parle de sa vie. Que font les Français tous les jours? Et vos amis et vous, que faites-vous? Complétez les phrases suivantes en mettant le verbe pronominal donné à la forme qui convient. Puis ajoutez les détails sur vos habitudes.

1. (se lever) Vingt-deux pour cent des Français ________ avant 6 h du matin, mais moi, je ne ________ avant ________ h.
2. (se doucher) En France, tout le monde ________ tous les jours. Moi, je ________ d'habitude ________.
3. (se rendre) Quarante-cinq pour cent des Français ________ au travail. Je ne ________ pas au travail tous les jours.
4. (se détendre) Cinquante-cinq pour cent des Français ________ en faisant des courses. Mes amis et moi, nous ________ en faisant des courses de temps en temps.
5. (se sentir) Cinquante-six pour cent des Français ________ heureux tous les jours. Je ________ heureux/euse ________.
6. (se coucher) Soixante-six pour cent des Français ________ avant minuit. Mes amis et moi, nous ________ à ________. On n'a jamais le temps de dormir!

B. En famille. On s'organise pour des moments importants. Complétez les phrases suivantes en mettant les verbes entre parenthèses au présent de l'indicatif.

1. Les enfants, Grand-mère _______ (arriver) dans quinze minutes! Vous _______ (ranger) vos jouets et vous _______ (se laver) les mains tout de suite.
2. Catherine, tu _______ (se marier) dans deux heures! Tu _______ (se maquiller) et tu _______ (s'habiller) maintenant.
3. Pierre, nos vacances _______ (commencer) dans trois jours! Ce soir, nous _______ (décider) où aller et demain, nous _______ (acheter) les billets, d'accord?

Prenons la parole

Parler des activités quotidiennes

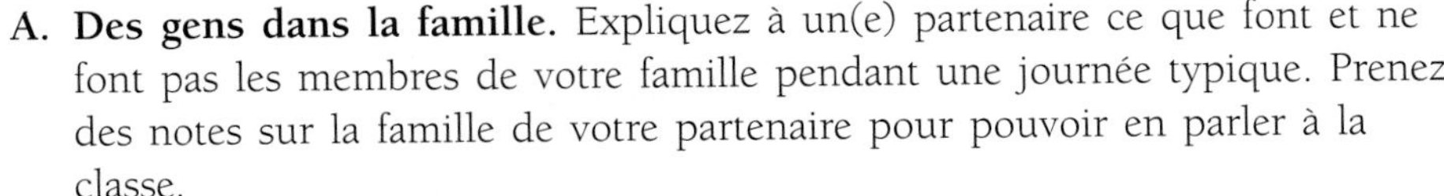
A. Des gens dans la famille. Expliquez à un(e) partenaire ce que font et ne font pas les membres de votre famille pendant une journée typique. Prenez des notes sur la famille de votre partenaire pour pouvoir en parler à la classe.

Modèle: Ma sœur cadette a 10 ans. Le matin, elle se réveille à 7 h et elle prend son petit déjeuner. D'habitude, elle est en retard, alors elle se dépêche pour ne pas manquer le bus. Ma mère est informaticienne et elle a son bureau à la maison. Elle prépare le petit déjeuner pour ma sœur et après, elle s'installe devant son ordinateur. Elle ne se repose pas avant la fin de la journée.

Parler des activités quotidiennes

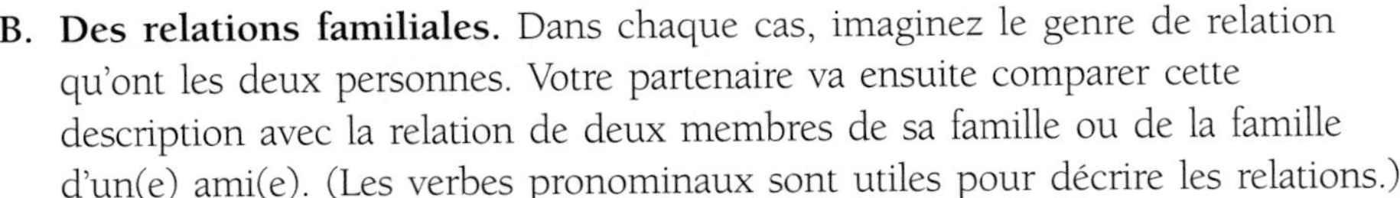
B. Des relations familiales. Dans chaque cas, imaginez le genre de relation qu'ont les deux personnes. Votre partenaire va ensuite comparer cette description avec la relation de deux membres de sa famille ou de la famille d'un(e) ami(e). (Les verbes pronominaux sont utiles pour décrire les relations.)

Modèle: une belle-mère et sa belle-fille (la fille de son mari)

É1: Elles ne se parlent pas beaucoup, mais elles essaient de se comprendre. Parfois, la belle-fille n'écoute pas sa belle-mère et elles se disputent.

É2: Dans ma famille, il n'y a pas de belle-mère, mais ma mère et moi, nous nous disputons parfois.

1. un beau-père et son gendre
2. un adolescent et son arrière-grand-père
3. une femme et son mari
4. une mère divorcée et son ex-mari
5. l'aînée et la cadette dans une famille

C. **Les moments importants de la vie.** Comparez des jours importants de votre vie avec ceux d'un(e) partenaire. Expliquez ce que vous faites ces jours-là, en commençant par le matin.

Parler d'une journée importante

MODÈLE: Quand quelqu'un dans la famille se marie, c'est un grand jour. Nous nous levons tôt le matin et la mère de la mariée aide sa fille à se préparer. Après, ...

1. un mariage
2. une fête religieuse
3. la fête des Mères
4. une remise de diplômes (*graduation*)
5. un anniversaire
6. la Fête nationale
7. ?

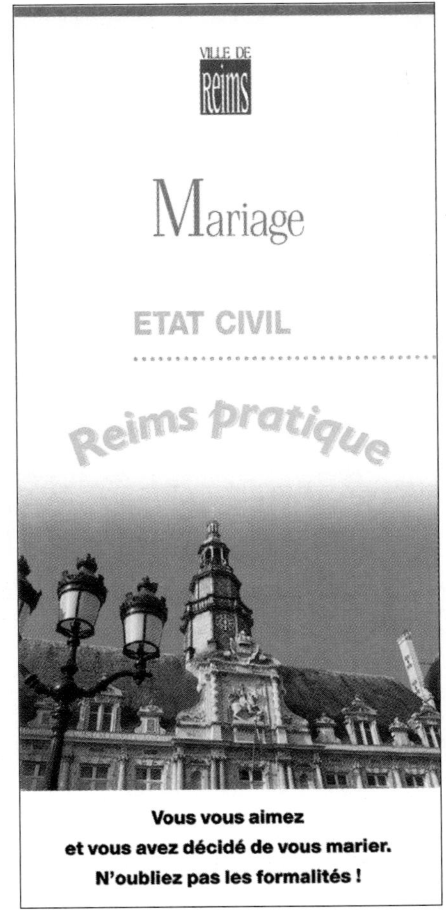

VILLE DE
Reims
Mariage
ETAT CIVIL
Reims pratique
Vous vous aimez
et vous avez décidé de vous marier.
N'oubliez pas les formalités !

Culture en images

CAMILLE: Attends, maman!... C'est ma maman! Elle habite au-dessus de chez moi...

CAMILLE: Bonjour, grand-père!

Quel plaisir de retrouver toute la famille chez Mémé [*Grandma*]!

Analyse culturelle. Regardez les photos et lisez les légendes pour déterminer ce qu'elles ont en commun. Ensuite, répondez à la question avec la (ou les) réponse(s) qui vous semble(nt) valable(s). Justifiez votre choix.

Quel aspect de la culture française est suggéré par ces photos?

a. Les Français passent beaucoup de temps à table.
b. Il est important pour les Français que les différentes générations d'une famille gardent le contact.
c. Généralement, la famille a peu de place dans la vie des Français.

(Vous allez explorer la notion de traditions familiales dans un conte d'Afrique de l'Ouest dans **Littérature**, pp. 65-70)

Structures pour communiquer 2

2.3 Les emplois du présent

In French, the present tense is used to designate present, future, and some past actions.

1. Very often, present-tense verbs describe what is occurring at the present moment.

   CAMILLE: Rachid, tu **es** gentil, tu me **poses** des questions, tu **t'intéresses** à ma famille...

2. They also indicate generalities and habitual actions with no reference to time.

   BRUNO: Et la mode, c'**est** l'image éternelle de la France.

3. They are used to give commands (see Chapter 4, **L'impératif**, for further details).

   MARTINE: Du calme! Tu **rentres** chez toi et tu l'**attends**.

4. They describe imminent actions.

   BRUNO: L'émission **commence** dans trois minutes!!

5. The verb **aller** conjugated in the present + an infinitive describes the immediate future (**le futur proche**).

   SONIA: Yasmine et moi, on **va se promener** un peu.
   Yasmine and I are going to go for a little walk.

6. Present-tense verbs + **depuis** + an expression of time describe actions or states of being that began in the past and are still continuing at the present time.

   Bruno **travaille** à Canal 7 **depuis quelques années**.
   Bruno has been working at Channel 7 for a few years (and he is still working there).

7. The verb **venir de** conjugated in the present + an infinitive describes actions that have just taken place.

   MARTINE: Ta femme **vient d'appeler**.
   Your wife just called.

BRUNO: T'as faim?

RAPPEL

Three translations of the present tense:

Tu poses beaucoup de questions. =
You *ask* a lot of questions.
You *are asking* a lot of questions.
You *do ask* a lot of questions.

COMME ILS LE DISENT DANS LE FILM...

A verb conjugated in the present tense in French without **aller** can also be used to express future actions.

BRUNO: **On voit** ça plus tard.
We'll see about that later.

À NOTER

Cela / Ça fait + an expression of time + **que** + a present-tense verb expresses the same idea as **depuis**.

Cela / Ça fait longtemps qu'il parle du divorce.
He's been talking about the divorce for a long time (and still is).

Exercices

A. **Parlons du passé et du futur.** Qu'est-ce qui vient de se passer dans le film et qu'est-ce qui va se passer? Complétez chacune des phrases avec la forme appropriée du verbe donné.

1. Rachid _______ (venir de) découvrir une photo du grand-père de Camille dans un vieux livre.
2. Est-ce que Camille et Rachid _______ (aller) bien s'entendre si Rachid continue à poser des questions sur la famille de Camille?
3. Rachid et Camille _______ (venir de) parler de la photo que Rachid a trouvée dans le livre «L'Histoire des Cévennes».
4. Est-ce que Camille _______ (aller) répondre un jour à leurs questions?
5. Nous _______ (venir de) voir que le passé de Camille est plein de mystère et de secrets.
6. Est-ce que nous _______ (aller) être tristes ou heureux à la fin du film?

B. **La vie de Camille.** On interviewe Camille, la vedette de «Bonjour!». Complétez les phrases suivantes avec **depuis** ou **cela fait** + le verbe donné.

1. _____ combien de temps est-ce que vous _______ (travailler) comme journaliste?
2. Je _______ (travailler) comme journaliste _______ plusieurs années.
3. _______ combien de temps que vous _______ (vivre) à Paris?
4. Je _______ (vivre) à Paris _______ toujours.

2.4 Constructions avec l'infinitif

The meaning of a conjugated verb may be completed by an infinitive (see **Chapitre 9** for further details) that follows the conjugated verb.

À NOTER

Impersonal verbs such as **falloir** and **valoir mieux** are conjugated with **il** as their subject (meaning *it*, not *he*).

> **Il faut** terminer le projet avant 5 h? Dans ce cas, **il vaut mieux** rentrer après.
> *We have to finish the project before 5:00? In that case, it's better to go home afterward.*

1. The following verbs are commonly used with an infinitive.

   aimer (mieux) (*to prefer*), **aller, désirer, détester, devoir, espérer, falloir** (*to be necessary*), **penser, pouvoir, préférer, valoir mieux** (*to be better*), **venir, vouloir**

   Nous **aimons** nous retrouver après le travail. **Veux**-tu venir avec nous?
   We like to get together after work. Do you want to come with us?

2. **Devoir** and **falloir** often precede infinitives and have similar meanings but different uses: **devoir** refers to something that *specific people* must or must not do, and **falloir** refers to what people must or must not do *in general*.

Sa femme **doit partir** en voyage d'affaires. Il **doit s'occuper** des enfants.

His wife must leave on a business trip. He has to take care of the children.

Il **faut se coucher** à une heure raisonnable. Il **ne faut pas faire** la fête chaque soir.

People need to go to bed at a reasonable hour. They shouldn't party every night.

3. **Savoir** and **connaître** are similar in meaning but are not interchangeable: **savoir** means *to know* or *to know how to* and refers to facts and knowledge that you have studied or memorized, whereas **connaître** means to *be acquainted (familiar) with* and refers to people, places, and things you know through experience.

   —Je **connais** Marisa. Elle **connaît** très bien Montréal.

   I know Marisa (I'm acquainted with Marisa). She knows Montreal very well.

   —Tu **sais** si elle parle français?

   Do you know if she speaks French?

   —Elle étudie le français et elle **sait** dire certaines choses.

   She is studying French and she knows how to say some things.

4. A conjugated verb + **pour** or **afin de** (*in order to*) + an infinitive expresses the future goal of a present action.

   Elle invite les mariés à dîner **pour** mieux **connaître** son gendre.

   She is inviting the newlyweds to dinner in order to get to know her son-in-law better.

À NOTER

In negative utterances, both **devoir** and **falloir** mean *must / should not* in a forceful way. *It isn't necessary* or *You don't have to* is expressed by **Il n'est pas nécessaire** + **de** + infinitive.

Vous ne devez pas appeler après 9 h.

Il ne faut pas appeler après 9 h. = *You **must not** phone after 9 o'clock.*

Il n'est pas nécessaire d'appeler avant 9 h. = *You **don't have** to phone before 9 o'clock.*

STUDY TIP

In general: **savoir** is used with *infinitives* and with *clauses* that begin with **que, si, où, pourquoi, avec qui,** etc., whereas **connaître** is only used with *nouns.*

Exception: **savoir** is used with *nouns* that represent facts.

Je ne **connais** pas sa belle-fille, mais je **sais** qu'elle arrive ce soir.

Sais-tu le numéro de son vol?

Non, mais je **sais** l'heure de son arrivée.

Exercice

Nous et les autres. Complétez les observations suivantes avec la forme conjuguée ou infinitive de l'expression appropriée: **connaître, savoir, devoir, falloir.**

1. On ________ un bon ami dans l'adversité.
2. Nous avons deux oreilles et une langue. Il ________ écouter plus et parler moins.
3. Je ne ________ pas si les étudiants ________ ce roman.
4. Nous ________ aimer les gens, non pour nous, mais pour eux.
5. Est-ce que vous ________ l'heure?
6. Il ________ regarder les amis d'une personne pour ________ son caractère.
7. Tisha veut ________ ton numéro de téléphone.

Prenons la parole

Parler des activités quotidiennes

A. On peut étudier ensemble? Complétez un emploi du temps comme dans le modèle, qui va de 8 h à 14 h, en notant vos cours et vos activités. Ensuite, en groupe, essayez de trouver une heure qui convient à (*works for*) tout le monde pour préparer un examen. Suggérez une heure. Si elle ne convient pas, les autres doivent expliquer pourquoi. Changez ensuite de rôle.

MODÈLE: É1: Est-ce que vous pouvez venir à 10 h mardi?
É2: Moi, non, je ne peux pas. Je passe un entretien pour un travail.
É3: Moi, oui, mais je dois aller au travail à midi.

	lundi	mardi	mercredi	jeudi	vendredi	samedi	dimanche
8h–10h	J'ai cours.	Je dors.	J'ai cours.	J'ai un rendez-vous chez le dentiste.	J'ai cours.		Je dors.
10h–12h		Je passe un entretien pour un travail.				Je travaille. ↓	Je dors.
12h–14h		J'ai cours.		J'ai cours.		Je cours avec mon copain dans le parc.	Je mange chez maman.

Parler de ce que l'on va faire

B. Ça me rend furieux... Avec un(e) partenaire, choisissez un élément de chaque colonne pour décrire ce que ces gens vont faire. Exprimez votre réaction ou celle des autres à ces situations.

MODÈLE: É1: Je vais me marier. Ça me rend heureuse.
É2: Ma grand-mère va divorcer. Ça rend mon père triste.

gens	activité	réaction
Je	tomber amoureux	heureux
Ma grand-mère	se marier	triste
Mon ami(e) _____	mourir	fatigué
Mon père / Ma mère	déménager	furieux
	divorcer	content
Mes camarades de classe	préparer un examen	fou
Nous	quitter l'université	malade
Le professeur	rompre avec son ami(e)	?
Une personne âgée	prendre sa retraite	?
	manger dans un fast-food	?

C. Sondage. Qu'est-ce qui se passe de nouveau dans la vie de vos camarades de classe? Interviewez individuellement plusieurs personnes pour apprendre ce qu'elles viennent de faire. Faites une liste de leurs activités récentes et présentez votre liste à la classe. Est-ce qu'il y a des activités que beaucoup d'étudiants viennent de faire?

Parler de ce que l'on vient de faire

MODÈLE: É1: Qu'est-ce que tu viens de faire?
É2: Je viens de me marier.
É1: (*à la classe*): Brian vient de se marier.

D. Quand les choses vont mal. Regardez les situations suivantes et imaginez un problème éventuel dans chaque cas. Votre partenaire va proposer une solution. Changez de rôle pour chaque situation.

FONCTION

Parler des activités quotidiennes

MODÈLE: en voiture
É1: Il peut y avoir un accident.
É2: Les gens doivent conduire sans se dépêcher. Il ne faut pas rouler trop vite.

1. à la maison
2. au travail
3. à l'université
4. pendant une cérémonie de mariage
5. pendant une soirée avec des amis
6. au cinéma

E. Trouvez quelqu'un qui... Demandez à plusieurs personnes depuis quand ou depuis combien de temps elles font les activités suivantes. Trouvez des étudiants qui ont les mêmes réponses que vous et notez leur nom. Présentez ces étudiants à la classe.

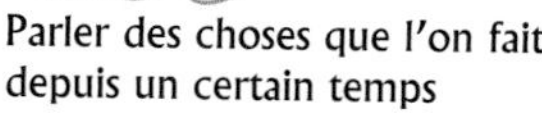

Parler des choses que l'on fait depuis un certain temps

1. aller à l'université
2. vivre ici
3. habiter avec les mêmes personnes
4. étudier le français
5. travailler au même endroit
6. connaître son meilleur ami (sa meilleure amie)
7. posséder une voiture (un vélo, un animal domestique, ?)
8. utiliser Internet

RAPPEL

l'an dernier	une semaine
2 ans et demi	un semestre
janvier, février ...	toujours
un mois	toute ma vie

Littérature

Mise en route

Vous allez lire un conte africain du Burkina Faso, pays francophone d'Afrique de l'Ouest. Traditionnellement, les contes africains sont transmis oralement par les griots (*musicians and storytellers*) mais aujourd'hui ils sont disponibles en livres ou sur Internet.* Ces contes sont pleins d'humour et les auditeurs (ou les

*To find out more about African storytellers, use a French search engine such as google.fr and the keyword **griot**.

lecteurs) apprennent les valeurs culturelles de l'Afrique en s'amusant. Le conte, oral ou écrit, est un genre littéraire défini comme «un récit imaginaire». Les contes sont souvent pour les enfants mais pas obligatoirement. Les contes se divisent en plusieurs catégories telles que (*such as*) conte philosophique, conte de fées (*fairy tale*) et conte fantastique (*gothic or supernatural tale*). Un bon conte est amusant, mais il doit aussi instruire les auditeurs (ou les lecteurs).

Les personnages, les animaux et les situations des contes servent d'allégories (représentent concrètement des idées abstraites comme la violence, l'amour, la naïveté, le courage, l'optimisme, etc.). On trouve aussi des allégories en peinture ou au cinéma. Par exemple, dans le film américain *La guerre des étoiles*, il y a des personnages qui représentent clairement le bien et le mal. Pour comprendre toute la richesse d'un conte, on doit identifier clairement les allégories.

Dans les contes africains et dans les contes pour enfants que vous connaissez, la structure est très souvent la même: le héros ou l'héroïne rencontre un problème dans sa vie. Le conte raconte comment il ou elle trouve une solution et se termine par une leçon de sagesse.

Activité

Pour présenter un conte. Remplissez la grille suivante pour présenter un conte que vous connaissez bien.

Le titre	
Les personnages principaux	
Le problème du héros ou de l'héroïne	
Les ressources utilisées pour trouver une solution	
Des allégories	
Une leçon de sagesse	

Vocabulaire utile

Dans un village africain

le troupeau herd
les bœufs (*m. pl.*) oxen
les moutons (*m. pl.*) sheep
les chèvres (*f. pl.*) goats
moaga *name of an ethnic group from Burkina Faso*
le dolo *traditional opaque beer in Mali and Burkina Faso*

L'Avare° et son épouse

En Afrique de l'Ouest, l'hospitalité est une valeur culturelle essentielle enseignée dans chaque famille par des contes traditionnels. Dans «L'Avare et son épouse», l'avarice (*greed*) du mari est un obstacle à la pratique de l'hospitalité. L'héroïne du conte est l'épouse, qui trouve les ressources pour rétablir l'harmonie dans sa famille.

°*Miser*

Un jeune homme très riche possède de grands troupeaux de bœufs, de moutons et de chèvres. Son épouse connaît bien ses défauts, elle sait qu'il est âpre au gain[1] et de plus en plus radin.[2] Mais elle ne dit rien et s'efforce[3] de réduire au maximum les dépenses du ménage[4] pendant que son mari accumule de nouvelles richesses.

Un jour, l'avare part en voyage d'affaires[5]; au moment de son départ, il donne tous ses biens[6] à garder à son épouse en précisant qu'il veut retrouver tous ses animaux, sans exception, à son retour. Sa jeune femme lui répond de ne pas s'inquiéter à ce sujet et il part. Le même jour, les trois frères de la jeune femme viennent lui rendre visite. Ils sont bien accueillis[7] par leur petite sœur qui fait tuer un poulet[8] pour leur dîner.

L'avare revient trois jours plus tard et il demande si tous ses biens sont intacts. Sa femme l'assure que tout est pour le mieux mais qu'elle a fait égorger[9] un vieux coq à l'occasion de la visite de ses trois frères. En entendant cela, l'avare entre dans une colère[10] terrible. On a osé[11] lui prendre une partie de ses richesses! Dominé par la fureur, il insulte si violemment sa femme qu'elle en est cruellement offensée. Heureusement les gens du voisinage interviennent et la

Un troupeau de moutons en Afrique

[1]âpre... *constantly wanting more money* [2]*stingy* [3]*tries her best* [4]*household* [5]voyage... *business trip* [6]*belongings* [7]*welcomed* [8]fait... *has a chicken killed* [9]fait... *had the throat cut of* [10]*anger* [11]On... *Someone dared*

dispute s'achève.[12] Le lendemain la jeune femme prend ses affaires, en fait un baluchon[13] qu'elle pose sur sa tête et elle part se réfugier chez ses parents; la séparation dure trois mois. Ce délai permet à l'avare de mesurer l'amour qu'il porte à sa femme; mais il hésite à aller la voir car il craint d'être éconduit.[14] Enfin il se décide à rendre visite à ses beaux-parents.

En le voyant arriver, ils chargent leur fils aîné de tuer le plus beau mouton de leur troupeau. C'est ainsi qu'il convient[15] toujours d'accueillir un visiteur et surtout un membre de la famille, selon les lois de l'hospitalité traditionnelle, ce qui n'est jamais un vain mot[16] en pays moaga. L'avare mange à satiété,[17] boit le bon dolo ancestral et s'endort. Au réveil son beau-père vient le saluer et, au cours de la conversation, il cherche à connaître les causes du retour de sa fille, qui ne parle jamais de son mari. Mais le gendre élude habilement toutes les questions. Le beau-père décide de mettre un terme[18] à leur désunion. Usant de toute son autorité, il ordonne à sa fille de s'expliquer et elle raconte l'histoire suivante: «Pendant son absence, mon époux m'a donné la garde de tous ses biens. Il me reproche de n'avoir tué qu'un vieux coq pendant la visite de mes trois frères, au lieu de tuer le plus beau de ses moutons. Nous nous sommes disputés et il m'a insultée.»

Après avoir écouté sa fille, le vieil homme se tourne vers son gendre en lui demandant d'exposer sa propre version des faits. L'avare se contente de répondre: «Je n'ai rien à dire sinon que l'homme qui a une femme issue d'une famille honorable doit s'estimer comblé[19] par Dieu.» On lui recommande plus de modération à l'égard de sa femme. Le jeune homme écoute les conseils de son beau-père et jure sur ses ancêtres qu'il n'insultera plus jamais son épouse. Réconciliés, les deux jeunes gens repartent chez eux mais c'est sur le chemin du retour que se produit la véritable explication:

«Mon cher mari, voyez où vous conduit votre avarice! Mon mensonge vous sauve du déshonneur! N'avez-vous pas éprouvé[20] une grande honte lorsque mon père a fait tuer le plus beau de ses moutons pour vous accueillir? Et vous, êtes-vous radin au point de regretter un vieux coq qui encombrait[21] votre basse-cour[22]?

—Ma femme, ne dis plus rien. Je reconnais mes torts; toi par contre tu as sauvé mon honneur. Désormais, je te le jure, tu disposeras de[23] tous nos biens et tu agiras selon ton cœur.[24]»

Aujourd'hui, le couple est heureux car le jeune mari a tenu[25] ses promesses et remercie Dieu de lui avoir donné une épouse bonne et généreuse. Mes chers enfants, n'oubliez jamais ce que disaient nos anciens: celui qui ne veut pas partager ses biens se trouvera un jour dans le plus grand besoin.

---

[12]*ends* [13]*bundle* [14]craint... *fears being denied a visit* [15]qu'il... *that one must* [16]ce... *which is not taken lightly* [17]à... *to his satisfaction* [18]mettre... *put an end to* [19]*fulfilled* [20]N'avez-vous... *Didn't you feel* [21]*was taking up space in* [22]*poultry yard* [23]*disposeras... you will use as you see fit* [24]agiras... *will follow your heart* [25]*kept*

Une danse traditionelle dans un village au Burkina Faso, en Afrique de l'Ouest

Questions de compréhension

1. Utilisez la grille pour présenter ce conte.

Le titre	
Les personnages principaux	
Le problème de l'héroïne	
Les ressources utilisées pour trouver une solution	
Des allégories	
Une leçon de sagesse	

2. Au début de l'histoire, l'épouse s'adapte au défaut de son mari. Expliquez.
3. Quels événements provoquent la crise dans le couple?
4. Comment est-ce que le mari est accueilli par ses beaux-parents?
5. L'avare est un personnage universellement ridicule. L'épouse sauve son mari du ridicule avec subtilité et humour. Expliquez.

Questions d'analyse

1. L'avarice et l'hospitalité sont les deux notions importantes dans ce conte. Comment l'auteur de ce conte rend-il concrètes ces notions abstraites? Trouvez des citations dans le texte.
2. La leçon de sagesse de ce conte dit qu'il faut «partager ses biens» pour éviter «le plus grand besoin». Mais l'avare pense avoir «besoin» de tous ces «biens intacts». Quelle est la différence entre le «besoin» de l'avare et «le plus grand besoin» dans la leçon de sagesse?
3. Les contes les plus simples opposent les bons (*good guys*) et les méchants (*bad guys*). En quoi est-ce que le conte africain est plus complexe? S'agit-il de la transformation d'un personnage? d'une nouvelle situation? d'une nouvelle relation entre les gens? Expliquez.
4. Quelle est la différence entre la représentation d'une famille dans un conte et dans un reportage journalistique ou une étude sociologique?
5. Qu'est-ce qui est particulièrement africain dans ce conte? Qu'est-ce qui est universel?
6. Quelle est votre réaction à ce conte? Êtes-vous d'accord avec les actions et les réactions de la femme? Expliquez.

Le texte et vous

Quelles œuvres de fiction américaines célèbres (contes, films, etc.) transmettent des «leçons de sagesse»? Quelles sont ces leçons? Quelles sont les valeurs les plus importantes pour la société américaine? Connaissez-vous des allégories (statues, etc.) qui illustrent ces valeurs?

Retournons au cinéma

La relation entre les personnages et l'intrigue, selon le réalisateur David Murray:

«On ne peut pas séparer les personnages de l'intrigue. En tant que réalisateur, c'est mon rôle de décider comment présenter les personnages et les situations à l'écran, mais ce ne sont pas ces décisions qui définissent l'intrigue. Ce sont les réactions des personnages face aux situations et aux autres personnages qui constituent l'essence de l'intrigue. Même les vêtements des personnages ou leur façon de parler nous révèlent un aspect de leur caractère.»

Pour parler du cinéma

un écran screen
une réplique line of dialogue
un(e) spectateur/trice audience member
le caractère personality

Revoyons l'épisode

Observez le personnage de Bruno dans cet épisode. Étudiez ses vêtements, sa façon de parler et ses réactions. Qu'est-ce que ces éléments indiquent sur le personnage de Bruno?

Reparlons de l'épisode

BRUNO: Où est Camille? Camille n'est pas là!? Oh-oh, quelqu'un sait où est Camille?

Étape 1 Le mot du réalisateur. «On apprend beaucoup sur le personnage de Bruno dans les scènes qui se déroulent à Canal 7: il est d'abord peu sûr de lui et inquiet d'être seul sur le plateau, puis il est professionnel et charmeur dans son échange avec Camille pendant le segment sur la mode. Le portrait de Bruno—ses vêtements, sa façon de dire ses répliques, le choix d'images—est soigneusement calculé. Chaque fois qu'ils sont devant la caméra, les personnages donnent aux spectateurs plus d'informations sur leur personnalité, leurs désirs et leurs motivations. Cette information constitue pour le public le contexte nécessaire pour comprendre et interpréter l'histoire durant son déroulement.»

Étape 2 Le développement des personnages. Répondez aux questions en comparant vos observations avec celles d'un(e) partenaire.

BRUNO: Bonjour! Paris est la capitale de la mode. Et la mode, c'est l'image éternelle de la France.

1. Analysez le personnage de Bruno. Quelle sorte de personne est-il? Qu'est-ce qu'il veut? Qu'est-ce qui le motive?
2. Analysez Camille, Mado et Rachid comme vous venez d'analyser Bruno.

(*cont.*)

CAMILLE: C'est ma maman! Elle habite au-dessus de chez moi.

3. Comment est-ce que les vêtements, les expressions et les gestes d'un personnage aident le spectateur ou la spectatrice à le comprendre?
4. Pourquoi est-ce que le réalisateur commence le film avec cette présentation des personnages?
5. Comment réagissez-vous aux différents personnages? Lequel trouvez-vous le plus intéressant? Pourquoi?

Étape 3 Vous êtes réalisateur. Vous faites un film sur la vie d'un(e) ami(e). Répondez aux questions suivantes pour créer le «personnage» de votre ami(e) pour ce film.

1. Que porte-t-il/elle?
2. Qu'est-ce qu'il/elle fait?
3. Quel acteur ou quelle actrice célèbre choisissez-vous pour jouer le rôle de votre ami(e)? Pourquoi?

Hors-champ

A. Mieux connaître les personnages.

Étape 1: Lisez l'histoire de Rachid et Sonia et complétez les phrases.

Quand Rachid ______[1] Sonia, ils ______[2] tous les deux 20 ans. À l'époque, ils ______[3] à Marseille, dans le sud de la France. Rachid ______[4] tout de suite amoureux. Sonia ______[5] une jolie fille sérieuse. D'origine maghrébine comme Rachid, elle ______[6] sa religion et ils ______[7] bien.

avoir
se comprendre
être
rencontrer
respecter
tomber
vivre

Deux ans plus tard, Rachid ______[8] la grande question. «______[9] -tu de ______[10] avec moi?» Sonia ______[11]: «Je ______[12] bien» et ils ______[13] tendrement. Leur fille ______[14] au monde un an après le mariage et leur bonheur ______[15] complet.

accepter
s'embrasser
être
se marier
poser
répondre
venir
vouloir

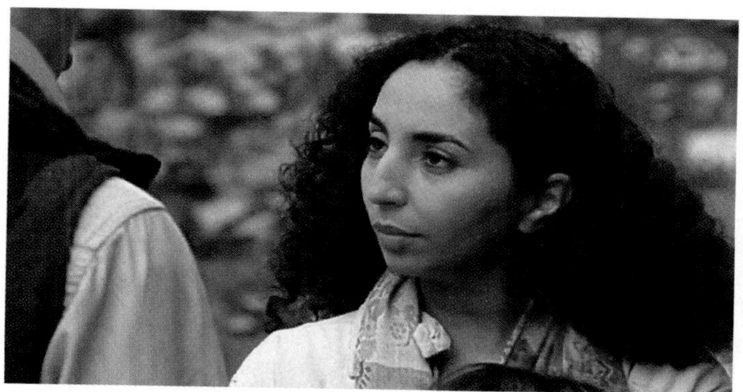

SONIA: (*à Rachid*) **Tu viens dîner ce soir?**

Martine ______[16] de Canal 7. «Je ______[17] parler à Rachid Bouhazid, s'il vous plaît? Nous ______[18] une nouvelle série de reportages et nous ______[19] besoin de lui.» Sonia ______[20] qu'il est ambitieux et qu'il ______[21] travailler à Paris pour avoir la carrière de ses rêves. Mais elle ______[22] le changement; elle ______[23] peur de quitter sa famille.

appeler
avoir (deux fois)
craindre
devoir
lancer
pouvoir
savoir

À Canal 7, Rachid ______[24] dur et on ______[25] bien ce jeune reporter plein d'énergie. Yasmine ______[26] à son école tous les jours. Quand Sonia parle au téléphone avec sa mère, elle ______[27] toujours la même chose: «Je ______[28] seule dans cette ville. Je ne ______[29] personne. Il ______[30] moins beau qu'à Marseille et je ______[31] sans mes amis.» Tout le monde ______[32] de comprendre, mais c'est difficile, très difficile.

aller
connaître
dire
s'ennuyer
essayer
faire
payer
se sentir
travailler

Étape 2: Maintenant, répondez aux questions.

1. Où est-ce que Rachid et Sonia se rencontrent?
2. Pourquoi quittent-ils Marseille?
3. Que pense Sonia du déménagement?

B. Une histoire d'amour réaliste. Avec un(e) partenaire, comparez Rachid et Sonia à des gens que vous connaissez.

1. Qu'est-ce que Rachid et Sonia ont en commun au moment où ils se rencontrent? Parlez d'un couple que vous connaissez. Qu'est-ce que les deux personnes ont en commun? En quoi sont-elles différentes? À votre avis, qu'est-ce qui fait un bon couple?
2. De quels problèmes est-ce que Sonia parle avec sa mère? Y a-t-il quelqu'un dans votre famille avec qui vous pouvez parler quand ça va mal? En général, comment est-ce que cette personne réagit?

3. Décrivez la réaction de Rachid dans la situation qu'on voit sur la photo en-dessous. Qu'est-ce qu'il fait? Comment se sent-il? Et vous, que faites-vous quand vous vous sentez mal à l'aise avec quelqu'un ou quand vous devez vous excuser?

RACHID: Désolé, Sonia. Je suis... je suis un imbécile...

Pour mieux écrire

Dans la section **Pour mieux écrire** du *Cahier d'exercices*, vous trouverez des stratégies d'écriture et des sujets de composition française liés aux thèmes de «la famille» et «des moments importants de la vie».

CHAPITRE 3

CAMILLE POSE DES QUESTIONS

BRUNO: Tu es Rachid Bouhazid et tu viens de Marseille, c'est ça?

Pour commencer On pose souvent des questions pour se renseigner, mais les questions servent aussi à confirmer ce que l'on sait déjà ou à demander à quelqu'un de faire quelque chose. Dans l'exemple à gauche, Bruno sait déjà que c'est Rachid. Ici sa question confirme ce qu'il sait déjà.

À vous Maintenant, essayez de confirmer trois choses que vous savez déjà, en posant des questions à un(e) partenaire.

MODÈLE: É1: Il fait froid (chaud) aujourd'hui, n'est-ce pas?

É2: Oui, il fait très froid (chaud).

Thèmes culturels

- la sphère publique et la sphère privée
- se vouvoyer et se tutoyer

Objectifs fonctionnels

- poser et comprendre des questions pour se renseigner, pour demander un service ou pour confirmer une information ou opinion
- poser et comprendre des questions pour demander des précisions

Structures pour communiquer

3.1 L'interrogation

3.2 L'adjectif et les pronoms interrogatifs

3.3 Le pronom interrogatif **lequel**

Vocabulaire thématique

La sphère publique et la sphère privée

Camille au marché

Camille et sa grand-mère, Louise

La sphère publique

amical(e)	friendly
un comportement	behavior
se comporter	to behave
d'accord	okay, (all) right, agreed
être d'accord (pour)	to agree; to be willing (to)
un débat	debate
un endroit	place
l'engagement (*m.*) **(politique)**	(political) commitment
être engagé(e)	to be committed (*to a cause*)
(s')exprimer	to express (oneself)
un(e) habitant(e)	inhabitant
un quartier	neighborhood
une question	question; issue
(se) rencontrer	to meet (each other) (*by chance*); to encounter
(se) retrouver	to meet up with (each other); to find again

se serrer la main	to shake hands
la vie en société	life in society
(se) vouvoyer	to address someone (each other) using the polite **vous**

La sphère privée

arriver à (+ *infinitif*)	to manage (to do something)
une connaissance	knowledge; an acquaintance
faire connaissance (avec quelqu'un)	to meet (someone); to get acquainted (with someone)
un dialogue	discussion; dialogue
une dispute	argument
se disputer	to argue
donner un coup de main	to help, lend a hand
s'entendre bien (mal)	to get along well (badly)
garder (le silence; un secret)	to keep (quiet; a secret)
partager	to share
un rapport	relationship; connection
un rapport d'amitié	friendship
une relation	relation(ship); acquaintance
un sourire	smile
sourire	to smile
tendu(e)	tense
(se) tutoyer	to address someone (each other) using the familiar **tu**
une valeur	value
la vie privée	private life; privacy

NOTE CULTURELLE

À l'intérieur de la maison, il y a des pièces où les invités ne vont pas, par respect pour la vie privée. La chambre des parents, par exemple, est un endroit qui leur est réservé, et on va dans la cuisine seulement quand la maîtresse de maison vous y invite.

Applications

A. L'intrus. Identifiez le mot ou l'expression qui ne va pas avec les autres et expliquez pourquoi.

1. le quartier, le comportement, l'endroit
2. se disputer, tutoyer, vouvoyer
3. sourire, s'entendre bien, arriver à
4. s'exprimer, garder le silence, partager

B. Les nuances des mots. Lisez les phrases pour comprendre les différentes significations du mot en italique. Ensuite, écrivez vos propres phrases en imitant chaque exemple.

MODÈLE: *sortir*

Je *sors* avec des amis tous les week-ends.

Je *sors* de la maison.

Je *sors* le lait du frigo.

a. Elle *sort* avec ses copains le samedi soir.

b. Mon prof *sort* de la salle de classe.

c. Le chef cuisinier *sort* le plat du four (*oven*).

1. (*se*) *rencontrer*

Quand je *rencontre* des problèmes, je suis patient.

Paul *rencontre* souvent les mêmes gens dans le quartier.

Les amis *se rencontrent* au café.

a. ______

b. ______

c. ______

2. *question*

Le professeur nous pose beaucoup de *questions*.

L'immigration est une *question* politique importante.

a. ______

b. ______

3. *d'accord*

On va au restaurant, *d'accord*?

Paul préfère l'Italie, mais je ne *suis* pas *d'accord*. Je préfère l'Espagne.

Je *suis d'accord pour* dîner avec toi.

a. ______

b. ______

c. ______

4. *arriver*

Mon avion *arrive* à midi.

Je n'*arrive* pas *à* finir mon travail.

a. ______

b. ______

C. La sphère publique et la sphère privée. Complétez les phrases avec les mots de la liste. Faites tous les changements nécessaires.

Un débat entre amis

amical
dialogue
dispute
engagement
habitant
se retrouver

La sphère publique existe en dehors de la maison. En France, les _______ [1] d'un quartier _______ [2] souvent au café pour parler de politique. Les Français pensent généralement que l'_______ [3] politique est très important et ils en parlent avec beaucoup de passion. On voit, par exemple, des _______ [4] très animés et il y a même parfois des _______ [5] si les gens ne sont pas du tout d'accord. Mais, parce qu'ils acceptent les différences d'opinion, les participants aux débats politiques ont, le plus souvent, des relations _______ [6].

connaissance
donner un coup de main
endroit
partager
rapport
tendu
valeur

Dans la sphère privée, on trouve la famille et les amis intimes. La maison est un _______ [7] réservé pour ces personnes. Même si les _______ [8] sont bons entre les membres d'une famille, il y a parfois des moments _______ [9] quand ils se disputent. Les parents _______ [10] les responsabilités à la maison et même les enfants _______ [11] à leurs parents pour faire le ménage.° Les parents essaient de communiquer des _______ [12] traditionnelles comme le respect et l'honnêteté et ils transmettent des _______ [13], comme par exemple l'histoire de leur région.

°*housework*

D. Compréhension culturelle. Relisez les paragraphes de l'Activité C pour bien comprendre l'information culturelle. Avec un(e) partenaire, répondez aux questions.

1. Dans les discussions politiques, les Français ne cherchent pas nécessairement le consensus. En fait, ils aiment les différences d'opinion et les discussions animées. Comment parle-t-on de politique dans votre pays? Est-ce que les gens préfèrent terminer la conversation avec le sentiment que tout le monde est d'accord? Expliquez. Acceptent-ils facilement les différences d'opinion? Commentez.
2. Quel est le rôle de la maison dans votre pays? Y invite-t-on des gens que l'on ne connaît pas bien? Pourquoi (pas)?
3. Quel est votre endroit public ou privé favori? Pourquoi?

E. **Différences.** Dans chaque cas, expliquez la différence de sens entre les deux expressions.

1. un rapport d'amitié et le mariage 2. exprimer son opinion et être d'accord 3. un dialogue et une dispute 4. un(e) ami(e) et une connaissance ou une relation 5. la vie privée et la vie en société

F. **Descriptions des endroits.** Avec un(e) partenaire, dites à tour de rôle si les endroits suivants sont publics, privés ou les deux et expliquez votre choix. Ensuite, c'est une devinette (*guessing game*): choisissez un endroit qui n'est pas dans cette liste et dites trois choses que vous pouvez y faire et trois choses que vous ne pouvez pas y faire. Votre partenaire va essayer d'identifier l'endroit. Changez ensuite de rôle.

1. une bibliothèque
2. un parc
3. une voiture
4. une salle de classe
5. un appartement
6. une église
7. une chambre
8. un gymnase

Allons au cinéma

MADO: C'est quoi, ça?

Rappelons-nous

Ce qui s'est passé avant. Vous souvenez-vous de l'Épisode 2? Pour chacune des scènes suivantes, mettez les phrases dans l'ordre chronologique, puis lisez les chronologies à haute voix.

À l'école

______ a. Rachid parle à Sonia et il s'excuse.
______ b. Rachid va chercher Yasmine à l'école.
______ c. Sonia invite Rachid à dîner.

Chez Camille

______ a. Mado offre du champagne à Rachid et à Camille.
______ b. Rachid fait la connaissance de Mado, la mère de Camille.
______ c. Mado ne veut pas parler de sa famille et Rachid s'en va.
______ d. Rachid trouve une photo de la grand-mère de Camille.

À Canal 7

______ a. Bruno attend Camille avant l'émission «Bonjour!».
______ b. Rachid veut savoir s'il y a une photo du grand-père de Camille dans le médaillon.
______ c. Camille et Bruno présentent une émission sur la mode.

Chez Camille

______ a. Camille agrandit une photo de sa grand-mère.
______ b. Camille regarde le visage de son grand-père.
______ c. Camille sourit.

Préparons-nous pour l'épisode

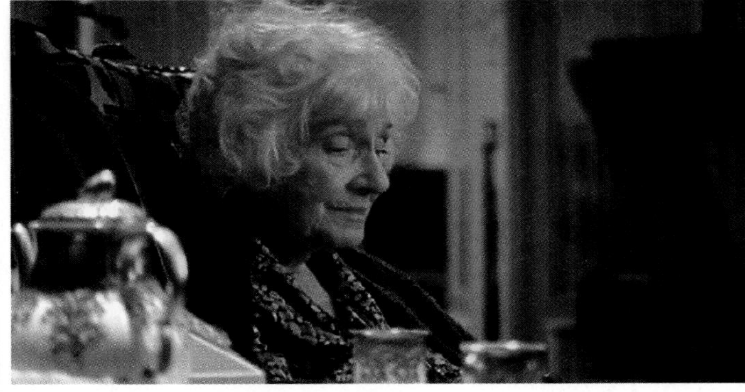

Quels sont les sentiments de Louise?

Les mots apparentés. Dans l'Épisode 3, les personnages utilisent plusieurs mots apparentés. Lisez un des mots de la colonne A à un(e) partenaire. Il/Elle va trouver sa traduction dans la colonne B. Employez alors le mot français dans une phrase, puis changez de rôle pour le mot suivant, et ainsi de suite.

Modèle: É1: «signez»

É2: En anglais, c'est le numéro 7.

É1: Je signe une lettre.

A	B
En français	**En anglais**
la condition	1. onions
du champagne	2. arrive
arrivent	3. photo
un autographe	4. marriage
des carottes	5. letter
des oignons	6. calm
une photo	7. sign
l'âge	8. age
le mariage	9. condition
horrible	10. autograph
une lettre	11. carrots
calme	12. champagne
signez	13. horrible

Vocabulaire de l'épisode

Au marché

petits morceaux small pieces
une livre half kilo, pound
du premier choix best quality

Chez Louise

en forme in good health
ranger to put; to keep
la guerre war
moche ugly; awful

Chez Camille

Qu'est-ce que t'as? What's the matter?
Et j'ai tout de même le droit de... And after all, I have the right to . . .
De quoi te mêles-tu? What business is it of yours?
une gamine kid (*fam.*)
perdre la tête to lose one's mind
cesser to stop
mériter to deserve
une gifle slap

Regardons l'épisode

Répondez aux questions suivantes en regardant l'épisode.

1. Quel adjectif décrit les rapports entre Camille et sa grand-mère?
   a. tendus b. tendres c. distants
2. Quel adjectif décrit les rapports entre Camille et sa mère?
   a. tendus b. tendres c. distants

Parlons de l'épisode

A. Où se trouve… ? En vous basant sur cet épisode, associez les personnages et les objets de la colonne A avec les endroits de la colonne B. Ensuite, expliquez l'importance de ces associations dans le contexte de cet épisode.

MODÈLE: Camille achète les carottes au marché, dans la rue. Elle va préparer un repas pour sa grand-mère. Elle est contente de savoir que les carottes sont de bonne qualité.

A	B
Camille	dans le studio de Canal 7
Louise	dans la rue
Alex	dans l'appartement de Louise
les carottes	dans l'appartement de Camille
un autographe	
Mado, la photo d'Antoine	
un téléphone	

B. Qui a dit quoi? Identifiez qui parle: Camille, Louise ou Mado.

1. ______ «Je fais la cuisine!»
2. ______ «Tu m'achètes du champagne?»
3. ______ «Tu refermes la porte, ma chérie?»
4. ______ «C'est loin, tout ça.»
5. ______ «Tu me racontes son histoire pendant la guerre?»
6. ______ «Il m'a envoyé une lettre… pour l'anniversaire de ta maman.»
7. ______ «Je te remercie pour la photo.»
8. ______ «C'est quoi ça?»
9. ______ «Mais qu'est-ce que t'as?»
10. ______ «Ne parle jamais de lui à ta grand-mère.»
11. ______ «On ne réveille pas les morts!»
12. ______ «Tu perds la tête… !»

Puis expliquez en plus de détail le contexte de chaque phrase dans l'épisode. Quelles phrases vous semblent les plus importantes et pourquoi?

C. **Comme le disent les Français.** Quelquefois les personnages utilisent des tournures de phrases réservées à la langue parlée. Pour chaque phrase de la colonne A, trouvez la phrase équivalente de la colonne B.

A	B
1. LOUISE: La guerre, c'est moche!	a. Qu'est-ce que c'est que ça?
2. CAMILLE: C'était quand, la dernière fois qu'il t'a contactée?	b. Pourquoi est-ce que tu as montré cela à ta grand-mère?
3. MADO: C'est quoi, ça?	c. Quand est-ce qu'il t'a contactée la dernière fois?
4. MADO: Pourquoi tu as montré ça à ta grand-mère?	d. La guerre est horrible.
5. CAMILLE: Ça suffit!	e. J'en ai assez!

D. **Légende.** Regardez cette photo, puis écrivez une légende qui souligne une idée importante de l'épisode. Expliquez à un(e) partenaire pourquoi cette idée est importante. Votre partenaire va dire s'il / si elle est d'accord ou pas. Ensuite, comparez vos légendes et vos idées à celles du reste de la classe.

E. **Discussion.** Que savez-vous sur la motivation et les réactions des personnages dans cet épisode? Travaillez en petits groupes; chaque groupe va répondre à une des questions suivantes. Ensuite, chaque groupe va présenter sa réponse à la classe.

1. Pourquoi est-ce que Camille va au marché?
2. Quelle est la réaction de Louise quand elle voit la photo d'Antoine?
3. Qu'est-ce que Camille veut savoir à propos de son grand-père?
4. Quelle est la réaction de Mado quand elle voit la photo d'Antoine? Pourquoi, à votre avis?

Structures pour communiquer 1

RACHID: Ton grand-père! Enfin... Où est-il?

3.1 L'interrogation

What is the best way to get a good answer to a question? Ask a good question. In French, this means knowing how to ask a wide variety of questions and using the appropriate structures to do so. As in English, there are two types of questions, *yes/no* questions and *information* questions, and there are different ways to form both.

Les formes de l'interrogation

1. Written and spoken questions answered by *yes* or *no* are formed in three ways. For all spoken questions, *always use a rising intonation.*
   a. The simplest way of forming *yes/no* questions is to say a sentence with *a rising intonation.* If you would like to indicate that you expect the answer to be *yes,* you may add an expression such as **non? n'est-ce pas?** or **c'est ça?** at the end.

   CAMILLE: On dîne ensemble ce soir? (*intonation rises*)

   CAMILLE: C'est bien ton mari... Antoine, **n'est-ce pas?** (*intonation rises*)

   b. *Yes/no* questions are also formed by putting **Est-ce que (qu')** in front of a sentence, without changing the word order.

   CAMILLE: **Est-ce que** vous pouvez me le couper en petits morceaux?

   c. Another way to form *yes/no* questions is by inverting the order of the subject pronoun and verb in a sentence. When there is a conjugated verb + infinitive, invert with the conjugated verb.

   BRUNO: **Peut-on** encore être à la mode?

   d. If the subject of an inverted *yes/no* question is a common or proper noun, invert the corresponding subject pronoun with the verb. If the

RAPPEL

When speaking with family and friends, most French speakers use rising intonation or **Est-ce que** to form *yes/no* questions. When speaking in a formal context or when writing compositions, inversion is the preferred method of asking *yes/no* questions.

www.mhhe.com/bienvubiendit

verb does not end in **-t** or **-d**, add **-t-** between the verb and **il**, **elle**, or **on**. Inversion is not generally used with the subject pronoun **je**.

CAMILLE: **Les Français** aujourd'hui **sont-ils** capables de reconnaître un bon pain?

Camille signe-t-elle un autographe pour le boucher?

RAPPEL

Comment has several different meanings.

1. **Comment?** (*used alone*) = *What* (*did you say*)?
   Comment? Qu'est-ce que tu dis?
2. **Comment** + sujet + verbe? = *How . . . ?*
   Comment est-ce que je dois m'habiller ce soir?
3. **Comment** + **être** + noun/pronoun = *What is/are . . . like?*
   Comment est-il? Très sympa, intelligent... il est chouette!

2. Written and spoken questions asking for *information* are formed in several ways. For spoken questions of this type, *always use a falling intonation.*
   a. Use one of the following question words to ask for specific information.

combien (de)	—Combien de candidats se présentent pour l'élection?
	—Il y a huit candidats.
comment	—Comment allez-vous?
	—Pas mal, merci, et vous?
où	—Où rencontres-tu tes amis?
	—Nous nous retrouvons au Café Roma.
pourquoi	—Pourquoi est-ce que tu n'es pas d'accord avec nous?
	—Votre argument n'a pas de sens.
quand	—Quand est-ce que les Français se serrent la main?
	—Quand ils se rencontrent.
qu'est-ce que/qu' (+ sujet/verbe)	—Qu'est-ce qu'elle dit?
	—Elle dit qu'il est difficile de garder le silence.
que (+ inversion)	—Que pensez-vous de ce film?
	—Je l'adore!
quel(s), quelle(s)	—Quelle question est la plus importante?
	—Nos écoles!
qui	—Qui organise le débat dans ce quartier?
	—Nabil, comme toujours.

   b. Place the appropriate question word at the *beginning* of a sentence without changing its word order. Use **est-ce que** after the interrogative.

   MARCHANDE: **Qu'est-ce que** je vous sers, mademoiselle?

   c. Place the appropriate question word at the *beginning* of the question and invert the subject pronoun and verb after the question word.

   CAMILLE: **Où ranges-tu** le sucre, grand-mère?

   d. If the question begins with **combien**, **comment**, **où**, **quand**, or **que**, you may invert subject and verb even when the subject is a noun. This form is used with affirmative questions only. When there is a direct object or a verb in a compound tense, however, you must invert

COMME ILS LE DISENT DANS LE FILM...

It is more and more common to hear information questions formed without **est-ce que** or inversion, and with question words placed either at the beginning or at the end. These ways of asking questions are appropriate in everyday speech, but not in writing.

1. question word at the beginning
   BRUNO: **Combien** ça coûte?
   MADO: **Pourquoi** tu as montré ça à ta grand-mère?
2. question word at the end
   YASMINE: On va **où**?
   MADO: C'est **quoi**, ça?

the verb with the subject pronoun that corresponds to the subject noun.

BRUNO: **Où** est Camille?

CAMILLE: Mais d'**où** vient cette photo?

Quand Rachid **va-t-il** revenir? (compound tense)

Les emplois de l'interrogation

There are many reasons to ask questions; here are the most common:

1. To confirm assumptions.

   RACHID: De l'autre côté du médaillon, il y a peut-être ton grand-père?
2. To get information.

   CAMILLE: Quel âge a-t-il sur cette photo?
3. To initiate an interaction with someone.

   MADO: C'est quoi, ça?
4. To ask someone to do something.

   LOUISE: Tu m'achètes du champagne?

   CAMILLE: Tu me racontes son histoire pendant la guerre?
5. To indicate disapproval or disagreement with what has been said.

   CAMILLE: Mais je ne suis plus une enfant, grand-mère!

   LOUISE: En es-tu sûre?
6. To change the focus of a conversation.

   CAMILLE: Rachid, tu es gentil, tu me poses des questions, tu t'intéresses à ma famille… Mais, tu as peut-être autre chose à faire?

À NOTER

The answer to questions asked to verify information will be *yes* or *no*.

The answers to the types of questions described in b, c, d, and e will vary.

À NOTER

During a conversation, asking questions is a great strategy for putting the pressure on someone else to talk while you listen. It also allows you to change the topic if you aren't comfortable with what is being discussed or if you aren't sure what you want to say about it.

ELLE: Que pensez-vous de la ratification de la constitution de l'Union européenne?

VOUS: Bonne question. Qu'en pensent les Français? Sont-ils pour ou contre?

LUI: Pourquoi est-ce que le divorce est si fréquent aux États-Unis?

VOUS: Est-ce que le divorce est un problème en France?

Exercices

A. Parlons du film. Transformez les questions suivantes en employant *l'inversion*. Ensuite répondez aux questions pour vérifier votre compréhension de l'Épisode 3.

MODÈLE: Est-ce qu'Alex va acheter du champagne pour Louise?
Alex va-t-il acheter du champagne pour Louise?

1. Est-ce que Rachid aime les Cévennes?
2. Où est-ce que Camille va aujourd'hui?
3. Est-ce que Rachid prend du jarret de porc aux lentilles?
4. Est-ce que Bruno trouve le béret intéressant ou ridicule?
5. Est-ce que Rachid et Sonia s'entendent bien?
6. Où est-ce que la classe de Yasmine va pour une leçon de sciences naturelles?

B. Tutoyer ou vouvoyer? Posez des questions avec *le mot interrogatif approprié* + **est-ce que** en remplaçant les mots en italique.

MODÈLE: On vouvoie les commerçants *au marché.*
Où est-ce que l'on vouvoie les commerçants?

1. *Dans la salle de classe*, les professeurs tutoient souvent les étudiants.
2. Les gens qui se vouvoient parlent *poliment.*
3. On doit eviter *trois ou quatre* sujets quand on parle avec les gens que l'on ne connaît pas.
4. Bruno et Hélène se tutoient *parce qu'ils se connaissent bien.*
5. On apprend *à tutoyer* en écoutant les gens avec qui on parle.

À NOTER

When the word before **on** ends with a vowel sound, **on** becomes **l'on** to facilitate the pronunciation of these two words together.
que + on dit → que **l'on** dit
et + on pense → et **l'on** pense

C. Le français parlé. Transformez ces questions du français parlé en français standard avec **est-ce que** ou *inversion.*

MODÈLES: MADO: C'est quoi, ça?
Qu'est-ce que c'est que cela?

BRUNO: T'as faim?
As-tu faim?

1. YASMINE (*son premier jour à une nouvelle école*): Pourquoi maman n'est pas là?
2. BRUNO (*pendant l'interview sur le pain*): Il y a une panne d'électricité, là?
3. MARTINE (*parlant à Rachid de Sonia*): Elle est où? à Marseille?
4. BRUNO (*à Hélène*): T'arrives de Montréal?
5. BRUNO (*à Rachid*): T'es musulman, je suppose?

À NOTER

Ça is an abbreviation of **cela**. Use **ça** when speaking familiar French and **cela** in standard or written French.
Comme **ça**? → Comme **cela**?
Je ne veux pas tout **ça**. → Je ne veux pas tout **cela**.

À NOTER

Tu (standard French) often becomes **t'** before a vowel sound in familiar French.
CAMILLE (*à Mado*): Mais qu'est-ce que **t'as**? → Mais qu'est-ce que **tu as**?

Prenons la parole

FONCTION

Poser des questions pour demander à quelqu'un de faire quelque chose

A. Poli avec Paul. Avec un(e) partenaire, posez trois ou quatre questions à Paul pour lui demander de façon indirecte de faire quelque chose.

MODÈLE: Il fait très chaud chez votre ami Paul. Vous voulez qu'il ouvre la fenêtre.

Il fait chaud, n'est-ce pas?
Tu ne veux pas ouvrir une fenêtre?
Pourquoi fait-il si chaud dans ton appartement?
Est-ce que tu as chaud?

1. Vous voulez que Paul vous accompagne au centre sportif pour faire du sport avec vous.
2. Vous voyagez avec Paul, et vous avez faim. Paul a deux pommes dans son sac à dos.

3. Vous voulez que Paul vous prête son CD de Bob Marley.
4. Votre ordinateur ne marche pas, et vous voulez que Paul vous aide.
5. Paul connaît bien quelqu'un que vous voulez rencontrer. Vous voulez qu'il vous présente.
6. Vous êtes au café, et vous n'aimez pas le comportement de Paul. Vous voulez qu'il dise «merci» à la serveuse.

B. Jeu de rôles. Avec un(e) partenaire, jouez les rôles de Camille et de Louise le soir où Camille lui montre la photo d'Antoine. Quelles questions Camille pose-t-elle à sa grand-mère? Et Louise, quelles questions pose-t-elle à sa petite-fille? Imaginez aussi des réponses possibles.

Poser des questions

MODÈLE: É1: (Camille) Pourquoi ne veux-tu pas parler de la guerre?
É2: (Louise) C'est trop triste. D'où vient cette photo?

Sujets possibles:
- la journée de Louise (ou de Camille)
- le travail de Camille
- les gens qu'elles connaissent toutes les deux (Alex, Mado)
- la vie dans le quartier de Louise
- Antoine
- la Deuxième Guerre mondiale

C. Jeu de vingt questions. Un(e) étudiant(e) choisit l'une des photos à la page suivante. Les autres étudiant(e)s, sans regarder leur livre, posent un maximum de vingt questions pour identifier ce qu'il y a sur la photo choisie. Quand ils croient avoir assez d'informations, les membres du groupe disent ce qui se passe dans le film à ce moment-là. Maintenant, à chacun son tour!

Poser des questions pour se renseigner

Vocabulaire utile: combien de personnes, comment, où, pourquoi, quand, que, qui

Modèle: É1: Combien de personnes y a-t-il sur la photo?

É2: Deux.

É3: Qui est sur la photo?

É2: Bruno et Rachid.

É4: Où sont-ils?

É2: Dans leur bureau.

É1: Bruno et Rachid, que font-ils?

É2: Ils se parlent et ils se serrent la main.

É4: Je pense que c'est le moment où Rachid découvre qu'il est assis au bureau de Bruno. Rachid change de bureau et reprend la photo de sa femme et sa fille.

É2: Oui, c'est ça. Très bien!

1. 

2. 

3. 

4. 

D. Une chambre à louer. Vous cherchez un(e) colocataire (*roommate/housemate*). Avec votre groupe, vous écrivez autant de questions que possible pour trouver le/la colocataire idéal(e). Ensuite, vous présentez un petit sketch (*skit*) à la classe. Un membre de votre groupe va interviewer deux candidat(e)s colocataires. Il va ensuite choisir une des deux personnes et justifier son choix.

Poser des questions

MODÈLE: É1: Qu'est-ce que tu préfères faire le soir: étudier? regarder la télé? sortir?

Candidat(e) 1: Je sais que je dois étudier mais je n'aime pas ça. J'adore inviter mes amis à la maison et j'aime aussi faire la cuisine.

Candidat(e) 2: Moi, j'étudie parce que je veux réussir mes études. Le week-end, je sors avec mes copains. J'aime le sport.

É1: Je choisis le/la candidat(e) 2 parce que moi aussi, j'étudie pendant la semaine. J'ai besoin de calme.

3.2 L'adjectif et les pronoms interrogatifs

CAMILLE (*à Louise*)**: Quel âge a-t-il sur cette photo?**

Les formes de l'adjectif interrogatif

1. **Quel** is an adjective that means *what* or *which*. It always agrees in number and gender with the noun it modifies.

	SINGULIER	PLURIEL
MASCULIN	quel	quels
FÉMININ	quelle	quelles

Quelles valeurs sont importantes pour votre famille?

Quel est l'endroit idéal pour une réunion familiale?

2. **Quel** can be used with prepositions.

Dans quelle cause êtes-vous engagé? *Which cause are you committed to*?

Sur quels problèmes est-ce que le public est bien renseigné? *Which problems is the public well informed about*?

L'emploi de l'adjectif interrogatif

Questions with **quel** ask for one or more specific elements in a given category.

Quels candidats politiques parlent des questions importantes? *Which candidates are talking about important issues*?

De **quelles** questions parlent-ils? *Which issues are they talking about*?

Les formes des pronoms interrogatifs

The interrogative pronouns *who, whom,* and *what* ask questions about people, things, and ideas.

POUR SE RENSEIGNER SUR LES GENS		
	FORME COURTE	FORME LONGUE
SUJET	—**Qui** vient ce soir? —C'est Marc.	—**Qui est-ce qui** vient ce soir?
OBJET DIRECT	—**Qui** admires-tu? —J'admire notre sénateur.	—**Qui est-ce que** tu admires?
OBJET D'UNE PRÉPOSITION	—**De qui** parle-t-il? —Il parle du président.	—**De qui est-ce qu'**il parle?

POUR SE RENSEIGNER SUR LES CHOSES ET LES IDÉES		
	FORME COURTE	FORME LONGUE
SUJET	———	—**Qu'est-ce qui** t'intéresse?
OBJET DIRECT	—**Que** dis-tu? —Je dis qu'ils ont tort.	—**Qu'est-ce que** tu dis?
OBJET D'UNE PRÉPOSITION	—**À quoi** pense-t-elle? —Elle pense au problème.	—**À quoi est-ce qu'**elle pense?
IDENTIFICATION OU DÉFINITION	—**Qu'est-ce que** les Verts?* —C'est un parti politique.	—**Qu'est-ce que c'est que** les Verts?*

*When asking for a definition or an identification, use **qu'est-ce que c'est que** in *spoken* questions and **qu'est-ce que** in *written* questions.

Les emplois des pronoms interrogatifs

1. The only pronoun used to ask questions about *people* is **qui**.
   a. Use **qui** as a subject with a verb in the third person singular. The short form is more polite than the long form.

Qui va au débat ce soir?	*Who is going to the debate tonight?*
Qui est-ce qui vote pour cette loi?	*Who (on earth) is voting for this law?*

   b. **Qui** is used as a direct object or an object of a preposition when followed by a subject and a verb. The long form is more common than the short form in everyday conversations.

Qui respectez-vous?	*Whom do you respect?*
Avec qui est-ce qu'elle se dispute?	*With whom is she arguing?*

2. The pronoun *what* is used to ask questions about things and ideas. There are several ways to express *what*, depending on its role in the question.
   a. When *what* is the subject, use **qu'est-ce qui**.

Qu'est-ce qui ne va pas?	*What's wrong? What's not working?*

   b. To express *What is . . . ?*, there are two possibilities. *What is* + noun = **Quel(le) est... ?** *What is . . . ?* in all other instances = **Qu'est-ce qui est... ?**

Quel est le problème?	*What is the problem?*
Qu'est-ce qui est si difficile?	*What is so difficult?*

   c. When *what* is the direct object, use **que** + inversion or **qu'est-ce que** + subject/verb. The long form is more common than the short form in everyday speech.

Qu'espères-tu?	*What are you hoping for?*
Qu'est-ce que tu ne comprends pas?	*What don't you understand?*

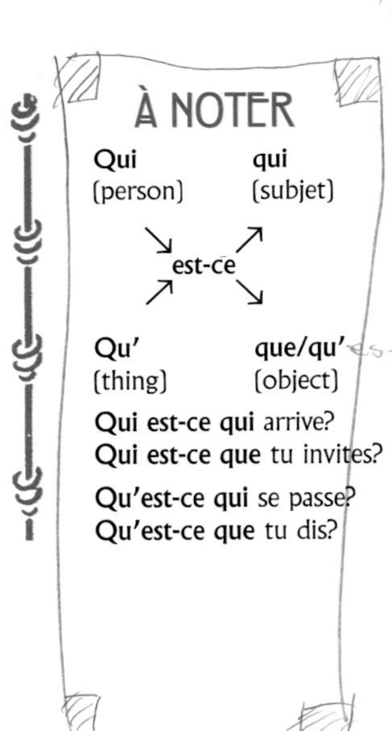

À NOTER
Qui (person)
qui (subjet)
est-ce
Qu' (thing)
que/qu' (object)
Qui est-ce qui arrive?
Qui est-ce que tu invites?
Qu'est-ce qui se passe?
Qu'est-ce que tu dis?

MARAÎCHÈRE: Qu'est-ce que je vous sers, mademoiselle?

d. When *what* is used with a preposition (often **à** or **de**), use **quoi**. The long form is more common in long questions; the short form is used in short questions.

De quoi parlez-vous?	*What are you talking about?*
Avec quoi est-ce que cette candidate n'est pas d'accord?	*What doesn't this candidate agree with?*

3. When speaking, *what* is expressed differently in formal and informal contexts.

FRANÇAIS STANDARD	FRANÇAIS PARLÉ
Comment? Nous perdons l'élection?	**Quoi?** Nous perdons l'élection?
Qu'est-ce que c'est **que cela**?	C'est **quoi, ça**?
Que dit le président?	**Il dit quoi** le président?

 Exercices

A. Décisions, décisions. On organise un débat. Complétez les questions suivantes avec le pronom interrogatif qui convient: **Qui est-ce que** ou **Qu'est-ce qui**.

MODÈLES: *Qui est-ce que* vous invitez au débat? Le président.

Qu'est-ce qui influence les électeurs pendant un débat? Les questions qui sont importantes pour eux.

1. ________ vous espérez voir assister au débat? Beaucoup d'électeurs indécis.
2. ________ encourage les électeurs à venir au débat? Un format plutôt relaxe.
3. ________ les électeurs préfèrent en ce moment?
4. ________ aide les gens à identifier le vainqueur d'un débat? Les discussions télévisées après le débat.
5. ________ le débat favorise? La personne la plus à l'aise en public.

B. Dans le film. Trouvez dans la colonne B l'expression interrogative qui complète chacune des phrases dans la colonne A. Suivez le modèle. Vous n'allez pas utiliser toutes les expressions données.

MODÈLE: __*a*__ fait Camille au marché?

A	B
1. _____ boisson est-ce que Rachid refuse de boire chez Mado?	a. Que/Qu'
2. _____ est le code de l'appartement de Mado?	b. Qu'est-ce que (qu')
3. _____ le Jardin des Plantes?	c. Qu'est-ce qui
4. _____ carottes est-ce que Camille achète au marché?	d. Quel
5. De _____ Camille a-t-elle envie?	e. Quelle
6. _____ cause la dispute entre Mado et Camille?	f. Quels
7. _____ dit Mado quand elle voit la photo d'Antoine?	g. Quelles
8. _____ Louise ne veut pas discuter avec Camille?	h. quoi

C. Questions politiques. Complétez chacune des questions suivantes avec l'expression interrogative appropriée: **Quel(le)s** ou **Qu'est-ce qui**.

MODÈLE: *Quelle* est la différence entre une république et une démocratie?

1. _______ est la date de l'élection présidentielle cette année?
2. _______ moments de la campagne présidentielle sont les plus décisifs?
3. _______ est dans le programme du parti socialiste?
4. _______ influence les électeurs indécis?
5. _______ est important maintenant?
6. _______ est le candidat idéal?

Prenons la parole

Poser des questions

A. Entretien. Posez les questions suivantes à un(e) étudiant(e) dans votre classe que vous ne connaissez pas bien. Suivez les indications données pour bien former chaque question, et notez rapidement ses réponses pour pouvoir présenter cette personne à quelqu'un d'autre dans la classe.

MODÈLES: **Quel** âge as-tu?

Qu'est-ce que tu fais pour bien préparer un examen difficile?

De quoi rêvez-vous?

Questions avec **quel/quels/quelle/quelles**:

1. son acteur préféré
2. son adresse
3. ses cours ce semestre

(cont.)

Questions avec **que, qu'est-ce que, quoi:**

1. ce qu'il/elle aime faire le soir
2. ce qu'il/elle doit faire après ce cours
3. ce qu'il/elle fait quand il/elle est malade
4. de quoi il/elle parle avec des amis
5. à quoi il/elle pense souvent

Questions avec **qui:**

1. avec qui il/elle parle souvent
2. qui fait les mêmes études que lui / qu'elle
3. qui est important pour lui/elle

Poser des questions

B. Je pense à... Pensez à un objet que vous avez chez vous ou que vous avez avec vous en classe. Votre partenaire va vous poser des questions pour deviner l'objet auquel vous pensez.

Vocabulaire utile: où, pourquoi, quand, que, quel, qu'est-ce que, qu'est-ce qui, qui est-ce qui, (de / à) quoi

MODÈLE: É1: Je pense à une chose à moi.

É2: Où est cette chose?

É1: Elle est dans ma poche.

É2: À quoi cette chose sert-elle?

Poser des questions

C. Des journalistes intrépides. Vous êtes une personne célèbre (vedette de cinéma, homme/femme politique, athlète, musicien[ne]) et vous acceptez de parler de votre vie. Des journalistes (les autres membres du groupe) vous posent des questions pour deviner votre identité. Changez ensuite de rôle.

MODÈLE: É1: Qu'est-ce que vous faites dans la vie?

É2: Je travaille dans le cinéma.

É3: Comment s'appelle un de vos films?

É2: Je joue dans *Spider-Man*.

É4: Vous êtes Toby Maguire!

Maintenant, à chacun son tour!

Culture en images

Au marché, Camille vouvoie le boucher et la marchande de légumes. Elle ne les connaît pas personnellement, alors, pour être polie, elle leur dit **vous**.

Normalement, une jeune personne comme Alex dit **vous** à une dame âgée comme Louise. Comme il lui dit **tu** (**Tu fais la fête ce soir?**), nous comprenons qu'il y a une relation d'amitié entre ces deux habitants du quartier Mouffetard.

Analyse culturelle. Analysez les photos, ainsi que leurs légendes, puis choisissez une (ou plusieurs) légende(s) possible(s) pour la troisième photo. Expliquez chacun de vos choix. Que dit la cliente?

a. La cliente demande: «Pouvez-vous me trouver une robe plus simple?»
b. La cliente demande: «Combien coûte cette robe?»
c. La cliente demande: «Tu trouves que cette robe me va?»

(Vous allez trouver une explication du tutoiement et du vouvoiement dans **Culture**, pp. 102–107.)

Structures pour communiquer 2

Bruno essaie le pain artisanal et le pain industriel. Lequel préfère-t-il?

3.3 Le pronom interrogatif *lequel*

Les formes du pronom interrogatif *lequel*

To ask for more specific information about a person, thing, or idea already being discussed, intermediate and advanced speakers use a form of **lequel**. It is a pronoun meaning *which one(s)* and it agrees in number and gender with the noun it replaces.

		MASCULIN	FÉMININ
SINGULIER		lequel *which one*	laquelle *which one*
PLURIEL		lesquels *which ones*	lesquelles *which ones*
FORMES CONTRACTÉES	(à)	auquel	à laquelle
		auxquels	auxquelles
	(de)	duquel	de laquelle
		desquels	desquelles

Les emplois du pronom interrogatif *lequel*

1. Here are two ways to ask for more information on statements such as:

   J'aime beaucoup <u>les films avec Audrey Tautou.</u>

   Beginning-level question:

Quel film avec Audrey Tautou préfères-tu?	*Which film with Audrey Tautou do you prefer?*

Intermediate/advanced-level question:

Lequel préfères-tu? — *Which one do you prefer?*

Nous étudions beaucoup de symphonies de Beethoven ce semestre.

Beginning-level question:

Quelle symphonie de Beethoven étudiez-vous actuellement? — *Which Beethoven symphony are you studying now?*

Intermediate/advanced-level question:

Laquelle étudiez-vous actuellement? — *Which one are you studying now?*

2. Any form of the prepositions **à** and **de** accompanying **lequel** contracts with it, just as **à** and **de** contract with the definite article **le**. Other prepositions preceding **lequel** do not contract with it.

   Camille réfléchit souvent aux problèmes de sa famille. **Auxquels** réfléchit-elle maintenant?

   Camille often thinks about her family's problems. Which ones is she thinking about now?

   Camille est fière des émissions qu'elle fait pour Canal 7. **De laquelle** en particulier?

   Camille is proud of the programs she does for Canal 7. Which one in particular?

   Bruno a beaucoup de collègues. **Avec lequel** travaille-t-il en ce moment?

   Bruno has many colleagues. Which one is he working with at the moment?

Exercice

Une journée typique. Complétez les phrases suivantes avec la forme appropriée du pronom **lequel** + **à** ou **de** si c'est nécessaire. Répondez aux questions pour confirmer votre compréhension du film.

1. Bruno essaie le pain industriel et le pain artisanal. ______ préfère-t-il?
2. Au marché, Camille achète des légumes. ______ achète-t-elle?
3. Rachid s'intéresse à un des livres de Camille. ______ s'intéresse-t-il?
4. Après le travail, Camille emmène un de ses collègues chez elle.

   ______ emmène-t-elle chez elle?
5. Camille parle à Louise d'une situation qu'elle ne comprend pas.

   ______ parle-t-elle?
6. Mado se dispute avec un membre de sa famille. Avec ______ se dispute-t-elle?

Prenons la parole

Demander des précisions

A. Préférences. Inspirez-vous des catégories suivantes pour lancer la conversation. Votre partenaire va vous demander des précisions.

Verbes utiles: aller à, aimer, détester, parler de, penser à

MODÈLE: É1: J'aime un certain club universitaire qui passe des films étrangers.

É2: Lequel aimes-tu?

É1: Le ciné-club français.

un personnage du *Chemin du retour*	un certain endroit sur le campus
un de mes professeurs	un restaurant de ma ville
un certain club universitaire	une certaine ville
un sport violent	un certain livre
un de mes cours	un certain film

Poser des questions

B. La famille et les amis. Vous interviewez votre partenaire pour comprendre ses rapports avec sa famille et ses amis.

Expressions interrogatives utiles: comment, où, pourquoi, quand, que, à (avec, de) quoi, qu'est-ce que, à (avec, de, pour) qui, qui est-ce que, qui est-ce qui

MODÈLE: É1: Avec qui est-ce que tu t'entends bien?

É2: Je m'entends bien avec ma sœur, Karen.

É1: De quoi parlez-vous?`

É2: On parle de nos études et de nos copains.

Laquelle de ces oeuvres de musique connaissez-vous?

C. Quand on tourne un film. Regardez la feuille de service (*call sheet*) pour *Le Chemin du retour*. Posez des questions à votre partenaire, qui va chercher les réponses. Changez ensuite de rôle.

Poser des questions pour se renseigner

MODÈLE: É1: Où est-ce qu'ils tournent la séquence 39?

É2: La séquence 39 se passe dans la salle de séjour de Louise.

Production		Mise en scène		Régie	
Ginger	06.86.57.42.93	Éric	06.82.02.35.43	Margot	06.34.03.17.99
Roger	06.86.57.42.89	Philippe	06.85.12.14.87	Anne-Sophie	06.07.92.65.71
Jérémy	06.09.09.14.87	Caroline	06.16.25.55.83	Rico	06.13.26.47.77

LE CHEMIN DU RETOUR

Feuille de Service du 14 octobre
4ème jour de tournage

Horaires: 9h00–19h00 (Prévoir 1H supplémentaire)
Repas: À partir de 13h30
Lieu repas: Cantine sur place, 20 Avenue Rapp 75007
Toilettes: Salle ADYAR, 4 Square Rapp

LIEU DE TOURNAGE: 3 SQUARE RAPP – 75007 PARIS
DÉCOR: APPARTEMENT LOUISE
STATIONNEMENT VÉHICULES TECHNIQUES: aux abords du Square Rapp
MÉTRO: Pont de l'Alma

Prévisions météo: ensoleillé

Séquence	Éffets	Décors	Résumé	Rôles	Minutes
38	Intérieur/Jour	Appartement Louise/ Entrée	Camille arrive chez Louise	CAMILLE LOUISE	10 secondes
39	Intérieur/Soir	Appartement Louise/ Salle de séjour	Camille montre la photo de son grand-père à Louise. Louise lui parle d'une lettre d'Antoine reçue quand il était dans les Cévennes.	CAMILLE LOUISE	2 minutes et 5 secondes

Rôle	Comédien	Séquences	Arrivée
CAMILLE	Karine ADROVER	38 – 39	07h30
LOUISE	Fabiène MAI	38 – 39	07h30

Poser des questions

D. Trouvez quelqu'un qui... Faites une liste de trois activités que vous aimez, puis posez des questions à vos camarades pour trouver quelqu'un qui aime faire les mêmes choses que vous. Ensuite, précisez les différences, s'il y en a.

MODÈLE É1: Est-ce que tu aimes aller au restaurant?

É2: Oui, j'aime bien.

É1: Lequel préfères-tu dans cette ville?

É2: «Chez François» est mon restaurant préféré.

É1: Moi, je préfère le MacDo.

Culture

Mise en route

Il est important pour les Français en conversation de marquer le degré de familiarité entre les participants. Cela détermine le ton de la conversation ainsi que les sujets abordés. Le **vous** est associé à la politesse et indique une certaine distance et une certaine réserve à respecter. Le **tu**, par contre, indique la familiarité, réelle ou désirée. La plupart du temps, il y a réciprocité, mais parfois un **tu** répond à un **vous**. Il n'y a pas de règles fixes pour le tutoiement et le vouvoiement, et entre 30 et 50 ans, les Français hésitent souvent entre les deux, même avec des gens connus et du même âge. Cependant on peut indiquer dans quelles situations le tutoiement ou le vouvoiement est probable.

On utilise plus facilement le **vous** réciproque quand:

1. on a plus de 50 ans
2. on se rencontre pour la première fois et on a plus de 15 ans
3. on est habillé élégamment
4. on est de sexe différent
5. on parle à un supérieur ou à un inférieur hiérarchique
6. on est à une soirée habillée (*formal*): théâtre, musique classique, réception officielle

On utilise plus facilement le **tu** réciproque quand:

7. on a moins de 30 ans
8. on est de la même famille
9. on est entre amis
10. on est entre égaux en bas d'une hiérarchie
11. on est en vacances
12. on assiste à un concert de musique rock

Le tutoiement est rarement réciproque quand:

13. un adulte tutoie un moins de 15 ans qui n'est pas de sa famille
14. un professeur tutoie ses étudiants

Activité

***Tu* ou *vous*?** Dans les situations suivantes, est-ce que l'on a tendance à utiliser **tu** ou **vous**? Choisissez la bonne réponse. Ensuite, notez les numéros des explications précédentes qui vous aident à comprendre pourquoi.

MODÈLE: Une enfant joue au Jardin des Plantes avec ses camarades de classe.

Tu; 7 et 9

1. Le directeur d'une banque demande à sa secrétaire d'écrire une lettre.
2. Un jeune homme propose à une jeune femme qu'il ne connaît pas très bien de prendre un verre avec lui.
3. Deux simples employés se retrouvent au café.
4. Un adolescent demande des conseils à sa mère.
5. Deux adolescents qui font du tourisme se rencontrent dans un bus à Casablanca.
6. Une femme de 60 ans et un homme de 50 ans se parlent pour la première fois lors d'une soirée à l'opéra.
7. Un professeur demande à Jacques: «Tu m'entends bien?» Jacques lui répond.
8. Vous êtes à un concert de rock. La musique s'arrête et vous vous adressez à votre voisin.
9. Denise, étudiante à la Sorbonne, pose une question à son professeur.

Tutoiements

Dans son livre *Tutoiements*, Raymond Jean, un spécialiste de la langue française contemporaine, présente avec subtilité plusieurs exemples de tutoiements problématiques. En voici deux exemples: le tutoiement militant et le tutoiement pédagogique.

Vocabulaire utile*

Tutoiement militant

Tu nous gonfles. (*vulg.*) You're getting on our nerves.
Arrête ton baratin! (*fam.*) Stop the smooth talk!
Fous le camp! (*vulg.*) Get out of here! Get lost!
On en a marre! (*fam.*) We've had enough!

Tutoiement pédagogique

On s'en fout! (*vulg.*) We don't give a damn!
Tu nous emmerdes! (*vulg.*) You're really bugging us!

*These expressions are all part of French slang (**argot**) and should be used with care.

Texte I: Le tutoiement militant

Graffiti critiquant l'ancien maire de Paris

Quand les Français manifestent[1] dans la rue, ils tutoient les gens au pouvoir pour exprimer leur mécontentement.[2]

Un tutoiement un peu rude—pas très cordial cette fois—est celui[3] qui est adressé aux hommes politiques par l'intermédiaire de banderoles et de pancartes,[4] lors de manifestations. Si les manifestants rencontraient un ministre dans un bureau, ils ne le tutoieraient évidemment pas.

Mais sous les banderoles on se défoule:[5] «Allègre,[6] tu nous gonfles! Arrête ton baratin! Démissionne! Fous le camp!» Même chose pour les femmes, parité[7] oblige: «Martine, Dominique, Ségolène,[8] tu nous prends pour qui, on en a marre de toi, ouvre tes oreilles… !» C'est le tutoiement de la rue. Qui calme les nerfs.[9] Un peu franchouillard[10]? D'autres diront «bon enfant»[11] (mais le *tu* est-il toujours bon enfant?).

Texte II: Le tutoiement pédagogique

Bruno est professeur dans un lycée et il a accepté que ses élèves le tutoient. La scène se passe dans un café et la conversation concerne la notation de Bruno. L'attitude d'un autre élève, Loïc, démontre les dangers du «tutoiement pédagogique».

Comme [Bruno] leur a permis le tutoiement, ils en profitent pour contester ses corrections et lui demander toutes sortes d'explications, avec une familiarité abusive. [...]

La plupart des notes se situent en dessous de la moyenne.[12] Sauf[13] celle d'un garçon qui n'est pas le plus bavard.[14] Il a eu 15.[15] Les autres ne sont pas satisfaits de leurs notations et les contestent houleusement.[16]

—J'ai lu sa copie,[17] affirme l'un d'eux en parlant du bien noté.[18] Il a dit la même chose que moi. Je ne comprends pas pourquoi tu m'as mis cette note… Tu es partial!

Réponse de Bruno:

—Parce que tu fais une faute d'orthographe[19] à chaque ligne et que[20] ta grammaire est plutôt incertaine!

—On s'en fout de l'orthographe!

—Je sais.

---

[1]*demonstrate* [2]*dissatisfaction* [3]*the one* [4]banderoles… *banners and posters (signs)* [5]se… *let off steam* [6]*Claude Allègre was the Minister of Education 1997–2000.* [7]*equality* [8]*Martine, Dominique and Ségolène refer to the three women who were cabinet ministers under Prime Minister Lionel Jospin. Addressing them by their first names and with* tu *is a form of rude familiarity.* [9]*nerves* [10]*stereotypically French (negative characteristics)* [11]bon… *good-humored* [12]en dessous… *below average* [13]*Except for* [14]*talkative* [15]*15 out of 20 is a very good grade.* [16]*noisily* [17]*paper* [18]du bien… *about the student with a good grade* [19]*spelling* [20]et… *and because*

—Mais ce que tu sais pas, c'est que c'est une prof qui l'a dit… une prof célèbre, je crois…

—Non, dit un autre élève, c'est un ministre… ou un syndicaliste, je ne sais plus…

—Vous pouvez me dire tout ce que vous voulez, expliqua[21] Bruno, moi, je ne m'en fous pas. Et je crois que vous avez encore beaucoup de progrès à faire.

—Quels progrès?

—En tout, je vous l'ai dit: orthographe, grammaire, et puis composition, organisation des idées, construction, plan, argumentation…

—[Loïc]: Tu nous emmerdes avec tes progrès!

Il y a comme un froid,[22] puis un silence. Il est clair que l'usage du tutoiement contribue d'une manière excessive à créer une situation de dangereux déséquilibre,[23] sinon de rupture, entre le professeur et les élèves. La familiarité est une chose, mais elle tourne ici à l'agressivité triviale.[24] […]

[*L'auteur exprime ici les pensées de Bruno*] Ce Loïc n'a aucun sens de la mesure ni de la réserve. Il dépasse les bornes[25] et démontre que ce tutoiement permissif accordé[26] aux élèves est sans doute une erreur absolue. Mais comment revenir en arrière[27]?

Des étudiants au café

---

[21](*linked to preceding* parce que *on line 27*) *explained* (passé simple) [22]*chill* [23]*imbalance* [24]tourne... *becomes aggressively offensive* [25]dépasse… *goes beyond the limits* [26]*granted* [27]comment… *how to start over*

Questions de compréhension

Texte I: Tutoiement militant

1. Les manifestants tutoient-ils les ministres s'ils les rencontrent dans leur bureau? Justifiez votre réponse.
2. Le tutoiement militant est-il verbal, écrit, individuel, collectif? Trouvez des exemples.
3. Est-ce que les manifestants sont plus polis avec les femmes? Justifiez votre réponse.
4. Quelles sont les expressions impolies envers les politiciens?

Texte II: Tutoiement pédagogique

1. Où sont Bruno et ses élèves?
2. Pourquoi les élèves contestent-ils facilement leur note?
3. Quel est le sujet de désaccord entre Bruno et l'élève mal noté? Cet élève est-il poli? Justifiez votre réponse.
4. Bruno est-il content de ce tutoiement? Justifiez votre réponse.

Questions d'analyse

Texte I: Tutoiement militant

1. Que veulent les manifestants: montrer leur respect pour les gens au pouvoir? autre chose?
2. Dans un bon débat politique, on respecte les personnes et on attaque seulement leurs idées. En politique, quelles sont les différences entre un débat et une manifestation?
3. Le tutoiement militant semble «bon enfant» mais ne l'est pas vraiment. Expliquez.
4. D'après vous, pourquoi est-ce que les manifestants tutoient les gens au pouvoir?

Texte II: Tutoiement pédagogique

1. Le tutoiement est-il réciproque entre Bruno et ses élèves?
2. Est-ce que cette situation représente la norme en France? Comment le savez-vous?
3. Pourquoi Bruno veut-il «revenir en arrière»?
4. Quels sont les avantages et les inconvénients d'un système permissif dans la salle de classe? Et ceux d'un système autoritaire?

Le texte et vous

Dans quels endroits publics vous exprimez-vous parfois? Êtes-vous aussi à l'aise en public que dans votre vie privée? Commentez et donnez des exemples. Quelle est la plus grande différence entre votre comportement en privé et en public? Expliquez.

Retournons au cinéma

David Murray, réalisateur, sur le rôle de l'éclairage dans le film:

«L'atmosphère d'une scène dépend en partie seulement de l'intrigue et des personnages. Nous avons aussi utilisé l'éclairage et la mise en scène pour développer les différentes ambiances tout au long du film.»

Pour parler du cinéma

l'éclairage (*m.*) **(cru, doux, fort)** (harsh, soft, strong) lighting
la lumière light
la mise en scène setting

Revoyons l'épisode

Concentrez-vous bien sur l'éclairage de cet épisode. Dans quelle scène est-ce que la lumière semble la plus crue?

a. dans l'appartement de Louise

b. dans l'appartement de Camille, avec Mado

Reparlons de l'épisode

Étape 1 Le mot du réalisateur. Lisez les commentaires de David Murray, le réalisateur du film.

«Dans cet épisode, les deux scènes de la vie privée sont très différentes. La tension entre Camille et sa mère contraste avec l'amour que Camille ressent (*feels*) pour sa grand-mère. Pour créer deux images différentes, on a soigneusement choisi l'éclairage. Chez Louise, des rayons (*rays*) de lumière chaude filtrent au travers (*through*) d'un lieu subtilement enfumé (*smoky*) pour créer une atmosphère chaleureuse. Tout semble très doux.

Louise et Camille regardent la photo du mariage de Louise et Antoine.

Camille et sa mère, Mado, se disputent.

Pour réaliser la scène juste après où Camille et Mado se disputent, nous avons utilisé une lumière bleue, dure et crue. C'est une ambiance très froide qui reflète les rapports tendus entre Mado et Camille.»

Étape 2 Émotions et éclairage. Maintenant, relisez le paragraphe pour trouver les techniques cinématographiques qui mettent en relief les différences entre les rapports entre Camille et sa grand-mère et Camille et sa mère. Le réalisateur réussit-il à vous faire sentir cette différence par l'intermédiaire de l'éclairage?

Étape 3 Vous êtes réalisateur. Qu'est-ce que vous savez maintenant sur le rôle de l'éclairage dans un film? Imaginez une scène de votre vie. Où êtes-vous? Avec qui? Qu'est-ce qui se passe? Que fait-on? Que dit-on? Quel éclairage est-ce que vous pouvez utiliser pour exprimer votre attitude et vos sentiments?

Hors-champ

A. Mieux connaître les personnages.

Étape 1: Lisez cette histoire de Louise, Camille et Mado.

LOUISE: Camille!
CAMILLE: Grand-mère. Tu vas bien?

Quelle joie pour Louise! Une fois par semaine, Camille vient dîner chez elle. Et Louise attend ce moment avec impatience. Même quand Louise est un peu fatiguée et que Camille a beaucoup de travail, les deux femmes trouvent le temps de prendre un repas ensemble.

Louise est, depuis toujours, la meilleure amie de Camille. Louise semble comprendre sa petite-fille beaucoup mieux que sa fille. La petite Mado avait toujours besoin de protection et Louise a toujours encouragé sa fille à se comporter comme une petite dame. Mais l'attitude de Louise envers Camille est différente. Elle adore l'indépendance et l'énergie de sa petite-fille. Elle ne critique pas l'ambition professionnelle de Camille; elle l'encourage même à travailler.

Mais malgré (*despite*) le travail, il ne faut pas manquer ces soirées ensemble où grand-mère et petite-fille parlent ensemble de leur journée, de leur vie et de leurs projets. Il y a pourtant encore (*still*) un secret qui sépare les deux femmes: c'est Antoine. Louise ne parle jamais de son mari et Camille ne pose pas de questions. Mais Camille veut savoir. C'est pour cela que ce soir elle décide de montrer la photo d'Antoine à sa grand-mère. Et Louise? Elle est très touchée par la photo et par les questions de Camille. Que va-t-elle répondre?

Étape 2: Maintenant, utilisez des expressions interrogatives pour poser des questions sur le texte, puis répondez à ces questions.

MODÈLE: _Qui_ vient dîner chez Louise?

1. _______ fois par semaine dînent-elles ensemble?
2. _______ Louise comprend le mieux, Mado ou Camille?
3. _______ est-ce que la petite Mado avait besoin, selon (*according to*) Louise?
4. _______ aspects (*m.*) de la personnalité de Camille est-ce que Louise adore?
5. _______ Louise encourage Camille à faire?
6. _______ est-ce que Louise et Camille parlent quand elles dînent ensemble?
7. _______ est le secret qui sépare Camille et Louise?
8. _______ est la photo que Camille montre à Louise?
9. _______ est-ce que Louise réagit quand elle voit la photo?

B. Générations. Avec un(e) partenaire, comparez les rapports entre les trois femmes aux rapports qui existent entre les membres de votre famille ou de la famille d'un(e) ami(e).

1. Parlez de la relation mère–fille de Louise et Mado et celle de Mado et Camille. Pensez à une famille que vous connaissez et décrivez la relation qui existe entre les parents et leurs enfants. À votre avis, sur quoi est basée une bonne relation entre parents et enfants?
2. Quelle relation existe entre Camille et sa grand-mère? Qu'est-ce qui illustre cette relation dans le film et le texte que vous venez de lire? Dans votre culture, quel genre de rapport existe d'habitude entre les grands-parents et leurs petits-enfants? Décrivez-le à votre partenaire.
3. Décrivez la réaction de Camille dans les situations que vous voyez sur ces deux photos. Comment se sent-elle? et Louise? et Mado?

LOUISE: Camille, je te remercie pour la photo.

MADO: Et cesse de me répondre. Tu mérites une gifle.

4. Dans votre culture, est-ce que les hommes et les femmes expriment leurs sentiments de la même façon? Peut-on imaginer un grand-père et son petit-fils en train d'agir comme Louise et Camille dans des circonstances semblables? Expliquez.

Pour mieux écrire

Dans la section **Pour mieux écrire** du *Cahier d'exercices*, vous trouverez des stratégies d'écriture et des sujets de composition française liés au thème de «la sphère privée».

CHAPITRE 4

DANS L'ENTOURAGE DE CAMILLE

CAMILLE: On va au restau? J'ai faim!

Pour commencer Pour sortir ensemble, on suggère différentes possibilités et on négocie. Vous connaissez déjà une façon simple de proposer à quelqu'un de faire quelque chose, comme Camille, ici, dans la scène avec Bruno.

À vous Maintenant, proposez deux activités à un(e) partenaire. Notez la réponse de votre partenaire et expliquez à la classe les raisons de son consentement ou de son refus.

MODÈLE: É1: On va au cinéma, Marina?

É2: Oui, je veux bien. J'aime le cinéma. (Non, ça ne m'intéresse pas.)

É1: (*à la classe*) Marina accepte d'aller au cinéma parce qu'elle aime le cinéma. (Marina refuse d'aller au cinéma parce que le cinéma ne l'intéresse pas.)

Thèmes culturels

- des activités pour s'amuser
- des moments à partager

Objectifs fonctionnels

- éviter la répétition dans une conversation
- donner des ordres ou des conseils
- faire des suggestions
- suggérer et conseiller sans se répéter

Structures pour communiquer

4.1 Les pronoms objets directs et indirects

4.2 L'impératif

4.3 Tournures équivalentes à l'impératif

Vocabulaire thématique

Des activités pour s'amuser et des moments à partager

On fait du skate pour s'amuser.

La conversation entre amis est très importante.

Des activités pour s'amuser

ça me dit	that sounds good
ça ne me dit rien	that doesn't sound good
ça m'intéresse	that interests me
ça me plaît	that pleases me
un concert de rock (de musique classique, de jazz, de rap)	rock (classical, jazz, rap) concert
en plein air	outside; outdoor(s)
faire du sport (de l'escalade, une promenade, une randonnée, du roller, du skate, du ski, du surf des neiges)	to practice a sport (do rock climbing, take a walk, go on a hike, in-line skate, skateboard, to ski, snowboard)
un film d'action (d'amour, d'horreur, policier)	action (romantic, horror, detective) movie

jouer au hockey (aux cartes, aux échecs, au football, au tennis)	to play hockey (cards, chess, soccer, tennis)
un musée d'art (d'histoire, de science et technologie)	art (history, science and technology) museum
(s')organiser	to organize (to get organized)
des patins *(m. pl.)* **(à glace)**	(ice)skates
une pièce de théâtre	play
une tragédie	tragedy
une comédie	comedy
un drame	drama
plaire (à quelqu'un)	to please (someone)
prendre un billet	to buy a ticket
réserver une place	to reserve a seat
une saison	season
le printemps	spring
l'été *(m.)*	summer
l'automne *(m.)*	fall
l'hiver *(m.)*	winter
une séance	film showing
un spectacle	*(live)* performance

Des moments à partager

aimer bien (quelqu'un)	to like (someone) as a friend
compter	to count
compter (+ *infinitif*)	to plan (to do something)
compter sur (quelqu'un)	to count on (someone)
déranger	to bother
dîner au restaurant (à la maison; en tête-à-tête)	to dine at a restaurant (at home; two people, rather intimate)
se donner rendez-vous	to plan to meet
faire des confidences *(f. pl.)* **(à quelqu'un)**	to confide personal issues (to someone)
faire des projets *(m. pl.)*	to make plans
(se) faire la bise (à quelqu'un)	to kiss (each other) (someone) in greeting
jouer de la guitare (de la batterie, de la flûte, du piano)	to play the guitar (drums, flute, piano)
manquer (à quelqu'un)	to miss (to be missed by someone)
plaisanter	to joke
poser un lapin à quelqu'un	to stand someone up
prendre une décision	to make a decision
prendre un verre	to have a drink
recevoir	to receive; to get; to have people over
une soirée	evening; party
taquiner	to tease

À NOTER

The verb **manquer** can be followed by a direct object (**manquer le bus** = *to miss the bus*), when speaking literally. The construction **manquer à** followed by an indirect object has another meaning:

Les montagnes manquent à ma sœur. *My sister misses the mountains.*

Applications

A. Les intérêts et les activités. Utilisez le **Vocabulaire thématique** pour faire des déductions sur les activités des personnes suivantes. Faites des phrases complètes à l'affirmatif et/ou au négatif.

MODÈLE: David aime les activités en plein air.

Il fait du roller. Il a de super patins. Il ne va pas souvent au musée.

1. Suzanne va au théâtre.
2. Didier apprécie tous les films.
3. Carlos et Janine sont sportifs.
4. Denise aime les conversations intimes.
5. Nous aimons toutes sortes de musique.

B. Les nuances des mots. Lisez les phrases pour comprendre les différentes significations du mot en italique. Ensuite, écrivez vos propres phrases en imitant chaque exemple.

MODÈLE: *soirée*

J'organise *une soirée* avec mes amis.

Je passe *une soirée* tranquille chez moi.

a. On s'habille bien pour *une soirée* élégante.

b. *Une soirée* devant la télévision est agréable.

1. *manquer*

Paul *manque à* sa petite amie quand il voyage pour son travail.
Quand je suis en retard, je *manque* ma classe de théâtre.

a. ______

b. ______

2. *recevoir*

Mes parents *reçoivent* des cartes de vœux de leurs amis pour le nouvel an.
La vieille dame *reçoit* ses amies chez elle pour jouer au bridge.

a. ______

b. ______

3. *compter*

Anne-Céline peut toujours *compter sur* ses amis quand elle a des problèmes.
Julie *compte* prendre ses vacances en juillet.

a. ______

b. ______

NOTE CULTURELLE

Les Français envoient rarement des cartes à Noël ou à Hanoukka. Ils envoient des cartes de vœux vers le 1er janvier pour dire «Bonne Année» à leurs amis.

C. L'art de la conversation. Complétez les phrases avec les mots de la liste. Faites tous les changements nécessaires.

Une conversation animée

En France, la conversation est un art. Si les gens _____[1], ils _____[2] pour passer du temps ensemble. Parfois, le soir, ils _____[3] ou, pendant la journée, ils _____[4] au café. Dans les deux cas, il y a certainement de bonnes conversations.

Une conversation est comme un enfant. Il faut nourrir (*nourish*) cette interaction pour lui donner une vie. Sans cela, elle va mourir. On _____[5] pour faire rire, on _____[6] la personne à qui on parle (surtout si elle se prend trop au sérieux) et bien sûr, on peut _____[7] à un bon ami. C'est peut-être pour cela que les Français aiment _____[8]. À la maison comme au restaurant, les conversations permettent aux gens d'approfondir° leur relation.

s'aimer bien
dîner au restaurant en tête-à-tête
s'organiser
prendre un verre

faire des confidences
plaisanter
recevoir
taquiner

°*to deepen*

D. Compréhension culturelle. Relisez les paragraphes de l'Activité C pour bien comprendre l'information culturelle. Avec un(e) partenaire, répondez aux questions.

1. Dans ces paragraphes, on compare la conversation à deux choses. Lesquelles?
2. Quand est-ce qu'on taquine un(e) ami(e)?

E. **Différences.** Dans chaque cas, expliquez la différence de sens entre les deux mots ou expressions.

1. se donner rendez-vous et faire des projets 2. poser un lapin à quelqu'un et sortir avec quelqu'un 3. se serrer la main et se faire la bise 4. compter sur quelqu'un et aimer bien quelqu'un 5. ça me plaît et ça ne me dit rien 6. déranger quelqu'un et recevoir quelqu'un 7. une séance et un spectacle

F. **Les activités et les saisons**. En chaque saison, on fait des activités différentes. Dites à un(e) partenaire ce que l'on fait dans votre ville (ou dans d'autres régions) en chaque saison en utilisant le **Vocabulaire thématique**. Votre partenaire va réagir. Changez ensuite de rôle.

RAPPEL

Il fait mauvais (beau, chaud, froid, frais, du soleil, du vent).
Il pleut.
Il neige.
Le ciel est couvert.

www.mhhe.com/bienvubiendit

MODÈLE: É1: Ici, à St. Louis, on fait des promenades en automne et au printemps. En hiver, il fait trop froid et en été, il fait trop chaud.

É2: Moi, j'aime bien faire une promenade quand il fait très froid!

É1: Ça ne me dit rien!

1. l'été
2. l'automne
3. l'hiver
4. le printemps

Allons au cinéma

CAMILLE: Grand-mère, à quoi tu joues?... Tu veux me faire peur?

Rappelons-nous

Ce qui s'est passé avant. Vous souvenez-vous de l'Épisode 3? Avec un(e) partenaire, indiquez l'importance des éléments suivants dans le développement de l'intrigue ou celui des personnages.

MODÈLE: un autographe: Camille signe un autographe pour le boucher parce que sa femme regarde «Bonjour!» le matin. On voit que Camille est une personne célèbre.

1. une bouteille de champagne
2. la photo d'Antoine
3. les Cévennes
4. la lettre d'Antoine
5. la guerre

Préparons-nous pour l'épisode

Analysez les phrases soulignées et identifiez leur fonction linguistique dans le contexte de chaque scène.
Fonctions: accepter une proposition, donner des conseils, expliquer, proposer quelque chose, se renseigner (*make enquiries*), taquiner

MODÈLE:

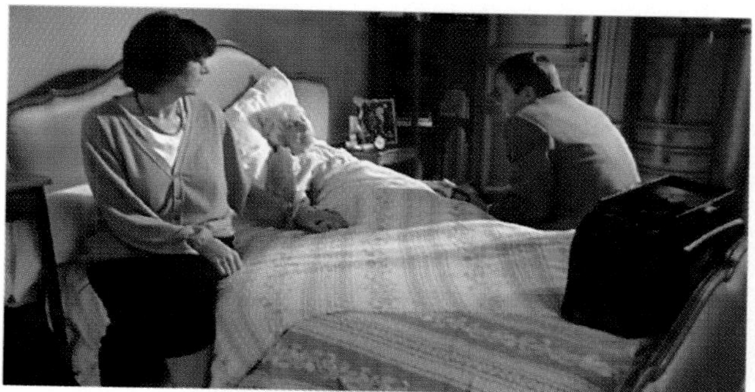

LOUISE: Alors, docteur?

MÉDECIN: Un simple malaise. Mais vous avez besoin de repos. Vous devez aller à l'hôpital. (Fonction: *Le médecin donne des conseils.*)

1.

HÉLÈNE: Parlez-nous un peu de la France...

CAMILLE: C'est un pays que j'aime. On y vit bien, et puis, quand on a de la chance comme moi d'avoir un travail, une maison, et une famille, euh... (Fonction: ________)

2. 

LOUISE: [...] Une question, Camille. Tu as des vacances bientôt? Je pense à un petit voyage dans les Cévennes. (Fonction: ________)

CAMILLE: Toi et moi dans les Cévennes?... D'accord, grand-mère. (Fonction: ________)

3. 

CAMILLE: [...] On va au restau? J'ai faim! (Fonction: ________)

BRUNO: T'as faim? Je ne le crois pas... !? Eh! Eh oh! Appelez les photographes! Là, vite, j'ai un scoop! Camille arrête son régime, elle va faire un vrai repas! C'est pas un scoop, ça?! (Fonction: ________)

4. 

PATRONNE DU RESTAURANT: Ils ont été fiancés, non? Pourquoi ils se sont séparés? (Fonction: ________)

Vocabulaire de l'épisode

Chez Louise et devant son immeuble

À quoi tu joues? What are you up to?
inutile de vous mentir it's useless to lie to you
au plus mal very ill

Sur les bords de la Seine

on y vit bien we live well here
le prince charmant prince charming
un temps radieux splendid weather

À Canal 7

son régime her diet

Dans la salle du restaurant

un dragueur a flirt
aucune envie no desire whatsoever
des œufs (*m. pl.*) **en meurette** *eggs in red wine sauce*

Dans la cuisine du restaurant

beaucoup de monde lots of people (*fam.*)
les tranches (*f. pl.*) **de pain** bread slices
étonnant surprising
elle brûle it's burning

Regardons l'épisode

Répondez à la question suivante en regardant l'épisode.
À votre avis, où se passe la scène la plus importante de cet épisode?

a. chez Louise et devant son immeuble
b. sur les bords de la Seine
c. à Canal 7
d. dans la salle du restaurant
e. dans la cuisine du restaurant

Parlons de l'épisode

A. Qui a dit quoi? Dans l'Épisode 4, qui dit ces répliques?

MODÈLE: Dans l'appartement de Louise: MÉDECIN / LOUISE / MARTINE

LOUISE: Alors, docteur?

MÉDECIN: Un simple malaise. Mais vous avez besoin de repos. Vous devez aller à l'hôpital.

1. Devant l'appartement de Louise: CAMILLE / ALEX / MÉDECIN

_______: [...] Tu connais «Mon Amant de Saint-Jean»?

_______: Oui, c'est une très vieille chanson. Pourquoi?

2. Devant l'appartement de Louise: ALEX / MADO / MÉDECIN

_______: Inutile de vous mentir, madame. Votre mère est au plus mal.

3. Au téléphone avec Louise dans le studio de Canal 7: BRUNO / MADO / CAMILLE

_______: Toi et moi, dans les Cévennes?

(*cont.*)

4. Au restaurant: BRUNO / CAMILLE / PATRON DU RESTAURANT

   _______: Je suis surtout un très bon fils.

   _______: Alors, pourquoi n'es-tu pas encore marié?

5. Au restaurant: BRUNO / CAMILLE / PATRON DU RESTAURANT

   _______: Et avec ton père, tu es comment?

   _______: Il vit toujours à Londres. Je ne le vois plus depuis le divorce.

6. Au restaurant: BRUNO / CAMILLE / PATRON DU RESTAURANT

   _______: On ne vous voit pas souvent depuis quelque temps.

   _______: C'est que j'ai beaucoup de travail.

B. L'importance des scènes. Regardez les photos de cet épisode et expliquez ce qui se passe dans chaque scène. Qu'est-ce que les spectateurs apprennent? Quelle photo est la plus importante pour l'intrigue? pour la compréhension des personnages?

1. 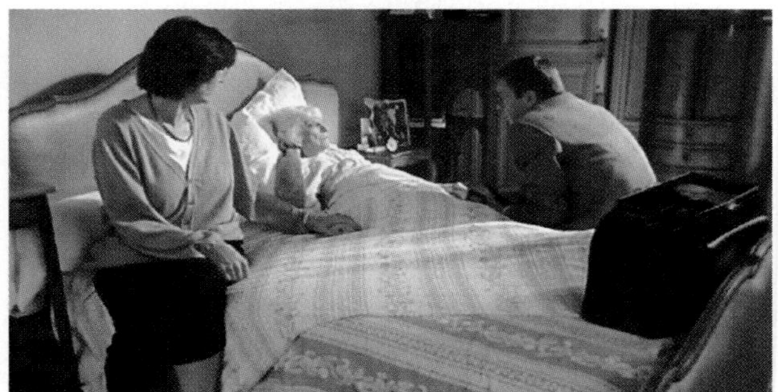

2. 

3. 

4. 

5. 

C. **Mensonges.** Dans l'Épisode 4, les personnages mentent quelquefois. Dites si les phrases suivantes sont vraies ou fausses. Si elles sont vraies, expliquez. Si elles sont fausses, corrigez-les et expliquez pourquoi ces personnages mentent.

MODÈLE: Le médecin dit à Louise qu'elle doit aller à l'hôpital.

C'est vrai qu'elle doit aller à l'hôpital. Elle est très malade.

1. Louise dit à Camille qu'elle est en pleine forme.
2. Mado dit à Camille que Louise va bien.
3. Pendant l'interview, Camille dit à Hélène que la famille est très importante.
4. Au restaurant, Camille dit qu'elle ne voit pas son père depuis le divorce.

D. Comme le disent les Français. Quelquefois dans la langue parlée, on laisse tomber (*leave out*) certains mots sans changer le sens de la phrase. Transformez les phrases suivantes pour les rendre plus claires en utilisant des phrases complètes.

MODÈLE: MÉDECIN (*à Mado*): Inutile de vous mentir, madame.

Il est inutile de vous mentir, madame.

1. HÉLÈNE: [...] Camille Leclair, depuis combien de temps présentez-vous l'émission «Bonjour!» sur Canal 7 avec Bruno Gall?

   Camille: Un an et demi. ______________________________

2. HÉLÈNE: C'est important, pour vous, la famille?

   CAMILLE: Très important. ______________________________

   HÉLÈNE: Un enfant, peut-être, bientôt? ______________________

3. BRUNO (*à Camille, au restaurant:*) [...] Je viens souvent ici depuis quelques mois.

   CAMILLE: Avec d'autres femmes? ______________________

4. CAMILLE (*à Bruno, au restaurant*:) Alors, pourquoi n'es-tu pas encore marié?

   BRUNO: Bonne question! Pourquoi, à ton avis? ________________

E. Légende. Regardez cette photo, puis écrivez une légende qui souligne une idée importante de l'épisode. Expliquez à un(e) partenaire pourquoi cette idée est importante. Votre partenaire va dire s'il/si elle est d'accord ou pas. Ensuite, comparez vos légendes et vos idées à celles du reste de la classe.

F. Discussion. Que savez-vous sur les relations entre les personnages à la fin de cet épisode? Travaillez en petits groupes; chaque groupe va analyser un couple. Ensuite, chaque groupe va présenter son analyse au reste de la classe.

Couples: Louise et Mado, Mado et Camille, Camille et Bruno, Hélène et Camille, le patron du restaurant et sa femme

Possibilités:	sentiments	interaction
	niveau (*level*) de confiance	niveau de confort

Structures pour communiquer 1

CAMILLE: Je ne le vois plus depuis le divorce et je n'ai aucune envie de le revoir.

4.1 Les pronoms objets directs et indirects

Intermediate speakers use a variety of strategies to avoid sounding repetitious. One common way is to use pronouns: Are you going to see *the new play* tonight? Yes, I'm going to see *it*. When you use pronouns, your communication becomes more sophisticated and more interesting.

An object pronoun replaces a noun that was mentioned previously; it can be the *direct object* (D.O.) or the *indirect object* (I.O.) of the verb.

À NOTER

Direct objects answer the question *what?* or *whom?*, when these words come right after the verb.

She's writing a play. → She's writing *what? A play* answers the question *what?* and is a direct object.

She's hiring her brother to direct. She's hiring *whom? Her brother* answers the question *whom?* and thus is a direct object.

Les verbes et les objets directs et indirects

There are important differences between direct and indirect objects and the verbs they are used with.

1. Direct objects receive the action of the verb *directly, without a preposition* between the verb and the object. On the other hand, indirect objects receive the action *indirectly*, as the name indicates. Nouns that are indirect objects follow the preposition **à** in French.

   Tu comprends bien **ton frère** (D.O.).

   Tu ressembles **à ta grand-mère** (I.O.).

À NOTER

Indirect objects answer the question *to whom?* or *for whom?*

She's dedicating the play to her mother. → She's dedicating the play *to whom? Her mother* answers the question *to whom?* and thus is an indirect object.

2. Verbs that take a *direct object* are often verbs of physical or mental *action*, such as taking, looking for, seeing, liking, and recognizing. Here are a few examples:

aimer	écouter	regarder
attendre	mettre	retrouver
chercher	perdre	taquiner
connaître	prendre	voir

Est-ce que les adolescents écoutent **leurs parents**?

Où est-ce que tu vas attendre **ton amie**?

3. Verbs that take an *indirect object* are often verbs of *communication* or *interaction* between people. Many of these verbs may take a direct object and an indirect object in the same sentence.

Note the use of the preposition **à** after each verb.

demander à	montrer à	rendre visite à
dire à	obéir à	répondre à
donner à	parler à	ressembler à
écrire à	poser une question à	téléphoner à
expliquer à	raconter (quelque chose) à	

Louise ne raconte pas **l'histoire** (D.O.) **à Camille** (I.O).

À NOTER

The preposition *to* is not always used before an indirect object in English.

Il donne la flûte à sa sœur.
He gives his sister the flute.

Les formes des pronoms objets directs et indirects

1. All object pronouns except for third person pronouns use the same form for both direct and indirect objects.

PRONOMS OBJETS DIRECTS ET INDIRECTS	
me (m')	**nous**
te (t')	**vous**

OBJET DIRECT	OBJET INDIRECT
Claire **me** comprend bien. *Claire understands me well.*	Elle **m'**écrit souvent. (écrire à) *She writes to me often.*
Je **t'**invite chez moi. *I'm inviting you to my house.*	Je **te** téléphone tous les jours. (téléphoner à) *I call you every day.*
Papa **nous** cherche. *Dad's looking for us.*	Il **nous** demande de rentrer. (demander à) *He's asking us to come home.*
Elle **vous** taquine. *She's teasing you.*	Elle ne **vous** pose jamais un lapin. (poser un lapin à) *She never stands you up.*

2. In the third person, direct object pronouns and indirect object pronouns have different forms.

	PRONOM OBJET DIRECT	PRONOM OBJET INDIRECT
MASCULIN FÉMININ	**le (l')** **la (l')**	**lui**
PLURIEL	**les**	**leur**

Louise? Camille **l'**aime beaucoup et **lui** parle souvent.

Louise? Camille loves her a lot and talks to her often.

La chanson «Mon Amant de Saint-Jean»? Alex **la** connaît et Camille **lui** demande de **la** jouer.

The song "Mon Amant de Saint-Jean"? Alex knows it and Camille asks him to play it.

Hélène parle aux téléspectateurs canadiens. Elle **leur** présente Camille Leclair.

Hélène is speaking to the Canadian television viewers. She's introducing Camille Leclair to them.

Le cas des verbes réfléchis

The pronoun used with a pronominal verb such as **se lever** can be a direct object or an indirect object.

1. All pronouns used with pronominal verbs (either with a reflexive or a reciprocal meaning) use the same form for both direct and indirect objects.
2. When the pronominal verb requires **à** after it, its pronoun is an *indirect* object.

   Elles **se** (I.O.) téléphonent tous les jours.

3. When the pronominal verb doesn't require **à** after it, its pronoun is a *direct* object unless there already is a direct object *after* the verb. In that case, the pronoun is an *indirect* object.

   Je **me** (D.O.) lave.

   Je **me** (I.O.) lave **les mains** (D.O.).

La place des pronoms objets directs et indirects

1. In statements and questions, direct and indirect object pronouns are placed *before the verb* whose meaning they complete. They may precede a conjugated verb or an infinitive.

   HÉLÈNE: Je **te remercie** beaucoup, Camille.

   CAMILLE: Grand-mère, à quoi tu joues?... Tu veux **me faire** peur?

2. When two object pronouns are used in the same clause, they must be in the following order. For pronoun order in the imperative, see page 130 of this chapter.

L'ORDRE DES PRONOMS OBJECTS				
me **te** **nous** **vous**	before	**le** **la** **les**	before	**lui** **leur**

Elle **me** demande **ma profession**. → Elle **me la** demande.

Ils **nous** donnent **le document**. → Ils **nous le** donnent.

Tu **leur** expliques **le problème**. → Tu **le leur** expliques.

Vous ne **lui** donnez pas **les réponses**? → Vous ne **les lui** donnez pas?

Les emplois des pronoms objets directs et indirects

1. Object pronouns are used to avoid repeating the direct or the indirect object. They replace people, places, or things and complete the meaning of the verb they precede.

   CAMILLE: J'aimerais **un kilo de bœuf**, s'il vous plaît. Est-ce que vous pouvez me **le** couper en petits morceaux?

2. The direct object pronoun **le** can be used to replace ideas.

   La famille, c'est important, et ça, tu sais, je **le** crois vraiment. (*I really believe it.*)

   Je n'aime pas me réveiller tôt, tu **le** sais bien. (*You know that.*)

3. Object pronouns are also used to clarify which person is receiving the action of the verb.

   HÉLÈNE: Je **te** remercie beaucoup, Camille.

   MARCHANDE: Qu'est-ce que je **vous** sers, mademoiselle?

Récapitulation: Pronoms

In French, pronouns have a separate form for each grammatical use in a sentence, except for **nous** and **vous**, which never change. Compare the categories that follow.

SUJET	RÉFLÉCHI	OBJET DIRECT	OBJET INDIRECT
je	**me**	**me**	**me**
tu	**te**	**te**	**te**
il	**se**	**le**	**lui**
elle	**se**	**la**	**lui**
nous	**nous**	**nous**	**nous**
vous	**vous**	**vous**	**vous**
ils	**se**	**les**	**leur**
elles	**se**	**les**	**leur**

Exercices

A. Deux amis. Lisez les phrases suivantes et dites s'il y a un objet dans la phrase. S'il y en a un, précisez si c'est un objet direct ou indirect.

	OUI	NON	OBJET DIRECT	OBJET INDIRECT
1. Elle veut sortir.				
2. Elle s'habille.				
3. Elle téléphone à un ami.				
4. Il préfère voir le nouveau film policier.				
5. Elle accepte avec hésitation.				
6. Le film est bon.				
7. Ils se donnent rendez-vous pour le week-end suivant.				

B. Jeu d'emplacement. Mettez les pronoms objets suivants à la place appropriée dans les phrases et dans l'ordre exact (quand il y a deux pronoms objets).

1. (le) Nous taquinons.
2. (nous) Il ne peut pas arrêter.
3. (lui) On ne va pas poser un lapin.
4. (le, me) Je demande.
5. (te) Je veux les acheter.

C. La visite du médecin. Refaites les phrases suivantes avec le pronom objet approprié.

1. Louise consulte *le médecin*. Louise ____________________.
2. Louise n'accepte pas *les conseils du médecin*. Louise ____________________.
3. Le médecin ne ment pas *à Mado et à Louise* quand il explique *la situation*. Le médecin ____________________.
4. Camille n'a pas l'occasion de parler *au médecin* directement. Camille ____________________.
5. Mado ne dit pas *la vérité à Camille*. (2 pronoms) Mado ____________________.

Prenons la parole

Éviter la répétition

A. Les rapports entre les personnages. Quels types de rapports existe-t-il entre les personnages? Suivez le modèle.

Vocabulaire utile: aimer, connaître, donner, faire la bise, inviter, parler, prêter, serrer la main, téléphoner

Personnages: Alex, Bruno, Camille, Hélène, Louise, Mado, Martine, Sonia, Yasmine

MODÈLE: Alex → Rachid: Alex ne le connaît pas, mais il sait que Camille travaille avec lui. Peut-être qu'un jour Camille va les présenter.

Éviter la répétition

B. S'amuser à des âges différents. Suggérez une activité (logique, amusante ou même ridicule) pour chaque personne mentionnée ici. Les autres étudiants enchaînent pour dire si la personne fait ou ne fait pas l'activité suggérée et ils/elles expliquent pourquoi.

Vocabulaire utile: inviter ou recevoir (ses amis, les collègues de son mari, les copains d'école), faire la cuisine, regarder les films (d'horreur, d'action, d'amour), visiter les musées, jouer d'un instrument, ?

MODÈLE: É1: Une grand-mère en bonne santé invite ses amis au restaurant.

É2: Oui, elle les invite parce qu'elle n'aime pas faire la cuisine.

É3: Non, à mon avis, elle adore la faire. Donc, elle ne les invite pas au restaurant. Elle préfère les recevoir à la maison.

une grand-mère en bonne santé

un enfant de 6 ans

une adolescente de 15 ans

un(e) étudiant(e) de mon université

une femme professionnelle de 30 ans

un vieux monsieur

Éviter la répétition

C. De quoi/De qui est-ce que l'on parle? Écrivez trois phrases qui définissent un objet ou une personne. Ensuite, lisez vos phrases aux membres de votre groupe; ils vont deviner de quoi vous parlez. Suivez le modèle.

Vocabulaire utile: un chien, des fleurs, des livres, des mails, deux langues étrangères, un personnage du *Chemin du retour*, une porte, un professeur, une voiture,?

MODÈLE: É1: Je le promène. Je lui donne de la viande à manger. Je ne l'amène pas avec moi en classe.

É2: C'est un chien.

D. Jeu d'enchaînement. Créez une histoire à partir de chaque phrase donnée. Chaque étudiant(e) dans votre groupe ajoute une phrase pour continuer l'histoire.

Éviter la répétition

MODÈLE: Daniel invite ses amis à dîner.

Il les aime.

Il leur sert de la pizza.

Il leur demande d'apporter du vin.

Il veut leur parler de politique.

1. Antonio achète les cadeaux de Noël à ses petits frères.
2. Annick téléphone à sa sœur.
3. Mamoud ne parle pas à son frère.
4. Joe manque à sa petite amie.
5. Carissa pose un lapin à Ben.

4.2 L'impératif

LOUISE: N'insistez pas, docteur!

Imperatives express orders or requests. They are essential in our daily lives, especially when we give and receive instructions and directions, plan events with friends or family, order meals, cook, learn a new sport, etc. Forms of the imperative are based on the **tu**, **nous**, and **vous** forms of verbs in the present indicative. No subject pronoun is used.

Les formes de l'impératif

1. Here are some rules for forming the imperative with **tu**.

   a. For verbs ending in **-er**, **-vrir**, and **-frir**, drop the final **s** of the **tu** form of the verb.

   PATRONNE: **Regarde** plutôt ta sauce! Elle brûle (*is burning*)!

b. For all other verbs except **avoir** and **savoir** (see point 4), keep the final **s** of the **tu** form.

BRUNO: **Attends!**

2. The **nous** and the **vous** forms of the imperative for all verbs except **avoir, être, savoir,** and **vouloir** (see point 4, below) are the same as those of the present indicative.

   MÉDECIN: **Écoutez**, madame...

   LOUISE: **N'insistez pas**, docteur!

3. For pronominal verbs, the reflexive pronoun **te/toi, nous,** or **vous** accompanies the verb. See **L'impératif avec pronoms** (point 3) for details.

   Calme-toi! Ne t'inquiète pas!

4. Four verbs have irregular forms in the imperative.

À NOTER:
The forms **ayons** and **ayez** begin with exactly the same sound pronounced in the **tu** form **aie,** which rhymes with **lait.**

avoir	être	savoir	vouloir
aie	sois	sache	—
ayons	soyons	sachons	—
ayez	soyez	sachez	veuillez*

Sois gentil avec moi! **Aie** de la patience!

L'impératif avec pronoms

1. In *affirmative* commands, all pronouns follow the verb and are attached to it by a hyphen. If there are two pronouns, direct objects precede indirect objects.

   HÉLÈNE: **Parlez-nous** un peu de la France...

   Donne les patins (D.O.) à ta sœur (I.O.)! → **Donne-les-lui**!

   Me and **te** become **moi** and **toi** if they are the final element of an affirmative command.

   MÉDECIN: Au cas où... appelez-**moi**.

2. In *negative* commands, pronouns precede the verb just as they do in declarative sentences.

   Ne **me réponds** pas comme ça!

   When there are two pronouns, the order is the same as in all declarative sentences (see the chart on page 126).

   Vous devez garder son secret. Ne **me le dites** pas!

*__Vouloir__ has no real imperative. Only the **vous** form above is used, and then only to make formal requests (see page 136). **Veuillez vous asseoir.** *Please sit down.*

3. The imperative form of pronominal verbs *always* requires a reflexive pronoun.

Ne **te rase** pas maintenant! **Habille-toi! Dépêchons-nous**!

À NOTER

Non-pronominal verbs use a pronoun in the imperative only when the context demands it.
Parle-**moi**!
Ne **me** dérangez pas!

Les emplois de l'impératif

1. The **tu** and **vous** forms of the imperative are used to give orders and to express requests and wishes.

   MADO: Ne **parle** jamais de lui à ta grand-mère!

   BRUNO: **Appelez** les photographes! Là, vite, j'ai un scoop!

2. The **nous** form of the imperative is used to suggest rather than to command and includes the person speaking in the suggestion. Imperatives with **nous** express *Let's . . . !*

   CAMILLE: Les Français aujourd'hui sont-ils capables de reconnaître un bon pain?

   M. LIÉGEOIS: **Espérons**! (*Let's hope so!*)

   CAMILLE: Et vous, Bruno?

   BRUNO: Moi? . . . Oui, oui, oui! Je crois. Oui!

   CAMILLE: Eh bien, **faisons** un test. (*All right then, let's do a test.*)

Exercices

A. Bons conseils. Qu'est-ce que nous devons faire ou éviter de faire en famille? Mettez les verbes suivants à la forme impérative selon les modèles.

MODÈLES: (nous) faire un projet ensemble
Faisons un projet ensemble!

(tu) ne pas s'inquiéter tout le temps
Ne t'inquiète pas tout le temps!

1. (tu) ne pas taquiner ta sœur
2. (vous) s'amuser ensemble, les enfants
3. (vous) faire la bise à tante Paulette
4. (nous) ne pas déranger grand-père
5. (tu) ne pas être méchant avec ton petit frère
6. (vous) ne pas se moquer de vos cousines
7. (nous) avoir de la patience avec tout le monde

B. On donne des ordres. Substituez le(s) pronom(s) approprié(s) dans les impératifs suivants.

MODÈLE: Bruno, attends *Camille* avec patience!
Bruno, attends-la avec patience!

(*cont.*)

1. Louise, obéissez *au médecin*!
2. Alex, donne-nous *le champagne*!
3. Rachid, rends-moi *ce livre* demain!
4. Hélène, ne demande pas *à Camille* si elle va se marier!
5. Camille, ne montre pas *cette photo à Rachid*! (2 pronoms)
6. Yasmine, ne parle pas *aux enfants* maintenant!
7. Bruno et Camille, dites *au patron* que vous voulez commander *le hors-d'œuvre*!

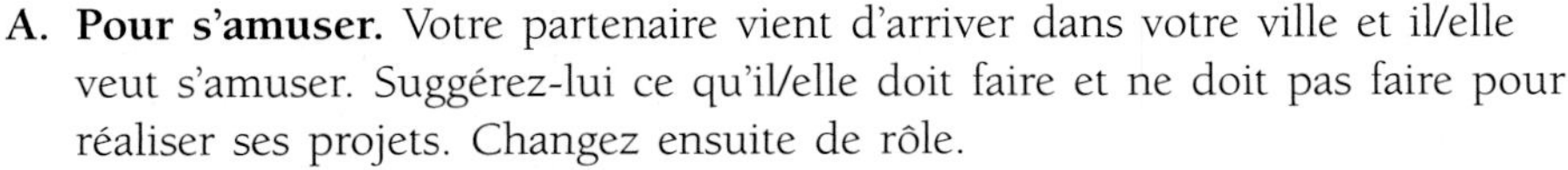

Prenons la parole

Faire des suggestions

A. Pour s'amuser. Votre partenaire vient d'arriver dans votre ville et il/elle veut s'amuser. Suggérez-lui ce qu'il/elle doit faire et ne doit pas faire pour réaliser ses projets. Changez ensuite de rôle.

Vocabulaire utile: aller (au centre sportif, au cinéma, à un concert, au restaurant, au musée), faire (la cuisine, de la musique, une promenade, du skate, du sport), prendre (rendez-vous avec un copain [une copine], un repas au restaurant, des vacances, un verre), ?

MODÈLE: É1: Je voudrais aller au théâtre.

É2: Regarde la rubrique «Théâtre» dans le journal. Choisis une bonne pièce. Réserve ta place à l'avance. Essaie de prendre un billet à tarif réduit.

É1: Comment est-ce que je fais pour prendre un billet à tarif réduit?

É2: Va au théâtre une heure avant la pièce…

Donner des ordres

B. Sésame, ouvre-toi. Dans l'opéra *Les Contes d'Hoffmann* d'Offenbach, un personnage parle à un diamant. Il demande au diamant d'attirer la femme: «Attire-la!». Imaginez que vous parlez aux objets dans votre vie. Que pouvez-vous leur dire? Vos partenaires vont suggérer d'autres possibilités. Suivez le modèle.

MODÈLE: un livre

É1: Ouvre-toi!

É2: Raconte-moi une histoire!

É3: Va à la bibliothèque!

É4: Mets-toi dans mon sac à dos.

1. un piano
2. une télévision
3. une voiture
4. des poissons rouges
5. les pieds
6. ?

C. Visitons Bruxelles. Votre groupe est en voyage en Belgique, et les membres de votre groupe ont des goûts différents. Regardez ce que l'on peut faire à Bruxelles et proposez des activités. Vos camarades vont réagir à vos suggestions.

Suggérer

MODÈLE: É1: Allons à un des concerts de «Couleurs Café». C'est de la musique africaine ce soir.

É2: Non, ça ne me dit rien. Faisons autre chose…

À Bruxelles!

Le Musée d'Art Moderne a une belle collection de tableaux de Magritte. Ce surréaliste nous donne une nouvelle perspective sur la réalité et le musée a de belles collections.

Le parc Mini-Europe présente les grands monuments des pays européens en miniature. Il y a des feux d'artifice° le soir en été et tout le monde s'amuse.

Au Théâtre de la Monnaie, il y a des opéras. Il y a du Mozart et du Verdi, mais aussi des compositeurs contemporains. Pour une soirée élégante, pensez à la Monnaie.

Pendant la série de concerts «Couleurs Café» on écoute de la musique de tous les pays du monde. Des rythmes africains, des instruments des pays exotiques—tout vous attire dans cet univers musical.

«Belgium rollers» organise de grandes sorties en groupe pour faire le tour de Bruxelles en rollers. Ils sont très nombreux, et il faut porter des protections et surtout savoir s'arrêter!

Au Musée royal de l'Afrique centrale, il y a une exposition sur le temps colonial au Congo. Dans la collection permanente, on peut voir des œuvres d'art et des documents historiques qui racontent l'histoire du Congo avant, pendant et après la période coloniale.

°*fireworks*

Culture en images

Bruno met son bras autour des épaules de Camille. C'est un geste d'amitié, pas un geste d'amoureux.

Ces deux personnes s'amusent bien ensemble à une fête.

Rachid veut montrer à Camille qu'il la comprend lorsqu'il lui touche l'épaule.

Analyse culturelle. Analysez les photos, ainsi que leurs légendes, pour déterminer ce qu'elles ont en commun. Choisissez la (ou les) réponse(s) qui vous semble(nt) valable(s) et justifiez votre choix.

Qu'est-ce que le fait que les deux personnes sur la troisième photo se touchent de cette façon indique sur leur relation?

a. Elles ne se connaissent pas.
b. Elles sont amoureuses.
c. Ce sont des amis.

(La section **Littérature**, pp. 138–142, illustre de façon caricaturale les problèmes de communication qui peuvent exister dans un couple.)

Structures pour communiquer 2

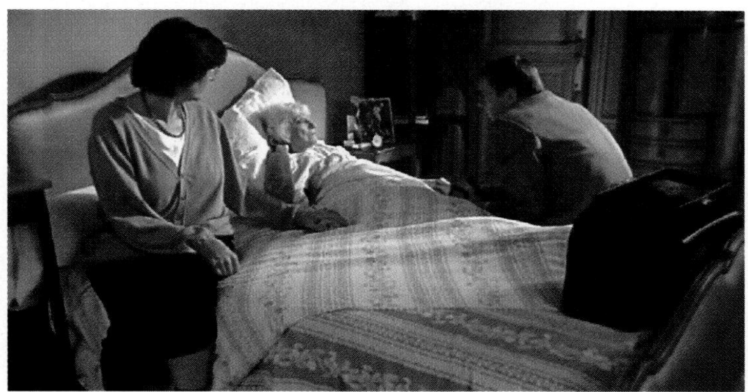

MÉDECIN: **Vous devez aller à l'hôpital.**

4.3 Tournures équivalentes à l'impératif

In French as in English, there are several ways to give orders or make requests. One is to use the imperative form of a verb, as described in Structure 4.2; others are described here.

Les formes des tournures équivalentes à l'impératif

1. In formal and informal situations involving **tu**, **vous**, and **nous**, certain verbs allow us to give orders or make requests.
   a. **Devoir** or **falloir** + an infinitive can be used in *statements*.

Nous devons aller à l'hôpital.	*We must go to the hospital.*
Il faut réserver à l'avance.	*We (One) must reserve in advance.*

   b. **Vouloir** + an infinitive can be used in *questions*.

Veux-tu venir avec moi?	*Do you want to come with me?*

2. In formal and informal situations, a statement in the present tense with **tu**, **vous**, or **on** (meaning **nous**) can be used with verbs other than **être**, **avoir**, and **savoir** to give orders or make requests.

   RACHID: Je suis inquiet, Martine. Je n'ai pas de nouvelles de ma femme…
   MARTINE: Du calme! **Tu rentres** chez toi et **tu l'attends**. (*Go home and wait for her.*)

3. A question in the present tense with **tu, vous**, or **on** (meaning **nous**) can be used to give orders or make requests. These often end with an expression such as **d'accord?** or **s'il te/vous plaît?**

MADO: Oh, la famille, c'est une longue histoire! **On parle** d'autre chose, **d'accord?** (*Let's talk about something else, okay?*)

PATRON: Eh non... **Tu fais** les tranches de pain, **s'il te plaît?** (*Will you do the bread slices, please?*)

4. In *formal* situations with **vous,** use **veuillez** + an infinitive.

Veuillez entrer.	*Please come in.*

5. On official forms, on public transportation, on signs and in directions, the infinitive is often used instead of the imperative.

Voir au verso.	*Turn over (referring to documents).*
Ne pas apporter de nourriture ou de boisson au musée.	*Do not bring food or drink into the museum.*

À NOTER

Ne pas... precedes an infinitive to make it negative.

Ne pas se pencher au dehors de la fenêtre.
Do not lean out of the window.

Les emplois des tournures équivalentes à l'impératif

Alternatives to the imperative are used for one of the following reasons, or sometimes both.

1. With a gentle intonation, they add a level of kindness to a situation where a command would sound too harsh.
2. They add a level of politeness and may increase the chances that a request will be carried out.

COMME ILS LE DISENT DANS LE FILM...

Pour quelles raisons utilise-t-on des tournures équivalentes à l'impératif dans le film? par gentillesse? par politesse? les deux?

1. BRUNO: **Vous faites quelques pas, Camille?**
   CAMILLE: Bien sûr!
2. INSTITUTRICE: **Tu viens avec moi, non?**
   YASMINE: On va où?
3. MÉDECIN (*à Louise*): **Vous devez aller à l'hôpital.**
4. CAMILLE (*à Louise*): **Tu me racontes son voyage dans les Cévennes? S'il te plaît?**

Exercices

A. En classe. Changez les impératifs suivants en phrases déclaratives à la même forme que le verbe conjugué: **tu, vous** ou **nous**.

MODÈLES: Paul, mets ton crayon sur le bureau!
Paul, tu mets ton crayon sur le bureau.

Sonia, réveille-toi!
Sonia, tu te réveilles.

1. Patrick, va à ta place!
2. Chafiqa, ouvre la fenêtre!
3. Danièle, ne dérange pas Philippe!
4. Véronique et Claude, ne vous disputez pas!
5. Calmons-nous!
6. Nathalie et Mamadou, dépêchez-vous!

B. Un peu de politesse avec tout le monde. Pour être poli(e), changez les impératifs suivants en utilisant les mots entre parenthèses.

MODÈLES: Va au concert avec moi! (vouloir)
Veux-tu aller au concert avec moi?

Dînons au restaurant! (on)
On dîne au restaurant?

Ne la taquinez pas! (devoir)
Vous ne devez pas la taquiner!

1. Faites du skate avec nous! (vouloir)
2. Ne plaisante pas avec ces choses-là! (falloir)
3. Jouons du piano ce soir! (on)
4. Ne me pose pas un lapin! (devoir)
5. Donnons-nous rendez-vous! (on)
6. Prenez une décision tout de suite! (devoir)
7. Réservons deux places pour samedi! (on)

Prenons la parole

Donner des conseils

A. Ami(e) ou psychologue? Votre ami(e) vous assomme (*overwhelms you*) avec ses problèmes, mais vous lui donnez quand même des conseils sans utiliser l'impératif.

Problèmes possibles: une dispute, un examen raté, un manque de ponctualité, un problème d'argent, un problème au travail, une rupture avec un copain (une copine)

MODÈLE: É1: Je n'arrive jamais à l'heure à mes cours.
É2: Tu dois te réveiller plus tôt.
É1: Mais je suis fatigué.
É2: Il ne faut pas faire la fête tous les soirs!

Donner des conseils

B. Des conseils. Écrivez trois conseils pour chacune des personnes ou chacun des groupes mentionnés ici. La classe se divise en deux équipes. Un membre de l'équipe A donne un conseil le plus vite possible à une des personnes sur la liste. Un membre de l'équipe B donne alors un autre conseil à cette même personne. Ce va-et-vient continue jusqu'à ce qu'une des équipes fasse une erreur (la forme **tu** pour un groupe, par exemple), répète un conseil déjà proposé ou ne trouve rien à dire. L'équipe qui donne le plus grand nombre de conseils gagne.

(*cont.*)

Modèle: Équipe A: Le président des États-Unis. Vous devez aider les pauvres!

Équipe B: Tu donnes de l'argent aux étudiants.

Équipe A: STOP! On arrête le jeu! Il ne faut pas dire «tu» au président!

1. votre grand-mère
2. un professeur
3. trois étudiants qui veulent s'inscrire dans votre université
4. une étudiante qui reçoit de mauvaises notes
5. deux enfants que vous gardez pour leurs parents
6. un(e) ami(e)

Littérature

Mise en route

Dans le texte que vous allez lire, un couple est engagé dans une conversation passionnée dont les motifs et la logique ne sont pas clairs pour le lecteur. La conversation semble être une dispute au sujet des différences et des similarités entre divers animaux.

On utilise souvent des associations entre animaux et humains en littérature. Ces associations sont à l'origine du genre littéraire de la fable, où les animaux servent à expliquer ou à illustrer le comportement humain (le lion est courageux, le renard est rusé [*sly*], etc.) et sont aussi beaucoup utilisées dans les contes pour enfants. Mais dans le dialogue d'Eugène Ionesco, les animaux sont utilisés bizarrement pour souligner le côté irrationnel d'une dispute de couple. On appréciera mieux ce texte en pensant d'abord aux associations conventionnelles entre les animaux et nous.

Activité

Chaîne d'associations. Écrivez les noms d'animaux associés à différents comportements dans votre culture. Échangez votre liste avec un(e) partenaire et discutez ensemble les caractéristiques des animaux de vos listes. Imaginez ensuite les associations entre ces animaux et les comportements humains: êtes-vous d'accord ou non avec ces associations?

Exemples: le corbeau (*crow*), le lièvre (*hare*), le loup (*wolf*), le mouton (*sheep*), le rat, la tortue

Délire à deux

Eugène Ionesco était un maître du «théâtre de l'absurde», un théâtre qui souligne l'étrangeté du comportement humain. Cette pièce en un acte, représentée pour la première fois en 1962, à Paris, décrit une dispute entre les deux membres d'un couple qui ne s'aiment plus. Les personnages n'ont pas de nom, ils sont seulement désignés par les pronoms «Elle» et «Lui», c'est-à-dire qu'ils représentent n'importe quel couple dans la même situation. Car cette dispute est en même temps une «scène de ménage» (*domestic dispute*) dans un couple particulier, et une guerre éternelle et universelle entre les hommes et les femmes, lorsqu'ils ne se respectent plus. La seule chose importante ici est d' «avoir raison». Mais ce genre de conversation est dominé par les sentiments, c'est-à-dire l'irrationnel, et les vrais motifs de la dispute ne sont pas discutés ouvertement.

Vocabulaire utile

bêtement without motive
un limaçon snail
une tortue turtle
un animal animal; dummy
dégoûtant(e) disgusting
une bête beast, animal
une carapace shell
baveux/euse slimy
ramper to crawl
une limace slug; slowpoke
un(e) zoologue zoologist

La tortue porte sa maison sur son dos.

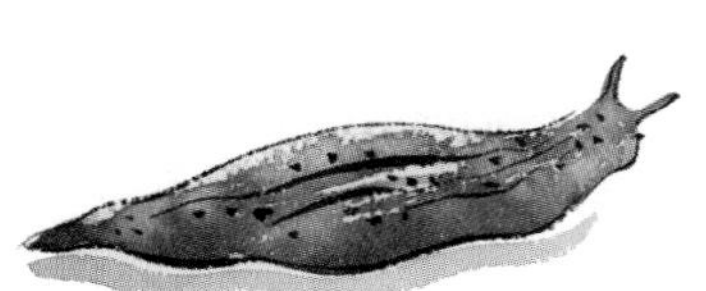

La limace est un limaçon sans maison.

Le limaçon est-il une sorte de limace ou de tortue?

ELLE: La vie que tu m'avais promise[1]! Celle[2] que tu me fais! J'ai quitté un mari pour suivre un amant.[3] Le romantisme! Le mari valait dix fois mieux,[4] séducteur! Il ne me contredisait pas,[5] lui, bêtement.

LUI: Je ne te contredis pas exprès.[6] Quand tu dis des choses qui ne sont pas vraies, je ne peux pas accepter. J'ai la passion de la Vérité.

ELLE: Quelle vérité? Puisque je te dis qu'il n'y a pas de différence. C'est ça la vérité. Il n'y en a pas. Le limaçon, la tortue, c'est la même chose.

LUI: Pas du tout. C'est pas du tout le même animal.

ELLE: Animal toi-même. Idiot.

LUI: C'est toi qui es idiote.

ELLE: Tu m'insultes, imbécile, dégoûtant, séducteur.

LUI: Mais écoute au moins,[7] écoute donc.

ELLE: Que veux-tu que j'écoute? Depuis dix-sept ans je t'écoute. Dix-sept ans que tu m'as arrachée à mon mari, à mon foyer.[8]

LUI: Mais cela n'a rien à voir[9] avec la question.

---

[1]m'avais... *had promised me* [2]*The one* [3]*lover* [4]Le... *The [My] husband was worth ten times more* [5]ne... *did not contradict me* [6]*on purpose* [7]au... *at least* [8]tu... *you tore me away from my husband and my home* [9]n'a... *has nothing to do*

ELLE: Quelle question?

LUI: La question que nous discutons.

ELLE: C'est fini. Il n'y a plus de question. Le limaçon et la tortue, c'est la même bête.

LUI: Non, ce n'est pas la même bête.

ELLE: Si, c'est la même.

LUI: Mais tout le monde te le dira.

ELLE: Quel monde? La tortue n'a-t-elle pas une carapace? Réponds.

LUI: Et alors?

ELLE: Le limaçon n'en a-t-il pas une?

LUI: Si. Et alors?

ELLE: La tortue, ou limaçon, n'est-il pas un animal lent, baveux, ayant le corps court[10]? N'est-il pas une sorte de reptile?

LUI: Oui. Et alors?

ELLE: Alors, tu vois, je prouve, moi. Ne dit-on pas lent comme une tortue et lent comme un limaçon? Et le limaçon, c'est-à-dire la tortue, ne rampe-t-elle pas?

LUI: Pas exactement.

ELLE: Pas exactement quoi? Tu veux dire que le limaçon ne rampe pas?

LUI: Si.

ELLE: Alors, tu vois bien, c'est la même chose que la tortue.

LUI: Mais non.

ELLE: Entêté,[11] limace! Explique pourquoi.

LUI: Parce que.

ELLE: La tortue, c'est-à-dire le limaçon, se promène avec sa maison sur le dos. Qu'il a construite lui-même, d'où le mot de limaçon.[12]

LUI: La limace est apparentée[13] au limaçon. C'est un limaçon sans maison. Tandis que la tortue n'a rien à voir avec la limace. Ah! tu vois, que tu n'as pas raison.

ELLE: Mais explique-moi, zoologue, explique-moi pourquoi je n'ai pas raison.

LUI: Mais parce que...

ELLE: Dis-les-moi les différences, si tu en trouves.

LUI: Parce que... Les différences... Il y aussi des rapprochements,[14] je ne peux pas le nier.[15]

ELLE: Alors, pourquoi est-ce que tu nies quand même?

LUI: Les différences, c'est que... c'est que... C'est inutile puisque tu ne veux pas les admettre et puis je suis trop fatigué. J'ai déjà tout expliqué, on ne va pas recommencer. J'en ai assez.[16]

ELLE: Tu ne veux pas expliquer parce que tu n'as pas raison. Tu ne peux pas donner de raisons simplement parce que tu n'en as pas. Si tu étais de bonne foi,[17] tu l'avouerais.[18] Tu es de mauvaise foi,[19] tu as toujours été de mauvaise foi.

---

[10]ayant... *with a short body* [11]*Stubborn fool* [12]*This is a play on words between* limaçon *and* maçon (*mason*). [13]*related* [14]*similarities* [15]*deny* [16]J'en... *I've had enough* [17]de... *honest* (*literally, "acting in good faith"*) [18]*would admit it* [19]de... *dishonest* (*literally, "acting in bad faith"*)

LUI: Tu dis des sottises,[20] tu dis des sottises. Voyons, la limace fait partie... ou plutôt le limaçon... Et la tortue, elle...

ELLE: Oh! j'en ai assez. Tais-toi![21] Tu ferais mieux.[22] Je ne peux plus t'entendre divaguer.[23]

LUI: Moi non plus, je ne peux plus t'entendre. Je ne veux plus rien entendre.

---

[20] *foolish things* [21] *Be quiet!* [22] Tu... *You'd better do that* [23] *ramble on*

Questions de compréhension

1. Pourquoi est-ce qu'Elle a quitté son mari? Pourquoi est-ce que le couple se dispute, selon Elle?
2. Est-ce que Lui répond directement à Elle? Qu'est-ce qu'il dit? Lorsqu'Elle parle de tortue et de limaçon, est-ce que nous savons pourquoi? Est-ce que Lui se demande pourquoi? Que fait-il?
3. Le genre de Vérité que Lui recherche dans ce texte (la différence entre animaux) est importante pour quelle catégorie de scientifiques? Elle utilise ce nom de scientifique pour insulter Lui. Cherchez ce nom dans le texte.
4. Dans les lignes suivantes, Elle se plaint (*complains*) d'avoir été «arrachée à son foyer», expression très passionnée et romantique. Imaginez-vous plutôt Lui comme un homme romantique et passionné ou comme un scientifique? Pourquoi?
5. Quels sont les trois animaux mentionnés dans ce texte? Quel comportement humain est associé avec ces animaux dans le langage courant?
6. Lequel des trois noms d'animaux est utilisé comme insulte dans le dialogue?
7. Expliquez la fin de cette conversation. Qu'est-ce qui se passe?

Questions d'analyse

1. La dispute est parfois le seul moyen de communication dans des couples qui ne s'entendent plus et elle est provoquée volontairement pour éviter un silence gênant. Qui a commencé la dispute sur les animaux? Pourquoi? Pour parler d'animaux? Pour provoquer l'autre? Pour rompre le silence? Justifiez votre réponse.
2. Elle a la nostalgie de son ancienne vie. Qu'est-ce qu'elle regrette de cette vie antérieure? Communiquait-elle mieux avec son ancien mari? Expliquez.
3. Dans les histoires d'amour romantiques, est-ce que le «prince charmant» parle comme Lui? Expliquez.
4. Qu'est-ce qui différencie l'animal utilisé comme insulte des deux autres? En quoi est-ce qu'Elle ressemble à la limace?
5. À votre avis, est-ce que ce genre de conversation bizarre est habituelle dans ce couple? Justifiez vos réponses en regardant le début du texte.

(*cont.*)

6. Elle accuse Lui d'être de «mauvaise foi». À votre avis, est-ce qu'elle a raison? Pourquoi? Est-ce qu'Elle est toujours de bonne foi dans ce texte?
7. Le langage de ce texte est simple, mais est-ce que la situation qu'il présente est simple ou compliquée? Pourquoi? Qu'est-ce que cette conversation révèle sur les rapports dans ce couple? Quel sentiment domine la situation? La haine? Le malheur? La frustration? L'ennui? Commentez vos réponses.
8. Ce texte est destiné à être joué sur une scène de théâtre. Imaginez que vous êtes comédien(ne) et choisissez un personnage. Expliquez certains traits de personnalité de votre personnage, son apparence physique, son costume, ses gestes, etc. À votre avis, est-ce que les comédiens ont l'air d'être sérieux? de s'amuser? d'être fous? d'être des gens ordinaires?

Le texte et vous

En groupe, choisissez un contexte où les rapports entre deux personnes deviennent facilement très tendus (accident de la route, foule dans un magasin, dispute de couple, etc.). Décrivez ce contexte en détail et cherchez ensemble quels sont les motifs de tension entre ces deux personnes (une voiture est neuve, un client a été bousculé (*pushed roughly*), un membre du couple ne fait pas le ménage, etc.). Vous pouvez aussi décider certains traits physiques et de personnalité de ces gens. Imaginez maintenant un sujet de conversation dans ce contexte, où l'on insiste pour «avoir raison» à tout prix et où l'on finit par affirmer catégoriquement des opinions absurdes sur un sujet lié ou non au contexte (les couleurs des voitures, le respect chez les animaux, la fréquence idéale pour passer l'aspirateur, etc.). Maintenant vous pouvez jouer cette conversation comme au théâtre avec un ou plusieurs membres du groupe.

Retournons au cinéma

Pour parler du cinéma

au premier plan in the foreground
un cadre frame (*on-screen*)
une caméra movie camera
en arrière-plan in the background
flou(e) blurry; out of focus
net(te) clear; in focus
la netteté clarity; focus
le zoom arrière zoom out
le zoom avant zoom in

Comment déterminer les réactions du spectateur avec la caméra, selon le réalisateur David Murray:

«Quand je pense à la caméra, j'imagine généralement comment le public va comprendre et ressentir les images. Pour cela, il est nécessaire d'avoir certaines connaissances techniques mais la technique n'est qu'un moyen (*means to an end*). C'est ce que l'on voit sur l'écran qui est important.»

Revoyons l'épisode

En regardant le film, identifiez les scènes où les personnages au premier plan sont nets et où l'arrière-plan est flou.

LOUISE: Une question, Camille. Tu as des vacances bientôt? Je pense à un petit voyage dans les Cévennes.

HÉLÈNE: Parlez-nous un peu de la France.

Reparlons de l'épisode

Étape 1 Le mot du réalisateur. «Pour influencer les réactions du public, l'un des moyens les plus simples—et très efficace—consiste à manipuler la netteté des images à l'intérieur d'un cadre. Pensez à la scène dans l'appartement de Louise où elle parle au téléphone avec Camille. Louise apparaît nettement et l'arrière-plan (y compris [*including*] Mado) est flou et vaguement défini. On obtient cet effet en plaçant la caméra loin de l'action et en filmant les acteurs avec le zoom avant. Ce choix concentre visuellement l'attention des spectateurs sur Louise et souligne ses sentiments envers sa petite-fille, avec qui elle parle au téléphone. Avec la caméra plus près de l'action et un zoom arrière, on obtient simultanément des images nettes à l'arrière-plan et au premier plan. Pendant l'interview avec Hélène, nous avons utilisé le zoom arrière. Vous pouvez remarquer dans cette scène que l'arrière-plan et le premier plan sont tous les deux très clairs parce que le décor de l'interview (Notre-Dame et la Seine) est aussi important que les personnages pour le public d'Hélène. Cette manipulation de l'image est une des techniques utilisées par le réalisateur pour souligner certains aspects d'une scène.»

Étape 2 Le zoom. Voici d'autres scènes où le réalisateur utilise le zoom avant et arrière. Répondez aux questions en comparant vos observations avec celles d'un(e) partenaire.

1. Selon **Le mot du réalisateur**, quand est-ce que l'on utilise le zoom avant? Quel effet cette technique a-t-elle sur la perception du spectateur? Laquelle des deux scènes suivantes a été filmée avec la technique de zoom avant?

BRUNO: Et toi, Camille? Tu es une bonne fille pour ta maman?

BRUNO: Appelez les photographes! Là, vite, j'ai un scoop! Camille arrête son régime, elle va faire un vrai repas!

2. Dans la scène faite avec le zoom avant, sur quel élément est-ce que le réalisateur attire l'attention? pourquoi, à votre avis?

Étape 3 Vous êtes réalisateur. Regardez autour de vous dans la salle de classe et choisissez une image que vous voulez présenter. Allez-vous utiliser le zoom avant ou le zoom arrière? Quel est votre objectif? Comparez votre cadre avec celui d'un(e) partenaire.

Hors-champ

A. Mieux connaître les personnages.

Étape 1: La relation entre Camille et Bruno est compliquée. Complétez le texte en choisissant le pronom qui convient.

Bruno a trois sœurs et il n'a pas envie d'une quatrième femme qui ________[1] (le / lui) considère comme un grand frère. C'est pourtant comme cela que Camille ________[2] (le / lui) voit: comme un frère ou bien comme un ami. Bruno ________[3] (l' / lui) aime d'amour et veut ________[4] (l' / lui) épouser, mais Camille n'est pas d'accord. La relation entre ses parents à elle ________[5] (la / lui) donne une mauvaise impression du mariage et elle a peur de mettre en danger sa relation professionnelle avec Bruno. Elle ________[6] (le / lui) trouve drôle et sympathique et elle adore présenter «Bonjour!» avec lui.

C'est encore plus compliqué parce qu'ils ont un passé ensemble. Un an après ses débuts à Canal 7, Camille succombe aux charmes de Bruno. C'est vrai qu'il est gentil et intelligent et surtout qu'il ________[7] (l' / lui) amuse. Ils sont ensemble pendant un an et finalement elle ________[8] (le / lui) répond «oui» quand il propose le mariage. Mais elle apprend vite que pour Bruno, le mariage, ça change tout. Il veut une maison, une grosse voiture familiale et deux enfants. Finie la vie d'aventures. Camille panique et elle ________[9] (le / lui) dit qu'elle ne se sent pas prête pour le mariage. Évidemment, Bruno est très déçu, mais il continue à aimer Camille.

Alors aujourd'hui, il ________[10] (la / lui) parle comme à une amie, mais il ________[11] (l' / lui) attend.

Étape 2: Maintenant, répondez aux questions.

1. Qu'est-ce que Bruno veut?
2. Qu'est-ce que Camille veut?

B. Des relations simples existent-elles? Les relations entre les hommes et les femmes dans le film sont parfois compliquées. Et dans la vie des gens que vous connaissez? Répondez aux questions en discutant avec un(e) partenaire.

1. Avec qui et quand est-ce que vous plaisantez? Qui est-ce que vous taquinez? Qu'est-ce que cela indique sur votre relation avec cette personne?
2. Que faites-vous quand quelqu'un vous dérange? quand quelqu'un vous pose un lapin? quand quelqu'un vous déçoit (*disappoints you*)? Comparez vos réactions avec celles de votre partenaire.

Pour mieux écrire

Dans la section **Pour mieux écrire** du *Cahier d'exercices*, vous trouverez des stratégies d'écriture et des sujets de composition française liés aux thèmes «des activités pour s'amuser» et «des moments à partager».

CHAPITRE 5

DES HISTOIRES DE FAMILLE

CAMILLE: Toute petite, à l'âge de 7 ou 8 ans, j'ai surpris une conversation entre ma grand-mère et ma mère. Une conversation bizarre...

Pour commencer Quand on raconte une histoire du passé, très souvent on situe l'événement dans le temps puis on raconte ce qui s'est passé. Camille situe son histoire quand elle dit «à l'âge de 7 ou 8 ans», et puis elle raconte ce qui s'est passé.

À vous Pensez à un moment de votre passé. Comme Camille, précisez quel âge vous aviez à ce moment-là, et puis expliquez ce qui s'est passé. Racontez cette histoire à un(e) partenaire et ensuite écoutez sa petite histoire. Prenez des notes pour pouvoir en parler à la classe.

MODÈLE: É1: À l'âge de 6 ans, j'ai fait du skate pour la première fois. Je suis tombé(e).

É2: Et moi, à l'âge de 15 ans, j'ai fait du ski pour la premierè fois et je me suis cassé la jambe!

Thèmes culturels

- des histoires personnelles
- l'histoire collective

Objectifs fonctionnels

- raconter des événements du passé
- donner un contexte aux situations passées et parler des habitudes
- parler des événements passés en contexte

Structures pour communiquer

5.1 Le passé composé avec **avoir** et **être**

5.2 L'imparfait

5.3 L'imparfait et le passé composé ensemble

Vocabulaire thématique

Des histoires personnelles et l'histoire collective

Camille dit à Bruno que sa mère est née en 1939.

La France a déclaré la guerre à l'Allemagne en 1939.

Des histoires personnelles

un album-photo	photo album
bouleverser	to overwhelm
un changement	change
se débrouiller (bien, mal)	to manage (well, badly); to get by
une déception	disappointment
décevoir	to disappoint
être déçu(e)	to be disappointed
d'habitude	usually
un emploi du temps chargé	busy schedule
mourir	to die
naître	to be born
observer	to observe; to respect
oublier (de + *infinitif***)**	to forget (to do something)

pareil(le)	similar
se passer	to happen
profiter de	to take advantage of
bien profiter de	to enjoy
quotidien(ne)	daily
toujours	still; always

L'histoire collective

avoir lieu	to take place
se battre (contre)	to fight (against)
le début	beginning
un défilé	parade
envahir	to invade
une époque	era, epoch, time
une fin	end
les gens (*m. pl.*)	people
une guerre	war
occuper	to occupy
s'occuper (de)	to keep busy; to take care of
être occupé(e)	to be busy
la paix	peace
le peuple	people (*of a country*), masses, populace
un(e) prisonnier/ière	prisoner
la Résistance	French Resistance (*during WWII*)
résister (contre)	to resist; to stand up (against)
un siècle	century
soutenir	to support
trahir	to betray
un traître	traitor
tuer	to kill

Applications

A. **Les familles de mots.** Trouvez dans le **Vocabulaire thématique** des mots de la même famille que les mots suivants. Prononcez-les.

1. la trahison
2. la mort
3. la naissance
4. finir
5. la prison
6. décevoir
7. un résistant
8. une bataille
9. le soutien

Au Maroc, le nom des restaurants est souvent en arabe et en français.

Une plaque commémorative à Paris

B. L'importance de l'histoire. Complétez les phrases avec les mots de la liste. Faites tous les changements nécessaires.

bouleverser
changement
gens
observer
pareil
quotidien
siècle

Au 19ème _____[1], la colonisation des pays nord-africains crée un grand _____[2]. Un nouveau système de gouvernement _____[3] la vie _____[4] de beaucoup de _____[5]. Les Algériens _____[6] les traditions musulmanes mais ils sont aussi influencés par les Français. Dans d'autres pays africains, c'est _____[7]. Les influences coloniales et les traditions anciennes coexistent dans la vie de tous les jours.

avoir lieu
défilé
époque
Guerre
siècle
tuer

La Deuxième _____[8] mondiale joue toujours un rôle au 21ème _____[9]. Des plaques commémoratives marquent les endroits où les Allemands _____[10] (*au passé composé*) des gens pendant la libération de Paris. Le souvenir de cette _____[11] de l'histoire est encore difficile pour les familles, et des cérémonies _____[12] pour commémorer cette tragédie. Il y a souvent des _____[13] et des personnalités importantes qui parlent de cet événement.

C. Compréhension culturelle. Relisez les paragraphes de l'Activité B pour bien comprendre l'information culturelle. Avec un(e) partenaire, répondez aux questions.

1. Quel aspect de l'histoire influence la vie quotidienne en Afrique du Nord aujourd'hui?
2. Comment commémore-t-on la Deuxième Guerre mondiale en France de nos jours?

D. Les nuances des mots. Lisez les phrases pour comprendre les différentes significations du mot en italique. Ensuite, écrivez vos propres phrases en imitant chaque exemple.

MODÈLE: *toujours*

J'ai *toujours* du lait dans le frigo.

Ton grand-père est *toujours* vivant?

a. J'ai *toujours* le temps de te parler, mon amour.

b. Tu as *toujours* ton chat?

1. (s')occuper (de)

Dans un restaurant, le serveur *s'occupe des* clients.

Pendant les vacances, je *m'occupe*. Je fais du sport.

L'armée *occupe* la ville après la victoire.

a. _____

b. _____

c. _____

2. *profiter (bien) de*

Certains politiciens *profitent de l'*apathie du peuple.

Au bord de la mer, *je profite bien du* soleil.

a. _____

b. _____

3. *le peuple*

Le peuple français résiste à la globalisation.

Les hommes politiques doivent écouter *le peuple*.

a. _____

b. _____

E. Différences. Dans chaque cas, expliquez la différence de sens entre les deux mots ou expressions.

1. envahir et occuper 2. le début et la fin 3. se débrouiller bien et se débrouiller mal 4. tuer en temps de guerre et tuer en période de paix 5. les gens et le peuple

F. Des histoires personnelles. Avec un(e) partenaire, parlez des situations évoquées par ces débuts de phrases. Comparez ensuite vos réponses.

1. Je suis déçu(e) quand...
2. D'habitude, j'aime bien...
3. Ma vie quotidienne est...
4. Des choses intéressantes se passent quand...
5. J'oublie parfois de...
6. Quand j'ai un emploi du temps chargé,...
7. Quand je regarde un album-photo,...

RAPPEL

Use **les gens** when speaking about a group of people.

Les gens dans cette classe sont sympathiques.

Use **les personnes** when you are counting.

Deux personnes dans la classe parlent japonais.

The term **le peuple** is quite specific and is used to refer to the masses or to a nationality.

Le peuple français soutient le nouveau gouvernement.

Allons au cinéma

LOUISE (*à Antoine*): Tu quittes Paris, toi aussi.

Rappelons-nous

Ce qui s'est passé avant. L'Épisode 4 nous apprend beaucoup sur les personnages et leurs situations. Avec un(e) partenaire, associez les situations de la colonne A avec les informations de la colonne B.

MODÈLE: É1: Louise est dans son lit, et Camille s'inquiète.

É2: Nous apprenons que Louise est malade.

A	B
1. Camille demande à Alex s'il connaît «Mon Amant de Saint-Jean».	a. La famille est importante pour Camille.
2. Hélène interviewe Camille pour la télévision québécoise.	b. Bruno aime bien taquiner Camille.
3. Camille parle au téléphone avec sa grand-mère.	c. Louise veut faire un voyage avec Camille dans les Cévennes.
4. Camille veut aller au restaurant.	d. Camille et Bruno ont été fiancés.
5. Au restaurant, Camille parle de sa famille.	e. C'est une vieille chanson.
6. Le patron et la patronne du restaurant parlent de Bruno et Camille.	f. Camille est nerveuse avec sa mère.

Préparons-nous pour l'épisode

Dans l'Épisode 5, les personnages parlent souvent du passé. Parfois ils utilisent le passé composé, parfois ils utilisent le présent historique. Lisez les extraits de dialogue et décidez si le verbe est au présent (**P**), au présent historique (**PH**), ou au passé composé (**PC**).

MODÈLE: PATRON: Tout va comme vous voulez? _P_

1. *Au restaurant. Camille accepte de parler de sa famille.*

   BRUNO: Et maintenant, Camille, raconte-moi ton histoire. Ton grand-père est toujours vivant? _____

   CAMILLE: Non, il est mort... pendant la guerre, en 1943. _____

2. *Au restaurant. Ils parlent du grand-père de Camille.*

   BRUNO: Parle, Camille. De quoi tu as peur? _____

   CAMILLE: Il a trahi son pays. _____

3. *Dans l'appartement de Camille. Ils parlent du passé des grands-parents de Camille.*

   BRUNO: Ta grand-mère a toujours habité le quartier Mouffetard? _____

   CAMILLE: Oui, à partir de 1938, avec son mari.

   BRUNO: Antoine? Et quel âge a-t-il à cette époque-là? _____

4. *Dans l'appartement de Camille*

   BRUNO: Bon! On est en 1940. Que fait ton grand-père? _____

5. *Flash-back (1940)*

   SAMUEL LÉVY: Ma femme est partie en Amérique. _____ Là-bas, personne n'envoie les juifs en prison. _____

   ANTOINE: Pourquoi restes-tu à Paris? _____

6. *Dans l'appartement de Camille. Ils parlent du grand-père de Camille.*

   BRUNO: Et où est-il allé? _____

   CAMILLE: Dans les Cévennes. Il a écrit une lettre pour le quatrième anniversaire de sa fille. _____

À NOTER

It is possible to use the present tense to relate past events; there often are dates or other indications that the events belong to the past. This use of the present, known as **le présent historique,** gives the narration a livelier tone.

Regardons l'épisode

Répondez à la question suivante en regardant l'épisode: Quelle est l'importance de la Deuxième Guerre mondiale dans cet épisode?

a. Le grand-père de Camille a disparu pendant la guerre.

b. Louise parle enfin de la guerre avec Camille.

Vocabulaire de l'épisode

Au restaurant

je me régale I'm enjoying myself
il a disparu he disappeared

Dans l'appartement de Camille

son atelier d'ébéniste his cabinetmaker's workshop
les affaires marchent bien business is good
ses ouvriers his workers
sont morts au combat died in the fighting
juif Jew; Jewish

Pendant le flash-back

Prenez soin de vous. Take care of yourself.

Dans l'appartement de Camille

un historien historian

Dans l'appartement de Louise

briller to shine
un enterrement funeral
déchirer to tear up
une bourgade small town

Parlons de l'épisode

A. Éléments importants dans l'épisode. Certains éléments de cet épisode jouent un rôle important dans l'intrigue du *Chemin du retour*. Choisissez les réponses qui s'appliquent à ces éléments et expliquez vos choix.

MODÈLE: Les photos d'Antoine:

a. en couleur

b. <u>déchirées</u>

c. <u>absentes des albums-photos</u>

d. en bonne condition

Camille demande à sa mère qui a déchiré les photos. Camille explique à Bruno que les photos de son grand-père sont absentes des albums-photos. C'est important parce que nous savons qu'il y a un mystère autour d'Antoine.

1. Une conversation bizarre à propos d'Antoine:
   a. entre Mado et Louise
   b. entre Camille et Alex
   c. entre Camille et Louise
2. Samuel Lévy:
   a. un ouvrier
   b. un ébéniste
   c. un juif
   d. un célibataire
3. Le médaillon:
   a. un cadeau pour Louise
   b. un cadeau pour Mado
   c. un cadeau avant le départ d'Antoine
4. Un ami de Bruno qui peut aider Camille:
   a. un historien
   b. un chanteur
   c. un ébéniste
   d. un reporter
5. Saint-Jean:
   a. un saint catholique
   b. une partie d'un nom de village
   c. une partie d'un titre de chanson
   d. le nom d'un vin

B. La chronologie. Les dates sont importantes pour situer l'histoire que Camille raconte. Mettez les événements de chaque section dans l'ordre chronologique. Puis, lisez les chronologies à haute voix.

Avant la guerre

_____ a. Louise vient habiter la rue Mouffetard avec son mari en 1938.

_____ b. Antoine travaille comme ébéniste. Il n'est pas encore marié avec Louise.

_____ c. Mado est née en 1939, l'année de la déclaration de guerre contre les Allemands.

Pendant la guerre

_____ a. Le dernier ouvrier d'Antoine, Samuel Lévy, quitte Paris à cause des Nazis.

_____ b. Antoine reprend son travail après l'armistice en 1940. Les Allemands occupent Paris.

_____ c. Antoine part dans les Cévennes.

_____ d. Louise reçoit une lettre d'Antoine, écrite pour le quatrième anniversaire de Mado.

Après la guerre

_____ a. Quand Camille a 7 ou 8 ans, elle surprend une conversation bizarre entre sa mère et sa grand-mère.

_____ b. Camille pose des questions à sa mère à propos des photos déchirées.

_____ c. Louise meurt en présence de sa fille, Mado.

C. **Ils veulent le faire ou non?** Pendant cet épisode, les personnages nous font comprendre ce qu'ils veulent et ne veulent pas faire. Utilisez le **Vocabulaire utile** pour exprimer ces désirs. Vous pouvez utiliser les expressions plus d'une fois.

Vocabulaire utile: aider Camille, comprendre l'histoire d'Antoine, oublier l'histoire d'Antoine, parler de la famille, parler d'un village dans les Cévennes, retrouver son ami historien, ?

1. Camille (ne) veut (pas)...
2. Bruno (ne) veut (pas)...
3. Mado (ne) veut (pas)...

D. **Comme le disent les Français.** Quand les Français posent une question oralement, ils n'utilisent pas toujours une forme interrogative grammaticalement correcte. Regardez les questions posées par les personnages et donnez la version grammaticalement correcte de la même question.

MODÈLE: BRUNO (*quand Camille hésite à parler*): Parle, Camille. De quoi tu as peur?

De quoi as-tu peur? *ou* De quoi est-ce que tu as peur?

(*cont.*)

1. YASMINE (*dans l'Épisode 1, à son institutrice*): On va où?
2. MARTINE (*dans l'Épisode 1, à Rachid, à propos de Sonia*): Elle est où?
3. CAMILLE (*dans l'Épisode 4, à Louise, malade dans son lit*): Grand-mère, à quoi tu joues?
4. PATRONNE (*dans l'Épisode 4, à son mari, à propos de Camille et Bruno*): Pourquoi ils se sont séparés?
5. LOUISE (*dans le flash-back de l'Épisode 5, à Antoine*): Tu pars quand?

E. Légende. Regardez cette photo, puis écrivez une légende qui souligne une idée importante de l'épisode. Expliquez pourquoi cette idée est importante. Votre partenaire va dire s'il/si elle est d'accord ou pas. Ensuite, comparez vos légendes et vos idées à celles du reste de la classe.

F. Discussion. Que vous rappelez-vous à propos de ce médaillon? Travaillez en petits groupes pour étudier l'importance du médaillon. Chaque groupe va analyser une scène où figure ce médaillon. Ensuite, chaque groupe va présenter son analyse à la classe.

1. 

MARTINE: C'est à toi? Le médaillon est ravissant. Qui est-ce?
CAMILLE: ... Merci, Martine.

2. 

CAMILLE: C'est Louise, ma grand-mère, le jour de son mariage... Mais d'où vient cette photo?

3. 

ANTOINE: Tiens, c'est pour toi.

4. 

MADO: Une heure après, son cœur ne battait plus.

Structures pour communiquer 1

SAMUEL LÉVY: Ma femme est partie en Amérique. Là-bas, personne n'envoie les juifs en prison.

5.1 Le passé composé avec *avoir* et *être*

In French, the **passé composé** and the **imparfait** are used to speak about past events. Using one tense or the other is not based on the event itself but rather on the way the speaker thinks of that event. For example, in English we say: *We fought, We used to fight*, and *We were fighting*. The different uses of the same verb allow the speaker to convey different nuances.

Les formes du passé composé

The **passé composé** is a two-word verb tense, composed of a past participle and an auxiliary verb.

Pendant l'Occupation nazie en France, on **a déporté** environ 76 000 juifs français.

Le participe passé

1. The past participle of all **-er** verbs is formed with **-é**.

   aller → **allé** héritier → **hérité** étudier → **étudié**

2. The past participle of regular **-ir** verbs and verbs like **dormir** is formed with **-i**.

   choisir → **choisi** envahir → **envahi** trahir → **trahi**

L'appel du 18 juin 1940 — «La France a perdu une bataille! Mais la France n'a pas perdu la guerre!»

3. The past participle of most **-re** verbs is formed with **-u**.

   attendre → **attendu** battre → **battu** rendre → **rendu**

4. Most **-oir** verbs have a past participle ending in **-u**.

   falloir → **fallu** voir → **vu** vouloir → **voulu**

   Note: The following past participles end in **-u** but the past-participle stems are not formed by dropping **-oir**.

   avoir → **eu** pleuvoir → **plu**

   décevoir → **déçu** devoir → **dû** pouvoir → **pu** savoir → **su**

5. The past participle of verbs ending in **-aindre**, **-eindre**, and **-oindre** ends in **-t**.

   craindre → **craint** joindre → **joint** peindre → **peint**

6. The following irregular past participles are grouped by their endings.

-u	-ert	-is
boire → **bu**	couvrir → **couvert**	mettre → **mis**
connaître → **connu**	offrir → **offert**	prendre → **pris**
courir → **couru**	ouvrir → **ouvert**	
croire → **cru**	souffrir → **souffert**	
lire → **lu**		
paraître → **paru**	**-it**	**-i**
plaire → **plu**	conduire → **conduit**	rire → **ri**
tenir → **tenu**	dire → **dit**	sourire → **souri**
venir → **venu**	écrire → **écrit**	suivre → **suivi**
vivre → **vécu**		

7. Other irregular verbs have irregular past participles.

   être → **été** mourir → **mort**

   faire → **fait** naître → **né**

RAPPEL

Verbs in the same word family form the past participle in the same way.

venir → **venu**
revenir → **revenu**

couvrir → **couvert**
découvrir → **découvert**

mettre → **mis**
promettre → **promis**, etc.

Le verbe auxiliaire

1. In compound tenses such as the **passé composé**, most verbs are conjugated with **avoir** as the auxiliary verb.

résister	
j' **ai** résisté	nous **avons** résisté
tu **as** résisté	vous **avez** résisté
il/elle/on **a** résisté	ils/elles **ont** résisté

RAPPEL

The **passé composé** in French may be translated by three different constructions in English.

Ils ont résisté. { *They resisted.* / *They did resist.* / *They have resisted.* }

RAPPEL

Remember that in a negative sentence, the negative elements surround the auxiliary verb.

Ils **n'**ont **pas** résisté à manger ce qu'ils voulaient.
Je **n'**ai **jamais** dîné dans ce restaurant avant.

2. The following intransitive verbs (verbs that are not used with a direct object) are conjugated with **être** in compound tenses.

aller	mourir	retourner
arriver	naître	revenir
descendre	partir	sortir
devenir	passer	tomber
entrer	rentrer	venir
monter	rester	

BRUNO: Et où **est-il allé**?

3. The verbs **descendre**, **monter**, **passer**, **rentrer**, and **sortir** can be conjugated with **être** or **avoir**; the meaning of the verb changes according to which auxiliary is used.

ÊTRE	AVOIR
Je **suis descendu** au sous-sol. *I went down to the basement.*	J'**ai descendu** le vin au sous-sol. *I took the wine down to the basement.*
Elle **est montée** dans sa chambre. *She went up to her room.*	Elle **a monté** les livres dans sa chambre. *She took the books up to her room.*
Il **est passé** par Paris. *He went through (via) Paris.*	Il **a passé** trois jours à Nice. *He spent three days in Nice.*
Après le film, ils **sont rentrés** chez eux. *After the film, they went home.*	J'**ai rentré** les chaises quand il a commencé à pleuvoir. *I brought in the chairs when it started to rain.*
Elle **est sortie** du café. *She went out of the cafe.*	Elle **a sorti** la voiture du garage. *She took the car out of the garage.*

4. All pronominal verbs are conjugated with **être** in compound tenses.

se débrouiller			
je	me **suis** débrouillé(e)	nous	nous **sommes** débrouillé(e)s
tu	t'**es** débrouillé(e)	vous	vous **êtes** débrouillé(e)(s)
il/elle/on	s'**est** débrouillé(e)	ils/elles	se **sont** débrouillé(e)s

L'accord du participe passé

1. For verbs conjugated with **avoir**, the past participle agrees only with a *direct object when it precedes* the verb. Past participles do not agree with the direct object when it follows the verb.

STUDY TIP

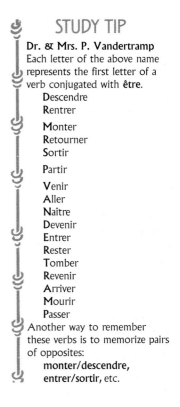

Dr. & Mrs. P. Vandertramp
Each letter of the above name represents the first letter of a verb conjugated with **être**.

Descendre
Rentrer

Monter
Retourner
Sortir

Partir

Venir
Aller
Naître
Devenir
Entrer
Rester
Tomber
Revenir
Arriver
Mourir
Passer

Another way to remember these verbs is to memorize pairs of opposites:
monter/descendre, **entrer/sortir**, etc.

À NOTER

Verbs conjugated with **être** are often followed by a preposition.
Elle est sortie **de** l'aéroport.
When these same verbs take a direct object, they are conjugated with **avoir**.
Elle a sorti **son passeport**.

RAPPEL

You can form questions in the **passé composé:**
1. using intonation:
Elle t'a parlé? (*voice rises*)
2. with **est-ce que** + subject + verb:
Et pendant la guerre, qu'**est-ce qu'il a fait**?
3. by inverting the subject and the auxiliary verb:
Avec qui **est-elle** sortie?

À NOTER

Here are two other contexts in which the direct object precedes the verb:

Quelles villes avez-vous **visitées**?
C'est **la fille** que vous avez **vue**?

MADO: Elle m'a **regardée**. (**me** [Mado] = l'objet direct)

CAMILLE: Qui a **déchiré** les photos d'Antoine? (**les photos d'Antoine** = l'objet direct)

2. For verbs conjugated with **être**, there is agreement in two situations.
   a. The part participle of verbs conjugated with **être** always agrees with the *subject* of the verb.

aller			
je	suis **allé(e)**	nous	sommes **allé(e)s**
tu	es **allé(e)**	vous	êtes **allé(e)(s)**
il/elle/on	est **allé(e)**	ils/elles	sont **allé(e)s**

CAMILLE: Elle **est venue** au monde en septembre 1939.
SAMUEL LÉVY: Ma femme **est partie** en Amérique.

RAPPEL

Reflexive pronouns of verbs such as **se laver** may be direct or indirect objects. When there is a direct object following a reflexive verb, the reflexive pronoun is an indirect object.

Elle s'est **lavé** les mains. (**les mains** = l'objet direct; **se** = l'objet indirect)
Ils se sont **rasé** la barbe. (**la barbe** = l'objet direct; **se** = l'objet indirect)

   b. The past participle agrees with the reflexive pronoun when it is a *direct object*. This occurs when there is no direct object following the verb.

   Elle s'est **lavée**. (**se** = l'objet direct)

   Vous vous êtes bien **débrouillés**? (**vous** = l'objet direct)

3. For reflexive verbs, there is *no agreement* when the reflexive pronoun is an *indirect object*. Following are some of the verbs whose reflexive pronoun is always indirect.

s'acheter	se donner	se promettre	se ressembler
se demander	s'écrire	se rendre compte	se sourire
se dire	se parler	se rendre visite	se téléphoner

Ils ne **se** sont pas **parlé** depuis dix ans. (**se** = l'objet indirect)

Les emplois du passé composé

The **passé composé** is used to express certain views of past actions or situations.

1. It relates completed, isolated events of the past. The speaker views the action as having occurred at one moment in time or during one block of time. When it began or ended *may* be mentioned.

   SAMUEL LÉVY: Ma femme **est partie** en Amérique.

   PATRONNE: Ils **ont été** fiancés, non? Pourquoi ils **se sont séparés**?

2. Speakers use the **passé composé** to relate a past action that they know occurred a limited number of times, not regularly.

   Je **suis allé** trois fois au cinéma le mois dernier.

3. It can express a series of completed actions that advance a speaker's story.

   Il **est rentré** à Paris, il **a retrouvé** sa femme et il **a repris** son travail.

4. Speakers also use the **passé composé** to indicate a reaction or a change in state of being.

   Anne Frank écrivait quand elle a entendu parler un soldat allemand et soudain elle **a eu** peur.

Exercices

A. Pendant la guerre. Qu'est-ce qui s'est passé pendant la Deuxième Guerre mondiale? Mettez les verbes au passé composé. N'oubliez pas de faire les accords nécessaires.

1. Je/J' _____ (suivre) l'évolution de la guerre dans les journaux. Les articles m'_____ (rendre) très triste.
2. Tu _____ (être) hospitalisé. Tu _____ (souffrir).
3. Tout le monde _____ (faire) des sacrifices. On _____ (courir) des risques.
4. Nous _____ (ne pas se marier). Nous _____ (attendre).
5. Vous _____ (se débrouiller). Vous _____ (supporter) la guerre avec courage.
6. Les résistants _____ (se battre) contre les Allemands et ils _____ (tuer) des soldats ennemis.
7. L'Allemagne _____ (envahir) la France en 1940 et beaucoup de gens _____ (mourir).

B. Une histoire d'amour. *Casablanca* (1942) est un des meilleurs films sortis pendant la Deuxième Guerre mondiale. Racontez l'histoire d'amour entre Rick (Humphrey Bogart) et Ilsa (Ingrid Bergman) en mettant tous les verbes au passé composé. **Attention!** N'oubliez pas de faire les accords nécessaires.

1. Rick et Ilsa _____ (se rencontrer) à Paris juste avant l'Occupation.
2. Ils _____ (sortir) ensemble plusieurs fois et ils _____ (tomber) amoureux l'un de l'autre.
3. Un jour, les Allemands _____ (entrer) à Paris.
4. Rick et Ilsa _____ (devoir) quitter la capitale le jour même (*that very day*).
5. Ils _____ (se donner) rendez-vous à la gare mais Ilsa _____ (trahir) Rick et elle _____ (ne pas aller) au rendez-vous.
6. Ils _____ (ne se parler) pendant quelques années.
7. Puis, un jour, Rick _____ (voir) Ilsa dans son restaurant à Casablanca. Il l'a _____ (reconnaître) tout de suite.

Humphrey Bogart et Ingrid Bergman dans ***Casablanca. «Here's lookin' at you, kid.»***

(*cont.*)

8. Cet événement _____ (bouleverser) la vie de Rick.
9. Rick _____ (soutenir) Ilsa et son mari, un héros de la Résistance, quand ils _______ (venir) à Casablanca pour échapper (*to escape*) aux Allemands.
10. Puis Rick _____ (aider) Ilsa et son mari. Le couple _____ (quitter) Casablanca sans Rick. Il _____ (rester) à Casablanca, seul.

C. **Des occupations.** Trouvez l'auxiliaire (**avoir** ou **être**) approprié.

1. Je/J' _____ descendu à la cave.
2. Je/J' _____ descendu le vin à la cave.
3. Tu _____ sorti l'argent de ta poche.
4. Tu _____ sorti avec ton ami.
5. Il _____ passé par Genève.
6. Il _____ passé une semaine en Suisse.

Prenons la parole

FONCTION
Parler des événements au passé

A. **Les actions des personnages.** Qu'est-ce que les personnages ont fait dans le film? Qu'est-ce qu'ils n'ont pas fait? Chaque étudiant(e) donne une réponse différente. Suivez le modèle.

Vocabulaire utile: aller, disparaître, écrire, habiter, mourir, naître, parler, quitter Paris, voir

MODÈLE: Bruno
É1: Il a parlé de son ami historien.
É2: Il ne l'a pas vu récemment.

1. Alex
2. Louise
3. Antoine
4. Camille
5. Mado
6. Samuel Lévy

Parler des événements au passé

B. **Connaissez-vous l'histoire du monde?** Mettez-vous en petits groupes. Écrivez trois phrases au passé pour décrire un événement historique, puis lisez vos phrases au groupe. Les autres membres du groupe vont essayer de deviner l'événement historique en question. S'ils ne savent pas la réponse, ils peuvent poser des questions.

Evénements suggérés: une création artistique, le début ou la fin d'une guerre, une découverte scientifique, la mort d'une personne importante, ?

MODÈLE: É1: C'est là que Napoléon s'est battu contre les Anglais.
É2: Je ne sais pas. Aide-moi.
É1: Il a perdu cette bataille importante.
É3: C'est Waterloo!

Parler des événements au passé

C. **Musées à Genève.** Imaginez que vous avez visité des musées à Genève. Votre partenaire va vous poser des questions sur cette expérience. Regardez la brochure et répondez en utilisant les informations qui s'y trouvent. Changez ensuite de rôle.

Sujets de questions:

- votre choix de musée
- l'heure et la durée de la visite
- le bus pour y aller
- le tarif à payer
- les choses à voir
- vos opinions

À GENÈVE!

Musée International de la Croix-Rouge et du Croissant-Rouge

17, Avenue de la Paix CH /1202 Genève
Tél: 41 22 748 95 25
Bus 8 ou F–Arrêt: Appia–Bus V ou Z–Arrêt: Ariana
Depuis la gare de Cornavin (12 min)
Ouvert de 10 h à 17 h Fermé le mardi
Fermé les 24, 25 et 31 décembre et le 1er janvier
Entrée: Adultes : Fr. 10.00
Écoliers de 12 à 18 ans, Étudiants, Chômeurs, Retraités, Membres Croix-rouge et Croissant-Rouge, Handicapés: Fr. 5.00

Les expositions sur l'histoire de ces institutions retracent les étapes de leur développement à partir de 1862 et donnent des details sur certaines de leurs interventions en périodes de crise. La partie consacrée à la Deuxième Guerre mondiale montre les horreurs de ce conflit qui a touche 60 pays. Près de 40 millions de personnes sont mortes, dont 6 millions par génocide. Des films d'archives montrent des exemples notables du travail de la Croix-Rouge et du Croissant-Rouge.

Musée d'art et d'histoire

2, rue Charles-Galland CH /1206 Genève
Tél: 41 22 418 26 00
Bus 1-3-5-8-17 Parking–Saint Antoine
Ouvert de 10 h à 17 h Fermé le lundi
Entrée libre jusqu'à 18 ans et pour les collections permanentes
Forfait pour les expositions temporaires Fr. 5.00

Le Musée d'art et d'histoire a des collections dans les domaines de l'archéologie, des beaux-arts et des arts appliqués. Il permet de découvrir l'histoire des civilisations, de la préhistoire à l'époque contemporaine. L'exposition Félix Vallotton, de l'école «nabis» (autour de 1892) présente des peintures, gravures et dessins de ce peintre suisse qui a vécu longtemps à Paris.

Maison Tavel

6, rue du Puits-Saint-Pierre / CH-1204 Genève
Tél: 41 22 418 37 00
Bus 17 Parking–Saint Antoine
Ouvert de 10 h à 17 h Fermé le lundi
Entrée libre jusqu'à 18 ans et pour les collections permanentes
Forfait pour les expositions temporaires Fr. 3.00

Ce monument historique est un remarquable exemple de l'architecture médiévale en Suisse. C'est l'histoire de la ville de Genève qui se trouve mise en scène dans ce palais urbain. On y découvre des objets, des meubles, des photographies de la vie quotidienne genevoise. Il y a aussi une très interessante maquette de la ville de Genève d'avant 1850.

Musée d'histoire des sciences

Villa Bartholoni - 128, rue de Lausanne / CH - 1202 Genève
Tél: 41 22 418 50 60
Bus: 4-18
Ouvert de 10 h à 17 h Fermé le mardi
Entrée libre

Le Musée d'histoire des sciences a une collection importante d'instruments scientifiques utilisés dans les domaines de l'astrologie, de la physique, de la médecine, de la météorologie, de l'électricité, etc. Des expositions sur l'histoire des mathématiques et des mesures reconstituent des expériences scientifiques et permettent d'assister à des conférences passionnantes.

Musée International de l'Automobile

40, Voie-des-Traz, 1218 Grand-Saconnex / Genève
Tél: 41 22 788 84 84
Bus 5, 8, 18 Parking–P26 et Palexpo
Ouvert samedi-dimanche de 10 h à 18 h, mercredi-jeudi-vendredi de 15 h à 20h
Fermé le lundi et le mardi.
Entrée: Fr. 12.00, accès gratuit pour les moins de 6 ans.

Dans ce musée on trouve plus de 400 véhicules, des affiches qui retracent de l'histoire de l'automobile, des modèles réduits et des prototypes de voitures du futur. Il y a surtout une excellente présentation de l'histoire de l'industrie automobile et une série d'expositions illustrant l'influence de l'automobile sur la vie quotidienne et sur l'économie.

Parler des événements au passé

D. Une suite (*follow-up*) **logique?** Mentionnez quelque chose qui s'est passé dans votre vie ou dans la vie d'une personne que vous connaissez. Les autres étudiants imaginent ce qui s'est passé après; vous acceptez ou refusez la logique de la réponse. Si vous acceptez, il suffit de dire «D'accord». Si vous refusez, il faut le faire avec une phrase complète au négatif.

MODÈLE: É1: J'ai raté un examen.

É2: Tu as ri!

É1: Non, je n'ai pas ri! J'ai pleuré.

5.2 L'imparfait

CAMILLE: On devait faire un voyage dans les Cévennes. Je voulais discuter avec elle.

RAPPEL

The **imparfait** may be translated by four different constructions in English.

On se battait. — *People were fighting.* / *People used to fight.* / *People would fight.* / *People fought.*

Les formes de l'imparfait

1. The **imparfait** is a one-word past verb tense. To form the **imparfait** for all verbs except **être** and verbs ending in **-cer** and **-ger**, add the following endings to the stem of the **nous** form of present-tense verbs: **-ais, -ais, -ait, -ions, -iez, -aient**

profiter nous **profit**ons				trahir nous **trahiss**ons			
je	profit**ais**	nous	profit**ions**	je	trahiss**ais**	nous	trahiss**ions**
tu	profit**ais**	vous	profit**iez**	tu	trahiss**ais**	vous	trahiss**iez**
il/elle/on	profit**ait**	ils/elles	profit**aient**	il/elle/on	trahiss**ait**	ils/elles	trahiss**aient**

se battre nous nous **batt**ons			
je me	batt**ais**	nous nous	batt**ions**
tu te	batt**ais**	vous vous	batt**iez**
il/elle/on se	batt**ait**	ils/elles se	batt**aient**

2. The stem of the verb **être** is irregular in the **imparfait**, but the endings remain regular.

être			
j'	ét**ais**	nous	ét**ions**
tu	ét**ais**	vous	ét**iez**
il/elle/on	ét**ait**	ils/elles	ét**aient**

3. Verbs ending in **-cer** and **-ger** have two stems in the **imparfait** but the endings remain regular.

commencer nous **commenç**ons				manger nous **mange**ons			
je	**commenç**ais	nous	commencions	je	**mange**ais	nous	mangions
tu	**commenç**ais	vous	commenciez	tu	**mange**ais	vous	mangiez
il/elle/on	**commenç**ait	ils/elles	**commenç**aient	il/elle/on	**mange**ait	ils/elles	**mange**aient

4. When the **nous** form of a present-tense verb ends in **-ions**, the **nous** and **vous** forms in the **imparfait** have two **i**'s.

étudier nous **étudi**ons				oublier nous **oubli**ons			
j'	étudiais	nous	étud**iions**	j'	oubliais	nous	oubl**iions**
tu	étudiais	vous	étud**iiez**	tu	oubliais	vous	oubl**iiez**
il/elle/on	étudiait	ils/elles	étudiaient	il/elle/on	oubliait	ils/elles	oubliaient

RAPPEL

Here are some other verbs that end in **-ions** in the **nous** form of the present tense: **crier, étudier, se marier, oublier, se réconcilier, rire, sacrifier, sourire.**

Les emplois de l'imparfait

The **imparfait** indicates several kinds of past actions.

1. It presents past actions that the speaker thinks of as habitual or frequently repeated.

   Quand j'étais petit, on **allait** tous les étés en Normandie chez ma grand-mère.

2. It is used to describe physical, mental, and emotional states of being in the past.

   Nos soldats **étaient en bleu**, l'ennemi en gris. Tout le monde **avait** peur.

3. Speakers use it to convey actions or states of being that they consider to be the background context, not the main focus, of a story in the past.

   Le bruit de la guerre **emplissait** (*filled*) la forêt. Nous **entendions** clairement les coups de fusil (*gunshots*) continuels et le bruit terrible de la grosse artillerie qui **avançait** vers nous. Il **pleuvait** et il **faisait** encore nuit. Tout d'un coup, une balle a traversé ma chemise.

RAPPEL

When an ongoing action expressed in the **imparfait** is interrupted, the other verb in the sentence is in the **passé composé**.

4. It presents ongoing actions or states that the speaker thinks of as being in progress or ongoing when something else occurred.

   Le lieutenant **se reposait** dans sa tente quand le général est entré.

   The lieutenant was resting in his tent when the general entered.

   Le chat **dormait** profondément quand un bruit l'a réveillé.

   The cat was sleeping soundly when a sound woke him up.

5. The **imparfait** is used with certain expressions in the past.

   a. It is used with **venir de** + infinitive to express *had just* + past participle.

      La guerre **venait de commencer**. *The war had just started.*

      Ils **venaient de mourir**. *They had just died.*

   b. It is used with **aller** + infinitive to express *was going / were going* + infinitive.

      Louis **allait quitter** Paris quand les soldats l'ont arrêté.

      Louis was going to leave Paris when the soldiers arrested him.

      Pauline et Marc **allaient se marier** quand la guerre a éclaté.

      Pauline and Marc were going to get married when the war broke out.

   c. It is used with **depuis** + a period of time to show how long a past action had been going on before a second action occurred.

      La France **se battait** contre l'ennemi **depuis** dix-huit mois quand les États-Unis ont déclaré la guerre.

      France had been fighting the enemy for eighteen months when the United States declared war.

      Adolf Hitler et Eva Braun **étaient** mariés **depuis un jour** quand ils se sont suicidés.

      Adolf Hitler and Eva Braun had been married for one day when they killed themselves.

Exercice

Le jour le plus long. Un parachutiste allié fait une description subjective de la nuit du 6 juin, 1944, le jour du débarquement américain en Normandie. Mettez les verbes entre parenthèses à l'imparfait.

Certains parachutistes _____[1] (être) calmes, d'autres _____[2] (avoir) très peur. Chaque homme _____[3] (porter) son couteau, sa cantine et quelques morceaux de chocolat. De l'avion, on _____[4] (voir) des milliers de bateaux dans la Manche[a] qui _____[5] (se diriger) vers la France.

Enfin, la France est apparue. Il y _____[6] (avoir) beaucoup de confusion. Il _____[7] (faire) noir. On _____[8] (ne pas savoir) quelle heure il _____[9] (être). Les soldats _____[10] (commencer) à sauter des avions, des centaines de parachutes _____[11] (s'ouvrir) et les parachutistes _____[12] (essayer) d'atterrir[b] sans réveiller l'ennemi qui les _____[13] (attendre). Le jour le plus long _____[14] (venir) de commencer. Les survivants[c] _____[15] (aller) se souvenir de cette invasion le reste de leur vie.

[a]*English Channel* [b]*to land* [c]*survivors*

Prenons la parole

Parler des habitudes

A. La jeunesse des parents. Lisez l'histoire suivante de Mado et entourez d'un cercle tous les verbes au passé. Ensuite, parlez de la jeunesse de vos parents en utilisant comme modèle l'histoire de Mado vue par Camille. Parlez de la jeunesse de vos parents à la classe. Est-ce qu'il y a des points communs entre la jeunesse de vos parents et la jeunesse des parents de vos camarades? Si oui, quels sont ces points communs? Sinon, pourquoi la jeunesse de vos parents était-elle différente des autres?

> Maman était une jeune fille inquiète. Les petits problèmes de tous les jours la bouleversaient facilement. Pourquoi? Je ne le sais pas. Je sais qu'elle habitait rue Mouffetard avec sa mère, et comme il n'y avait pas son père, les deux femmes étaient très proches. Son père lui manquait beaucoup, c'est sûr. Elle ne le connaissait pas, mais elle l'idéalisait. Je suppose qu'elle allait à l'école comme tous les enfants de son âge et que ses amis la trouvaient gentille. Je sais qu'elle étudiait beaucoup à l'université car elle voulait absolument réussir sa vie et qu'elle travaillait à mi-temps dans une librairie. Et après ça? Eh bien, elle a rencontré mon père...

Parler des habitudes

B. Trouvez quelqu'un qui... Faites une liste de choses que vous faisiez quand vous aviez 10 ans, 15 ans et 17 ans. Ensuite, circulez dans la classe et lisez votre liste à plusieurs personnes pour trouver quelqu'un qui faisait les mêmes choses que vous. Précisez les différences.

Verbes possibles: aller, connaître, se disputer, écouter, faire, habiter, porter, regarder, savoir, sortir

MODÈLE: É1: À 10 ans, je faisais de la danse le samedi.

É2: Moi, je jouais au basket le samedi, mais ma sœur faisait de la danse quand elle avait 10 ans.

Culture en images

1940: Les Allemands occupent Paris. Ils descendent les Champs-Élysées.

Canal 7 utilise une image des Champs-Élysées pour le début de l'émission «Bonjour!».

Le 14 juillet 1994: 200 soldats allemands de l'Eurocorps* descendent les Champs-Élysées pour la première fois depuis la guerre.

Analyse culturelle. Analysez les photos, ainsi que leurs légendes, pour déterminer ce qu'elles ont en commun. Ensuite, répondez à la question avec la (ou les) réponse(s) qui vous semble(nt) valable(s). Justifiez votre choix.

Pourquoi est-il notable que des soldats allemands d'Eurocorps descendent le boulevard des Champs-Élysées?

a. Le boulevard des Champs-Élysées est un symbole de la France.
b. Ce défilé montre que les relations entre la France et l'Allemagne ont beaucoup changé depuis la guerre.
c. Le boulevard des Champs-Élysées est un très bel endroit.

(Vous allez explorer les relations franco-allemandes dans **Culture**, pp. 175–178.)

* L'Eurocorps, un corps d'armée multinational européen, a été créé en 1992. Il est composé de forces provenant de cinq pays: l'Allemagne, la Belgique, l'Espagne, la France et le Luxembourg.

Structures pour communiquer 2

MADO: Elle était très calme, tu sais. Elle m'a regardée. Elle a souri.

5.3 Le passé composé et l'imparfait ensemble

Remember that the use of one tense or the other is based not on the past event itself, but on how the speaker *views the event.* 1) Is an event seen as habitual or as an isolated occurrence? 2) If two actions are ongoing in the past, is one action viewed as starting first and then being interrupted by the other, or are they simultaneous? 3) Is information considered to be background to events, or is an action central enough to move a story forward to its conclusion? Analyze what is being conveyed about the past until choosing the right tense becomes more automatic.

L'emploi du passé composé ou de l'imparfait

The **imparfait** and the **passé composé** are used in very different contexts. The **imparfait** is used:

1. when speakers want to indicate what *used to happen*, what was *habitual* or *frequently repeated*
2. when information is viewed as *background* context to a past event, giving details that are interesting but don't move a story along
3. for *descriptions* of past feelings, thoughts, weather, time, etc.
4. to present *an ongoing action that was interrupted* by another action
5. when two past actions are viewed as *ongoing* and *simultaneous*

The **passé composé** is used:

6. when speakers view past events as *isolated occurrences, not habitual*
7. when speakers view actions as being tied to a specific *point in time* or *length of time*

À NOTER

Many films begin with images and actions that prepare us for the action to come. When we tell a story, the **imparfait** can serve the same purpose: setting the stage for narration in the **passé composé** that will move the story along.

8. to narrate what are viewed as the *main actions* of a past event that move a story from beginning to end
9. to indicate a *change* in feelings, thoughts, or habits or a *reaction* to a situation
10. to express an action viewed as *interrupting* an ongoing situation

Quelques termes et verbes utilisés avec le passé composé et l'imparfait

1. General expressions of time refer to habitual actions and are therefore primarily used with the **imparfait**. On the other hand, references to specific points in time indicate isolated actions and are generally used with the **passé composé**.

   GENERAL EXPRESSIONS OF TIME

   d'habitude, souvent, tous les jours, généralement, le vendredi, autrefois, chaque (jour), etc.

   SPECIFIC EXPRESSIONS OF TIME

   hier, vendredi dernier, une fois, l'année passée, il y a deux ans, un vendredi, tout à coup, soudainement, tout d'un coup, etc.

2. Very often, verbs of description are used in the **imparfait.** Verbs of action, by contrast, can be used in either tense depending on the context.

   VERBS OFTEN USED FOR DESCRIPTION

   aimer, avoir, croire, devoir, espérer, être, penser, pouvoir, savoir, vouloir, etc.

   Camille **savait** que sa grand-mère **pensait** souvent à Antoine.

   Camille knew that her grandmother often thought of Antoine.

   VERBS THAT OFTEN EXPRESS ACTION

   aller, arriver, se battre, boire, chanter, courir, dire, envahir, se lever, résister, voir, etc.

   Quand les Allemands **ont envahi** la France, beaucoup de Français **ont résisté**.

   When the Germans invaded France, many French people resisted.

   Certains Français **résistaient** contre les Allemands dans les Cévennes quand Antoine **est arrivé**.

   Some French people were resisting against the Germans in the Cévennes when Antoine arrived.

Verbes qui n'ont pas le même sens au passé composé et à l'imparfait

Note that the meaning of the following verbs changes in these two tenses.

VERBE	IMPARFAIT		PASSÉ COMPOSÉ	
devoir	**Je (ne) devais (pas)**	= *I was(n't) supposed to*	**J'ai dû**	= *I had to (was obliged to)*
				= *I must have (I probably)*
pouvoir	**Je (ne) pouvais (pas)**	= *I was(n't) able to*	**J'ai pu**	= *I succeeded, managed*
		= *I was(n't) allowed to*	**Je n'ai pas pu**	= *I failed, couldn't*
savoir	**Je savais**	= *I knew*	**J'ai su**	= *I learned, discovered*
	Je ne savais pas	= *I didn't know*		
vouloir	**Je voulais**	= *I wanted to*	**J'ai voulu**	= *I decided*
	Je ne voulais pas	= *I didn't want to*	**Je n'ai pas voulu**	= *I refused*
avoir	**J'avais 15 ans**	= *I was 15*	**J'ai eu 15 ans**	= *I turned 15 (years old)*

Il **devait** m'appeler mais il **a dû** oublier.

*He **was supposed** to call me, but he **must have** forgotten.*

Camille **pouvait** imaginer le voyage avec sa grand-mère, mais malheureusement, elles **n'ont pas pu** partir ensemble.

Camille was able to imagine the trip with her grandmother, but unfortunately they couldn't go on it together.

Je **voulais** faire un voyage avec mes amis, mais ma mère **n'a pas voulu** me laisser partir.

*I **wanted** to take a trip with my friends, but my mother **refused** to let me go.*

Exercices

A. **Les dernières vacances.** Utilisez les critères 1 à 10 présentés aux pages 169–170 pour justifier l'emploi du passé composé et de l'imparfait dans le texte suivant. Parfois, plus d'une réponse est possible.

MODÈLE: <u>6, 7</u> Nous sommes partis le dimanche 4 août.

1. _____ Il faisait mauvais et il pleuvait.
2. _____ Nous descendions les bagages à la voiture quand _____ le téléphone a sonné.
3. _____ C'étaient les voisins qui _____ voulaient nous dire au revoir.
4. _____ D'habitude, nous passions nos vacances à Nice au bord de la mer.
5. _____ Cette fois-ci, nous avons pris la route pour l'Italie.
6. _____ Vers 8 h du soir, nous sommes descendus dans notre hôtel à Venise.
7. _____ Pendant trois semaines, nous avons exploré cette ville magnifique et ses environs.

(cont.)

8. _____ On a dîné dans des restaurants excellents.

9. _____ On a fait du bateau jusqu'à l'île de Murano où l'on a pu acheter du verre soufflé (*blown glass*).

10. _____ Cette petite excursion m'a rendue très heureuse.

11. _____ On a assisté à trois concerts en plein air sur la place Saint-Marc.

12. _____ Pendant que je prenais des photos, mon frère dessinait.

13. _____ Nous nous sommes beaucoup amusés.

14. _____ Nous sommes rentrés fatigués mais très heureux de notre voyage.

B. À vous. Composez des phrases en utilisant les éléments donnés et les verbes à l'imparfait ou au passé composé.

1. a. hier soir / je / rester chez moi / parce que / je / avoir beaucoup de travail
   b. je / terminer mes devoirs / à minuit
   c. je / faire ma toilette / quand / ma voisine / arriver / chez moi
   d. elle / vouloir / faire quelque chose avec moi / mais / je / ne pas vouloir / sortir avec elle
   e. je / expliquer / que / je / être trop fatigué(e) / et puis / je / aller me coucher
2. a. aujourd'hui / je / préparer le dîner / quand / quelqu'un / sonner
   b. je / ne pas répondre / parce que / je / être / très stressé(e)
   c. après mon dîner / je / décider de finir / le roman / que / je / lire
   d. pendant que / je / lire / je / écouter / de la musique
   e. je / se reposer bien / ce soir-là
   f. je / devenir / beaucoup moins stressé(e) après cette soirée tranquille

C. Élise a passé une bonne journée. Mettez les verbes entre parenthèses au passé composé ou à l'imparfait pour compléter cette histoire. N'oubliez pas de faire les accords nécessaires.

Jeudi dernier, je/j' _____[1] (se réveiller) très tôt—je _____[2] (ne pas être) fatiguée. Je/J' _____[3] (se préparer) une tasse de thé que je/j' _____[4] (boire) devant la télévision. Il _____[5] (y avoir) de bonnes nouvelles à la télé et je/j' _____[6] (savoir) que je/j' _____[7] (aller passer) une bonne journée. Quand je/j' _____[8] (relire) ma rédaction pour mon cours d'anglais, je la/l' _____[9] (trouver) très bonne. Je/J' _____[10] (chercher) les clés (*f. pl.*) de ma voiture, et ma mère me les _____[11] (trouver). Ensuite, mon frère et moi, nous _____[12] (partir) pour l'université, et pour une fois, nous _____[13] (ne pas se disputer). Il _____[14] (être) 8 h 20. Il _____[15] (ne pas y avoir) beaucoup de circulation et nous _____ [16] (arriver) à l'université en 20 minutes sans problèmes. En cours d'anglais, quand mon prof me/m' _____ [17] (poser) une question, je/j' _____ [18] (pouvoir) répondre et pour finir, les copains me/m' _____ [19] (inviter) à une soirée. Je/J' _____ [20] (s'amuser) ce jour-là!

Prenons la parole

Parler des événements passés en contexte

A. C'était bizarre. Mettez-vous en petits groupes. Un(e) étudiant(e) lit une des histoires suivantes à haute voix. Les membres du groupe écoutent sans regarder leurs livres. Ensuite, ils essaient de raconter l'histoire à leur tour en donnant autant de (*as many*) détails que possible. Le narrateur (la narratrice) vérifie les informations et les corrige si nécessaire. En cas de difficulté, les membres du groupe peuvent lui poser des questions.

Pour vous aider: l'heure?
le lieu?
le temps?
le nombre de personnes? leur description? leurs actions?
la fin de l'histoire?
votre interprétation?

Histoire 1

Il était trois heures de l'après-midi et il faisait très, très froid. Je marchais dans la rue quand tout d'un coup, deux hommes qui portaient des vêtements noirs et des masques sont passés devant moi. Ils couraient. Derrière eux, il y avait un policier qui criait: «Arrêtez!» Au coin de la rue, ils sont montés dans une voiture bleue qui les attendait. Une femme blonde conduisait. Ils sont partis.

Histoire 2

Il était quatre heures de l'après-midi. Mon frère profitait du beau temps pour lire dans le parc en face d'une église, quand quatre femmes très élégantes sont descendues d'une Rolls-Royce. Une des femmes portait une robe blanche. Elles ont attendu devant l'église pendant une heure et puis la femme en blanc a commencé à pleurer. Elles sont remontées dans la voiture et elles sont parties.

Parler des événements passés en contexte

B. C'est quelle fête? Racontez une journée de fête au passé, sans donner le nom de la fête. Votre partenaire va deviner de quelle fête il s'agit. Suivez le modèle.

Fêtes possibles: l'Aïd el-Fitr, la Fête nationale américaine, la fête du Travail, Halloween, le jour de l'Action de Grâce (*Thanksgiving*), le jour de l'An, Mardi gras, mon anniversaire, Noël, le Nouvel An chinois, Pâques, la Pâque juive (*Passover*), la Saint-Patrick, la Saint-Valentin

(*cont.*)

Modèle: É1: Il faisait chaud. C'était l'été. J'avais 10 ans. Avec ma famille, nous avons grillé des hamburgers et des hot-dogs dehors. Le soir, j'ai regardé le feu d'artifice avec ma famille.

É2: C'était la Fête nationale américaine.

Parler des événements passés en contexte

C. **Une mauvaise journée.** Avec un(e) partenaire, utilisez l'histoire d'une bonne journée (Activité C, à la page 172) pour imaginer ensemble une journée où tout s'est très mal passé. Utilisez les éléments ci-dessous.

Verbes: décevoir, se lever, oublier, perdre, taquiner, ne pas trouver, ?

Adjectifs: bête, déçu, difficile, fatigué, mauvais, nul, ?

Parler des événements passés en contexte

D. **Une scène du passé.** Divisez la classe en deux équipes. Chaque membre des deux équipes imagine un moment important du passé pour chacune des personnes suivantes et écrit une phrase qui décrit ce moment. L'équipe A lit une de ses phrases. L'équipe B va répondre en donnant un contexte ou en imaginant une suite. L'équipe A enchaîne avec un autre détail ou une autre suite. Le jeu continue jusqu'à ce qu'une des équipes fasse une erreur ou ne trouve plus rien à dire. L'équipe qui dit la dernière phrase correcte gagne la partie. L'équipe B commence alors la partie suivante.

Modèle: Équipe A: Une grand-mère a passé le week-end avec ses petits enfants.

Équipe B: Ils se sont beaucoup amusés.

Équipe A: Ils étaient dans le jardin. Il faisait chaud.

Équipe B: Ils avaient froid et ils sont rentrés dans la maison.

Équipe A: Stop! Arrêtez le jeu! Ce n'est pas logique!

1. un homme d'affaires très occupé
2. une chanteuse célèbre
3. un petit enfant méchant (*naughty*)
4. un voleur (*thief*)
5. une femme médecin
6. un acteur célèbre
7. ?

Culture

Mise en route

La Deuxième Guerre mondiale a eu des conséquences directes sur la vie de plusieurs générations de Français, comme on le voit dans le film *Le Chemin du retour*. De nombreux adultes ont été marqués par des événements horribles durant l'adolescence ou la jeunesse, une période cruciale dans la formation de la personnalité. De plus, beaucoup de Français n'avaient pas assez à manger. Aujourd'hui, ces événements traumatisants sont fréquemment évoqués et commémorés, et ils influencent encore les opinions politiques et certaines attitudes des Français.

Le 14 juin 1940, un défilé militaire allemand sur les Champs-Élysées

Vous allez lire des extraits d'un journal intime (*diary*), écrit en 1940 par une lycéenne de 14 ans. Ces extraits montrent à quel point la vie d'une jeune Française pendant la guerre a été marquée par l'histoire et les événements dans le monde.

Activités

A. Pensez à un(e) adulte important(e) de votre vie (parent, ami[e], connaissance, etc.). Réfléchissez et puis donnez les informations suivantes concernant cette personne:

âge approximatif / événements historiques importants durant son adolescence / influence de ces événements historiques sur sa vie personnelle

B. Imaginez et discutez avec un(e) partenaire des conséquences possibles de ces événements sur les opinions de cet(te) adulte dans les domaines de la politique, de l'éducation et de la religion et sur la personnalité de cette personne (optimiste ou pessimiste, anxieuse, confiante, etc.).

Les Années doubles: Journal d'une lycéenne sous l'Occupation

Micheline Bood était lycéenne en France pendant l'Occupation nazie. Elle a écrit son journal intime entre 1940 et 1944. Ce journal a été publié en 1974. Quelques dates importantes pour comprendre ce texte:

1933: Hitler arrive au pouvoir en Allemagne.
3 septembre 1939: L'Angleterre et la France entrent en guerre contre l'Allemagne.
25 juin 1940: Défaite de la France et armistice. L'Allemagne occupe la France.
6 juin 1944: Débarquement américain en Normandie.

Vocabulaire utile

les Boches (*m. pl.*) *derogatory name given to Germans during the war*
un armistice truce
des troupes (*f. pl.*) **(air, mer, terre)** troops (air force, navy, ground forces)
R.A.F. Royal Air Force (*Great Britain*)
des civils (*m. pl.*) civilians
des réfugiés (*m. pl.*) refugees

Vendredi 12 avril 1940

J'ai quatorze ans aujourd'hui et papa n'est pas là, ni Hubert, ni Lélé, ma grand-mère. L'année dernière nous étions à Paris, tous ensemble et heureux, mais depuis, il y a la guerre...

Mardi 23 avril 1940

[...] Les Boches et les Anglais-Français se battent sur la mer du Nord, les Bochs ayant envahi la Norvège, etc. (Au fait, après délibération, nous avons adopté «Boch» parce que ça fait[1] plus sauvage et que ça s'écrit comme ça en anglais.[2]) [...]

Mercredi 26 juin 1940

Que d'événements, aujourd'hui!

D'abord, l'armistice a été signé la nuit d'hier. Les conditions sont très dures, entre autres la démobilisation de l'armée; mais on ne nous dit pas tout—presque rien en fait.[3] Le maréchal Pétain[4] a fait hier soir un discours à la radio qui était idiot. Nous pensons généralement qu'il est devenu gâteux.[5] Mais les troupes françaises (terre, mer et air) passent en masse en Angleterre pour continuer la lutte, et la R.A.F. bombarde sans arrêt, et on se bat dans les colonies...

J'ai eu une conversation, toujours hier, avec deux soldats allemands. Ils parlaient épatamment[6] le français et l'anglais aussi, qu'ils avaient appris[7] dans une université quelconque,[8] je ne sais où.[9] (J'étais dans un arbre et eux en bas.) Aujourd'hui, en allant à Saint-Gilles, à l'église, je rencontre l'un des deux[10] qui me dit bonjour. J'étais indécise, ne sachant si j'allais lui répondre devant les gens. Il était avec un groupe d'autres soldats, je lui fais un léger signe de tête[11] et je passe. Tout à coup, à côté de moi, j'entends un déclic.[12] Un déclic caractéristique.[13] Je tourne la tête de ce côté, et pan!... un autre déclic. C'était un vrai guet-apens[14]! Ils ont été deux à me photographier et, au deuxième, je regardais justement[15]—je suis furieuse. En rentrant, un autre m'a dit, en français, naturellement:

—Vous êtes très jolie, mademoiselle.

Grr... Grr... des Bochs... Ils n'ont pas le droit de me dire ça! [...]

Jeudi 5 décembre 1940

Il fait tellement froid à la maison que je suis obligée de mettre des mitaines.[16] Je me demande ce que ça va être[17] si nous devons passer tout l'hiver sans charbon[18]! Bah! On fera des économies, voilà tout! Les Anglais en voient bien d'autres.[19] [...]

---

[1]ça... *it looks* [2]Boches *is spelled* Bochs *in this text. This term is not in use today. France and Germany are now strong allies working together for the political and economic unity of Europe.* [3]en... *as a matter of fact* [4]*Pétain officially governed defeated France; his government collaborated with Germany and resistance fighters opposed him.* [5]*senile* [6]*outdated slang for "amazingly well"* [7]avaient... *had learned* [8]université... *some university* [9]je... *heaven knows where* [10]l'un... *one of them* [11]je... *I nod slightly at him* [12]*click* [13]*familiar* [14]*ambush* [15]je... *I happened to be looking* [16]*woolen mittens* [17]ce... *what it's going to be like.* [18]*coal* [19]en... *are dealing with harsher conditions. (The English had not capitulated and were living under heavy German bombing.)*

Mardi 24 décembre 1940

Nous avons reçu une lettre de Nounou.[20] Elle nous dit qu'à Brest[21] il n'y a ni beurre, ni pommes de terre, ni café, ni laine,[22] presque rien enfin. Par-dessus le marché,[23] elle a très peur des bombardements; des gens qui habitent près d'elle ont été tués. Il paraît qu'à Brest, les Anglais, en bombardant, tuent des quantités de civils. C'est probablement parce que la Royal Air Force a actuellement des pilotes trop jeunes, inexpérimentés,[24] au lieu des durs à cuire[25] d'avant.

Pendant la guerre, il fallait faire la queue pour obtenir ses rations alimentaires, même dans les meilleurs quartiers de Paris.

Je trouve que j'ai été très injuste, hier, parce que, en aucun cas,[26] un Noël de guerre ne doit être heureux. Quand on pense que tant de gens n'auront cette année qu'un bombardement toute la nuit du 25 décembre... Seulement, quand je me plaignais[27] à toi, l'autre jour, mon journal, j'écrivais sous l'effet[28] du découragement et aussi de la haine et du dégoût[29] que m'avait inspirés pendant notre promenade la vue[30] des Bochs se pavanant[31] dans des autos chauffées,[32] achetant des bonbons, des choses délicieuses, et de toutes ces femmes en splendides manteaux de fourrure[33] et le superbe arbre de Noël du garage d'Astorg[34] alors que nous, nous n'en aurons pas. Maintenant que j'ai réfléchi, j'offre de grand cœur[35] les cadeaux de Noël pour Nounou et pour tous les pauvres réfugiés.

Mercredi 25 décembre 1940 — NOËL

[...] Après la messe,[36] j'ai été[37] faire la queue chez Couté pendant une heure et demie et j'ai eu deux œufs. C'est effrayant ce que[38] la question de la nourriture peut avoir d'importance maintenant. Cette pauvre bête de Darak[39] a eu de la viande aujourd'hui. Ça fait je ne sais combien de temps que ça ne lui était arrivé.[40]

---

[20]Nounou *is a common French nickname, generally used for nannies.* [21]*Brest is a city in Brittany, on the Atlantic coast of France.* [22]*wool* [23]Par... *On top of everything else* [24]*inexperienced* [25]durs... *tough guys* [26]en... *under no circumstances* [27]me... *complained* [28]sous... *under the influence* [29]haine... *the hatred and disgust* [30]*sight* [31]se... *showing off* [32]*heated* [33]*fur* [34]*name of garage owner* [35]de... *wholeheartedly* [36]*mass* [37]*I went* [38]C'est... *It is frightening how much* [39]Cette... *That poor animal, Darak (dog's name)* [40]Ça... *It has been heaven knows how long since that has happened.*

Novembre 1944 à Paris. De jeunes Parisiens enthousiastes accueillent les troupes alliées.

Jeudi 31 août 1944

[...] J'oubliais de dire qu'il y a des Américains en face, chez Rothschild, à la place d'Allemands. Ils étaient toute une bande, assis en haut du mur, comme des oiseaux. Je commence seulement à réaliser qu'ILS SONT LÀ... et à me sentir heureuse. Je commence aussi à avoir peur que ça ne dure pas, comme tous les bonheurs.

Samedi 24 octobre 1944

[...] Je le sais maintenant. Jamais je ne retrouverai ma personnalité d'avant la guerre. [...]

Questions de compréhension

1. Quelle est la première conséquence mentionnée de la guerre sur la vie de Micheline?
2. Comment Micheline réagit-elle aux compliments des Allemands sur sa beauté?
3. Trouvez les passages où Micheline mentionne l'Angleterre. Quels sont ses sentiments sur les Anglais?
4. Est-ce que la ville de Brest a beaucoup souffert de la guerre? Expliquez.
5. Dans la vie de tous les jours les Français souffrent particulièrement de quoi?
6. Que représentent les Américains pour Micheline?

Questions d'analyse

1. Est-ce que Micheline est égoïste ou généreuse? Justifiez votre opinion.
2. Quels passages indiquent des transformations de la personnalité de Micheline? Comprenez-vous ces transformations?
3. Quelle influence est-ce que la guerre pourrait avoir (*could have*) sur les opinions et la personnalité de Micheline adulte?
4. Imaginez comment cette guerre a pu influencer l'état d'esprit (*state of mind*) des Français aujourd' hui. Justifiez votre opinion.

Le texte et vous

Micheline est adolescente. Son journal intime l'aide probablement à vivre cette période difficile. Imaginez qu'aujourd'hui, vous commencez un journal intime en français. Écrivez un paragraphe où vous exprimez vos sentiments sur une situation difficile de votre adolescence.

Retournons au cinéma

LÉVY: Que Dieu te protège, Antoine.

David Murray, réalisateur, sur l'emploi des flash-backs dans le film:

«J'ai passé beaucoup de temps à réfléchir à la question des flash-backs. C'est une technique cinématographique très riche qui permet aux spectateurs de voir une situation dans le passé racontée par un des personnages dans le présent.»

Pour parler du cinéma

un flash-back flashback
le décor setting
la couleur sépia sepia tones

Revoyons l'épisode

Regardez bien les moments qui entourent le long flash-back avec Antoine, Louise et Samuel. Quel objet sert de transition entre le flash-back et le présent?

Reparlons de l'épisode

Étape 1 Le mot du réalisateur. Lisez les commentaires de David Murray, réalisateur.

«La longue scène entre Camille et Bruno nous a donné une belle occasion (*opportunity*) d'intégrer des flash-backs. Tout au long de cette scène, Bruno pose des questions pour encourager Camille à révéler de plus en plus sur le secret de famille qui la dérange. Les flash-backs nous montrent ce que Camille sait déjà au sujet de son grand-père. Le décor de l'époque de la Deuxième Guerre mondiale, la couleur sépia que nous avons choisie et les vêtements et coiffures des personnages nous transportent dans ce passé. Cela est fondamental pour notre film, parce que ce passé trouble la vie actuelle de Camille. Un autre élément important dans le flash-back est le médaillon qui sert de transition entre le passé et le présent. Au moment où Antoine l'a donné à sa femme, nous venions de voir sa grande amitié pour son ouvrier Samuel Lévy et nous savons qu'il s'inquiète pour sa femme et l'enfant Mado. On voit en lui un homme amoureux de sa femme, un homme honnête et sérieux, un homme qui est conscient de sa responsabilité face au nazisme. Comme le dit Bruno: "Comment cet homme a-t-il pu devenir un traître?" C'est la question que le flash-back nous permet de nous poser.»

Étape 2 Les éléments du flash-back. Regardez les photos du flash-back. Comment est-ce que les éléments qui composent chaque scène nous aident à comprendre la situation d'Antoine?

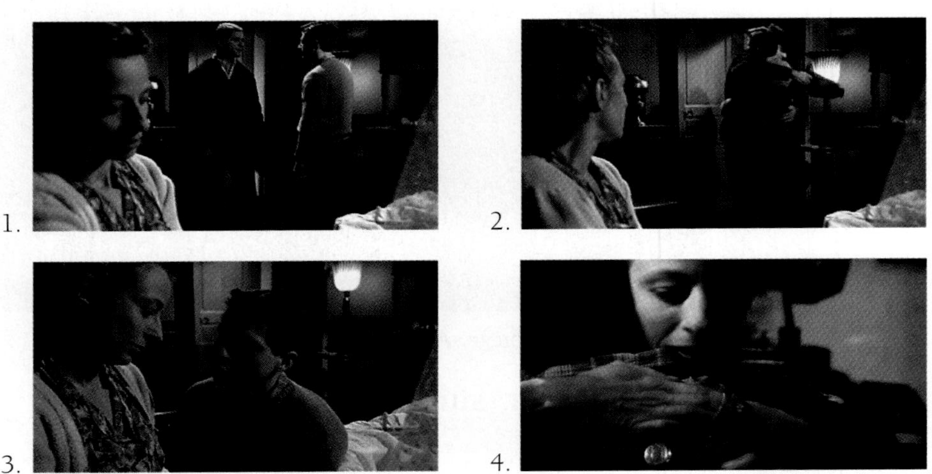
1. 2. 3. 4.

Étape 3 Vous êtes réalisateur. Imaginez un flash-back qui révèle un moment de votre passé. Répondez aux questions suivantes pour expliquer: 1) la vraie situation à ce moment précis du passé, et 2) les techniques que vous choisissez pour recréer ce moment.

La vraie situation

1. Où étiez-vous, et avec qui?
2. Comment étaient le décor et l'atmosphère?
3. Quels vêtements est-ce que les gens portaient?
4. Qu'est-ce qui est arrivé?

Votre flash-back

1. Avez-vous besoin de couleurs spéciales, comme le sépia, ou est-ce que vous utilisez des couleurs normales?
2. Quel est le décor de votre flash-back?
3. Les gens portent-ils des costumes d'époque ou est-ce que vous représentez la situation de façon fictive?
4. Comment représentez-vous l'action principale de cette scène?
5. Comment faites-vous les transitions entre le présent et le passé?

Justifiez vos décisions à votre partenaire.

Hors-champ

A. Mieux connaître les personnages.

Étape 1: L'histoire d'Antoine et Louise est belle et triste à la fois. Sans la guerre, ils auraient mené (*would have led*) une vie bien différente. Mais il y a eu la guerre. Mettez les verbes au *passé composé* ou à *l'imparfait* pour compléter leur histoire.

En 1937, Antoine Leclair _____[1] (avoir) 19 ans et il _____[2] (travailler) comme ébéniste avec son père. Un jour, après le travail, il _____[3] (prendre) un café avec son ami Samuel quand ils _____[4] (voir) une jeune fille. Samuel la/l' _____[5] (connaître). Elle _____[6] (s'appeler) Louise. Samuel la/l' _____[7] (présenter) à Antoine, et c'_____[8] (être) le début d'un grand amour. À partir de ce jour-là, ils _____[9] (se voir) toutes les semaines, et Louise _____[10] (être) très touchée par les attentions délicates de ce jeune homme sérieux et loyal. Antoine, lui, _____[11] (savoir) que cette jeune fille _____[12] (aller) devenir sa femme. Le jour où il _____[13] (demander) la main de Louise _____[14] (être) le jour le plus heureux de sa vie.

Ils _____[15] (se marier), et tout _____[16] (aller) bien quand, soudain, le père d'Antoine _____[17] (mourir). Le jeune couple _____[18] (se mettre) à travailler dur et les affaires _____[19] (marcher) bien dans leur petit monde. Mais en Europe, il y _____[20] (avoir) d'énormes problèmes, des problèmes qui _____[21] (aller) bouleverser cette vie tranquille.

Au début de l'année 1939, la situation politique en Allemagne les _____[22] (inquiéter) beaucoup. Jour après jour, Hitler _____[23] (devenir) de plus en plus puissant.° Et puis, il y _____[24] (avoir) la guerre. En septembre 1939, Mado _____[25] (naître) et peu de temps après, Antoine _____[26] (partir) au front. Les Allemands _____[27] (envahir) la France et le gouvernement français _____[28] (signer) l'armistice. La France _____[29] (ne plus être) libre. Quand Antoine _____[30] (revenir) à Paris, il _____[31] (voir) les nazis dans les rues de sa chère ville et il _____[32] (décider) de devenir résistant. Il _____[33] (laisser) sa femme et son enfant et il _____[34] (se rendre) dans les Cévennes. Il _____[35] (écrire) une lettre et après, plus rien. On _____[36] (perdre) sa trace.

ANTOINE: Il y a toi, et aussi notre fille. Vous avez besoin de moi... et j'ai besoin de vous deux!

°*powerful*

Étape 2: Maintenant, répondez aux questions.

1. Comment est-ce que Louise et Antoine se sont rencontrés?
2. Pourquoi est-ce que l'année 1939 a été si importante pour la jeune famille Leclair?
3. Pourquoi Antoine a-t-il quitté Paris?

B. L'histoire collective et les histoires personnelles. Dans le film, on peut imaginer que la vie de Louise, d'Antoine et de Mado est tranquille avant la guerre. Comment est-ce que les événements historiques touchent la vie des gens «normaux»?

1. Avec un(e) partenaire, analysez les photos suivantes. Comment est-ce que la situation en France en 1940 a touché la vie de Samuel Lévy, de Louise et d'Antoine?

2. Avec un(e) partenaire, parlez des conséquences des événements historiques sur votre vie (l'attaque terroriste du 11 septembre 2001, une découverte technologique, la mort d'une personnalité publique, une élection présidentielle, etc.).
3. Une bonne connaissance de l'histoire est très importante pour les Français. Partagez-vous cette opinion? Pourquoi (pas)?

Pour mieux écrire

Dans la section **Pour mieux écrire** du *Cahier d'exercices,* vous trouverez des stratégies d'écriture et des sujets de composition française liés aux thèmes «des histoires personnelles» et «l'histoire collective».

CHAPITRE 6

LES RECHERCHES S'ORGANISENT

DAVID: Ce document était un laissez-passer (*pass*) spécial. Avec ça, on pouvait voyager partout en France.

Pour commencer Pour parler de voyages passés que l'on a faits, on donne souvent des détails sur la ville, l'endroit, le continent où l'on est allé.

À vous Parlez avec un(e) partenaire des endroits que vous avez visités. À tour de rôle, donnez le nom de cinq endroits (en Asie, en Afrique, en Europe, etc.) et mentionnez une chose que vous avez faite à chaque endroit. Ensuite, comparez vos réponses avec celles des autres étudiants de la classe. Qui est allé aux mêmes endroits?

MODÈLE: É1: Je suis allé à Paris l'année dernière. J'ai visité Notre-Dame et la tour Eiffel. C'était fantastique!

Thèmes culturels

- pourquoi voyager
- comment voyager

Objectifs fonctionnels

- donner des détails sur les lieux et les gens
- éviter la répétition
- signaler la quantité
- exprimer la négation
- préciser une situation

Structures pour communiquer

6.1 Les prépositions avec les noms géographiques

6.2 Les pronoms **y** et **en** et l'ordre des pronoms

6.3 Les adjectifs et les pronoms indéfinis

6.4 La négation

6.5 Les adverbes

Vocabulaire thématique

Pourquoi et comment voyager

Rachid arrive à la gare de Lyon, à Paris. Pourquoi a-t-il voyagé?

Camille vient chercher Rachid à la gare. Comment se déplacent-ils [*get around*] dans Paris?

Pourquoi voyager

avoir raison (tort, sommeil, de la chance)	to be right (wrong, sleepy, lucky)
faire du tourisme	to sightsee
faire un voyage (autour du monde)	to travel (around the world)
faire un voyage d'affaires	to take a business trip
une résidence secondaire	vacation home
un séjour	stay
un séjour linguistique (culturel)	language (culture) study program
une station de métro	subway station
une station balnéaire (de ski)	seaside (ski) resort
des vacances (*f. pl.*) **(vertes, de luxe)**	vacation (in nature, luxury)
les grandes vacances	long summer vacation (*in France, usually in July or August*)
visiter un pays (un lieu)	visit a country (a place)

Comment voyager

accompagner (quelqu'un quelque part)	to go with; to take (someone somewhere)
accompagner quelqu'un en voiture	to drive someone
annuler	to cancel
une arrivée	arrival
une autoroute	highway, expressway
un billet (aller simple, aller-retour, d'avion, de train)	ticket (one-way, round-trip, plane, train)

la circulation	traffic
compris(e)	included
des congés payés (*m. pl.*)	paid vacation
un départ	departure
se déplacer en avion (bateau, car, train, voiture)	to get around by plane (boat, intercity bus, train, car)
un dépliant	brochure
un embouteillage	traffic jam
faire des économies (*f. pl.*)	to save money
se garer	to park
garer la voiture	to park the car
jusqu'à	until (*with expressions of time*); all the way to (*with places*)
louer	to rent
les moyens (*m. pl.*)	means (*financial*)
un(e) passager/ère	passenger
un passeport (en règle, périmé)	(valid, expired) passport
une place	seat (*on a train, in a theater, in a classroom*); town square
de la place (pour quelqu'un ou quelque chose)	room (for someone or something)
un quai (de gare)	(train) platform
se renseigner	to obtain information
rouler vite (lentement, prudemment)	to drive fast, go fast (slowly, carefully)
une valise	suitcase
faire sa valise	to pack one's suitcase
un(e) voyageur/euse	traveler

Applications

A. Synonymes. Trouvez le synonyme.

1. une brochure
2. mettre de l'argent de côté
3. obtenir des informations
4. décider de ne pas faire quelque chose que l'on a prévu
5. inclu(e)
6. être fatigué(e)

B. Les vacances. Complétez les phrases avec les mots de la liste. Faites tous les changements nécessaires.

Avec cinq semaines de _____ [1] payés par an, les salariés français _____ [2]! Ils profitent de leurs _____ [3] pour _____ [4] ou pour aller dans leur _____ [5] avec leur famille.

avoir de la chance
congé
faire un voyage
résidence secondaire
vacances

(*cont.*)

En allant vers le sud de France, la circulation est beaucoup plus intense les jours de grand départ!

Traditionnellement, en été, beaucoup de Français partent le même jour pour les ______[6]. Les jours de grand ______[7] sont en juillet et en août. Ces jours-là, la ______[8] est horrible. Il y a énormément de voitures sur les ______[9] et des ______[10] de plusieurs kilomètres autour de Paris et de Lyon. Pour cette raison, beaucoup de Français préfèrent ______[11].

autoroute
circulation
départ
embouteillage
grandes vacances
voyager en train

C. Compréhension culturelle. Relisez les paragraphes de l'Activité B pour bien comprendre l'information culturelle. Avec un(e) partenaire, répondez aux questions.

1. Combien de semaines de vacances les Français ont-ils? Que font-ils pendant les vacances?
2. Quand les Français partent-ils en grandes vacances? Pourquoi préfèrent-ils souvent prendre le train?

D. Les nuances des mots. Lisez les phrases pour comprendre les différentes significations du mot en italique. Ensuite, écrivez vos propres phrases en imitant chaque exemple.

MODÈLE: *jusqu'à*

Je travaille *jusqu'à* 17 h.

Pour venir chez moi, prends le bus *jusqu'au* dernier arrêt (*stop*).

a. J'étudie *jusqu'à* minuit tous les soirs.
b. Je vais en voiture *jusqu'au* parking et puis je continue à pied pour aller à la bibliothèque.

1. *la place*

Je voudrais trois *places* dans le train de 19 h 30.

Il y a des magasins autour de *la place* dans mon village.

Dans mon sac à dos, il n'y a pas beaucoup de *place*.

a. ______
b. ______
c. ______

2. *accompagner*

J'*accompagne* mon ami à l'aéroport en voiture.

J'*accompagne* mon ami chez lui.

a. ______
b. ______

E. **Différences.** Dans chaque cas, expliquez la différence de sens entre les deux mots ou expressions.

1. un lieu et une place 2. rouler et se garer 3. une station de ski et une station balnéaire 4. avoir raison et avoir tort 5. les vacances vertes et les vacances de luxe

F. **Où sont-ils? Que font-ils?** Utilisez le **Vocabulaire thématique** pour parler des voyageurs suivants. Faites des phrases complètes à la forme affirmative et/ou à la forme négative.

MODÈLE: David préfère voyager en avion.

Il achète un billet aller-retour pour le Japon. C'est un passager très content. Il n'aime pas voyager en bateau.

1. Carla n'a pas les moyens de faire un grand voyage.
2. Alain loue une voiture pendant les grandes vacances en France.
3. Annie paie d'avance pour la totalité de son séjour. Elle va étudier le français à Québec.
4. M. Martin doit aller à Chicago pour son travail.
5. Marie adore visiter des sites historiques.
6. Paul s'est cassé la jambe un jour avant de partir en vacances de ski.

G. **Le voyage idéal.** Avec un(e) partenaire, vous allez préparer un grand voyage. Utilisez les mots et expressions suivants (et d'autres).

MODÈLE: le passeport

É1: Nous avons besoin d'un passeport en règle.

É2: Si ton passeport est périmé, tu dois le renouveler (*renew*).

1. le passeport
2. se renseigner
3. un dépliant
4. se déplacer (en avion, en train, etc.)
5. un billet (aller simple ou aller-retour)
6. une valise
7. le départ
8. l'arrivée
9. louer

Allons au cinéma

CAMILLE: Maman? Qui a découpé les photos du grand-père, dans l'album?

Rappelons-nous

Ce qui s'est passé avant.

Étape 1: Vous souvenez-vous de l'Épisode 5? Avec un(e) partenaire, complétez les phrases suivantes avec le verbe approprié au passé composé ou à l'imparfait.

1. (être/manger/poser) Camille _____ quand Bruno lui _____ une question pour savoir si son grand-père _____ toujours vivant.
2. (donner/être/ne pas répondre) Mado _____ aux questions de Camille sur les photos déchirées, mais elle lui _____ le nom du village dans les Cévennes. C'_____ Saint-Jean-de-Causse.
3. (parler/servir) Camille et Bruno _____ quand le patron du restaurant les _____.
4. (avoir/dire/trahir) Camille _____ peur de parler de son grand-père, mais enfin elle _____: «Il _____ son pays.»

5. (devoir/écouter/venir/vouloir) Camille _____ «Mon Amant de Saint-Jean» quand sa mère _____ lui parler. Camille a dit: «On _____ faire un voyage dans les Cévennes. Je _____ discuter avec elle.»
6. (s'endormir/mourir/ne pas parler) Louise _____. Elle _____ doucement. Elle _____ à Mado.
7. (aller/offrir) Antoine a expliqué à Louise qu'il _____ quitter Paris. Il lui _____ un médaillon.
8. (annoncer/se peigner/venir) Camille _____ de prendre une douche et elle _____ quand Alex lui _____ la mort de Louise.
9. (promettre/ne pas savoir) Bruno _____ à Camille de trouver son ami historien, mais il _____ son adresse.

Étape 2: Associez chacune des photos avec l'une des phrases de l'Étape 1.

a. b. c. d.

Préparons-nous pour l'épisode

Dans l'Épisode 6, les gens autour de Camille l'aident beaucoup. Les phrases dans la colonne A donnent des indications sur ce qui va se passer. Devinez les conséquences de ces actions en les associant avec des scènes dans la colonne B.

MODÈLE: 1. Rachid peut voyager pour faire des reportages.
f. Camille lui demande d'aller à Saint-Jean-de-Causse.

(cont.)

A	B
1. Rachid peut voyager pour faire des reportages.	a. Camille est contente de lui parler, mais elle est nerveuse.
2. Hélène sait utiliser Internet.	b. Hélène lui demande de venir tout de suite à Canal 7.
3. Hélène écrit à David Girard, l'historien.	c. Bruno lui demande de chercher la boîte aux lettres électronique (*e-mail address*) de son ami historien.
4. David a trouvé des renseignements à propos d'Antoine.	d. Camille la comprend mieux.
5. Rachid est revenu de Saint-Jean-de-Causse.	e. Les gens du village ne lui ont pas parlé.
6. Mado parle à Camille du secret familial.	f. Camille lui demande d'aller à Saint-Jean-de-Causse.

Vocabulaire de l'épisode

À Canal 7

je suis de tout cœur avec toi my heart goes out to you
un type guy
ma thèse de doctorat my doctoral dissertation

Dans la salle de réunion à Canal 7

un laissez-passer pass
la zone libre the free zone (*the part of France not occupied by the Germans during World War II from 1939 to 1942*)
un officier officer
la preuve proof
un indice indication, clue

À la gare de Lyon

quand même nonetheless
visionner to look at
au montage to the cutting room (*at Canal 7*)

Dans l'appartement de Louise

ce coffret this jewelry box
la serrure lock
verrouillée locked
ses bijoux de jeune fille her jewelry from when she was young

Pont de la Seine

a découpé cut up
m'ont surnommée nicknamed me
la fille du pourri the daughter of the rotten guy
la fille du collabo the daughter of the collaborator
des ciseaux (*m. pl.*) scissors

Regardons l'épisode

En regardant l'épisode, indiquez quelles personnes aident Camille:

Bruno	Hélène	Rachid	Sonia
Mado	David	Alex	

Parlons de l'épisode

A. **Le développement des personnages.** Quelle est votre opinion sur les interactions suivantes? Êtes-vous d'accord avec votre partenaire?

Modèle: Camille demande à Rachid de faire un voyage dans les Cévennes pour Canal 7, mais le véritable (*real*) objectif est personnel.

É1: Il me semble que Camille a beaucoup d'influence à Canal 7.

É2: Selon moi, elle a confiance en Rachid parce qu'elle lui demande de l'aider.

1. Bruno fait beaucoup d'efforts pour trouver son ami historien, David.
2. Hélène traite Bruno de «vrai Français» quand il ne pense pas à Internet.
3. Bruno est étonné qu'Hélène trouve David «plutôt bel homme».
4. Camille demande à David si le laissez-passer indique qu'Antoine était un collaborateur.
5. Mado n'est pas fâchée quand Camille parle de la lettre datée 1943.
6. Mado explique enfin le mystère des photos découpées.

B. **Succès?** Expliquez comment les personnages ont réussi à faire les choses suivantes. S'ils n'ont pas réussi à les faire, expliquez pourquoi.

1. Bruno et Hélène ont trouvé David.
2. Camille veut prouver l'innocence de son grand-père avec des documents historiques.
3. Camille veut savoir où était son grand-père à Saint-Jean-de-Causse.
4. Camille veut savoir qui a découpé les photos de son grand-père.
5. La jeune Mado voulait éliminer toute trace de son père.

C. **Comme le disent les Français.** Dans leurs conversations, les personnages évitent (*avoid*) souvent la répétition en utilisant divers pronoms objets. Complétez le dialogue en utilisant le pronom approprié.

Modèle: Camille: Interroge *les gens* sur la vie du village pendant la guerre. Surtout les années 1942–43.

Rachid: D'accord. Et je <u>leur</u> parle de ton grand-père?

1. Bruno (*qui parle de son ami historien*): Je sais pas où *il* est, Camille. J'ai téléphoné, mais *il* a déménagé.
   Camille: Dépêche-toi de _____ retrouver, s'il te plaît.
2. Bruno: *Camille*, bonjour. Je _____ présente mon ami, David.
   Camille (*à David*): Bruno m'a beaucoup parlé de _____. Vous enseignez l'histoire contemporaine?
3. Camille (*quand elle part avec David*): Au revoir. Merci, *Bruno*. Et toi aussi, *Hélène*. Je suis contente de _____ avoir comme amis.

(*cont.*)

4. CAMILLE (*à Mado*): Regarde. Louise a gardé *cette photo* intacte. Elle ne ____ a pas déchirée, comme les autres.
5. CAMILLE (*à Mado*): Elle aimait *son mari*. Elle ____ a toujours aimé, jusqu'à la fin de sa vie.

D. **Légende.** Regardez cette photo, puis écrivez une légende qui souligne une idée importante de l'épisode. Expliquez à un(e) partenaire pourquoi cette idée est importante. Votre partenaire va dire s'il / si elle est d'accord ou pas. Ensuite, comparez vos légendes et vos idées à celles du reste de la classe.

E. **Discussion.** Quelle est l'importance des objets et des endroits dont on parle dans cet épisode? Travaillez en petits groupes; chaque groupe va choisir l'un des objets ou endroits et expliquer sa signification. Ensuite, chaque groupe va présenter son analyse à la classe.

1. les ciseaux
2. Saint-Jean-de-Causse
3. le laissez-passer
4. le coffret de Louise

Structures pour communiquer 1

RACHID: Saint-Jean-de-Causse?
CAMILLE: Je me suis renseignée. C'est à 50 kilomètres d'Alès, au pied des montagnes.

6.1 Les prépositions avec les noms géographiques

In French, geographical locations are usually introduced by articles or by prepositions.

Camille tient à visiter **les** Cévennes où son grand-père vivait pendant la guerre.

Camille wants very much to visit the Cévennes region, where her grandfather lived during the war.

Rachid est venu **de** Marseille **à** Paris.

Rachid came from Marseille to Paris.

Les emplois des articles et des prépositions avec les noms géographiques

1. Use the definite article with continents, countries, provinces, and states to speak of them in general terms, especially when using the verbs **adorer**, **aimer**, **détester**, **être**, **préférer**, **quitter**, and **visiter**. Articles are generally not used with cities or islands.

   On doit **quitter l'**Amérique du Sud en août.

   J'**aime** beaucoup **le** Québec.

Le Québec au bout des doigts
Pour recevoir l'un des 21 guides touristiques régionaux, pour vous informer ou réserver, appelez entre 9 h et 17 h,
le 1 877 BONJOUR (1 877 266-5687), code 803
ou visitez le site www.bonjourquebec.com
Québec

Cette publicité parle-t-elle de la province ou de la ville?

   La Louisiane **est** très belle.

   Ma sœur **adore** Venise, mais mon frère **préfère** Rome.

   Allez-vous **visiter** Tahiti?

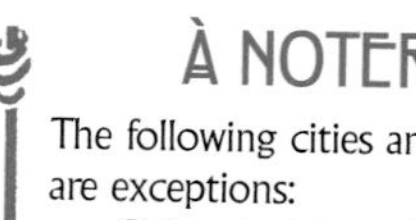

À NOTER

The following cities and islands are exceptions:

Cities: La Nouvelle-Orléans, La Havane, Le Havre, La Rochelle

Islands: la Guadeloupe, la Martinique, la Corse, les Canaries, les Seychelles, les Baléares

À NOTER

Québec is the city; **le Québec** is the province.

2. Geographical locations ending in **-e** are almost always feminine. Those ending in a consonant or any other vowel are masculine.

FÉMININ	MASCULIN
l'Égypte	le Burkina Faso
la France	le Mali
la Tunisie	le Québec

RAPPEL

Le Cambodge, le (Nouveau) Mexique, le Maine and **le Mozambique** are masculine.

3. Note that the names of many states and countries ending in **-a** and in **-ia** in English end in **-e** and **-ie** in French and are feminine. See **Appendice B** in the Online Learning Center for more details.

ANGLAIS	FRANÇAIS
America	l'Amérique
North Carolina	la Caroline du Nord
California	la Californie

4. The following prepositions are used to express *in, to, at*, and *from* when verbs such as **aller, arriver, habiter, naître, venir,** and **voyager** are followed by geographical names.

	in/to/at	from
Feminine singular countries, provinces, and states (all end in **-e**) Je suis né **en** Bretagne. Mes cousins viennent **d'**Irlande.	**en**	**de/d'**
Masculine singular countries, provinces, and states beginning with a consonant Tu vas travailler **au** Canada? David arrive **du** Texas.	**au**	**du**
Masculine singular countries, provinces, and states beginning with a vowel Ils habitent **en** Irak. Je reviens **d'**Uruguay.	**en**	**d'**
Plural countries and islands Il voyage **des** Bahamas **aux** États-Unis.	**aux**	**des**
Cities and singular islands On va **à** La Nouvelle-Orléans pour le Mardi gras. Nous voyageons **de** Sydney **à** Bali. Elle va **d'**Hawaï **à** San Francisco.	**à**	**de/d'**

Exercice

Un semestre en mer. Complétez les phrases suivantes avec la préposition ou l'article qui convient.

Les étudiants qui participent à ce programme viennent _____ [1] États-Unis, _____ [2] Canada et _____ [3] Mexique. Voici leur itinéraire ce semestre. Le 8 janvier, ils quittent _____ [4] Alaska pour aller _____ [5] Asie où ils vont passer du temps _____ [6] Hong Kong _____ [7] Chine, _____ [8] Osaka _____ [9] Japon, et _____ [10] Cambodge. Puis ils vont _____ [11] Inde, _____ [12] Kenya et _____ [13] Afrique du

Sud. Ensuite ils vont visiter _____ [14] Brésil. Puis ils voyagent _____ [15] Brésil _____ [16] Cuba et _____ [17] Bahamas. Ils rentrent _____ [18] Seattle le 2 mai.

6.2 Les pronoms *y* et *en* et l'ordre des pronoms

As with other object pronouns, using **y** and **en** helps move your French into the intermediate level. Speakers sound more sophisticated when they avoid repeating what was just said. "Did you go to Bali last year?" "Yes, I went to Bali in July" is a successful communication, but not as authentic as "Yes, I went there in July."

Le pronom *y*

The pronoun **y** replaces the name of *a place, a thing*, or *an idea*. It never replaces the name of a person.

—Tu vas **à Paris** cet été?	*Are you going to Paris this summer?*
—Oui, j'**y** vais au mois de juin.	*Yes, I'm going (there) in June.*

Les emplois du pronom *y*

1. **Y** can be substituted for the names of *places* when they are preceded by a preposition of place: **à, chez, dans, en, sous, sur**, etc. In this case, it means *there*. **Y** precedes the conjugated verb unless there is an infinitive. In that case, **y** precedes the infinitive.

—On va **au Jardin des Plantes**?	*Are we going to the Botanical Gardens?*
—Non, on n'**y** va pas aujourd'hui.	*No, we're not going (there) today.*
—On peut **y** aller demain, si tu veux.	*We can go (there) tomorrow, if you want.*

À NOTER

Although the word *there* may be omitted in English, it is always used in French.
—Est-ce qu'Élena va à la fête avec nous ce soir? *Is Elena going to the party with us tonight?*
—Non, elle n'**y** va pas. *No, she's not going (there).*

2. **Y** also replaces **à** + a *thing* or an *idea* and is translated as *it/them* or *about it/about them.*

—Va-t-elle répondre **à tous ses mails**?	*Is she going to answer all her e-mails?*
—Oui, elle va **y** répondre tôt ou tard.	*Yes, she's going to answer them, sooner or later.*

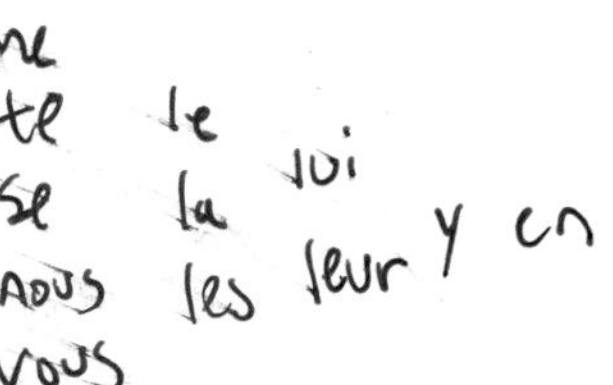

3. In the **passé composé**, there is no agreement with **y**. It always precedes the auxiliary verb.

—As-tu pensé **aux grandes vacances**?	*Have you thought about summer vacation?*
—Non, je n'**y** ai pas encore pensé. Et toi?	*No, I haven't thought about it yet. Have you?*

RAPPEL

In affirmative commands, pronouns *follow* the verb. In all other contexts, pronouns *precede* the verb to which they add meaning.
—Quand allez-vous à Montréal?
—On **y** va en juillet.
—Allez-**y** avec nous, d'accord?

www.mhhe.com/bienvubiendit

À NOTER

Although the expression *from there* may be omitted in English, it is always used in French.
—Matteo va revenir de l'aéroport, n'est-ce pas?
Matteo is going to come back from the airport, right?
—Oui, il va **en** revenir vers 3 h.
Yes, he's going to come back (from there) around 3.

4. When **y** is used in affirmative commands with the form **tu**, the final **-s** of **-er** verbs and of **aller** is added before the pronoun.

Tu dois penser à ton voyage. Pense**s**-y!	*You need to think about your trip. Think about it!*

Le pronom *en*

The pronoun **en** replaces a noun indicating a *location, a thing, an idea*, or *a person*.

—Venez-vous **de Grèce**?	*Do you come from Greece?*
—Oui, nous **en** venons.	*Yes, we come from there.*

Les emplois du pronom *en*

1. **En** can replace **de** + *the name of a place*, and is translated as *from there*. **En** precedes the conjugated verb unless there is an infinitive. In that case, **en** precedes the infinitive.

—Quand revient-il **d'Italie**?	*When is he coming back from Italy?*
—Il **en** revient mardi prochain.	*He's coming back (from there) next Tuesday.*

2. **En** can also replace articles or quantities + *a thing* or *a person*. It means *some, any, of it, of them*.

   a. It replaces the *partitive* article (**du, de la, de l', de, d'**) + *a thing*.

—Y a-t-il **de la** place pour nous?	*Is there (any) room for us?*
—Oui, il y **en** a.	*Yes, there is (some).*

   b. It replaces the *indefinite* article (**un, une, des**) + *a thing* or *a person*. **Un(e)** is usually repeated after the verb, but **des** is never repeated.

—Y a-t-il **une** autoroute entre Paris et Bordeaux ?	*Is there a highway between Paris and Bordeaux?*
—Oui, il y **en** a **une**.	*Yes, there is one.*
—Est-ce que Stéphane a **des amis** à Dakar?	*Does Stéphane have friends in Dakar?*
—Non, il n'**en** a pas.	*No, he doesn't (have any).*

   c. **En** can replace an expression of *quantity* or a *number* + *a thing* or *a person*. Always retain the number or the expression of quantity.

Ils ne peuvent pas réserver **trois places**.	*They can't reserve three seats.*
Ils ne peuvent pas **en** réserver **trois**.	*They can't reserve three (of them).*
—As-tu accompagné **beaucoup d'étudiants** en France cet été?	*Did you take many students with you to France this summer?*

—Non, je n'**en** ai pas **beaucoup** accompagné cette fois.	*No, I didn't take many (of them) this time.*

d. **En** replaces objects of verbal expressions that require the preposition **de** + *a thing*: **avoir besoin de, avoir envie de, être content(e) de, être satisfait(e) de, parler de**, etc. **En** often means *about it / about them*.

Rahul est très content de son séjour au Maroc.	*Rahul is very happy with his stay in Morocco.*
Il **en** est très content.	*He is very happy about it.*

CAMILLE: Tu en as parlé à Louise?
MADO: Non, elle ne voulait pas en parler.

3. In the **passé composé**, there is no agreement with **en**. It always precedes the auxiliary verb.

—Avez-vous fait **des économies**?	*Have you saved any money?*
—Non, nous n'**en** avons pas encore **fait**.	*No, we haven't saved any yet.*

4. When **en** is used in affirmative commands with the form **tu**, the final **-s** of **-er** verbs is added before the pronoun.

—Est-ce que je peux acheter de la glace?	*Can I buy some ice cream?*
—Oui, achète**s**-en!	*Yes, buy some!*

L'ordre des pronoms objets

Two object pronouns used in the same clause must be in the order presented below. Object pronouns precede the verb to which they refer except in affirmative commands, where, as you have seen, they follow the verb.

L'ORDRE DES PRONOMS OBJETS										
me **te** **se** **nous** **vous**	before	**le** **la** **les**	before	**lui** **leur**	before	**y**	before	**en**	+	*verb*

Les voyageurs ne m'ont pas parlé *de la station de ski*.	*The travelers didn't talk to me about the ski resort.*
Les voyageurs ne **m'en** ont pas parlé.	*The travelers didn't talk to me about it.*
Je leur ai donné deux *de nos dépliants*.	*I gave them two of our brochures.*
Je **leur en** ai donné **deux**.	*I gave them two (of them).*
Je peux **leur en** donner d'autres aussi.	*I can give them others as well.*

À NOTER

Note the placement of **ne** and **pas** when these pronouns precede a conjugated verb and when they precede an infinitive.

Elle **ne** lui en parle **pas**.
Il **ne** me l'a **pas** donné.
Je **ne** peux **pas** les leur expliquer.

See section 6.4 for more information on this point.

RAPPEL

When direct object *pronouns* are used in a sentence in the **passé composé,** the past participle agrees with them.

Les voyageurs? Je **les** ai emmenés à l'hôtel.
Les valises? Ils **les** ont faites hier soir.

Exercices

A. Associations. Trouvez dans la colonne B la chose ou l'endroit que remplace chaque pronom dans la colonne A.

A	B
1. Yasmine **y** est allée avec ses camarades de classe.	a. à Marseille
2. Rachid **y** habitait avant de déménager à Paris.	b. du vin
3. Le grand-père de Camille **y** est allé en 1940.	c. du Canada
4. Hélène **en** vient.	d. dans les Cévennes
5. Camille **en** a acheté au marché.	e. au Jardin des Plantes
6. Bruno et Camille **en** ont bu au restaurant.	f. des légumes

B. À l'aéroport. Complétez les phrases suivantes avec les pronoms qui conviennent. Vous n'allez pas utiliser tous les pronoms donnés, et vous pouvez utiliser les pronoms plus d'une fois.

Pronoms: le, la, l', les, lui, leur, y, en

1. Les voyageurs ouvrent <u>les valises</u> <u>à l'aéroport</u>. Les voyageurs _____ _____ ouvrent.
2. Nous allons <u>à la douane</u> (*customs*) pour retrouver <u>Marise</u>. Nous _____ allons pour _____ retrouver.
3. Elle est rentrée <u>de Thaïlande</u>. Elle _____ est rentrée.
4. Elle doit montrer <u>son passeport</u> <u>au douanier</u> (*customs agent*). Elle doit _____ _____ montrer.
5. Marise, parle <u>de ton séjour</u>! Marise, parles-_____!
6. Jeanne, va <u>au parking</u>! On a besoin <u>de la voiture</u>. Jeanne, vas- _____ ! On _____ a besoin.

C. Pour aider Camille. Tout le monde aide Camille. Répondez aux questions en utilisant **le, leur, lui, y** ou **en**. Faites tous les changements nécessaires pour donner des réponses logiques.

Modèle: David a-t-il <u>une boîte aux lettres électronique</u>? Oui, <u>*il en a une*</u>.

1. Bruno avait-t-il besoin <u>d'aide pour trouver David?</u> Oui, _____.
2. Est-ce que Bruno a cherché David <u>à Paris</u>? Oui, _____.
3. Est-ce que David a montré <u>à Camille</u> <u>le laissez-passer d'Antoine</u>? (2 pronoms) Oui, _____.

4. Est-ce que Camille est contente des découvertes de David au sujet d'Antoine? Non, _____.
5. Est-ce que Rachid va aller à Alès? Oui, _____.
6. Doit-il parler aux gens de la guerre? (2 pronoms) Oui, _____.

Prenons la parole

Donner des détails sur les lieux et les gens

A. **Cinq des sept continents.** Vous allez nommer des lieux (pays, états, provinces) sur les différents continents. La classe se divise en deux équipes. Une équipe lance le jeu en donnant le nom d'un continent. Les membres de l'autre équipe font une liste de trois lieux sur ce continent, en utilisant le bon article. S'ils réussissent, ils gagnent un point et c'est à eux de choisir un autre continent. L'équipe qui a le plus de points à la fin gagne. Si nécessaire, regardez les cartes au début et à la fin de votre livre.

MODÈLE: Équipe A: L'Afrique. Commencez!
Équipe B: Le Burkina Faso, le Soudan, la Namibie.
Équipe B: L'Amérique du Nord. Commencez!
Équipe A: La Nouvelle-Angleterre, la Californie, le Vermont.

FONCTION
Donner des détails sur les lieux et les gens

B. **Où ont-ils voyagé et pourquoi?** Inspirez-vous de la liste suivante pour nommer une personne. Votre partenaire va dire où cette personne est allée et pourquoi. Changez ensuite de rôle.

MODÈLE: É1: le président des États-Unis
É2: Il est allé au Mexique pour rencontrer le président mexicain.

Personnalités:
- un homme / une femme politique
- une vedette de cinéma
- un(e) missionnaire
- un(e)/des athlète(s) olympique(s)
- le (la) président(e) de votre université
- un(e) étudiant(e) de français (espagnol, japonais, allemand, portugais)
- le prince Charles
- le pape
- des soldats
- un(e) bénévole (*volunteer*)

Mettez-vous avec une autre paire d'étudiant(e)s. Comparez les lieux mentionnés dans vos réponses avec les leurs (*theirs*).

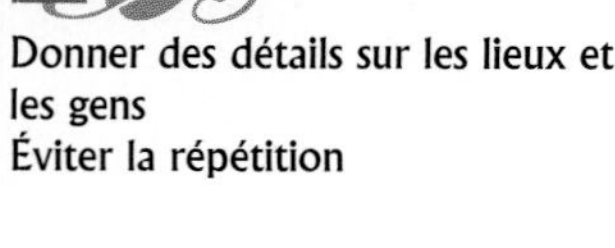

Donner des détails sur les lieux et les gens
Éviter la répétition

C. Voyage-mystère. Écrivez plusieurs phrases pour parler d'un endroit que vous avez visité, mais sans nommer cet endroit. Ensuite, lisez vos phrases à votre partenaire. Il/Elle va deviner à quel endroit vous êtes allé(e). S'il / Si elle n'arrive pas à la deviner tout de suite, il/elle doit vous poser des questions.

MODÈLE: É1: J'y suis allée en avion. Il y avait un très grand parc. Je m'y suis promenée.

É2: Je ne peux pas deviner. Qu'est-ce que tu y as visité?

É1: J'y ai visité le monument qui commémore le 11 septembre et la statue de la Liberté.

É2: Tu es allée à New York.

Éviter la répétition

D. De quoi est-ce que l'on parle? Mettez-vous en petits groupes. 0Choisissez un élément de la liste et inventez deux ou trois phrases qui permettent de l'identifier en utilisant **y** ou **en** ou un pronom d'objet direct ou indirect. Les autres vont essayer de l'identifier, mais s'ils ne peuvent pas le faire, continuez à les aider.

MODÈLE: É1: Rachid en avait une dans son sac, son premier jour à Canal 7. Bruno l'a trouvée sur son bureau.

É2: Je ne sais pas. Aidez-moi!

É1: Rachid ne voulait pas en parler.

É3: J'ai compris! C'était une photo, la photo de Sonia et Yasmine.

des œufs en meurette
un médaillon
une photo
un hamburger
un téléphone portable
une boîte aux lettres électronique
un laissez-passer spécial
un livre
un village
une année importante

Culture en images

Rachid a pris le train pour aller dans les Cévennes.

C'est facile à traverser Paris en métro.

La construction d'un nouveau tramway à Paris.

Analyse culturelle. Analysez les photos, ainsi que leurs légendes, pour déterminer ce qu'elles ont en commun. Ensuite, choisissez la (ou les) réponse(s) qui vous semble(nt) bien répondre à la question suivante. Justifiez votre choix.

Pourquoi construit-on un nouveau moyen de transport en commun à Paris?

a. Les différents systèmes de transports en commun aident à limiter les embouteillages.

b. Les Français préfèrent les contraintes (*limitations*) imposées par les transports en commun aux inconvénients (*disadvantages*) de la voiture.

c. Le gouvernement essaie d'imposer les transports en commun aux citoyens qui ne les utilisent pas.

(La section **Littérature**, pp. 211–217, vous montre un départ en train inoubliable [*unforgettable*] pour les parents d'un petit garçon.)

NOTE CULTURELLE

La gare de Lyon, qui date de 1855, est l'une des six grandes gares de la SNCF (la Société nationale des chemins de fer français) à Paris. Les trains qui partent de cette gare vont vers le Sud-Est, la région Rhône-Alpes et la Méditerranée. Pour aller dans les Cévennes, on prend le TGV (Train à grande vitesse) jusqu'à Nîmes et puis on change de train.

Structures pour communiquer 2

6.3 Les adjectifs et les pronoms indéfinis

Indefinite adjectives and pronouns indicate people and things in an imprecise way, without referring to anything specifically.

Chaque agence de voyages a beaucoup de clients.	*Each travel agency has a lot of clients.*
Il a remis les livres, **chacun** à sa place.	*He put the books back, each one in its place.*

Les formes des adjectifs indéfinis

autre(s) *other*
certain(e)(s) *certain, some*
chaque *each, every*
ne... aucun(e) *no, not any*
plusieurs *several*
quelque(s) *a little, a few*

Les emplois des adjectifs indéfinis

1. **Aucun, autre, certain**, and **quelque** agree in number and gender with the nouns they modify.

Quelques pays attirent énormément de touristes tous les ans.	*A few countries attract huge numbers of tourists every year.*
Certaines personnes ne vont jamais à l'étranger.	*Some people never go abroad.*

2. **Aucun(e)** is the only negative indefinite adjective in the preceding list. It is always singular and it is always accompanied by **ne**, which is placed in front of the conjugated verb. **Aucun(e)** precedes the noun it negates.

Aucun avion n'est annulé.	*No plane is canceled.*
Ce touriste **ne** parle **aucune langue** étrangère.	*This tourist doesn't speak any foreign languages.*

3. **Chaque** is always singular.

Chaque ville a ses traditions particulières.	*Each city has its special traditions.*

4. **Plusieurs** is always plural.

Elle a visité **plusieurs** pays francophones quand elle était en Europe l'an dernier.	*She visited several French-speaking countries when she was in Europe last year.*

Les formes des pronoms indéfinis

AFFIRMATIFS	NÉGATIFS
un(e) autre *another one* **d'autres** *others* **quelqu'un** *someone* **quelques-un(e)s** *a few* **chacun(e)** *each one, every one* **tout le monde** *everyone, everybody* **certain(e)s** *certain ones, some* **plusieurs** *several* **quelque chose** *something*	**ne... aucun(e)** / **aucun(e) ne...** } *none, not any* **ne... personne** / **personne ne...** } *no one* **ne... rien** / **rien ne...** } *nothing*

Quelqu'un devrait faire **quelque chose** bientôt, mais moi, je **ne** veux **rien** faire. — *Someone should do something soon, but I don't want to do anything.*

—Connais-tu quelques personnes bilingues? — *Do you know a few bilingual people?*

—J'en connais **quelques-unes**, mais **aucune ne** parle polonais. — *Yes, I know a few, but none of them speaks Polish.*

Les emplois des pronoms indéfinis

1. Indefinite pronouns are used as subjects, direct objects, indirect objects, and objects of prepositions.

SUJET	Tu as raté ton train? **Un autre** arrive dans 20 minutes.	*You missed your train? Another one arrives in 20 minutes.*
OBJET DIRECT OBJET INDIRECT	—Je **ne** connais **personne** ici. —Téléphonez **à quelqu'un** qui fait le même séjour culturel que vous.	*I don't know anybody here.* *Call someone who is doing the same culture study program as you are.*
OBJET D'UNE PRÉPOSITION	—Est-ce que Camille achète les billets pour nous tous? —Oui, elle les achète **pour tout le monde**.	*Is Camille buying the tickets for all of us?* *Yes, she's buying them for everyone.*

2. When indefinite pronouns that describe *quantities* are used as direct objects, they must be accompanied by the pronoun **en** (*of it, of them*). **En** precedes the verb; the indefinite pronoun follows it.

—Où peut-on trouver un dépliant sur les séjours linguistiques à Paris? — *Where can you get a brochure on the language study programs in Paris?*

À NOTER

Use **en** with these indefinite pronouns when they are direct objects:

aucun(e)
un(e) autre
d'autres
certain(e)s
quelques-un(e)s
plusieurs

—As-tu jamais fait un voyage d'affaires?
—J'**en** ai fait **quelques-uns**.
—Est-ce que Madeleine connaît toutes les stations de métro à Paris?
—Toutes? Non, mais elle **en** connaît **plusieurs**.

—Ils **en** ont **quelques-uns** à la reception.	*They have a few (of them) at the front desk.*
—Avez-vous des valises?	*Do you have bags?*
—Oui, nous **en** avons **plusieurs**.	*Yes, we have several.*
—Vois-tu des trains pour Paris?	*Do you see any trains for Paris?*
—Non, je **n'en** vois **aucun**.	*No, I don't see any.*

3. When **chacun(e), tout le monde, quelqu'un, quelque chose, personne ne...**, and **rien ne...** are used as subjects, the verb is always singular.

Tout le monde veut voir les pyramides.	*Everyone wants to see the pyramids.*
Rien n'est impossible.	*Nothing is impossible.*

4. Four of these pronouns can be modified by adjectives: **quelqu'un, personne, quelque chose**, and **rien**. The adjective is preceded by **de (d')** and is always masculine.

Être bilingue, c'est **quelque chose d'**impressionnant, non?	*Being bilingual is an impressive thing, isn't it?*
—Qu'est-ce que vous avez fait l'été passé?	*What did you do last summer?*
—**Rien de** spécial.	*Nothing special.*

6.4 La négation

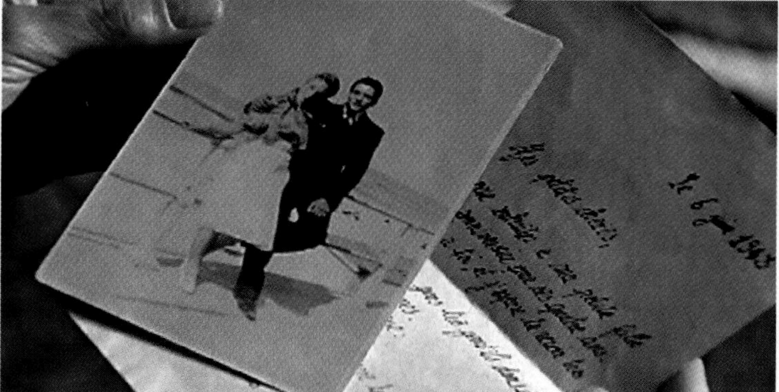

CAMILLE: Regarde. Louise a gardé cette photo intacte. Elle ne l'a pas déchirée, comme les autres.
MADO: Elle ne me l'a jamais montrée.

In French as in English, many different expressions are used to convey all the nuances of ideas in the negative.

LES ADVERBES NÉGATIFS	
ne... pas *not*	**ne... plus** *no longer, not . . . any longer, not . . . anymore*
ne... toujours pas *still not*	**ne... jamais** *never*
ne... pas encore *not yet*	**ne... que** *only, nothing but*
ne... pas du tout *not at all*	

COMME ILS LE DISENT DANS LE FILM...

In familiar French, **ne** is often dropped in negations; the second element alone indicates that the idea is negative.

HÉLÈNE: Et toi, t'as trouvé ton ami historien?

BRUNO: Non. Non, j'ai **rien** trouvé... Je sais **pas** quoi faire.

L'ordre des mots dans les phrases négatives

1. In simple tenses such as the **présent de l'indicatif**, the **imparfait**, and the **impératif**, the two elements of negation surround the verb. In compound tenses such as the **passé composé**, the negative elements usually surround only the auxiliary verb.

Je **ne** parle **pas** norvégien.	*I don't speak Norwegian.*
Je **n'**ai **jamais** étudié le norvégien.	*I never studied Norwegian.*

2. Both elements precede an infinitive to make it negative.

Ne pas apporter de boisson dans l'avion.	*Don't bring drinks on the plane.*
Elle a promis de **ne jamais** appeler avant 7 h.	*She promised never to call before 7.*

3. **Ne... que** indicates a restriction rather than a complete negation. **Ne** precedes the verb and **que** precedes the item that is limited.

Elle **ne** voyage **que** dans des pays anglophones.	*She travels only in English-speaking countries.*
Elle **ne** voyage dans des pays anglophones **que** quand elle accompagne ses enfants.	*She travels in English-speaking countries only when she is accompanying her children.*

À NOTER

Note the placement of **ne... rien, ne... personne,** and **ne... aucun(e)** in compound tenses.

Je **n'**ai **rien** vu.

Je **n'**ai vu **personne.**

Des souvenirs? Je **n'en** ai vu **aucun.**

Exercices

A. **Observations.** Complétez les phrases suivantes avec les adjectifs indéfinis appropriés: **aucun, autre, certain, chaque, plusieurs** ou **quelque**. Faites les changements nécessaires.

1. Je veux acheter _____ chose mais je n'ai pas le temps. Je dois revenir une _____ fois.
2. Dans _____ circonstances, il vaut mieux ne pas voyager seul. _____ voyageur doit se renseigner à ce sujet avant de partir.
3. Normalement, on n'a _____ problème quand on renouvelle son passeport. Il faut attendre _____ semaines, mais ce n'est pas difficile.

B. **Observations.** Complétez les phrases suivantes avec les pronoms indéfinis donnés. Mettez-les dans le bon ordre.

1. (quelque chose/quelqu'un) Pour être _____ de remarquable, il faut faire _____ d'important.
2. (aucun/personne) Il n'a vu _____ hier soir. _____ de ses amis n'est venu le voir.
3. (d'autres/certains) _____ veulent tout avoir; _____ ne désirent que le minimum.

C. **Mais non!** Mettez les phrases suivantes au négatif en mettant l'expression entre parenthèses à la place appropriée.

1. (ne... pas encore) Camille connaît le destin de son grand-père.
2. (ne... pas) Mado et Camille s'entendent bien.
3. (ne... jamais) Bruno a pensé à utiliser Internet pour trouver David.
4. (ne... toujours pas) Camille sait comment son grand-père est mort.
5. (ne... plus) Rachid et sa femme vivent ensemble.

Prenons la parole

A. **Jeu de rôles.** Avec un(e) partenaire, utilisez les éléments ci-dessous pour jouer les rôles d'une personne négative qui est catégorique (É1) et d'une personne plus mesurée (*moderate*) (É2). Suivez le modèle. Changez ensuite de rôles.

Signaler la quantité
Exprimer la négation

Pour parler catégoriquement: tout, aucun, personne, rien

Pour parler de façon mesurée: certains, d'autres, quelques

MODÈLE: É1: Les restaurants dans cette ville? Aucun d'entre eux n'est très impressionnant. Ils ne servent rien d'intéressant. Je n'en aime aucun.

É2: Moi, je pense que certains sont médiocres mais que d'autres sont excellents. Par exemple, j'aime bien *Annie's Place*.

Sujets possibles:
les hommes et les femmes politiques
les films à l'université ou en ville
les films d'action, d'amour, d'horreur
les acteurs / les actrices d'Hollywood
les cours / les professeurs dans cette université
les autobus / les restaurants / les magasins dans cette ville
les journaux
?

Le contrôle du cadrage est selon moi un élément essentiel du travail d'un réalisateur, et je pense que notre travail sur le cadrage contribue vraiment à établir et maintenir le contact entre les personnages, l'histoire et les spectateurs tout au long de ce film.»

Étape 2 Le cadrage. Regardez les photos suivantes. Analysez le cadrage choisi par David Murray et expliquez ce qu'il communique grâce à ces choix.

1. 

2. 

3. 

Maintenant, comparez les deux photos suivantes. Décrivez ce que vous y voyez et expliquez comment elles soulignent différents aspects de la recherche de Camille.

4. 

5. 

Étape 3 Vous êtes réalisateur. Pensez à un événement dramatique de votre vie (une dispute, une découverte importante, etc.). Décrivez votre cadrage à deux moments différents pendant cet événement. Qu'est-ce que vous montrez à l'écran? Comment ce cadrage exprime-t-il le sens que vous donnez à cet événement?

Hors-champ

A. Mieux connaître les personnages.

Étape 1: C'est qui, Mado? Camille sait maintenant que sa mère a eu des moments difficiles et elle la comprend un peu mieux. Complétez le texte en écrivant le mot approprié.

Camille et Mado marchent le long de la Seine.

Mado est le diminutif de «Madeleine». Elle a grandi dans le quartier Mouffetard et elle ____[1] (le/y) travaille toujours, dans une librairie. Elle s'est mariée jeune, puis elle a divorcé, et ce qu'elle aime le mieux au monde c'est sa fille. Mais Camille a du mal à ____[2] (lui/la) comprendre jusqu'au jour où elle ____[3] (la/lui) raconte ses souvenirs d'enfance. C'était la nuit. Mado avait 7 ans. Elle a entendu un bruit dans la chambre de Louise et elle ____[4] (y/en) est allée, tout doucement. Elle ____[5] (y/en) a vu sa mère qui lisait des lettres et qui pleurait. Le lendemain matin, Louise a refusé d' ____[6] (y/en) parler. Plus tard, Mado a cherché dans la chambre de sa mère et ____[7] (y/en) a trouvé les lettres. Elle ____[8] (y/en) a lu trois. C'étaient des lettres d'amour de son père à sa mère. Des lettres très douces... Quelques jours après, Mado accompagnait sa mère au marché. Elle avait l'impression que Louise ne voulait pas ____[9] (l'/y) être. Certaines personnes refusaient de servir sa mère et d'autres ne ____[10] (lui/la) parlaient même pas. Elles ____[11] (en/y) sont parties très vite, et, encore une fois, Louise a pleuré pendant la nuit.

La même semaine, à l'école, des enfants ont commencé à dire des choses bizarres à Mado. Ils ____[12] (l'/lui) appelaient «fille du collabo» et «fille du traître». C'était horrible, horrible. Enfin l'institutrice ____[13] (la/lui) a expliqué qu'un collaborateur était quelqu'un qui avait travaillé° pour les Allemands. Alors le soir même Mado a pris des ciseaux et elle a découpé le visage de son père sur beaucoup de photos et elle ____[14] (y/en) a déchiré d'autres. Louise, qui a vu toute cette rage, a pris sa fille dans ses bras et ____[15] (la/lui) a dit qu'elle l'aimait très fort. Elles n' ____[16] (y/en) ont jamais reparlé.

°avait... *had worked*

Étape 2: Maintenant, répondez aux questions.

1. Quels événements ont marqué la jeune Mado? Comment peut-on décrire sa situation à la maison?
2. Quelles sont les similitudes entre son expérience au marché avec sa mère et à l'école?
3. Quelle a été la réaction de Louise quand Mado a découpé les photos? Pourquoi a-t-elle réagi de cette façon, à votre avis?

B. Après la guerre. Répondez aux questions en comparant vos observations et expériences avec celles d'un(e) partenaire.

1. Comment imaginez-vous la situation en France après la guerre? Était-il facile de voyager? de déménager? Expliquez.
2. Avez-vous toujours vécu au même endroit? Parlez des endroits où vous avez habité et expliquez pourquoi vous y avez habité.
3. Quand Mado a découpé les photos, elle a fait disparaître son père de sa vie. Quels autres actes métaphoriques pouvez-vous imaginer pour faire disparaître quelqu'un de votre vie ou, au contraire, pour en préserver le souvenir?
4. Parlez d'un événement qui a fortement marqué la vie de quelqu'un. Vous pouvez parler de vous-même, de quelqu'un que vous connaissez ou même d'un personnage dans un livre ou dans un film (par exemple, la vie de Spiderman a beaucoup changé après que l'araignée l'a mordu).

Pour mieux écrire

Dans la section **Pour mieux écrire** du *Cahier d'exercices*, vous trouverez des stratégies d'écriture pour composer différents types de lettres.

CHAPITRE 7

CAMILLE NE SE DÉCOURAGE PAS

BRUNO: Bonjour! Ça va, ce matin?
MARTINE: C'est le plus mauvais jour de ma vie!

Pour commencer On aime bien comparer des choses, et même, comme Martine ici, parfois on exagère avec le superlatif. Est-ce vraiment le plus mauvais jour de sa vie?

À vous Parlez à votre partenaire de quelqu'un ou de quelque chose d'une manière exagérée en utilisant un superlatif. Suivez le modèle et prenez des notes pour présenter les jugements de votre partenaire à la classe. Ensuite, changez de rôle.

Suggestions: un examen difficile, un rendez-vous horrible, un professeur ennuyeux, une nouvelle heureuse, un jour merveilleux, une amie sympathique, ?

MODÈLE: É1: J'ai passé l'examen le plus difficile de ma vie dans la classe de maths!

É2: Explique!

É1: Je ne comprenais pas les formules.

Thèmes culturels

- la cuisine traditionnelle
- les repas modernes

Objectifs fonctionnels

- identifier les personnes
- comparer
- établir des classements

Structures pour communiquer

7.1 Les pronoms disjoints
7.2 Le comparatif
7.3 Le superlatif

Vocabulaire thématique

La cuisine traditionnelle et les repas modernes

RACHID: Et voilà. Alors, là, nous avons donc les légumes du couscous!

NOTE CULTURELLE

En France, les restaurants et beaucoup de cafés ont des menus à prix fixe (*fixed-price menus*). Les clients peuvent aussi, bien entendu, choisir les plats à la carte.

NOTE CULTURELLE

Traditionnellement, on disait **faire le marché** pour acheter des produits au marché en plein air. De nos jours, on utilise cette expression pour indiquer que l'on achète de la nourriture, même au supermarché. **Faire les courses** a un sens plus large (*to run errands*).

La cuisine traditionnelle

un aliment	(*item of*) food
une carte	menu
à la carte	from the regular menu
une entrée	first course
un four	oven
frais (fraîche)	fresh; cool
le goût	taste
avoir bon (mauvais) goût	to have good (bad) taste
avoir un bon (mauvais) goût	to taste good (bad)
de bon (mauvais) goût	in good (bad) taste
goûter (quelque chose)	to taste (something)
inviter (quelqu'un)	to invite; to offer to pay (*for a meal, a movie, etc.*); to treat (someone)
un(e) marchand(e)	vendor (*often at a market*)
un marché (en plein air)	(open-air) market
faire le marché (les courses)	to go grocery shopping (to shop, run errands)
un menu	fixed-price menu (*usually consisting of at least* **une entrée** *and* **un plat principal**)

un(e) petit(e) commerçant(e)	small shopkeeper
un plat du jour	daily special
un plat principal	main dish, main course
un plat régional	regional dish
servir	to serve
servir à (+ *infinitif*)	to be used for
se servir de	to use

Les repas modernes

allégé(e)	light, low-fat
une boîte	box
une boîte (de conserve)	can (of food)
consommer	to consume (*to eat or drink*)
faire (suivre) un régime	to be on a diet
un (restaurant) fast-food	fast-food restaurant
grignoter	to snack (*between meals*)
un hypermarché	extra-large supermarket
les matières grasses (*f. pl*)	fats
un (four à) micro-ondes	microwave (oven)
n'importe quoi	any old thing; anything
la nourriture (biologique, «bio»)	(organic) food
nourrir	to feed
se nourrir de	to eat
les OGM (organismes génétiquement modifiés)	GMOs (genetically modified organisms)
un plat cuisiné	precooked dish
remplacer	to replace
(mal)sain(e)	(un)healthy
manger sainement (mal)	to eat well (badly) (*in a health sense*)
supporter	to put up with, stand, bear; to be able to eat or tolerate (*for health reasons*)
un (produit) surgelé	frozen food
un(e) végétalien(ne)	vegan (*one who doesn't eat eggs, dairy products, or meat*)
un(e) végétarien(ne)	vegetarian

Applications

A. **Associations.** Trouvez deux ou trois termes dans le **Vocabulaire thématique** que l'on peut associer à chacune des expressions suivantes et utilisez-les dans une phrase.

1. suivre un régime 2. manger des choses malsaines 3. faire le marché
4. manger sainement 5. manger au restaurant

B. Les nuances des mots. Lisez les phrases pour comprendre les différentes significations du mot en italique. Ensuite, écrivez vos propres phrases en imitant chaque exemple.

MODÈLE: *un goût*

Je trouve ce film de mauvais *goût*. Il y a trop de violence.

J'adore ce plat. Il a un très bon *goût*.

a. <u>Le décor de ce restaurant est de bon *goût*. C'est un endroit élégant.</u>

b. <u>Ce café est froid. Il a un mauvais *goût*.</u>

1. *inviter*

   J'*invite* mes amis à la maison.

   Quand ils vont au restaurant, le patron *invite* ses clients.

   a. ______

   b. ______

2. *servir (à) / se servir de*

   On *sert* du vin rouge avec de la viande.

   Un couteau *sert à* couper la viande.

   Je *me sers* d'un stylo pour écrire.

   a. ______

   b. ______

   c. ______

3. *supporter*

   Je ne *supporte* pas les gens malhonnêtes.

   Mon ami ne mange jamais de fromage. Il ne *supporte* pas les produits laitiers.

   a. ______

   b. ______

4. *frais/fraîche*

   En avril, au Colorado, il fait *frais*.

   Les fruits *frais* sont bons pour la santé.

   a. ______

   b. ______

C. Manger à la française. Complétez les phrases avec les mots de la liste. Faites tous les changements nécessaires.

Quels plats vous tentent (*tempt*) dans ce restaurant parisien?

commander
entrée
frais
inviter
marché
plat principal
végétarien

Que faut-il pour passer une bonne soirée au restaurant entre amis, «à la française»? D'abord, on ______[1] des gens compatibles. Une fois au restaurant, on décide quels plats on va ______[2]. Comme ______[3], une bonne soupe de légumes. Comme ______[4], un rôti de porc? Non, parce qu'un ami est ______[5], donc pas de viande. Mais s'il mange du poisson, le chef de cuisine connaît un poissonnier au ______[6], qui est excellent. Son saumon est toujours très ______[7]. Voilà les priorités des Français: de bons amis, un bon repas, des moments de bonheur!

boîte de conserve
fast-food
hypermarché
n'importe quoi
plat cuisiné
produit surgelé
remplacer
sain

En France, au 21ème siècle, est-ce que la vitesse ______[8] la qualité pour les repas? Il est certain que les Français achètent des ______[9], des ______[10] et des ______[11] au supermarché ou à l' ______[12]. Et, bien entendu, ils mangent dans des restaurants ______[13] où l'on sert ______[14]. Mais les Français continuent à manger des aliments ______[15]. La France est un pays où l'on mange beaucoup de légumes frais. Heureusement!

D. Compréhension culturelle. Relisez les paragraphes de l'Activité C pour bien comprendre l'information culturelle. Avec un(e) partenaire, répondez aux questions.

1. Qu'est-ce que les Français considèrent quand ils invitent des amis à dîner dans un restaurant?
2. Comment est-ce que la cuisine en France a changé? Qu'est-ce qui n'a pas changé? Qu'en pensez-vous?

E. Différences. Dans chaque cas, expliquez la différence de sens entre les deux mots ou expressions.

1. un four et un four à micro-ondes 2. avoir un bon goût et avoir bon goût 3. le petit commerçant et le marchand 4. un(e) végétalien(ne) et un(e) végétarien(ne) 5. manger des choses saines et manger n'importe quoi

F. **La pyramide alimentaire.**

Étape 1: Avec un(e) partenaire, nommez autant de produits alimentaires que possible pour chaque niveau de la pyramide.

Étape 2: Parlez de ce que vous avez mangé ou de ce que vous mangez dans les situations suivantes. Votre partenaire fait la même chose et puis vous décidez ensemble qui mange le plus sainement.

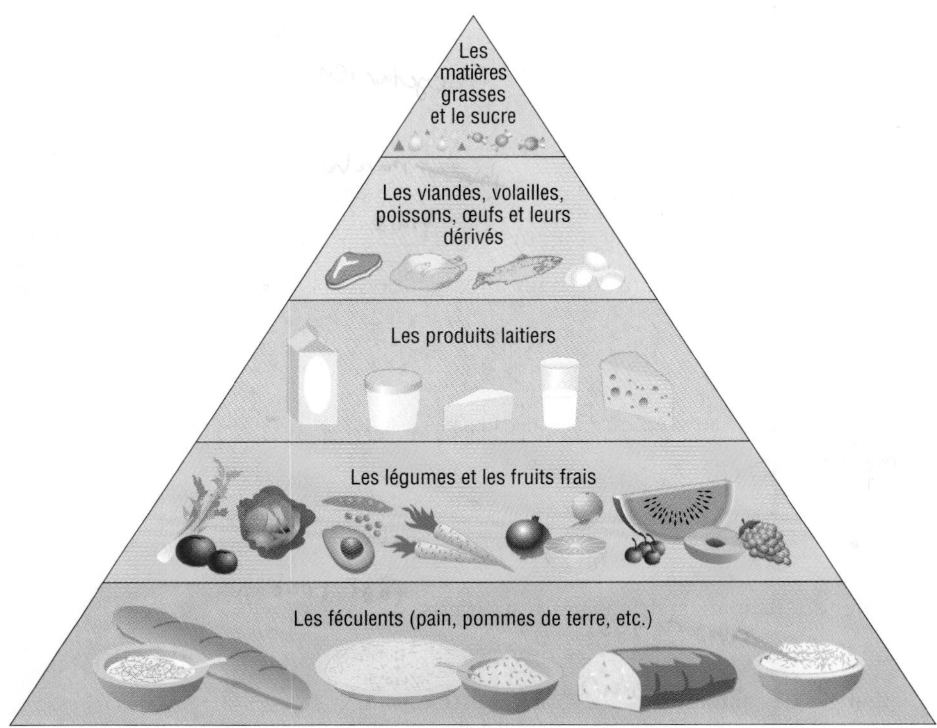

MODÈLE: samedi dernier

É1: Samedi dernier, je n'ai pas pris de petit déjeuner. À midi, j'ai mangé un hamburger et des frites et j'ai bu un coca. Le soir, j'ai mangé du poulet frit, du pain et un morceau de gâteau au chocolat.

É2: Comme petit déjeuner, j'ai pris deux œufs et du pain grillé. À midi, j'ai mangé une salade avec du thon, de la laitue et des tomates. J'ai bu de l'eau gazeuse. Le soir, j'ai pris un steak, des pommes de terre et une salade verte. Samedi dernier, au moins, j'ai mieux mangé que toi!

1. hier
2. avant-hier
3. pour mon dernier anniversaire
4. la dernière fois que je suis allé(e) au restaurant
5. quand je suis très occupé(e)
6. quand je suis en vacances

Allons au cinéma

MARTINE: Camille a des problèmes? Elle est tombée amoureuse?
BRUNO: Non. Camille, elle aime que moi!

Rappelons-nous

Ce qui s'est passé avant. Vous souvenez-vous de l'Épisode 6? Avec un(e) partenaire, indiquez l'importance des éléments suivants.

MODÈLE: Alès

É1: C'est une ville dans les Cévennes, à cinq ou six heures de Paris.

É2: Rachid va à Alès en train pour aller à Saint-Jean-de-Causse. Il y loue une voiture.

1. Internet
2. le laissez-passer
3. le coffret de Louise
4. la lettre d'Antoine
5. l'adresse de Jeanne et Pierre Leblanc
6. la photo intacte de Louise et Antoine
7. l'expression «la fille du collabo»

Préparons-nous pour l'épisode

Pour comprendre plus facilement. Pour chacun des mots de la colonne A (qui se trouvent dans l'Épisode 7), trouvez un mot de la colonne B qui peut vous aider à en comprendre le sens, et donnez-en une brève définition. Consultez

STUDY TIP

Use words that you already know to help you to figure out the meaning of an unfamiliar word. For example, since you already know the meaning of **prendre,** it won't be difficult to guess the meaning of **reprendre** when you hear it in context.

Vocabulaire de l'épisode

Au montage (cutting room) à Canal 7

l'homme de Néandertal Neanderthal man
il y a soixante-quinze mille ans 75,000 years ago

Chez les Bouhazid

des pois chiches (*m. pl.*) chickpeas; garbanzo beans
une piste lead
C'est génial! That's great!

À Canal 7

la vedette star
C'est si grave que ça? It's that serious?
Je tiens à toi. I care about you.
des soucis (*m. pl.*) worries

À la gare de Lyon

le moindre problème the slightest problem
Camille, sois prudente! Camille, be careful!

votre professeur ou un dictionnaire pour en vérifier le sens, si nécessaire. Ensuite, votre partenaire va utiliser le mot de la colonne A dans une phrase. Changez de rôle pour chaque paire de mots.

MODÈLE: séjourner

É1: «Séjourner» est de la même famille qu' «un séjour». Un séjour, c'est quand on reste à un endroit.

É2: J'ai séjourné au bord de la mer pendant mes dernières vacances.

A	B
1. séjourner	a. le courage
2. apparemment	b. remplacer
3. s'exprimer	c. enregistrer
4. découragée	d. se reposer
5. plaisanter	e. l'amour
6. irremplaçable	f. l'apparence
7. le repos	g. une plaisanterie
8. amoureuse	h. une expression
9. un enregistrement	i. un séjour

Regardons l'épisode

Répondez à la question suivante en regardant l'épisode. Quelle décision importante Camille prend-elle?

a. d'oublier le secret de la famille
b. de se reposer en vacances
c. de partir dans les Cévennes

Parlons de l'épisode

A. C'est qui? Avec un(e) partenaire, associez les phrases avec une ou plusieurs personnes mentionnées dans l'Épisode 7. Changez de rôle pour chaque phrase.

Personnes: Yasmine, Sonia, Rachid, Camille, Bruno, Martine, Jeanne Leblanc, Eric Leblanc, le père de Rachid, Antoine

MODÈLE: É1: *Ils* dînent avec Camille.

É2: Ce sont Yasmine, Sonia et Rachid.

1. Personne à Saint-Jean-de-Causse ne *lui* a parlé de la guerre.
2. *Elle* n'est jamais découragée.
3. *Ils* sont nés à Marseille.
4. *Il* est algérien mais il a travaillé au Maroc et à Marseille.
5. *Ils* ne boivent pas de vin pendant le repas chez les Bouhazid.
6. Rachid *les* a rencontrés à Saint-Jean-de-Causse.
7. Antoine a habité chez *elle* pendant la guerre.
8. *Elle* part en vacances.
9. *Il* accompagne Camille à la gare.

B. On donne des détails. Lisez la description et la question à votre partenaire qui va répondre en donnant des détails. Suivez le modèle, et changez de rôle pour chaque phrase.

MODÈLE: É1: Camille dit qu'elle est fatiguée. Est-ce qu'elle rentre chez elle? Expliquez.

É2: Non, elle change d'avis, parce que quand Rachid l'invite, elle va chez les Bouhazid.

1. Camille pense que personne n'a parlé à Rachid de la guerre. Est-ce que c'est vrai que personne ne lui a parlé de la guerre?
2. Camille dit qu'elle a déjà trop bu de vin. Quand Rachid lui en propose «une petite goutte (*drop*)», elle dit: «Merci. Merci.» Est-ce qu'elle accepte d'en reprendre?
3. Rachid dit qu'il ne croit pas avoir rencontré les Leblanc. Est-ce que c'est vrai qu'il ne les a pas rencontrés?
4. Rachid veut savoir si Camille veut téléphoner aux Leblanc. Est-ce qu'elle veut le faire?
5. Martine veut convaincre Camille qu'elle est irremplaçable. Est-ce que Camille est irremplaçable?
6. Camille veut convaincre Martine qu'elle a besoin de partir. Est-ce qu'elle arrive à le faire?
7. Bruno veut prouver son amitié à Camille. Est-ce qu'il arrive à le faire?

C. Comme le disent les Français. Quand Bruno dit à Camille: «*Here's lookin' at you, kid*», du film *Casablanca*, il utilise une expression appropriée dans le contexte d'un toast. Quand utilise-t-on les expressions de la colonne A? Trouvez les contextes appropriés dans la colonne B. On peut utiliser plus d'une expression dans le même contexte.

(*cont.*)

CAMILLE: Ça sent bon!

A. On dit...	B. On le dit...
1. Ça sent bon!	a. avant de boire.
2. Ah, d'accord!	b. quand on ne veut pas croire ce que l'on vient d'entendre.
3. Tchin, tchin!	c. quand il y a quelque chose de très important.
4. À la nôtre! À la tienne!	d. quand on veut dire que l'autre semble peu raisonnable.
5. Tu plaisantes! (Vous plaisantez!)	e. quand on entre dans une pièce où il y a beaucoup de gens.
6. Bonjour à tous!	f. quand on apprécie les efforts culinaires de quelqu'un.
7. Il/Elle a perdu la tête.	g. quand on a compris quelque chose.
8. Je tiens à toi.	h. quand on veut montrer que l'on aime bien l'autre personne.
9. C'est une question de vie ou de mort!	

D. **Légende.** Regardez cette photo, puis écrivez une légende qui souligne une idée importante de l'épisode. Expliquez à un(e) partenaire pourquoi cette idée est importante. Votre partenaire va dire s'il / si elle est d'accord ou pas. Ensuite, comparez vos légendes et vos idées à celles du reste de la classe.

E. **Discussion.** Que savez-vous sur la motivation et les réactions des personnages dans cet épisode? Travaillez en petits groupes; chaque groupe va répondre à une des questions suivantes. Ensuite, chaque groupe va présenter son analyse au reste de la classe.

1. Pourquoi est-ce que Camille va chez Sonia et Rachid?
2. Quelle est la réaction de Camille quand elle apprend que Rachid a rencontré Éric et Jeanne Leblanc?
3. Quelle est la réaction de Martine quand elle apprend que Camille va partir en vacances?
4. Quelle explication Camille donne-t-elle pour son départ?

Structures pour communiquer 1

CAMILLE: En fait, je suis fatiguée, ce soir. Je crois que je vais rentrer chez moi.

7.1 Les pronoms disjoints

Stress pronouns (**les pronoms disjoints**) are personal pronouns that have no direct connection to the verb. They are used in French in a variety of ways, often to show emphasis.

Les formes des pronoms disjoints

PRONOMS SUJETS	PRONOMS DISJOINTS	PRONOMS SUJETS	PRONOMS DISJOINTS
je	moi	nous	nous
tu	toi	vous	vous
il	lui	ils	eux
elle	elle	elles	elles
on	soi		

Moi, je fais le marché et **toi**, tu achètes les boissons, d'accord?
I'll buy the groceries and ***you*** *buy the drinks, all right?*

Les emplois des pronoms disjoints

Stress pronouns only refer to people and are used in the following situations:

1. for emphasis

Eux, ils refusent de manger des OGM.
They *refuse to eat GMOs (genetically modified organisms).*

À NOTER

lui ≠ soi
Soi is used in *general* statements that begin with ***il*** **impersonnel** (= *it*), **tout le monde, on, chacun,** and **personne. Lui** refers to a *specific* person in utterances that begin with the pronoun **il** (= *he*).

Il est bon de rentrer chez **soi.** *It's good to go back (to one's) home.*

Tout le monde est rentré chez **soi.** *Everybody went (to his/her) home.*

Louis? Il est rentré chez **lui.** *Louis? He went (to his) home.*

2. after **c'est** and **ce sont**.

C'est moi. / toi. / lui. / elle. / nous. / vous.   Ce sont eux. / elles.

Note: If a relative clause beginning with **qui** follows **c'est / ce sont** + a stress pronoun, the verb after **qui** must agree in gender and number with the stress pronoun.

C'est **nous** qui **suivons** un régime cette fois.

***We** are the ones who **are** on a diet this time.*

3. in compound subjects

CAMILLE (*à Louise, dans l'Episode 4*): **Toi** et **moi** dans les Cévennes?

***You** and **I**, in the Cévennes region?*

4. with the adjective **-même(s)** (*-self, -selves*)

Sonia et Rachid ont préparé le couscous **eux-mêmes**.

*Sonia and Rachid prepared the couscous **themselves**.*

5. after the comparative (see 7.2, page 237)

—Est-ce que tu manges aussi bien que tes parents?

—*Do you eat as well as your parents?*

—Non, je mange plus de fast-food qu'**eux**.

—*No, I eat more fast food than **they** do.*

6. after prepositions (**à cause de, à côté de, avec, chez, de, derrière, devant, en face de, pour**, etc.)

MARTINE (*à Camille*): Tu as signé un contrat **avec moi**!

*You signed a contract **with me**!*

CAMILLE (*à Martine*): Écoute, je t'aime beaucoup. Mais ce voyage, **pour moi**, c'est une question de vie ou de mort.

*Listen, I like you a lot. But **for me**, this trip is a matter of life or death.*

7. to show possession (with **à**)

C'est **à toi**, ce médaillon?

*Is this locket **yours**?*

8. to stand alone, without a verb

Qui fait la cuisine ce soir? **Toi**!

Who is cooking tonight? You!

Qui fait la vaisselle? Pas **moi**!

Who is doing the dishes? Not me!

Exercices

A. Individus. Donnez les formes du pronom disjoint avec l'adjectif **-même**.

1. je	3. il	5. nous	7. tout le monde
2. tu	4. elle	6. ils	8. vous

B. Pour manger. Complétez avec le pronom disjoint approprié.

MODÈLE: Vendredi soir, nous allons chez *des amis*. Vendredi soir, nous allons chez eux.

1. Samedi, je compte aller au restaurant avec *mon amie Louise*.
   Samedi, je compte aller au restaurant avec ______.
2. *Alain*, il préfère commander son repas à la carte.
   ______, il préfère commander son repas à la carte.
3. C'est *toi et moi* qui achetons notre nourriture chez les petits commerçants.
   C'est ______ qui achetons notre nourriture chez les petits commerçants.
4. Est-ce que *Katy et Mona* vont préparer le dîner? Non, pas ______.
5. Qui mange plus vite, toi ou *tes frères*? Je mange plus vite qu' ______.
6. Est-ce que cette recette est à *toi*? Non, elle n'est pas à ______.

Prenons la parole

MARTINE: Et là, sur l'écran, Camille Leclair et Bruno Gall. Deux bons professionnels. Tu vas travailler avec eux.

A. Vous souvenez-vous du film?

Étape 1: Décrivez, en utilisant des pronoms disjoints, les rapports qui existent entre les personnages du *Chemin du retour* dans les scènes suivantes. Votre partenaire va également expliquer la relation entre ces personnages.

Identifier les personnes

(cont.)

RAPPEL

Remember to use indirect object pronouns with most verbs that take the preposition **à**.

Je **lui** écris, je **leur** parle. *I write to him; I talk to them.*

Use **à** + a stress pronoun, not an indirect object pronoun, after the following verbs: **s'adresser à, être à, faire attention à, s'intéresser à, penser à.**

Elle va s'adresser **à lui.** *She's going to speak to him.*

Nous nous intéressons **à lui.** *We're interested in him.*

www.mhhe.com/bienvubiendit

Expressions utiles:

s'adresser à	être à côté (près, à gauche, etc.) de	sortir avec
aller chez	être en colère contre	se souvenir de
avoir besoin de	être heureux/euse avec	travailler avec
avoir confiance en	s'intéresser à	
se disputer avec	parler de (avec)	

Sonia est en colère contre Rachid.

MODÈLE: É1: Sonia regarde Rachid. Elle est en colère contre lui.

É2: Elle s'est disputée avec lui. Mais elle l'invite à dîner.

1. 

Mado est furieuse contre Camille.

2. 

Camille révèle le secret à Bruno.

3. 

Hélène et Bruno cherchent une boîte électronique.

4. 

Camille et Mado regardent les affaires de Louise après sa mort.

5. 

Camille annonce son départ en vacances à Martine.

Étape 2: Utilisez les mêmes expressions pour décrire une scène similaire de votre vie personnelle.

Identifier les personnes

B. Avec qui? Divisez la classe en deux équipes. L'équipe A donne une phrase courte qui contient une préposition et le nom d'une ou de plusieurs personnes. L'équipe B a alors cinq secondes pour reformuler la phrase en remplaçant le nom de la personne par un pronom disjoint. C'est ensuite au tour de l'équipe B de donner une phrase. L'équipe avec le plus de phrases correctes à la fin du jeu gagne.

Prépositions: à cause de, à côté de, avec, chez, de, derrière, devant, en face de, pour, sans

MODÈLE: Équipe A: J'ai mangé au fast-food *avec Anne et Paul.*

Équipe B: J'ai mangé au fast-food avec eux.

7.2 Le comparatif

Pour Camille, les questions personnelles sont plus importantes que le travail, en ce moment.

A common way to express judgments is to compare one item to another. In English, comparisons are made either by placing a comparative term (*more, less, as*) before the concept being compared or by adding *-er* to it (*more inviting, as delicious, healthier, fresher*). In French, you must use one of the comparative terms in the chart that follows.

Les formes du comparatif

1. The comparative is formed with adjectives, adverbs, verbs, or nouns. Only adjectives change their endings to agree with the nouns they modify.

	SUPÉRIORITÉ *more/(-er) . . . than*	ÉGALITÉ *as . . . as* *as much/many . . . as*	INFÉRIORITÉ *less (fewer) /-er . . . than,* *not as . . . as*
ADJECTIFS	**plus** (calme[s]) **que**	**aussi** (calme[s]) **que**	**moins** (calme[s]) **que**
ADVERBES	**plus** (facilement) **que**	**aussi** (facilement) **que**	**moins** (facilement) **que**
VERBES	(travaille) **plus que**	(travaille) **autant que**	(travaille) **moins que**
NOMS	**plus de** (vin) **que**	**autant de** (vin) **que**	**moins de** (vin) **que**

Bruno est **plus grand que** Camille.	*Bruno is **taller than** Camille.*
Yasmine est **moins triste que** sa mère.	*Yasmine is **less sad** than her mother.*
Rachid accepte la vie à Paris **plus facilement que** Sonia.	*Rachid accepts life in Paris **more easily than** Sonia (does).*
Bruno **travaille autant qu'**Hélène.	*Bruno **works as much as** Hélène.*
Pendant le dîner, Sonia prend **autant de pain que** Camille, mais **moins que** Rachid.	*During dinner, Sonia has **as much bread as** Camille, but **less than** Rachid.*

2. The following chart shows how to make comparisons with *good, bad, well,* and *badly.* As in English, *better* and *worse* are irregular.

		SUPÉRIORITÉ	ÉGALITÉ	INFÉRIORITÉ
ADJECTIFS	**bon(ne)(s)** *good*	**meilleur(e)(s) que** *better than*	**aussi bon(ne)(s) que** *as good as*	**moins bon(ne)(s) que** *worse / less good than*
	mauvais(e)(s) *bad*	**pire(s) que** *worse than*	**aussi mauvais(e)(s) que** *as bad as*	**moins mauvais(e)(s) que** *less bad than*
ADVERBES	**bien** *well*	(parler) **mieux que** *better than*	(parler) **aussi bien que** *as well as*	(parler) **moins bien que** *worse / less well than*
	mal *badly*	(écrire) **plus mal que** *worse than*	(écrire) **aussi mal que** *as poorly/badly as*	(écrire) **moins mal que** *less poorly/badly than*

La vie à Paris est-elle **meilleure que** la vie à Marseille?	*Is life in Paris **better than** life in Marseille?*
Sonia trouve que la vie à Paris est **pire que** la vie à Marseille.	*Sonia finds that life in Paris is **worse than** life in Marseille.*
Dans ma famille, je parle **mieux que** mon frère, mais j'écris **plus mal que** ma sœur.	*In my family, I speak **better than** my brother, but I write **worse than** my sister.*

Exercices

A. Opinions. Complétez les comparaisons de façon logique.

1. En général, les fruits sont ______ chers ______ la viande.
2. Les hypermarchés sont ______ grands ______ les supermarchés.
3. Les chips sont ______ malsaines ______ les gâteaux.
4. Les adolescents consomment ______ fast-food ______ les adultes.

5. Les légumes ont _____ calories _____ les fromages.
6. En général, on mange _____ (bien) à 30 ans qu'à 20 ans.
7. Nous pensons que le café est _____ (bon) que le thé.
8. Est-ce que l'anorexie est _____ (mauvais) que l'obésité?

B. L'Épisode 7. Faites des comparaisons logiques à partir des idées données.

Modèle: Camille travaille 10 heures par jour et Rachid travaille 8 heures.
Camille travaille *plus que* Rachid.

1. À Saint-Jean-de-Causse, les vieux sont plus réservés que les jeunes. Les vieux parlent _____ facilement _____ les jeunes aux inconnus (*strangers*).
2. Hélène travaille avec attention et diligence et Camille travaille avec autant de sérieux. Camille travaille _____ sérieusement _____ Hélène.
3. Rachid a habité un seul endroit pendant sa jeunesse. Le père de Rachid a habité en Algérie et au Maroc avant de vivre à Marseille. Rachid a habité _____ endroits _____ son père.
4. Sonia boit deux verres de vin et Camille en boit deux aussi. Camille boit _____ verres de vin _____ Sonia.
5. Rachid a un nom, une adresse et un numéro de téléphone dans son carnet (*notebook*). Camille a seulement le nom des Leblanc. Rachid a _____ informations _____ Camille.

C. C'est bon? C'est bien? Complétez les phrases suivantes avec l'expression appropriée.

Adjectifs: meilleur(e)(s) que / aussi bon(ne)(s) que / pire(s) que
Adverbes: mieux que / aussi bien que / moins bien que

1. Les produits au marché sont de _____ qualité _____ les produits au supermarché.
2. On espère que le plat principal est _____ l'entrée.
3. On mange _____ dans des fast-foods _____ chez soi.
4. Est-ce que ton père cuisine _____ ta mère?
5. Le poisson frais a un _____ goût _____ le poisson surgelé.
6. En général, les végétariens mangent _____ les autres gens.
7. Je déteste leur «quiche aux bananes». C'est _____ jamais!

Prenons la parole

Comparer

A. À la carte.

Étape 1: Voici la carte du restaurant «Chez Jeannot». Choisissez une entrée, un plat principal, un dessert et une boisson. Comparez vos choix avec ceux des membres de votre groupe. Par exemple, votre entrée est-elle moins chère que celle de quelqu'un d'autre? plus saine? moins saine? meilleure? aussi bonne? Suivez le modèle.

Chez Jeannot

Notre carte

Les entrées

La coupe de pamplemousse°	3,65
L'assiette de jambon	5,65
La salade verte	3,65
Les crudités [*raw vegetables*]	5,80
L'œuf dur mayonnaise	3,50
Le pâté de campagne	5,50

Les fromages et desserts

La mousse au chocolat	5,20
Les trois boules de glace à la vanille	4,95
La coupe de fruits frais	9,95
La crème caramel	3,95
Le Brie de Meaux	4,10
Le yaourt aux fraises	4,35

Les plats principaux

La brochette de poulet mariné aux épices [*spices*]	10,50
Le saumon à la sauce citron	12,40
Les spaghettis sauce bolognaise	8,95
Le filet de bœuf	12,40
Le jambon grillé	10,65
La saucisse paysanne	11,95

Les boissons

Une demi-bouteille d'eau minérale plate ou gazeuse	2,50
Un petit pichet de vin rouge (vin de pays)	4,40
Une demi-bouteille de vin rouge (Côtes-du-Rhône)	9,20
Un jus de fruits	3,00
Orangina, Pepsi Cola	3,00
Un café	1,80

°*grapefruit*

NOTE CULTURELLE

Voici l'ordre des plats d'un repas français traditionnel:
- L'entrée
- Le(s) plat(s) principal/-aux
- La salade
- Le fromage
- Le dessert / Les fruits
- Le café

NOTE CULTURELLE

3,65 € La virgule s'utilise en français pour séparer les décimales.
Pour lire cette somme d'argent en euros, on dit: «trois euros soixante-cinq».

MODÈLE: É1: Comme entrée, je vais prendre la coupe de pamplemousse.

É2: Moi, je vais prendre l'assiette de jambon. Elle est plus chère que la coupe de pamplemousse et il y a plus de matières grasses.

É3: Et moi, je voudrais un œuf dur mayonnaise. Il est moins cher que la coupe de pamplemousse. En plus, je n'aime pas le pamplemousse!

Étape 2: Tou(te)s les étudiant(e)s calculent le prix de leur repas. Comparez-les.

B. Conseils diététiques. Avec votre partenaire, comparez ce que vous avez mangé la semaine passée. Ensuite, donnez des conseils pour mieux manger.

Comparer

MODÈLE: É1: J'ai mangé du fast-food trois fois la semaine dernière. J'ai pris des hamburgers et du coca.

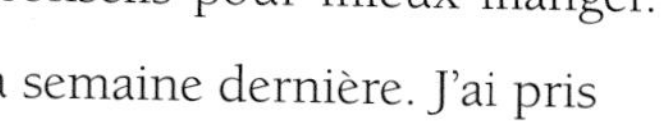

É2: Moi, j'ai mangé moins souvent que toi dans des fast-foods. Et j'ai mieux mangé. J'ai pris une salade et j'ai bu de l'eau. Je te conseille de manger plus de légumes.

C. Une transformation complète. Imaginez que vous pouvez transformer la personne de votre choix pendant une semaine. Utilisez quelques-unes des idées suivantes pour parler des transformations. Votre partenaire va prendre des notes pour pouvoir présenter le portrait de cette personne transformée à la classe. À chacun(e) son tour!

Comparer

MODÈLE: Je transforme ma petite sœur. Après la transformation, elle a un plus petit nez et les cheveux plus longs. Elle a moins de problèmes et elle fait mieux ses devoirs. Elle a autant d'amies, mais elle leur téléphone plus souvent. Elle mange moins de bonbons et elle n'est pas aussi souvent malade.

1. le corps
2. la situation financière
3. les talents
4. les relations avec les gens
5. les amis
6. les ennemis
7. les possessions
8. la personnalité
9. les habitudes

D. Notre dîner avec... Vous souhaitez inviter quatre personnes à un dîner. Chaque invité va faire partie d'un des groupes suivants. Consultez ces catégories, puis faites une liste d'invités. Votre partenaire va aussi faire une liste. Comparez ensuite vos invités, puis mettez-vous d'accord sur une liste finale, en expliquant pourquoi ces gens vont bien ensemble et de quoi vous allez tous parler pendant le repas.

Comparer

MODÈLE: É1: Dans la catégorie «personnage historique célèbre», je choisis Napoléon Bonaparte.

É2: Je choisis Louis XIV. Il était plus intéressant, et moins agressif.

É1: D'accord. Et dans la catégorie «vedette de cinéma», je choisis Angelina Jolie.

É2: Dustin Hoffman est un meilleur choix parce qu'il aime le théâtre comme Louis XIV. Comme ça, on peut tous parler de théâtre.

une vedette de cinéma

un personnage historique célèbre

un personnage du film *Le Chemin du retour*

un homme / une femme politique

une personne de votre classe de français

une personne dont les médias parlent souvent

Comparer

NOTE CULTURELLE

Conversion

Degrés Celsius	Degrees Fahrenheit
8°	46°
12°	54°
18°	64°

E. Vins de France. Mettez-vous en petits groupes. Chaque membre du groupe choisit un des vins que vous voyez sur le dépliant. Un(e) étudiant(e) fait une comparaison qui va permettre aux autres de deviner de quel vin il/elle parle. Si les autres ne devinent pas, ils/elles proposent d'autres comparaisons jusqu'à ce que quelqu'un l'identifie.

Modèle: É1: On sert ce vin plus frais que le beaujolais nouveau.
É2: C'est le champagne?
É1: Non, ce n'est pas le champagne.
É2: Est-ce que ce vin est plus fruité que le champagne?
É1: Oui.
É3: C'est le vin d'Alsace!

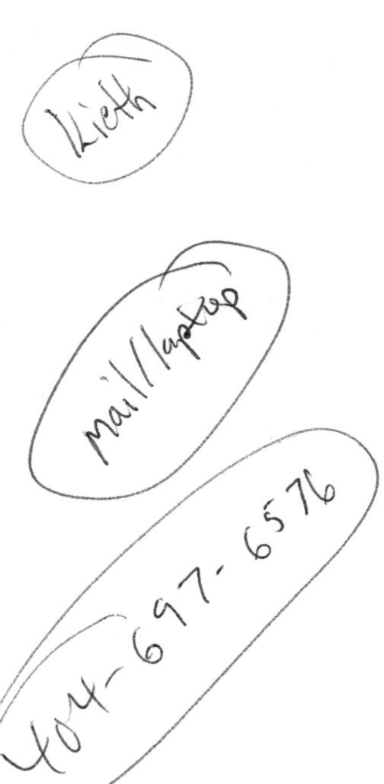

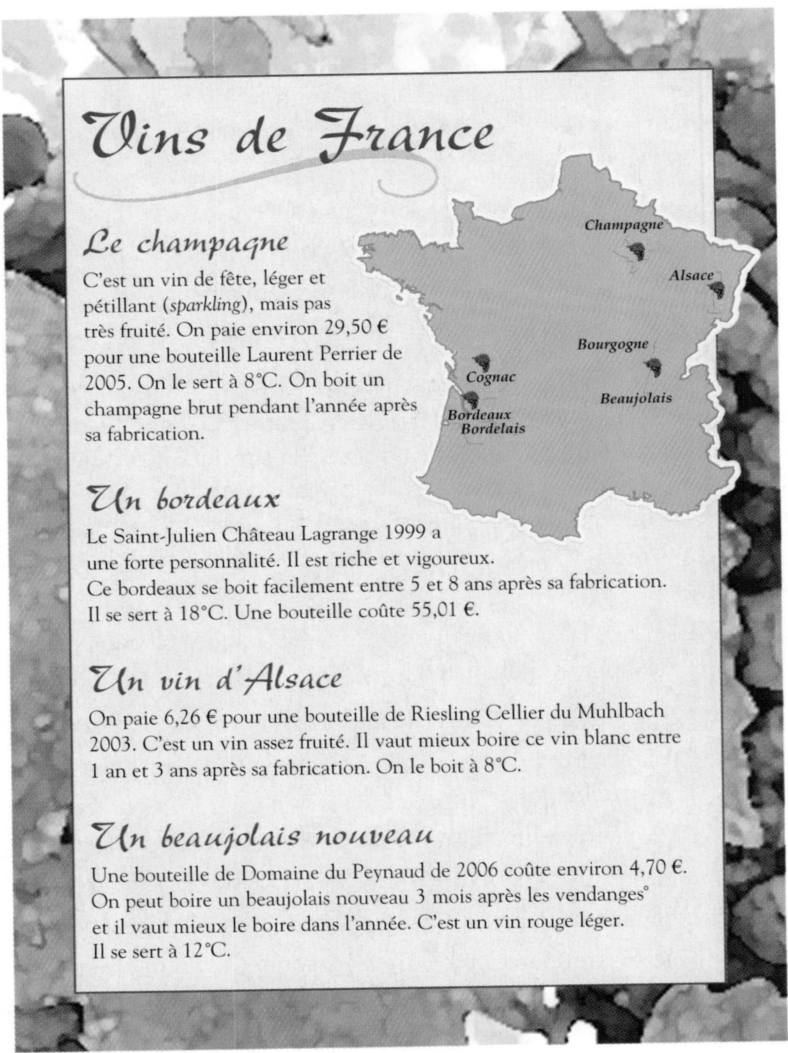

Vins de France
Champagne
Alsace
Bourgogne
Cognac
Beaujolais
Bordeaux Bordelais
Le champagne
C'est un vin de fête, léger et pétillant (sparkling), mais pas très fruité. On paie environ 29,50 € pour une bouteille Laurent Perrier de 2005. On le sert à 8°C. On boit un champagne brut pendant l'année après sa fabrication.
Un bordeaux
Le Saint-Julien Château Lagrange 1999 a une forte personnalité. Il est riche et vigoureux. Ce bordeaux se boit facilement entre 5 et 8 ans après sa fabrication. Il se sert à 18°C. Une bouteille coûte 55,01 €.
Un vin d'Alsace
On paie 6,26 € pour une bouteille de Riesling Cellier du Muhlbach 2003. C'est un vin assez fruité. Il vaut mieux boire ce vin blanc entre 1 an et 3 ans après sa fabrication. On le boit à 8°C.
Un beaujolais nouveau
Une bouteille de Domaine du Peynaud de 2006 coûte environ 4,70 €. On peut boire un beaujolais nouveau 3 mois après les vendanges° et il vaut mieux le boire dans l'année. C'est un vin rouge léger. Il se sert à 12°C.

°*grape harvest*

Culture en images

RACHID: Et voilà. Alors, là, nous avons donc les légumes du couscous! Alors, des navets, des courgettes, un peu de courge, des tomates, des raisins secs!

CAMILLE: Celles-ci sont bonnes?
MARCHANDE: Ah, c'est du premier choix.

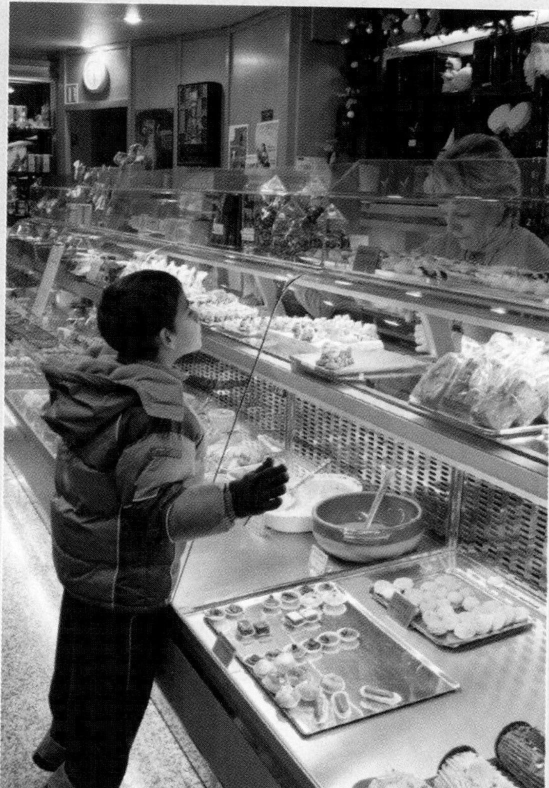

Les petits commerçants vendent des produits de qualité.

Analyse culturelle. Analysez les photos, ainsi que leurs légendes, pour déterminer ce qu'elles ont en commun. Cela va vous aider à choisir la (ou les) réponse(s) à la question suivante. Justifiez votre choix.

Pourquoi achète-t-on le plus souvent possible les produits alimentaires (*food*) chez les petits commerçants ou au marché?

a. Les supermarchés offrent moins de choix.
b. La qualité des ingrédients et des aliments est importante quand les Français préparent un repas.
c. On a plus confiance dans la qualité des produits quand on les achète chez un petit commerçant.

(Vous allez apprendre plus sur l'importance des produits locaux et sur le couscous, dans **Culture**, pp. 248–252.)

Structures pour communiquer 2

BRUNO: En tout cas, si tu as le moindre problème, t'hésites pas; tu m'appelles et je te rejoins!

7.3 Le superlatif

When making comparisons, the superlative refers to the one element in a category that is superior or inferior to all the others (e.g., *the best, the worst*). In English, the superlative is formed either by placing a superlative term (*the most, the least*) before the concept being compared or by adding *-est* to it (*sweetest, healthiest*). In French, you must always use one of the superlative terms in the following chart.

Les formes du superlatif

1. The superlative is formed with adjectives, adverbs, verbs, or nouns.

	SUPÉRIORITÉ *the most/(-est)*	INFÉRIORITÉ *the least/(-est)*
ADJECTIFS	**le/la/les plus** (important[e][s])	**le/la/les moins** (intéressant[e][s])
ADVERBES	**le plus** (sérieusement)	**le moins** (fréquemment)
VERBES	(manger) **le plus**	(dormir) **le moins**
NOMS	**le plus de** (calories)	**le moins de** (vitamines)

Montréal est **la plus grande ville** du Québec.	*Montreal is the biggest city in Quebec.*
C'était Mado qui parlait **le moins fréquemment** de la guerre et qui s'inquiétait **le plus**.	*It was Mado who talked about the war the least frequently and who worried the most.*

Qui avait **le moins d'**informations à propos d'Antoine: Camille? Mado? Louise? — *Who had the least (amount of) information about Antoine: Camille? Mado? Louise?*

2. Note the following irregular forms of the superlative.

ADJECTIF	SUPERLATIF	
bon(ne)(s)	**le/la/les meilleur(e)(s)**	Rachid est **le meilleur reporter**. *Rachid is the best reporter.*
mauvais(e)(s)	**le/la/les pire(s)**	Un traître est **le pire ennemi**. *A traitor is the worst enemy.*
petit(e)(s)	**le/la/les moindre(s)**	Martine n'a pas **la moindre idée**. *Martine doesn't have the slightest idea.*
ADVERBE	SUPERLATIF	
bien	**le mieux**	Bruno aime Camille **le mieux**. *Bruno likes Camille the best.*
mal	**le plus mal**	Mado cache ses sentiments **le plus mal**. *Mado hides her feelings the worst.*
peu	**le moins**	Mado sourit **le moins**. *Mado smiles the least.*

À NOTER

Use **le/la/les moindre(s)** to express *the least, the slightest* in an abstract sense.

Il n'y a pas **le moindre doute.** *There isn't the slightest doubt.*

Use **le/la/les plus petit(e)(s)** to express *the smallest* in size.

Fatima est **la plus petite.** *Fatima is the smallest.*

3. When you form the superlative of adjectives, the definite article and the adjective agree with the noun being described. Note: If an adjective normally precedes the noun, it also precedes it in the superlative. If it usually follows the noun, the same thing is true in the superlative.

Yasmine est une **jeune fille**. — *Yasmine is a young girl.*

C'est **la plus jeune personne** de sa famille. — *She's the youngest person in her family.*

Camille est une **journaliste connue**. — *Camille is a well-known reporter.*

C'est **la journaliste la plus connue** de Canal 7. — *She is the best-known reporter for Canal 7.*

RAPPEL

When adjectives *follow* the noun in superlative constructions, the definite article must be repeated.

le plus **grand** marché
but:
le marché **le** plus **cher**
les fruits **les** plus **frais**

4. With adverbs and verbs, the definite article is invariable in superlative constructions: always use **le**. The adverb never changes to reflect gender or number.

Est-ce que Camille parle **le plus clairement**? — *Does Camille speak the most clearly?*

Elle écrit **le moins**. — *She writes the least.*

5. To express *the most / the least / the fewest* + a noun, **le plus de** and **le moins de** are invariable. Always use the article **le**, and **de** never changes to **des**.

Canal 7 a **le plus de** visiteurs et **le moins de** problèmes. — *Canal 7 has the most visitors and the fewest problems.*

6. Note that French uses **de** (**de la, du, de l', des**) in superlative expressions when English uses *in*.

C'est le monument le plus important **de** notre village.	*It's the most important monument in our village.*
Est-ce que le Québec est la plus grande province **du** Canada?	*Is Quebec the largest province in Canada?*
Qui est le général le plus admiré **des** États-Unis?	*Who is the most admired general in the United States?*

Exercices

A. À vous. Donnez le superlatif de supériorité ou d'infériorité. Faites tous les changements nécessaires.

1. La France a ______ châteaux d'Europe. (+, beau)
2. Cette armée est ______ du monde. (–, fort)
3. Le vin français est ______ vin du monde. (+, bon)
4. La guerre est ______ catastrophe (*f.*) qui existe. (+, mauvais)
5. Bruno a répondu ______ (−, sérieusement).
6. Camille travaille ______ (+).
7. Louise a ______ photos d'Antoine. (+)
8. Camille pose les questions ______. (+, important)

B. Les extrêmes. Utilisez un superlatif pour donner votre opinion sur les sujets suivants.

MODÈLE: (dormir) les enfants, les adolescents, les personnes âgées

Je crois que les personnes âgées dorment le moins de tous ces gens. (Les enfants dorment le plus de tous ces gens.)

1. (gagner de l'argent) les employés de fast-food, les patrons de restaurants, les serveurs de restaurants
2. (acheter des livres) les professeurs, les étudiants, les administrateurs
3. (une bonne journée) lundi, mercredi, samedi
4. (une mauvaise habitude) le fast-food, la nourriture bio, les produits surgelés
5. (bien parler en public) les hommes politiques, les adolescents, les acteurs
6. (avoir des muscles) les enfants, les ballerines, les athlètes

Prenons la parole

A. Comment sont-ils? Comparez les personnages sur chaque photo. Vous pouvez parler des aspects évidents (l'apparence, les vêtements) et donner votre opinion sur des aspects plus subjectifs (la personnalité, la qualité du travail, etc.).

Établir des classements

MODÈLE: 

Rachid a le moins d'expérience à Canal 7 parce qu'il vient de commencer. Martine a probablement le meilleur salaire parce qu'elle a le plus de responsabilités.

1. 

2. 

3. 

4. 

5. 

B. Sondage. Les meilleurs restaurants et cafés. Quels sont les meilleurs endroits pour prendre un repas ou un café, ou pour boire un verre? Interviewez individuellement plusieurs personnes pour savoir quels restaurants et cafés elles trouvent les meilleurs. Faites alors une liste des établissements, classés par ordre de préférence, du meilleur au moins bon, et précisez quelques caractéristiques de chaque établissement. Présentez ensuite les résultats de vos recherches au reste de la classe.

Établir des classements

Faire des classements

C. Relations de «couple». Dans cette activité vous allez parler de deux personnes qui doivent rester ensemble, même si c'est seulement pendant un temps limité. Dites ce qui peut se passer de mieux ou de pire pour les «couples» suivants en utilisant autant de superlatifs que possible.

MODÈLE: É1: Pour un couple marié, la pire situation c'est quand l'homme oublie l'anniversaire de sa femme.

É2: Tu rigoles! Le plus grand problème dans un couple c'est quand un(e) des partenaires n'est pas raisonnable.

1. un couple marié ou qui vit en union libre
2. des camarades de chambre qui ont signé un bail (*lease*) ensemble
3. deux membres de la même famille
4. deux collègues qui travaillent dans le même bureau
5. un serveur (une serveuse) et un(e) client(e) dans un restaurant
6. un professeur et un(e) étudiant(e)

Culture

Mise en route

La cuisine est un élément important des cultures traditionnelles. La préparation de certains plats constitue un véritable rituel et contribue à une identité, une histoire et une spiritualité. Dans le film *Le Chemin du retour*, Rachid invite Camille chez lui pour partager un bon couscous avec sa famille. Mais ce qu'il partage aussi, c'est une partie de sa culture et de son identité.

Les différentes cuisines dépendent en partie des produits locaux, de la richesse et des traditions culinaires du pays, transmises de génération en génération. Mais on trouve aussi dans la cuisine certaines croyances mythiques. Ainsi (*thus*) la viande rouge, dont les pays occidentaux sont de grands consommateurs, symbolise la santé et la force. Les céréales, c'est-à-dire les graines, sont associées à de nombreux mythes de la création et de la régénération du monde naturel, où la féminité joue un rôle important. C'est pourquoi le couscous, plat à base de céréale, est un plat symbolique dans différentes parties du monde. Le travail nécessaire pour la transformation de grains durs et secs en grains tendres, légers et parfumés contribue à la dimension mythique du couscous.

Le grain utilisé pour le couscous est une semoule, c'est-à-dire une céréale moulue (*ground*) en grains de taille moyenne. Pour la préparation, il faut une couscoussière (*couscous steamer*) avec deux compartiments. Dans le compartiment inférieur on met de l'eau, des légumes et des épices (et parfois de la viande ou du poisson). La vapeur parfumée par ce bouillon passe dans le compartiment supérieur et fait cuire la semoule. Mais il faut aussi séparer les grains entre les doigts (*fingers*) plusieurs fois pendant la préparation. C'est une opération délicate, traditionnellement réservée aux femmes.

Activités

1. Certains repas demandent une longue préparation, avec plusieurs plats (entrée, plat principal, etc.). Complétez les phrases suivantes pour faire le menu d'un repas important dans votre famille. Utilisez un dictionnaire, si nécessaire.

   Pour commencer, on prend ________.

   Ensuite, on mange ________ avec ________ et ________.

   Après cela, on sert ________.

2. Pour mieux apprécier le texte, regardez la carte d'Afrique à la fin du livre. Quel pays correspond à chacune des descriptions suivantes?

   Le pays le plus près de l'Espagne: ________.

   Le pays qui a des frontières communes avec l'Algérie et l'Égypte: ________

   Le pays au sud de l'Algérie dont la capitale est Tombouctou: ________

   Le pays qui a des frontières communes avec le Mali et le Maroc: ________

   Le pays sur la côte atlantique dont la capitale est Abidjan: ________

   Le pays à l'est du Nigéria: ____________

   Le pays au sud de la Mauritanie, dont la capitale est Dakar: ________

Vocabulaire utile

le blé dur durum wheat (*wheat variety mainly used in pasta and semolina production*)
la farine d'igname yam (sweet potato) flour
le fonio small millet (*a traditional African cereal grain*)
le manioc cassava root (*often grated or used for flour*)
le mil millet
la semoule de blé dur semolina (*durum wheat flour*)

Les graines de la mémoire: le couscous, plat intemporel°

°timeless

Le texte que vous allez lire est adapté d'un compte-rendu de livre (*book review*) sur le couscous (disponible sur le site Internet «Afrik»). Son beau titre, «Les graines de la mémoire» a été choisi par une journaliste française, Olivia Marsaud, pour indiquer que ce plat n'est pas un plat ordinaire. Le couscous représente une mémoire collective et une tradition culinaire qui traverse toute l'Afrique et se mange avec plaisir sur d'autres continents.

Au P'tit Cahoua

cuisine nostalgique du Maroc

24, Rue des Taillandiers - 75011 Paris
Tél : 01 47 00 20 42

Pour tout savoir sur le couscous: la graine, le bouillon,[1] la préparation, la cuisson,[2] la dégustation.[3] Mais aussi ses origines géographiques, historiques et mystiques. . . Il n'y a qu'un livre à dévorer: *Les Aventures du couscous* de Hadjira Mouhoub et Claudine Rabaa (Éditions Actes Sud, collection L'Orient gourmand).

Hadjira Mouhoub et Claudine Rabaa dédient[4] leur livre à leurs mères et belles-mères, qui leur ont transmis leurs recettes.[5] Le couscous, préparé par les femmes africaines, est un plat à la fois légendaire et familier dont la préparation ressemble, selon les deux auteurs, à «une incantation ou ballet devant le plat où les mains, patientes et agiles à la fois, transforment le brut et le sec[6] en flocons légers comme le rêve[7]».

Un livre à la fois poétique, pratique et historique. Il présente en effet l'histoire de cette semoule de blé dur et sa région d'origine, l'Afrique du Nord. On mentionne le couscous dans les textes écrits après l'islamisation de l'Afrique du Nord (647–800 de notre ère[8]), mais il existait déjà chez les Berbères, avant l'islamisation de cette région, et le mot «couscous» ne vient pas de l'arabe mais du mot berbère «seksou». Il est devenu un plat de luxe sur les tables médiévales royales en Espagne et au Portugal.

Il existe plusieurs sortes de couscous qui ont en commun leur mode de préparation: semoule de blé dur cuite à la vapeur[9] et accompagnée d'un bouillon. Cependant, les assaisonnements[10] et les légumes changent, présentant une variété de «nuances de couleurs et de parfums». De plus, le couscous d'été est différent du couscous d'hiver. Aujourd'hui le couscous est omniprésent dans les pays du Maghreb: l'Algérie, le Maroc et la Tunisie. Mais chaque pays modifie différemment le bouillon originel, ajoutant des épices[11] des Amériques et des arômes d'Orient. Le livre offre des recettes venues de ces trois pays maghrébins.

Au sud du Maghreb, le couscous change de nom et s'adapte aux produits locaux. En Mauritanie, en Lybie et au Sénégal, il devient le *thiéré*, préparé avec de la farine de mil ou de maïs et du mouton cuit avec des feuilles de niébé[12] et du lait frais. En Côte-d'Ivoire, on trouve *l'attiéké* (manioc râpé,[13] fermenté plusieurs jours dans l'eau et servi avec du poisson frit[14]). Au Niger, on utilise du riz assaisonné d'une pâte d'arachide,[15] et au Bénin on fait le *wassa-wassa*, préparé avec de la semoule d'igname. On trouve même la recette de couscous de *fonio* au Mali. À l'est de l'Afrique, au Liban, on rencontre le couscous à gros grains, le *maghrabyé*. Aujourd'hui le couscous se transforme: le plat est devenu international et il se trouve au menu des restaurants européens depuis plus de vingt

---

[1]*clear broth, bouillon* [2]*cooking* [3]*eating with appreciation* [4]*dedicate* [5]*recipes* [6]*le... dry raw material* [7]*en... into flakes as light as dreams* [8]de... *A.D.* [9]cuite... *steamed* [10]*seasonings* [11]ajoutant...*adding spices* [12]feuilles... *black-eyed pea leaves* [13]*grated* [14]*fried* [15]pâte... *peanut paste*

ans. Résultat, il a souvent été adapté à la nouvelle cuisine, oubliant sa tradition et ses origines. En exemple la recette du couscous au canard[16] et aux fruits frais, trouvée en France.

Mais le couscous est bien plus qu'un simple plat. Sa préparation contient une dimension spirituelle qui rappelle le rite de la prière.[17] Le couscous est un acte social de partage qui marque les grandes étapes[18] de la vie (mariage, grossesse,[19] naissance, célébration des jours saints...). Ce plat est né sous l'influence des femmes et représente symboliquement leur pouvoir car «seules des mains féminines peuvent l'apprivoiser[20]». Les auteurs parlent même de «couscous mythique» car «il porte en lui l'empreinte[21] des quatre éléments nécessaires à la transmutation alchimique[22]»: le feu[23] (qui lui donne sa chaleur), la terre[24] (qui donne au grain son odeur, sa couleur et son goût), l'eau (nécessaire pour arriver à maturité) et l'air (représenté par la vapeur).

Après avoir lu ce livre, vous ne mangerez plus le couscous de la même façon....

---

[16]*duck* [17]*prayer* [18]*stages* [19]*pregnancy* [20]*tame, master* [21]*imprint* [22]la transmutation alchimique: *refers to alchemy, the ancient "magical science" that sought to transform lead into gold* [23]*fire* [24]*earth*

Questions de compréhension

1. Pourquoi est-ce que l'on a écrit ce compte-rendu de lecture?
2. À qui est-ce que les auteurs du livre commenté ici ont-elles dédié leur livre? Pourquoi?
3. Qui prépare le couscous traditionnellement?
4. Qu'avez-vous appris sur l'histoire et les origines du couscous? D'où est-il originaire et dans quels pays européens est-ce qu'on le trouve ensuite?
5. Qu'est-ce que tous les couscous ont en commun? le bouillon? la cuisson à la vapeur? les légumes? les épices? la viande?
6. Associez chaque pays mentionné avec la céréale qu'il utilise pour faire le couscous ou son équivalent local. Quels sont les différents noms du couscous dans ces pays?
7. Dans quel pays d'Europe a-t-on adapté le couscous aujourd'hui? Comment a-t-il changé?
8. Quels éléments naturels contribuent à la création du «couscous mythique»?

Questions d'analyse

1. Trouvez dans ce texte une citation (*quote*) du livre qui illustre son style poétique. Expliquez votre choix.
2. Pourquoi selon vous, est-ce que les pays africains n'utilisent pas tous le blé pour préparer le couscous?
3. Comment le couscous est-il «un acte social de partage»? Connaissez-vous d'autres plats qui jouent le même rôle dans votre culture? Expliquez.
4. Pourquoi est-ce que le couscous représente le pouvoir des femmes, selon les auteurs?
5. Selon vous, la transformation des produits naturels en plats cuisinés est-elle un art? une science? autre chose? Expliquez avec au moins un exemple tiré de votre expérience personnelle.
6. Que pensez-vous de la comparaison entre la préparation du couscous et la «transmutation alchimique»?

Le texte et vous

Quelles sont les célébrations les plus traditionnelles dans votre vie? Sont-elles associées à la cuisine? Expliquez.

Retournons au cinéma

David Murray, le réalisateur, parle de l'importance du montage:

«Le montage consiste à assembler les divers plans filmés sur le lieu de tournage pour en faire un film complet. Quand on fait un film, le montage est sans doute la partie la plus complexe techniquement, mais le spectateur ne doit pas s'en apercevoir (*notice*).»

Pour parler du cinéma

le montage editing
  au montage in the cutting (editing) room
un plan shot
le tournage filming
un lieu de tournage location
un scénario screenplay, script
une prise "take"
une coupure cut, break

Revoyons l'épisode

Regardez attentivement l'épisode et essayez d'identifier les différences entre les deux scènes-clés de l'épisode. Dans quelle scène est-ce que le réalisateur sépare les personnages par des coupures: dans la dispute entre Camille et Martine ou pendant les adieux entre Bruno et Camille à la gare?

Reparlons de l'épisode

Étape 1 Le mot du réalisateur. «Le rythme, les transitions, la musique, et les plans que vous voyez et l'ordre où vous les voyez, tout cela a été exécuté au montage. C'est le montage du film qui lui donne sa personnalité et c'est aussi le montage qui détermine en grande partie si le public va s'identifier aux personnages et à l'histoire. Je pense beaucoup au montage: je l'imagine la première fois que je lis un scénario et, pendant le tournage, j'imagine comment je vais mettre les images ensemble. Je tourne le film en pensant à ce que je vais faire au montage. Par exemple, l'ambiance tendue pendant la dispute dans le studio entre Camille et Martine contraste avec la scène de la conversation entre Camille et Bruno, à la gare. Ce contraste est accentué par le montage. Pendant la scène de la dispute les deux personnages ne sont jamais vraiment cadrés ensemble, alors que la scène à la gare est filmée en une seule prise, sans montage de plans séparés. Le tournage ininterrompu à la gare produit un sentiment d'intimité entre les personnages, alors que les coupures dans le tournage de la dispute accentuent la tension entre Camille et Martine.»

Étape 2 Le montage. Après avoir trouvé la réponse aux questions posées dans **Revoyons l'épisode**, déterminez si le réalisateur a réussi à produire les effets voulus au montage. Justifiez vos réponses. Si l'on inverse les styles de montage entre les deux scènes, est-ce qu'elles produisent le même effet? Expliquez.

Étape 3 Vous êtes réalisateur. Que savez-vous maintenant sur le montage d'un film? Imaginez une scène de votre vie (une dispute, des adieux, une rencontre, ?). Imaginez maintenant que vous filmez cette scène. Répondez aux questions suivantes pour organiser le tournage et le montage.

Le scénario et le tournage

1. Où êtes-vous et avec qui?
2. Quelles émotions ou quelle ambiance voulez-vous exprimer?
3. Allez-vous filmer avec une caméra? deux? plus? Pourquoi?

(cont.)

Au montage

1. La scène va-t-elle être filmée d'une seule prise ou coupée?
2. S'il y a des coupures ou des prises de vue différentes, comment allez-vous les mettre ensemble?
3. Si c'est une seule prise, pourquoi?
4. Qu'est-ce que vous avez essayé d'accomplir par ces choix?

Hors-champ

A. Mieux connaître les personnages.

Étape 1: Que s'est-il passé quand Rachid est allé dans les Cévennes? Complétez le texte en choisissant le mot approprié.

RACHID: J'ai découvert les Cévennes. C'est somptueux.

Quand Rachid est arrivé à Saint-Jean-de-Causse, il a trouvé l'hôtel-restaurant sans _____[1] (le moins/le moindre) problème, car le village était petit—beaucoup _____[2] (plus/aussi) petit qu'Alès. Rachid a expliqué à la patronne de l'hôtel (sans mentionner le grand-père de Camille) _____[3] (le mieux/le meilleur) possible la raison de sa visite. Elle lui a gentiment montré le Bar des Cévennes où il y avait _____[4] (plus/moins) de gens que dans son restaurant à cette heure-là. Il y prenait un verre quand le maire du village est arrivé. Il était _____[5] (aussi/autant) sympathique que la patronne de l'hôtel et il a accepté d'être interviewé devant la caméra. Mais il a évité toutes les questions de Rachid concernant la période de la guerre. Il a _____[6] (autant/plus) parlé de la situation actuelle dans le village et des difficultés que les jeunes avaient à trouver du travail. Comme il n'y a plus _____[7] (autant/aussi) d'agriculture qu'autrefois, les jeunes sont partis travailler dans les grandes villes.

Les autres gens du village ne lui ont pas _____[8] (aussi/autant) parlé que Monsieur le Maire. Ils se méfiaient[a] de ce Parisien. Les vieux ont _____[9] (le plus/le moins) hésité, et les gens _____[10] (plus/autant) jeunes ne savaient pas beaucoup de choses sur la guerre. Rachid a fait _____[11] (aussi/autant) que possible pour trouver les traces d'Antoine, mais... rien.

Le dernier jour, il visitait la région quand il a perdu son chemin.[b] Il s'est arrêté devant une belle maison où il a rencontré Éric Leblanc et sa grand-mère,

[a]se... *were wary* [b]*way*

Jeanne. Le jeune homme semblait assez ouvert, mais sa grand-mère est devenue ______[12] (aussi/autant) silencieuse que les autres personnes âgées quand il a commencé à poser des questions sur la guerre. Elle lui a indiqué son chemin mais rien d'autre. Déçu, Rachid a repris le train pour Paris avec de belles images des Cévennes, mais sans ______[13] (le moins/la moindre) information pour Camille.

Étape 2: Maintenant, répondez aux questions.

1. Comment étaient les gens que Rachid a rencontrés à Saint-Jean-de-Causse?
2. Pourquoi est-ce que les jeunes quittent Saint-Jean-de-Causse? Où vont-ils?

B. Un voyage dans le temps. Sans parler de science-fiction, le voyage de Rachid dans les Cévennes est aussi un voyage dans le temps. Il cherche le passé. Trouve-t-il ce qu'il cherche? Avec un(e) partenaire, explorez cette notion de voyage dans le temps, en répondant aux questions suivantes.

1. Analysez les photos suivantes. Comment est-ce les personnages voyagent dans le temps dans *Le Chemin du retour*?

(*cont.*)

2. Comment peut-on voyager sans sortir de chez soi?

Pour mieux écrire

Dans la section **Pour mieux écrire** du *Cahier d'exercices*, vous trouverez des stratégies d'écriture et des sujets de composition française liés aux thèmes «la cuisine traditionnelle» et «les repas modernes».

CHAPITRE 8

CAMILLE PREND DES RISQUES

CAMILLE: Je cherche la trace d'un homme qui est venu, lui aussi, dans ce village.

Pour commencer Quand Camille dit: «Je cherche la trace d'un homme, qui est venu, lui aussi, dans ce village» elle utilise la proposition relative «qui est venu... » pour préciser quel homme elle cherche.

À vous Pensez à trois endroits que vous aimez bien: un restaurant, une ville, un pays ou un bâtiment de votre université. Votre partenaire va demander des précisions pour savoir à quels endroits vous pensez. Suivez le modèle.

MODÈLE: É1: C'est un bâtiment sur le campus.

É2: C'est le bâtiment qui est en face du centre sportif?

É1: Non, c'est le bâtiment qui est derrière Hagan Hall.

É2: Ah, c'est la bibliothèque.

Thèmes culturels

- la topographie
- l'urbanisation
- la spécificité des cultures régionales

Objectifs fonctionnels

- relier des idées
- donner des précisions
- souligner des détails

Structures pour communiquer

8.1 Les pronoms relatifs définis **qui, que, où** et **dont**

8.2 Les pronoms relatifs indéfinis **ce qui, ce que, ce dont** et **quoi**

8.3 Le pronom relatif **lequel**

8.4 Le pronom démonstratif **celui** avec un pronom relatif défini

Vocabulaire thématique

La spécificité physique et culturelle d'un pays

CAMILLE: Je suis au milieu des montagnes, dans un paysage féerique.

La pétanque est un jeu traditionnel du Sud de la France.

NOTE CULTURELLE

L'image évoquée par le mot «banlieue» n'est pas la même en France et en Amérique du Nord. Aux États-Unis, le mot *suburbs* fait penser à des maisons individuelles entourées de grandes pelouses (*lawns*). En France, dans les proches banlieues de grandes villes comme Paris et Lyon, on trouve souvent de grands immeubles, des HLM (habitations à loyer modéré [*low income housing*]). Certaines de ces banlieues sont assez désagréables et même parfois dangereuses.

La spécificité physique

une banlieue	suburb
la campagne	countryside, rural area
le centre-ville	downtown
un climat	climate
une colline	hill
une côte	coast
un fleuve	river (*that flows into the sea*)
un massif	old, rounded mountain range
un pays	country; region (*e.g.*, **le Pays basque**)
un paysage	scenery; surroundings
une plaine	plain, plains
une rivière	river (*that feeds into another river*)
la terre	earth; land
une ville-dortoir	bedroom community

La spécificité culturelle

l'agriculture (*f.*)	agriculture
un(e) agriculteur/trice	farmer
agricole	agricultural
un changement	change
l'économie (*f.*)	economy
un exode	exodus; departure
une ferme	farm

une fête	party; festival; holiday
hériter	to inherit
la mondialisation	globalization
un monument (historique)	(historical) monument
un monument aux morts	war memorial
une région	region
le régionalisme	regionalism (*a sense of belonging to a specific region*)
résoudre	to solve; to resolve (*a problem*)
se résoudre à (+ *infinitif*)	to be resigned to (doing something)
rural(e)	rural
tenir	to hold
tenir à	to value; to be attached to
transmettre	to transmit; to pass on
urbain(e)	urban

À NOTER

résoudre: je résous, tu résous, il/elle/on résout, nous résolvons, vous résolvez, ils résolvent; *p.p.* résolu

Applications

A. L'intrus. Identifiez le mot qui ne va pas avec les autres et expliquez pourquoi.

1. une colline, un massif, une ferme
2. hériter, transmettre, abandonner
3. un agriculteur, un fleuve, une colline
4. une banlieue, une ville-dortoir, une plaine

B. Les nuances des mots. Lisez les phrases pour comprendre les différentes significations du mot en italique. Ensuite, écrivez vos propres phrases en imitant chaque exemple.

Modèle: *le pays*

Les États-Unis sont *un pays* d'immigrés.

Le Far West est *le pays* des cow-boys.

a. La Belgique est *un pays* qui a deux langues officielles.

b. Le Sud des États-Unis est *un pays* plein de traditions.

1. (*se*) *résoudre* (*à*)

   Un enfant intelligent *résout* ses disputes sans se battre.

   Le touriste *se résout à* payer 1 600 dollars pour son billet d'avion.

   a. _____

   b. _____

(*cont.*)

2. *tenir (à)*

   Le jeune homme *tient* la porte pour la vieille dame.

   Les paysans *tiennent* beaucoup *à* leur terre.

   a. ______

   b. ______

3. *une fête*

   J'invite des amis à *une fête* chez moi.

   Il y a *une fête* de la musique tous les ans en France.

   Ma *fête* préférée est Noël.

   a. ______

   b. ______

   c. ______

C. La spécificité physique et culturelle d'un pays. Complétez les phrases avec les mots de la liste. Faites tous les changements nécessaires.

agriculture
climat
collines
côte
plaines
région

La Basse-Normandie est une ______[1] célèbre pour ses produits laitiers, comme le lait, le fromage et le beurre. Le ______[2] atlantique, avec ses 240 jours de pluie par an, se prête[a] aussi à la production des pommes et d'autres types d'______[3]. Le paysage de la Normandie est constitué de ______[4] où l'on cultive des céréales et de belles ______[5] couvertes de forêts. La pêche[b] est une industrie importante sur la ______[6] normande; les poissons de l'Atlantique arrivent très frais à Paris en quelques heures.

Des champs en Normandie

agricole
changement
économie
exode
massif
terre

Les Cévennes font partie d'un grand ______[7] dans la région sud-ouest de la France. Comme la Normandie, c'est une région essentiellement ______[8], mais la ______[9] y est moins fertile. Dans une partie des Cévennes que l'on appelle «les Causses», on élève des vaches, pour le lait et pour la viande. C'est une région assez pauvre, et beaucoup de jeunes quittent les Cévennes pour vivre en ville. Cet ______[10] rural est triste, et pour répondre à ce ______[11], on cherche à attirer des touristes au Parc National des Cévennes. On espère ainsi aider l'______[12] pour que les jeunes restent dans cette région.

[a]*se... is conducive to* [b]*fishing*

D. Compréhension culturelle. Relisez les paragraphes de l'Activité C pour bien comprendre l'information culturelle. Avec un(e) partenaire, répondez aux questions.

1. Quel rôle la spécificité physique de la Normandie joue-t-elle dans son économie?
2. Quelles sont deux des différences entre la Normandie et les Cévennes?
3. Comment espère-t-on faire revivre l'économie dans les Cévennes? Pourquoi?

E. Différences. Dans chaque cas, expliquez la différence de sens entre les deux mots ou expressions.

1. un fleuve et une rivière 2. urbain(e) et rural(e) 3. la mondialisation et le régionalisme 4. un monument historique et un monument aux morts 5. le centre-ville et la banlieue

F. Nord, Sud, Est, Ouest. Avec un(e) partenaire, parlez à tour de rôle des différents pays et régions que vous avez visités, en vous inspirant du **Vocabulaire thématique**. Situez chacun de ces endroits par rapport à un autre endroit. Y vit-on mieux que dans la ville où vous habitez maintenant? Pourquoi (pas)?

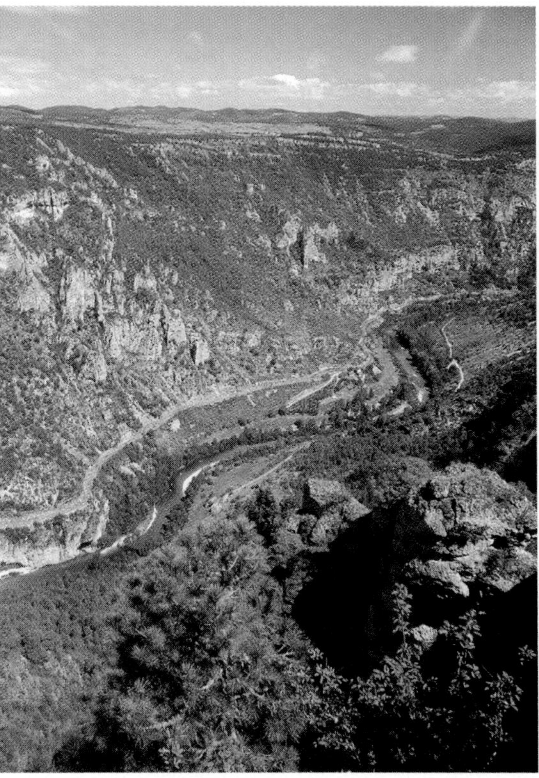

Une gorge dans les Cévennes

NOTE CULTURELLE

Le village de Saint-Jean-de-Causse doit (*owes*) son nom aux plateaux calcaires (*limestone*) de la région des Cévennes que l'on appelle «les Causses».

MODÈLE: É1: J'ai passé mes vacances sur la côte atlantique. C'était au sud-est de la ville de Washington, D.C. C'était très bien pour les vacances, mais je crois que les gens qui y vivent toute l'année s'ennuient en hiver. Je préfère ma ville.

É2: Je suis souvent allé dans le Montana pour rendre visite à mes grands-parents. J'adorais me promener en montagne et on y faisait du camping. Il n'y avait pas de pollution et il y avait moins d'imbéciles sur les autoroutes. Je crois qu'on y vit mieux qu'ici.

Allons au cinéma

CAMILLE: Antoine a habité chez vos grands-parents.

Rappelons-nous

Ce qui s'est passé avant. Vous souvenez-vous de l'Épisode 7? Lisez les phrases suivantes, tirées de cet épisode, puis avec un(e) partenaire, dites qui parle, à qui l'on parle et où l'on se trouve. Ensuite, indiquez l'importance de ces répliques pour l'intrigue ou pour le développement des personnages. Changez de rôle pour chaque phrase.

Personnages: Camille, Rachid, Yasmine, Sonia, Martine, Bruno

MODÈLE: É1: «Les vieux sont discrets. Ils ne veulent pas s'exprimer devant une caméra... »

É2: Rachid parle à Camille. Ils sont au montage. Rachid explique pourquoi il n'a rien appris sur le grand-père de Camille pendant son voyage à Saint-Jean-de-Causse.

1. «Attends. Tu as déjà mangé un bon couscous?»
2. «Ça sent bon! Et vous êtes tous les deux originaires du Maroc?»
3. «C'est ça. Mais c'est génial! Écoute, j'ai noté le téléphone des Leblanc. Tu veux les appeler?»
4. «Je pars en vacances aujourd'hui.»

5. «Tu as signé un contrat avec moi! Tu es une professionnelle! Tu dois respecter ton contrat.»
6. «Écoute. Je t'aime beaucoup. Mais ce voyage pour moi, c'est une question de vie ou de mort.»
7. «[...] Camille, elle aime que moi!»
8. «[...] L'un de nous doit rester. Et tu es le meilleur.»

Préparons-nous pour l'épisode

Camille continue ses recherches. En regardant les expressions des personnages et les détails des images, choisissez la phrase que l'on peut associer à chaque photo de l'Épisode 8.

Le monument aux morts commémore les soldats et les résistants morts pendant la guerre.

1. 

a. Bruno parle avec Camille pour lui dire que tout va bien pendant son absence.

b. Bruno dit à Camille que son absence est très mal acceptée par le président de Canal 7.

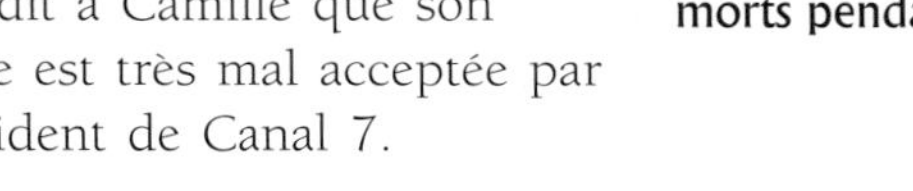

2. 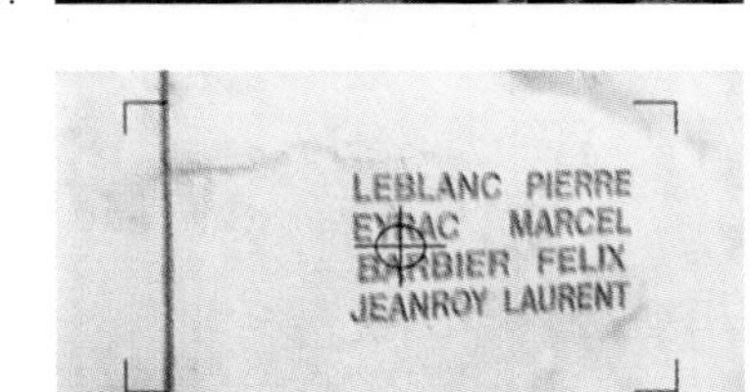

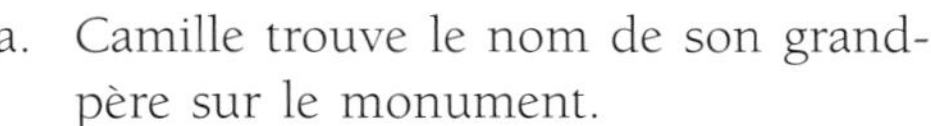

a. Camille trouve le nom de son grand-père sur le monument.

b. Camille trouve le nom d'un membre de la famille que Rachid avait mentionnée.

3. 

a. Personne ne peut aider Camille à trouver Éric Leblanc, l'homme qu'elle cherche.

b. La patronne du café montre Éric Leblanc, qui joue au flipper.

4. 

a. Éric Leblanc accepte de parler avec Camille, mais il a l'air hésitant.

b. Éric Leblanc refuse de discuter avec Camille parce qu'il ne la connaît pas.

5. 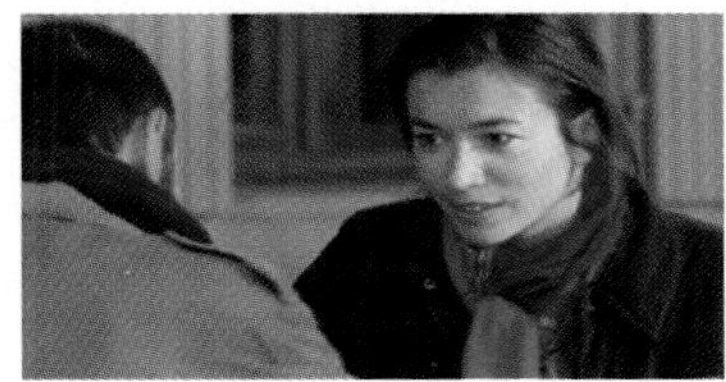

a. Camille est contente de pouvoir rencontrer la grand-mère d'Éric.

b. Camille est déçue parce qu'Éric refuse de la mettre en contact avec sa grand-mère.

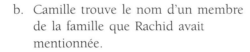

Vocabulaire de l'épisode

Camille au téléphone avec Bruno

à peine hardly
une remplaçante replacement
un licenciement possible possible dismissal
Le président me met à la porte? The president's getting rid of me?
Méfie-toi... Watch out . . .
Je m'en fiche! (*fam.*) I don't care!
ce mec that guy
ta ceinture de sécurité your seat belt

À Saint-Jean-de-Causse

la trace trace; trail

Regardons l'épisode

Répondez aux questions suivantes en regardant l'épisode.

1. Quel adjectif décrit l'attitude de Camille quand elle parle au téléphone avec Bruno?
   a. impatiente b. triste c. optimiste
2. Quel adjectif décrit la conversation entre Camille et Éric?
   a. animée b. joyeuse c. difficile

Parlons de l'épisode

A. **Dans le dialogue.** Choisissez un mot ou une expression de la liste ci-dessous pour compléter les répliques suivantes.

absence, Allemands, grands-parents, guerre, jamais, monument aux morts, petit-fils, problèmes, remplaçante, village, voyage

1. BRUNO: En fait, tu sais, on a des _____ ici, hein...

   CAMILLE: Tu m'as choisi une _____? Comment est-elle?
2. BRUNO: Mais non, c'est pas ça! En fait, le problème, Camille, c'est toi, voilà! Ton _____ est très mal acceptée par le président, et...
3. CAMILLE: Je m'en fiche, Bruno! Ce _____ est très important pour moi.
4. CAMILLE (*à la patronne du bar*): Bonjour. Excusez-moi. Il y a un certain Pierre Leblanc qui a son nom sur le _____. Est-ce que vous le connaissez?

   PATRONNE: Pierre Leblanc, non, je l'ai pas connu. Il est mort en 1943, je crois. Mais son _____ est là, par contre.
5. CAMILLE: Je cherche la trace d'un homme qui est venu, lui aussi, dans ce _____.
6. CAMILLE: Antoine a habité chez vos _____, Pierre et Jeanne. Mais il a disparu pendant la _____. Et je veux savoir pourquoi et comment.

   ÉRIC: Je comprends. Mais ma grand-mère ne vous le dira pas. Elle ne parle _____ de la guerre.

   CAMILLE: Pourquoi?

   ÉRIC: Son mari était un résistant. Les _____ l'ont tué.

B. **L'importance des scènes.** Regardez les photos de cet épisode à la page suivante et expliquez ce qui se passe dans chaque scène. Qu'est-ce que vous apprenez sur l'intrigue? sur les personnages?

1. 

2. 

3. 

C. Comme le disent les Français. Quelquefois les personnages utilisent des tournures de phrases particulières. Choisissez le mot ou l'expression qui convient, selon le contexte.

1. Quand on salue quelqu'un, on dit: «_____». Au téléphone, Camille répond «_____ ».

   a. Allô b. Bonjour

2. Pour dire qu'une chose ne nous semble pas importante, on peut dire, sans être grossier (*vulgar*): «_____». Pour dire la même chose à un(e) ami(e) on peut dire: «_____», mais c'est plus familier.

   a. Je m'en fiche b. Ça m'est égal

3. Pour parler d'un homme avec beaucoup de respect, on dit: «_____». Dans la langue parlée, on peut dire «_____», mais c'est très familier.

   a. ce mec b. ce monsieur

4. Quand on a fini de parler au téléphone, on dit: «_____» quand on ne connaît pas très bien la personne. Bruno dit: «_____» à Camille, parce qu'il la connaît très bien et qu'il l'aime beaucoup.

   a. Au revoir b. Je t'embrasse très fort

5. Camille cherche un renseignement auprès de la patronne du bar. Elle commence sa question par «_____» pour être polie. Avec un(e) ami(e) elle peut dire: «_____».

   a. Excuse-moi b. Excusez-moi

D. Légende. Regardez cette photo, puis écrivez une légende qui souligne une idée importante de l'épisode. Expliquez à un(e) partenaire pourquoi cette idée est importante. Votre partenaire va vous dire s'il/si elle est d'accord ou pas. Ensuite, comparez vos légendes et vos idées à celles du reste de la classe.

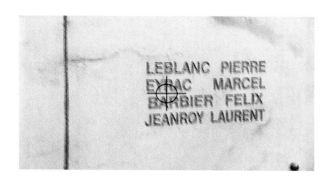

E. **Discussion.** Que savez-vous sur les personnages hors-champ (*off-screen*) dont on parle ou que l'on voit dans cet épisode? Travaillez en petits groupes; chaque groupe va analyser un personnage. Ensuite, chaque groupe va présenter son analyse à la classe.

Possibilités: situation actuelle, situation passée, attitudes, ce qu'il (n')accepte (pas) de faire

Personnages: Éric Leblanc, Jeanne Leblanc, Pierre Leblanc, le président de Canal 7

Structures pour communiquer 1

CAMILLE: **Il y a un certain Pierre Leblanc qui a son nom sur le monument aux morts.**

RAPPEL

A *clause* is a part of a sentence containing a subject and verb. A *relative clause* begins with a relative pronoun and gives more information about the noun it refers back to.

Camille a rencontré une dame (*main clause*) **qui habite à Saint-Jean-de-Causse.** (*relative clause*)
Camille met a lady who lives in Saint-Jean-de-Causse.

RAPPEL

Relative pronouns in English include *who, whom, that,* and *which.*

World War II was one topic (that) we studied quite a bit in high school.
Her uncle remembers vividly the soldiers who fought with him in World War II.

8.1 Les pronoms relatifs définis *qui, que, où* et *dont*

A relative pronoun connects two clauses relating to one noun called the *antecedent.* Using relative pronouns helps your speech become both more complex and more sophisticated. Note that relative pronouns may sometimes be omitted in English, but in French they never are.

Je ne connais pas **le monument aux morts**.	*I'm not familiar with the war memorial.*
Tu as vu le **monument aux morts** aujourd'hui. →	*You saw the war memorial today.*
Je ne connais pas le monument aux morts **que** tu as vu aujourd'hui.	*I'm not familiar with the war memorial (that) you saw today.*

Les formes des pronoms relatifs

SUJET (PERSONNE OU CHOSE)	Comment s'appelle le fleuve **qui** traverse ce pays?
OBJET (PERSONNE OU CHOSE)	Les Québécois **que** nous connaissons préfèrent skier dans le Massif du Sud.
OBJET DE **de** (PERSONNE OU CHOSE)	Je veux voir la côte **dont** tout le monde parle.
UN LIEU, UN MOMENT	Elle n'oubliera jamais le jour **où** elle a vu le Mont-Blanc.

Les emplois des pronoms relatifs

1. **Qui** serves as a *subject* pronoun that refers to a specific person, place, or thing previously mentioned. **Qui** means *who, that*, or *which* and is followed either by a verb or by an object (direct or indirect) + verb. The verb is singular or plural depending on whether the antecedent is singular or plural.

C'est Internet **qui** a aidé Bruno à retrouver son ami David.	*It was the Internet that helped Bruno to find his friend David again.*
Au fait, Rachid, as-tu rencontré à Saint-Jean-de-Causse des gens **qui** s'appellent Leblanc?	*By the way, Rachid, did you meet some people (who are) named Leblanc in Saint-Jean-de-Causse?*
C'est la fin de cette histoire **qui** nous intéresse le plus.	*It's the end of this story that interests us the most.*

2. **Que** serves as a *direct object* pronoun and refers to a specific person, place, or thing previously mentioned. **Que** means *whom, that, which*, or *when*, and it is always followed by a subject and verb which may be singular or plural.

La dame **que** Camille interviewe vit dans les Cévennes.	*The lady (whom) Camille is interviewing lives in the Cévennes region.*
Je me rappelle la dernière fois **que** nous sommes sortis ensemble.	*I remember the last time (that) we went out together.*
La voiture **qu**'ils ont louée n'a pas coûté cher.	*The car (that) they rented wasn't expensive.*

3. **Dont** refers to a specific person, place, or thing previously mentioned in the sentence and expresses different meanings, depending on the context.
   a. **Dont** means *of / about which* or *of / about whom* and is used with verbs that take the preposition **de**. (See the list of these verbs on p. 268.) **Dont** replaces **de, de la, du, de l'**, or **des** + the noun it introduces.

RAPPEL

Only one relative pronoun has two forms: **que** becomes **qu'** before a vowel or a silent **h**.

Le paysage **qu**'ils regardent est magnifique.
The landscape (that) they're looking at is magnificent.

The spelling of **qui** never changes before a vowel or an **h**.

Les gens **qui achètent** cette maison ont de la chance.
The people who are buying this house are lucky.

RAPPEL

The past participle agrees in number and gender with the antecedent that precedes the direct object **que**.

La *fête* **que** tu as **organisée** était merveilleuse.
The party (that) you organized was marvelous.

www.mhhe.com/bienvubiendit

avoir besoin/envie/peur de	*to need / want / be afraid of*
entendre parler de	*to hear about*
être content/ravi/satisfait /fier de	*to be happy with / thrilled with / satisfied with / proud of*
s'occuper de	*to take care of*
parler de	*to talk about*
rêver de	*to dream about*
se souvenir de	*to remember*

Le climat est très sec. Nous parlons **du climat**. → *The climate is very dry. We're talking about the climate.*

Le climat **dont** nous parlons est très sec. *The climate (that) we're talking about is very dry.*

Regarde la montagne. Elle rêve **de la montagne**. → *Look at the mountain. She dreams about the mountain.*

Regarde la montagne **dont** elle rêve. *Look at the mountain (that) she dreams about.*

À NOTER

When **dont** means *whose,* note the different word order in French and in English.

Qui est la vedette **dont la fille** chante bien? (sujet)
Who is the star ***whose daughter*** *sings well?*
Qui est la vedette **dont** tu connais **la fille**? (objet direct)
Who is the star ***whose daughter*** *you know?*

b. **Dont** also means *whose* and indicates possession. Note that the item possessed is preceded by a *definite article* in French.

Voici la productrice. La mère **de la productrice** habite au Maroc. → *Here is the producer. The mother of the producer lives in Morocco.*

Voici la productrice **dont** la mère habite au Maroc. *Here is the producer whose mother lives in Morocco.*

Jeanne Leblanc est la veuve. Le mari **de Jeanne Leblanc** est mort pendant la guerre. → *Jeanne Leblanc is the widow. Jeanne Leblanc's husband died during the war.*

Jeanne Leblanc est la veuve **dont** le mari est mort pendant la guerre. *Jeanne Leblanc is the widow whose husband died during the war.*

Paris est une ville. On admire les monuments **de Paris**. → *Paris is a city. We admire the monuments of Paris.*

Paris est une ville **dont** on admire les monuments. *Paris is a city whose monuments we admire.*

4. The pronoun **où** refers to a place or a period of time mentioned earlier in the sentence. **Où** means *where* or *when.*

La zone rurale **où** elle vivait était charmante. *The rural setting where she used to live was charming.*

L'année **où** la récolte était très abondante a été inoubliable. *The year when the harvest was plentiful was unforgettable.*

Exercices

A. Quelques précisions. Trouvez dans la colonne B la fin logique de chaque phrase de la colonne A.

A	B
1. 1943 est l'année...	a. où Camille veut voyager avec Louise.
2. La région des Cévennes est un endroit...	b. dont Mado ne veut pas parler.
3. David est un ami de Bruno...	c. qui va aider Camille à retrouver la trace d'Antoine.
4. La photo d'Antoine est une chose...	d. où Antoine a disparu.

B. Dans les Cévennes. Complétez les phrases suivantes avec le pronom relatif approprié.

1. Camille a pris deux semaines de congé pour faire un voyage _____ est extrêmement important pour elle.
2. Bruno l'a accompagnée à la gare le jour _____ elle est partie.
3. Elle est allée dans les Cévennes _____ son grand-père vivait en 1943.
4. Quand elle y est arrivée, elle a vu un monument _____ commémorait les hommes de Saint-Jean-de-Causse disparus pendant la Deuxième Guerre mondiale.
5. La patronne d'un bar à côté du monument a parlé à Camille d'un jeune homme du village _____ le grand-père est mort pendant la guerre.
6. Camille a fait la connaissance de ce jeune homme _____ s'appelle Éric.
7. Il a dit à Camille que sa grand-mère était toujours en vie mais que la Deuxième Guerre mondiale était un événement _____ elle ne parlait jamais.
8. Malgré cela, Camille a décidé que la grand-mère d'Éric était une personne _____ elle voulait absolument rencontrer.
9. Camille avait besoin de parler à la grand-mère d'Éric d'une lettre _____ Antoine a écrite en 1943.

Jean-François Raffaëlli, *Vue de Notre-Dame*, tableau peint vers 1900. Le quai de la Tournelle est un des meilleurs endroits pour peindre la cathédrale.

Relier des idées
Donner des précisions
Souligner des détails

Prenons la parole

A. **Scènes de France.** Commentez les tableaux en utilisant **C'est... qui**, **C'est... que**, **C'est... dont** et **C'est... où**. Votre partenaire va donner au moins un commentaire supplémentaire en suivant le modèle.

Modèle: É1: C'est un tableau dont les couleurs sont très belles. C'est un tableau où Notre-Dame domine la scène et qui donne l'impression que Paris est une ville vivante et pleine de gens. C'est la même scène de Paris que nous avons vue dans *Le Chemin du retour*; c'est l'endroit où Hélène a interviewé Camille au bord du fleuve.

É2: Notre-Dame est une cathédrale que j'ai visitée quand j'étais à Paris.

Stanislas Lépine, *Montmartre, rue Saint-Vincent*, peint en 1878. Montmartre n'était qu'un village à l'époque. Aujourd'hui, c'est un quartier urbain de Paris.

Georges Seurat, *Une baignade, Asnières*, tableau peint vers 1884. Des jeunes de la classe ouvrière se détendent au bord de la Seine. On voit au fond les usines de Clichy, aujourd'hui un quartier de Paris.

B. **Personnages du film.** Choisissez un des personnages suivants, puis utilisez un des verbes ou expressions utiles pour faire une phrase avec **dont** qui permet à votre partenaire de deviner de qui vous parlez.

Donner des précisions

Personnages:

Camille	Yasmine	Louise	Mado
Bruno	Sonia	Antoine	David
Martine	Éric	Rachid	Alex

Verbes et expressions utiles: avoir besoin/envie/peur de, entendre parler de, être content/ravi/satisfait/fier de, s'occuper de, rêver de, se souvenir de

MODÈLE: É1: C'est un homme dont Bruno parle.
É2: C'est David.

C. **Endroits, personnes et objets-mystère.** Écrivez plusieurs phrases pour parler d'un endroit, d'une personne ou d'un objet en utilisant **qui**, **que**, **dont** et **où**. Lisez vos phrases à votre partenaire. Il/Elle va deviner de quoi vous parlez. S'il / Si elle n'arrive pas à deviner tout de suite, il/elle va vous poser des questions. Ensuite, changez de rôle.

Relier des idées
Donner des précisions
Souligner des détails

MODÈLE: É1: C'est un objet que tu as dans ton sac. C'est un objet qui est très utile pour contacter des amis.
É2: Je ne sais pas. Aide-moi.
É1: C'est un objet dont tu as besoin si tu as un problème de voiture, la nuit.
É2: Ah, c'est mon portable.

D. **Concours publicitaire.** Votre région lance un concours (*competition*) publicitaire pour attirer des touristes. Avec un(e) partenaire, créez un dépliant où vous écrivez quatre phrases publicitaires contenant **qui**, **que**, **où** et **dont**. Exposez ensuite votre chef-d'œuvre pour permettre à la classe de choisir le meilleur dépliant.

Relier des idées
Donner des précisions

MODÈLE: É1: Deer Lake, c'est l'endroit dont vous rêvez! Notre lac, qui se trouve au pied des montagnes, est magnifique!
É2: Notre hôtel, L'Hôtel Tranquillité, où vous allez bien dormir, a des chambres à prix raisonnables! Notre restaurant, qui est près de l'hôtel, sert des plats délicieux!

E. **Spécificités régionales.** Choisissez une photo et décrivez-la à un(e) partenaire en utilisant des pronoms relatifs. Votre partenaire va deviner de quelle photo vous parlez. Suivez le modèle.

Relier des idées
Donner des précisions

Modèle: É1: Sur la photo, il y a deux touristes qui se promènent. Il y a aussi quelque chose dont on a besoin pour attraper des poissons.

É2: C'est la photo numéro un.

Maintenant, avec vos deux camarades, regardez la carte de France au début du livre pour y situer les scènes. Les légendes qui accompagnent les photos vont vous aider.

1.

À Vannes, en Bretagne, deux touristes se promènent sur le port.

2.

À Reims, en Champagne, une dame fait goûter un produit régional célèbre.

3.

À Aix-en-Provence, un serveur travaille dans un café plein de monde.

4.

Près de Toulouse en Midi-Pyrénées, les gens regardent un jeu de pétanque.

8.2 Les pronoms relatifs indéfinis *ce qui, ce que, ce dont* et *quoi*

Indefinite relative pronouns refer to ideas, not to specific people, places, or things, and mean *what* or *which* in English.

Ce que Camille cherche est une question de vie ou de mort pour elle. — *What Camille is looking for is a matter of life or death for her.*

Elle veut savoir comment Antoine est mort, **ce qui** est pénible pour Mado. — *She wants to know how Antoine died, which is painful for Mado.*

Les formes des pronoms relatifs indéfinis

SUJET	Je ne sais pas **ce qui** est bon pour toi.
OBJET DIRECT	**Ce que** tu dis est vrai.
OBJET DE LA PRÉPOSITION **de**	Est-ce que tu comprends **ce dont** on parle?
OBJET D'UNE AUTRE PRÉPOSITION	Il vient à 8 h, **après quoi** on partira ensemble.

Les emplois des pronoms relatifs indéfinis

There are two main differences between definite and indefinite relative pronouns. A *definite* relative pronoun (**qui, que, dont, où**) connects the relative clause to a specific *person, place*, or *thing* and always *follows* this antecedent. An *indefinite* relative pronoun (**ce qui, ce que, ce dont, quoi**) connects the relative clause to an *idea*, not to a specific noun or pronoun antecedent. The relative clause can *introduce* or *follow* the idea it is related to.

1. **Ce que** is a direct object that means *what*. Like the relative pronoun **que**, it is always followed by a subject and verb that can be singular or plural.

   Je ai compris tout **ce qu**'ils disaient. — *I understood everything they were saying.*

   Ce que je trouve difficile à supporter, c'est le climat pluvieux de la région nord de ce pays. — *What I find hard to take is the rainy climate of the northern region of this country.*

2. **Ce qui** is a subject and is always used with a *singular* verb. It means *what* or *which*. Note that **ce qui** can refer to a noun or an idea. **Ce qui**, like the relative pronoun **qui**, can be followed by a verb or by an object (direct or indirect) + verb.

   Ce qui nous intéresse, ce sont **les cultures** d'autres pays. — *What interests us are the cultures of other countries.*

   Ce qui nous plaît, c'est **de voyager à l'étranger avec nos amis**. — *What we love is to travel abroad with our friends.*

À NOTER

Tout can be added in front of **ce qui, ce que,** and **ce dont** to express *all that* or *everything that.*

Tout ce qui brille n'est pas or.
All that glitters is not gold.

À NOTER

When the sentence begins with an indefinite relative pronoun (**ce qui, ce que,** or **ce dont**), the second clause must begin with **c'est** or **ce sont**.

À NOTER

When the sentence begins with **ce qui** or **ce dont**, the preposition **de** is necessary after **c'est** when an infinitive follows.

> **Ce qui** m'est important, **c'est d'**aller voir l'endroit où mes parents sont nés.
>
> **Tout ce dont** elle rêve, **c'est de** vivre à la campagne.

However, when the sentence begins with **ce que**, the use of **de** depends on the verb following **ce que**:

> Ce que **j'essaie de** faire, c'est **de** me concentrer. Ce que **j'aime** faire, c'est voyager.

3. Like **dont, ce dont** is used with verbs that take the preposition **de**. It means *what, about what.*

Ce dont elle a envie, c'est de quitter la banlieue.	*What she wants is to leave the suburbs.*
Tout ce dont elle a besoin, c'est de connaître le destin de son grand-père.	*All that she needs to know is what happened to her grandfather.*

4. **Quoi** is used with prepositions other than **de**, including **à, après, contre**, and **sans**. It means *which.*

Tu achètes les billets, **après quoi** nous allons chercher nos places.	*You buy the tickets, after which we'll go find our seats.*
Elle étudie tout le temps, **sans quoi** elle échouerait.	*She studies all the time, without which she would fail.*

Exercices

A. Observations. Complétez les phrases suivantes avec **ce que (qu')**, **ce qui** ou **ce dont**.

1. _____ tu veux coûtera cher.
   _____ doit être, sera.
   _____ se passe me fait peur.
2. _____ nous avons envie, c'est de vivre à côté de ce fleuve.
   _____ m'amuse en ville, ce sont les restaurants et les grands boulevards.
   _____ elle apprécie à la campagne, c'est le calme et le rythme de la vie.
3. Je fais _____ me plaît.
   Ils ne comprennent pas _____ il faut faire.
   On ne sait pas _____ elle est la plus fière.
4. Tout _____ t'ennuie m'ennuie aussi.
   Tout _____ le bébé a besoin est facile à trouver.
   Tout _____ ils rêvent, c'est d'avoir une famille.

B. La ville ou la campagne ou les deux? Complétez les phrases suivantes avec **ce qui, ce que (qu'), ce dont** ou **quoi**, puis dites si chaque phrase décrit la vie en ville, la vie à la campagne ou les deux.

MODÈLE: _____ dérange les gens, c'est le bruit.

Ce qui dérange les gens, c'est le bruit. On parle de la vie en ville.

1. _____ me plaît surtout, c'est la beauté naturelle.
2. Le soir, _____ on a envie, c'est de sortir pour voir un spectacle.
3. Le matin, _____ on aime écouter, c'est le chant des oiseaux.
4. On rentre après une rude journée au travail, après _____ on court cinq kilomètres le long d'une jolie rivière pour se détendre.
5. On est obligé de travailler beaucoup, sans _____ on ne pourrait pas vivre.
6. _____ l'on trouve agréable, ce sont les fleuves, les pistes cyclables et le calme de la nature.

Prenons la parole

Donner des précisions

A. Des vacances en France. Mettez-vous en petits groupes. Regardez les photos et dites ce qui vous intéresse, ce qui vous plaît, ce que vous aimez ou ce que vous trouvez ennuyeux dans les différentes régions, et expliquez pourquoi. Ensuite, parlez de ce dont on a besoin si l'on visite ces endroits.

MODÈLE: É1: Ce qui me plaît à la plage, c'est que l'on peut jouer au volley.
É2: Ce que je n'aime pas, ce sont les coups de soleil (*sunburn*).
É3: Pour passer des vacances à la plage, ce dont on a besoin, c'est de se protéger du soleil.

La plage à Nice, sur la Côte d'Azur

1. 

On fait de la parapente dans les Pyrénées, près de la frontière espagnole.

2. 

Le pont japonais dans le jardin de Monet à Giverny, en Normandie

3. 

On fait du canoë dans la région de l'Ardèche, au nord de Nîmes.

4. 

On fait du ski dans les Alpes.

Donner des précisions

B. Exprimez-vous. Mettez-vous en petits groupes. Utilisez un pronom relatif indéfini et un des verbes donnés pour exprimer votre opinion sur chacun des sujets suivants. Suivez le modèle. Chaque personne dans le groupe va exprimer une idée ou une opinion différente.

MODÈLE: après l'université: rêver de / vouloir faire / intéresser

É1: Ce dont je rêve, c'est de trouver un travail intéressant après l'université.

É2: Ce que je veux faire après l'université, c'est aller en Afrique.

É3: Ce qui m'intéresse après l'université, ce sont les voyages.

1. dans le film *Le Chemin du retour*: aimer / trouver bizarre / être content(e) de
2. dans ma classe de _____: intéresser / détester / avoir envie de
3. pendant mon temps libre: avoir besoin de / faire / être super
4. quand j'étais petit(e): avoir peur de / aimer / rendre furieux (furieuse)
5. dans le monde moderne: trouver intéressant / déranger / être ravi(e) de

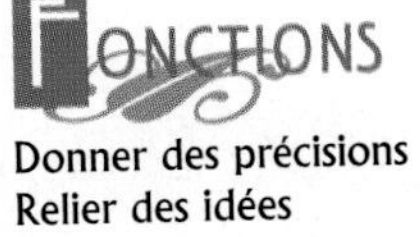

Donner des précisions
Relier des idées

C. Où vit-on le mieux? Expliquez à un(e) partenaire pourquoi vous voulez (ou ne voulez pas) vivre dans un des endroits de la liste. Votre partenaire va réagir en utilisant une phrase avec un pronom relatif indéfini et un des verbes suivants. Suivez le modèle et changez de rôle après chaque endroit.

Endroits: à la montagne, au centre-ville, dans un petit village, dans une ferme, dans une ville-dortoir, près de la côte (Atlantique ou Pacifique)

Verbes: (ne pas) aimer, s'amuser, avoir peur de, déranger, s'ennuyer, être intéressant (bien, mal, difficile, pénible, super, préférable, etc.), trouver bien (triste, regrettable, intéressant, etc.)

MODÈLE: É1: Je n'ai pas envie de vivre dans une ville-dortoir. Ce que je n'aime pas, c'est que l'on s'ennuie le soir. De plus, il faut toujours prendre la voiture pour faire les courses.

É2: Ce que je trouve bien dans des villes-dortoirs, c'est que les maisons y sont moins chères. On peut vivre dans une grande maison avec beaucoup de place. Ce que je n'aime pas, c'est qu'il faut aller au centre-ville pour trouver des choses intéressantes à faire pendant le week-end.

Culture en images

Un bar dans les Cévennes, à Saint-Jean-de-Causse

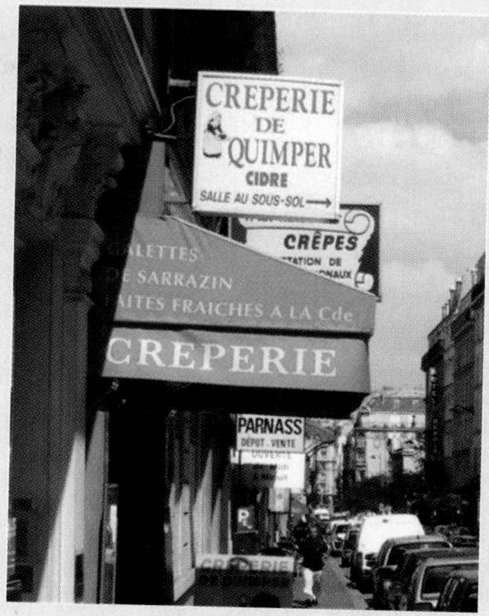

Quimper est une ville en Bretagne. Cette crêperie se trouve dans le quartier Montparnasse à Paris, où beaucoup de Bretons se sont installés.

Un hôtel sur les bords de la Loire, en Auvergne

Analyse culturelle. Analysez les photos, ainsi que leurs légendes, pour déterminer ce qu'elles ont en commun. Ensuite, indiquez la (ou les) réponse(s) qui vous semble(nt) valable(s). Justifiez votre choix.

Pourquoi y a-t-il une «Crêperie de Quimper» à Paris?

a. Pour des raisons économiques, beaucoup de Bretons ont quitté leur région pour s'installer à Paris.
b. Le patron de cette crêperie est fier de ses origines.
c. Montparnasse est un quartier de Paris où habitent beaucoup de Bretons.

(Vous allez voir l'importance d'une culture régionale dans **Littérature**, pp. 283–289.)

Structures pour communiquer 2

8.3 Le pronom relatif *lequel*

À NOTER

A *preposition* introduces a phrase that names or identifies when, where, or how something is: the discussion *before the play*, the boat *in the water*, the child *with the red face*, a heart made *of stone*, etc. Other prepositions: *around, at, by, down, for, from, on, to, under, without*, etc.

Lequel is a relative pronoun used after *prepositions*. It refers to specific places and things previously mentioned in the sentence.

La ville **dans laquelle** ils vivent est le centre de la recherche aéronautique en France.

The city in which they live is the center of aeronautical research in France.

Les formes du pronom relatif *lequel*

	SINGULIER	PLURIEL
MASCULIN	lequel	lesquels
FÉMININ	laquelle	lesquelles

Les emplois du pronom relatif *lequel*

1. **Qui** and **lequel** are the relative pronouns used when the antecedent is followed directly by a preposition. **Qui** means *whom* and refers to people; **lequel** means *which* and refers to places and things. **Lequel** always agrees in number and gender with its antecedent. Here are a few commonly used prepositions:

à *at, in, to*	**devant** *in front of*
avec *with*	**pour** *for*
dans *in*	**sans** *without*
de *from, of, about*	**sous** *under*
derrière *behind*	**sur** *on*

La femme **pour qui** il travaille est ma voisine.	*The woman for whom he works is my neighbor.*
La raison **pour laquelle** il n'aime pas cette ville-dortoir n'est pas claire.	*The reason why (for which) he doesn't like this bedroom community isn't clear.*
Voici les détails **sans lesquels** on ne peut pas prendre une décision.	*Here are the details without which we can't make a decision.*

2. When used with the preposition **à** or **de**, the masculine singular and the masculine and feminine plural forms of **lequel** contract with the preposition. The feminine singular form, **laquelle**, does not contract with **à** or **de**.

	SINGULIER	PLURIEL
MASCULIN	auquel, duquel	auxquels, desquels
FÉMININ	à laquelle, de laquelle	auxquelles, desquelles

Le monument **auquel** elle fait référence se trouve en Normandie. — *The monument to which she is referring is in Normandy.*

La région **à laquelle** nous pensons est connue pour son architecture pittoresque. — *The region about which we are thinking is well known for its picturesque architecture.*

Le projet **duquel** je suis le plus fier n'est pas tout à fait fini. — *The project of which I am the proudest is not completely finished.*

3. A few prepositions of place consist of more than one word. They can be used with all forms of **de + lequel**.

à côté de *next to*	**en face de** *across from*
autour de *around*	**près de** *close to*

Voici le fleuve **près duquel** elle cultive son jardin. — *Here is the river near which she is growing her garden.*

La plaine **à côté de laquelle** il vit attire beaucoup d'observateurs d'oiseaux. — *The plain next to which he lives attracts a lot of birdwatchers.*

Les restaurants **en face desquels** elle travaille ouvrent à 6 h du matin. — *The restaurants across from which she works open at 6 A.M.*

4. **De + qui, de + lequel**, and **dont** are all used to express *whose.* In addition, they are all used with verbs that take the preposition **de**. Of these pronouns, **dont** is the one French speakers use most often. When using these pronouns, remember that **qui** refers to people, **lequel** refers to places and things, and **dont** refers to people, places, and things.

La fête **dont** (**de laquelle**) tout le monde parle est samedi soir. — *The party everyone is talking about is Saturday night.*

Mon amie **dont** (**de qui**) la famille est basque m'a invité à son mariage. — *My friend whose family is Basque has invited me to her wedding.*

L'hôtel **dont** (**duquel**) nous avons besoin est au centre-ville. — *The hotel we need is downtown.*

5. Although both relative pronouns **où** and **lequel** are used to refer to places, **où** is used more commonly. **Où** is also used to refer to periods of time.

Je ne connais pas le pays **dans lequel** il sont nés.	*I don't know the country in which they were born.*
Je ne connais pas le pays **où** ils sont nés.	*I don't know the country where they were born.*
La table **sur laquelle** j'ai mis mes clés est dans le salon.	*The table on which I put my keys is in the living room.*
La table **où** j'ai mis mes clés est dans le salon.	*The table where I put my keys is in the living room.*
Je me rappelle très bien le jour **où** nous nous sommes connus.	*I remember very well the day (when) we met.*
Ils se sont mariés l'année **où** ils habitaient à Québec.	*They were married the year (when) they were living in Quebec City.*

Exercices

A. Voyages. Complétez avec la forme appropriée du pronom **lequel**. Faites tous les changements nécessaires.

1. Voici les îles espagnoles sur ______ ils ont passé leur lune de miel (*honeymoon*).
2. Les bateaux dans ______ ils ont traversé l'océan sont norvégiens.
3. N'oublie pas que le restaurant (à) ______ tu téléphones est fermé le dimanche.
4. Elles sont descendues dans un hôtel près (de) ______ leur famille habite.
5. Les collines à côté (de) ______ se trouve notre auberge (*inn*) sont très belles.
6. Les vacances (à) ______ il pense vont être très reposantes.

B. Divers endroits. Remplacez **de** + **lequel** par **dont** et toutes les autres prépositions + **lequel** par **où**.

Modèle: Le lac *duquel* ils parlent est très froid.
Le lac *dont* ils parlent est très froid.

La banlieue *dans laquelle* nous habitons n'est pas bien connue.
La banlieue *où* nous habitons n'est pas bien connue.

1. La région *de laquelle* vous parlez est célèbre pour son vin et ses vignobles (*vineyards*).
2. Connais-tu l'église *dans laquelle* le concert a lieu?
3. Le café *duquel* je me souviens le mieux s'appelle «Chez François».
4. Voici un endroit *près duquel* j'aime me promener.
5. L'époque *pendant laquelle* ils ont vécu à la campagne était très difficile.
6. Le château *auquel* il va demain a été construit pour Louis XIV.

8.4 Le pronom démonstratif *celui* avec un pronom relatif défini

A demonstrative pronoun combined with a relative pronoun can be used to refer back to a noun previously mentioned in the sentence.

De tous les pays francophones, le Maroc est **celui qu'**elle veut voir. — *Of all the French-speaking countries, Morocco is the one she wants to see.*

Les formes du pronom démonstratif *celui*

	SINGULIER	PLURIEL
MASCULIN	celui	ceux
FÉMININ	celle	celles

Les emplois du pronom démonstratif *celui* avec un pronom relatif défini

1. Demonstrative pronouns are followed by relative pronouns to describe a characteristic of the noun to which they refer. They express *the one, the ones, these,* and *those.*

   Cette région est francophone, mais **celles dont** vous parlez sont anglophones. — *This region is French-speaking, but the ones (that) you are talking about are English-speaking.*

2. The relative pronouns **qui, que, dont,** and **où** can be used with any demonstrative pronoun. Demonstrative pronouns are not used alone.

   Quel appartement as-tu loué? J'ai choisi **celui qui** est au dernier étage. — *Which apartment did you rent? I chose the one (that is) on the top floor.*

À NOTER

When ceux / celle / celles que/qu'… precede a past participle, the participle agrees with the demonstrative pronoun in number and gender.

De toutes tes photos, **celles que** tu as **prises** en Tunisie étaient les meilleures.
Of all your photos, the ones that you took in Tunisia were the best.

Les hôtels de trois étoiles sont **ceux que** les agents de voyage recommandent.	*The three-star hotels are the ones (that) travel agents recommend.*
Les régions de notre pays se divisent entre **celles où** les gens vivent bien et **celles où** ils vivent mal.	*The regions in our country fall into two categories: those where people live well and those where they don't.*

Exercice

Préférences. Complétez les phrases avec le pronom démonstratif approprié.

1. Quel type de climat préférez-vous ? J'aime mieux _____ où les températures ne varient pas trop.
2. Aimes-tu les villes modernes? Non, je préfère _____qui existent depuis des siècles.
3. Quels paysages voudrais-tu voir? Je veux voir _____ dont tout le monde parle.
4. Quelle place ont-ils réservée? Voici _____ qu'ils ont prise pour vous.
5. Quels monuments vous rappelez-vous? Je me rappelle _____ que nous avons vus en Normandie près des plages du débarquement.

Prenons la parole

Donner des précisions

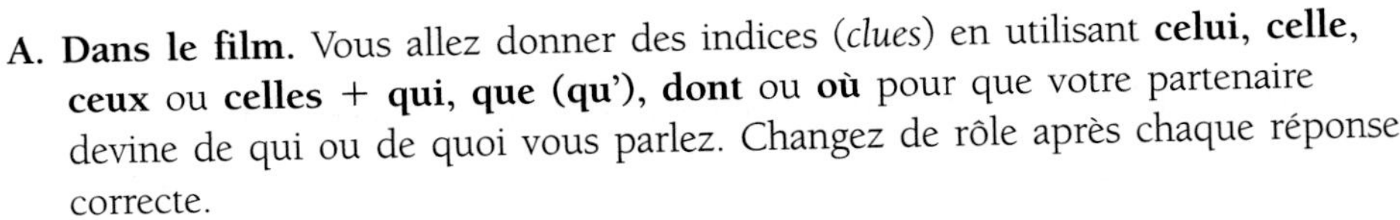

A. Dans le film. Vous allez donner des indices (*clues*) en utilisant **celui, celle, ceux** ou **celles + qui, que (qu'), dont** ou **où** pour que votre partenaire devine de qui ou de quoi vous parlez. Changez de rôle après chaque réponse correcte.

MODÈLE: deux personnages

É1: Je pense à deux personnages dans le film. Je parle de ceux qui ont voyagé à Saint-Jean-de-Causse.
É2: Ce sont Camille et Antoine?
É1: Camille, oui, mais l'autre est celui qui a fait un reportage sur les Cévennes.
É2: Alors, celui dont tu parles, c'est Rachid.

1. un homme
2. un objet
3. une photo
4. deux femmes
5. un lieu
6. un personnage secondaire

B. Enchaînement. Divisez la classe en deux équipes. L'équipe A choisit une des options suivantes pour lancer le jeu. L'équipe B va ajouter des précisions, en utilisant autant de propositions relatives que possible. Un membre de l'équipe B note le nombre de pronoms relatifs. C'est ensuite au tour de l'équipe B de choisir une des options suivantes. L'équipe A va enchaîner et noter le nombre de pronoms relatifs qu'elle a employés. L'équipe avec le plus de pronoms relatifs à la fin du jeu gagne. Suivez le modèle.

Relier des idées
Donner des précisions

MODÈLE: Équipe A: J'ai passé des vacances...

Équipe B: J'ai passé des vacances pendant lesquelles je me suis bien amusé(e).

J'ai passé des vacances qui étaient ennuyeuses.

J'ai passé des vacances dans un endroit où nous avons bien mangé.

Là, nous avons eu trois points!

1. J'ai une maison...
2. J'ai un ami...
3. J'ai vu un film...
4. J'ai visité un endroit...
5. J'ai rêvé d'une soirée...
6. J'ai parlé de quelqu'un...

Littérature

Une ferme en Nouvelle-Écosse (*Nova Scotia*), au Canada

Mise en route

Vous allez lire la première partie de «Je suis Cadien», poème publié en 1998 par Jean Arceneaux (né en 1951) dans un livre intitulé *Suite du loup*. L'auteur de ce livre—de son vrai nom Barry Jean Ancelet—a également écrit plusieurs autres livres sur les Cadiens. En choisissant le nom de plume Arceneaux, un nom très commun en Acadie, il montre ses liens avec les Cadiens, cette minorité francophone de Louisiane qui descend des Acadiens. La première colonie française, établie en Amérique du Nord en 1604, s'appelait l'Acadie. Elle était située dans la partie du Canada qui s'appelle aujourd'hui le Nouveau-Brunswick et la Nouvelle-Écosse. À la fin du 18ème siècle, beaucoup d'Acadiens ont été expulsés du Canada et sont venus en Louisiane. Dans «Je suis Cadien», le narrateur raconte le sort (*fate*) de ces Cadiens (mot venu du terme «Acadiens» et qui donne «cajun» en anglais).

Le thème central du poème est celui du déracinement (*uprooting*) et de l'exil du narrateur, le Cadien qui se sent loin de sa terre et de sa langue. Le Cadien du poème répète son attachement à une terre et une région, non pas pour des raisons d'argent mais pour y «faire de l'histoire», c'est-à-dire pour créer une identité, une communauté et une famille. Cet attachement à sa terre, qui est aussi un thème traditionnel de la littérature et de la culture françaises, symbolise ainsi l'héritage culturel du Cadien.

Ce texte retrace une histoire souvent tragique et injuste, mais le Cadien ne se pose pas en victime. En effet, en écrivant ce poème en français à la fin du 20ème siècle, il réussit à «habiter sa langue», c'est-à-dire qu'il fait entendre sa voix et affirme son désir de préserver une langue, le français, nécessaire à la survie (*survival*) de la culture des Cadiens de Louisiane aujourd'hui.

Activité

L'héritage historique. Quels autres habitants des États-Unis sont fortement marqués par leur histoire? Faites une liste des événements historiques importants pour un de ces peuples, puis associez-les avec des régions, des idées, des pratiques culturelles (musique, sports, nourriture, traditions, etc.).

Vocabulaire utile*

longtemps passé a long time ago
pour longtemps à la fois for a long time
à la quémande begging for money
à la crève de faim starving
à pieds unemployed
regricher contre le courant fight against the current

These expressions are common in Cajun French (some are also used in Quebec).

Je suis Cadien

Élevé en Louisiane par des parents francophones, Barry Ancelet est un authentique Cadien. Pour défendre son identité, il est devenu un spécialiste de la culture et de l'histoire cadiennes et il a beaucoup contribué au renouveau (*renewal*) des études et de la pratique francophone aux États-Unis. Depuis des années, il enseigne à l'université de la Louisiane à Lafayette, écrit des livres et voyage en Louisiane pour rencontrer les porteurs de la tradition orale francophone et enregistrer sur magnétophone (*tape recorder*) d'anciens contes, histoires, chansons. Il a aussi animé (*hosted*) des émissions de radio francophones en Louisiane et participé à la création de plusieurs films.

Je suis Cadien.
Longtemps passé, j'étais Français.
Je suis venu sur la frontière
Pour bien trouver la paix,
Pour voir un beau soleil se lever
Sur une nouvelle terre
Que je travaillais pour moi-même.
J'ai bien appris la leçon du nouveau monde.

Avec des voisins Micmacs et Souriquois,[1]
Irlandais et Écossais.

J'ai fait une vie.
J'ai fait une identité.
J'ai fait la pêche.[2]
J'ai fait la récolte.[3]
J'ai fait l'amour.
J'ai fait des enfants.
J'ai fait de l'histoire.

Mais les Anglais ont gagné ma terre
Dans une guerre sur une autre terre,[4]
Une affaire que je ne comprenais guère.[5]
Eux, ils ont bien compris.
Ils sont venus en Acadie
Pour faire des demandes,
Pour déranger la paix.[6]
Le soleil s'est couché
Et je me suis trouvé
Avec les pieds noyés dans[7] l'eau
Au fond[8] d'un bateau.
J'ai bien appris la leçon de la force.
Je suis devenu un exilé
Pour errer[9] dans ce nouveau monde
Sans planter les pieds nulle part[10]
Pour longtemps à la fois.
J'ai vu un nouveau coucher de soleil chaque jour.
Je me suis trouvé en prison.
Je me suis trouvé à la quémande.
Je me suis trouvé à la crève de faim.
Je me suis trouvé à pieds.
Il y en a qui ont regriché le courant
Pour retrouver l'Acadie devenue Nova Scotia,
Pour redevenir Acadiens malgré tout.
Moi, je l'ai suivi[11]
Pour me rendre en Louisiane
Pour bien retrouver la paix,
Pour voir un beau soleil se lever
Sur une terre isolée
Avec les pieds transplantés sur quelques arpents[12]
Que je travaillais pour moi-même.
J'ai bien appris la leçon de la chaleur.

---

[1]*native peoples of Canada* [2]J'ai... *I went fishing.* [3]J'ai... *I harvested.* [4]*Seven Years' War, between the French and the English (1756–63)* [5]ne... *hardly understood* [6]déranger... *disturb the peace* [7]noyés... *completely covered by* [8]*at the bottom* [9]*wander* [10]Sans... *Without setting foot on land* [11]*Here, the pronoun* l' *refers to* le courant. [12]*acres*

Je suis devenu Cadien
Avec des voisins Français et Espagnols,
Allemands et Africains,
Attakapas et Chitimachas.[13]

J'ai fait une nouvelle vie.
J'ai fait une nouvelle identité.
J'ai fait la pêche.
J'ai fait la récolte.
J'ai fait l'amour.
J'ai fait des enfants.
J'ai fait de l'histoire.

Mais les Américains ont acheté ma terre[14]
Dans une affaire pour une autre terre,
Une affaire que je ne comprenais guère.
Eux, ils ont bien compris.
Ils sont venus en Nouvelle Acadie
Pour faire des commandes
Pour déranger la paix.
Le soleil s'est couché
Et je me suis trouvé
Avec les pieds embourbés
Dans l'huile au fond d'un baril[15]
Pour regarder un autre soleil
Qui se couchait jamais[16]
Avec les pieds croisés sur le sofa
Devant la télévision.
J'ai travaillé pour de l'argent.
[...] J'ai bien appris la leçon de l'assimilation.

J'ai acheté une vie à crédit.
J'ai eu une carte d'identité.
J'ai pas eu le temps pour la pêche.
J'ai vendu ma récolte.
J'ai perdu ma belle.[17]
J'ai envoyé mes enfants au summer camp.
J'ai appris l'histoire des autres.

Je me suis trouvé à travailler pour la banque.
Je ne mettais plus les pieds sur la terre
Qui était travaillée à la part[18] par un étranger.
La compagnie a acheté mes droits de terre[19]

---

[13]*Native American tribes* [14]*Napoleon sold the Louisiana Territory to the United States in 1803.* [15]embourbés... *stuck in the oil at the bottom of a barrel* [16]*The author often uses the grammar of spoken French, eliminating the* ne *in negative sentences.* [17]*beloved* [18]à... *on a sharecropping basis* [19]droits... *property rights*

Dans une affaire pour très cher,
Une affaire que je ne comprenais guère.
Eux, ils ont bien compris.
Ils sont venus en Louisiane
Pour faire des profits,
Pour vendre la paix,
Et je me suis trouvé avec les pieds en l'air
À côté d'une caisse[20] de bière
À l'ombre du soleil sous un grand chêne[21] vert.
Acadie tropicale,
Acadie tropiquante,[22]
Acadie, mon amie,
Tourne-toi de bord,[23]
Tu ronfles[24] trop fort.
Tais-toi[25] et reste tranquille.
Ton temps est longtemps passé.
On a pas trop envie que tu vives
Vraiment.
Pas trop.
On a peur de réveiller
La force qui dort en paix
Enfin.
On est bien assez content
De te faire rêver doucement
Sans y croire.
Pas encore.
Trop fort.
Dors.

Mais le lendemain de la veille[26]
Je me suis trouvé dégoûté,[27]
En exil chez moi
Avec une culture perdue entre deux langues.
J'ai appris la leçon du stigmate.

I will not speak French on the schoolgrounds.
I will not speak French on the schoolgrounds.
I will not speak French…
I will not speak French…
I will not speak French…
Hé! Ils sont pas bêtes, ces salauds.[28]

---

[20]*case* [21]*oak* [22]*invented word derived from* tropique *and* piquante *(prickly), which also sounds like* trop piquante [23]de... *on the other side* [24]*snore* [25]*Shut up* [26]le... *literally, "the day after the day before"* [27]*disgusted* [28]*bastards*

Après mille fois, ça commence à pénétrer
Dans n'importe quel esprit.
Ça fait mal; ça fait honte.
Et on speak pas French on the schoolgrounds
Et ni anywhere else non plus.
Jamais avec des étrangers.
On sait jamais qui a l'autorité
De faire écrire ces sacrées[29] lignes
À n'importe quel âge.
Surtout pas avec les enfants.
Faut jamais que eux, ils passent leur temps de recess
À écrire ces sacrées lignes.

I will not speak French on the playgrounds.
I will not speak French on the playgrounds.

Faut pas qu'ils aient besoin d'écrire ça
Faut pas qu'ils parlent français du tout.
Ça laisse voir qu'on est rien que des Cadiens.
Don't mind us, [...]
Basse[30] classe, faut cacher ça.
Faut dépasser ça.
Faut parler en anglais.
Faut regarder la télévision en anglais.
Comme de bons Américains.
Why not just go ahead and learn English.
Don't fight it, it's much easier anyway.
No bilingual bills, no bilingual publicity.
No danger of internal frontiers.
Enseignez l'anglais aux enfants.
Rendez-les tout le long,[31]
Tout le long jusqu'aux discos,
Jusqu'au Million Dollar Man.
On a pas réellement besoin de parler français quand même.
C'est les États-Unis ici,
Land of the Free.
[...]

[29] *damned* [30] *Low* [31] Rendez... *Let them take everything*

Questions de compréhension

1. Pourquoi est-ce que le narrateur est venu s'installer dans le Nouveau Monde?
2. Pourquoi est-ce que le narrateur est parti de l'Acadie? par quel moyen de transport?
3. Quel est le nouveau nom de l'Acadie? Après leur déportation, où sont allés les Cadiens?
4.  Les Cadiens ont perdu deux fois leur terre en Louisiane. Expliquez.
5. Quel est le nouveau travail du Cadien? Quelle est la différence essentielle entre son travail en Acadie et en Louisiane au début?
6. Quels sont les éléments qui font obstacle à l'assimilation du narrateur en Louisiane? 

Questions d'analyse

1. Plusieurs mots, utilisés au début du poème, sont répétés ensuite dans des contextes différents («paix», «soleil», «terre», «travailler», «leçon»). Choisissez un de ces mots et retrouvez toutes les phrases où il est utilisé. Qu'est-ce que ces phrases expriment aux différents moments du texte (par exemple: le bonheur, l'espoir, la perte, etc.)?
2. Le poème est aussi rythmé par un passage qui se répète trois fois en se transformant («j'ai fait une vie», etc.). Qu'est-ce qui est exprimé dans ce passage la première fois? la deuxième fois? la troisième? Quels changements dans la situation du narrateur expliquent cette évolution?
3. Quels événements successifs changent la vie du narrateur? Qui est responsable de ces changements? Quelles répétitions nous indiquent que les événements successifs qui déterminent ces changements ne sont pas contrôlés par le narrateur?
4. Dans quel passage l'auteur s'adresse-t-il directement à l'Acadie? À ce moment, est-ce que le narrateur a renoncé à son pays? Pourquoi (pas)?
5. Quel est le sentiment du Cadien obligé de parler anglais à l'école? Pourquoi, à votre avis?
6. Comparez l'idéal du Cadien au début du poème et l'idéal proposé par la télévision à la fin de l'extrait. Pourquoi est-ce que le Cadien ne peut pas se reconnaître dans le modèle proposé par la télévision américaine?

Le texte et vous

Imaginez que vous avez été, comme les Cadiens, obligé(e) d'aller vivre dans un autre pays. Qu'est-ce que vous essayez de conserver? Votre langue? Vos coutumes (alimentation, loisirs, etc.)? Autre chose?

Maintenant, écrivez quelques phrases pour affirmer votre identité, en commençant par «je suis… ».

Retournons au cinéma

David Murray, réalisateur, sur la quête du héros:

«Pour raconter une bonne histoire, il faut un protagoniste principal—un héros ou une héroïne—et une situation problématique à résoudre—souvent appelée "la quête du héros". Le héros doit surmonter des obstacles et relever des défis (*meet challenges*). Dans certains films, le héros est vainqueur (*winner*), dans d'autres non. Certains héros évoluent, d'autres non. Un bon écrivain met ses personnages en difficulté et les soumet à diverses pressions qui déterminent leurs interactions et leurs confrontations. C'est ce qui fait progresser l'histoire.»

Pour parler du cinéma

une quête quest
un défi challenge
une pression pressure
un tournant turning point
jusqu'au bout all the way

Revoyons l'épisode

Regardez attentivement cet épisode. Nommez deux pressions qui motivent Camille ici.

Reparlons de l'épisode

Étape 1 Le mot du réalisateur. «Cet épisode illustre notre narration de l'histoire de Camille. Cet épisode est un tournant de l'histoire, si l'on considère Camille comme notre héroïne, dont la quête est sa recherche de la vérité au sujet de son grand-père. Jusqu'ici le film a établi le contexte de sa quête et maintenant Camille est résolue à aller jusqu'au bout de l'histoire.

CAMILLE: Est-ce que vous le connaissez?

La quête progresse avec les questions de Camille, et la sensation d'urgence est fournie par ses problèmes au travail. En effet, lorsque Bruno dit à Camille qu'elle risque de perdre son travail, Camille fait preuve de beaucoup de détermination. Plus tôt dans l'histoire, elle a confronté sa mère, puis Martine, et maintenant, au téléphone avec Bruno, nous voyons qu'elle est prête à risquer sa carrière pour apprendre la vérité sur son grand-père. Plus tard, quand elle découvre une autre partie du puzzle dans la scène avec Éric, il devient clair que Camille ne va jamais abandonner, malgré tous les obstacles. Même si Éric déclare que sa grand-mère ne va jamais parler de la guerre, Camille insiste pour la rencontrer et se rapproche ainsi de la solution du problème posé au début, qui a motivé toute l'histoire.»

Étape 2 La quête. Réfléchissez à l'ensemble du film. Répondez aux questions en comparant vos réponses avec celles d'un(e) partenaire.

1. Comment est-ce que les premiers épisodes ont établi le contexte de la quête?
2. Jusqu'ici, quel a été le rôle de Rachid dans cette histoire?
3. Quelles pressions et quels obstacles motivent Camille?
4. Qu'est-elle prête à sacrifier pour découvrir la vérité?
5. Pourquoi est-elle tellement résolue, à votre avis?
6. Décrivez l'évolution de Camille. Comment a-t-elle changé depuis le début du film?

Étape 3 Vous êtes réalisateur. Que savez-vous maintenant sur la notion de quête dans un film? On vous propose d'écrire le scénario pour une des quêtes suivantes. Avec un(e) partenaire, faites une liste de trois obstacles que le héros ou l'héroïne doit surmonter.

1. Un homme cherche une femme dont il était amoureux dix ans auparavant (*before*) et qu'il a perdue de vue.
2. Une jeune femme cherche la mère biologique qui l'a abandonnée à sa naissance.
3. Un vieil homme cherche les enfants de sa fille avec qui il s'est disputé et qu'il n'a pas revue depuis trente ans.
4. Une journaliste cherche une star de cinéma qui s'est retirée de la vie publique.
5. Un pianiste cherche le compositeur d'une œuvre qu'il a découverte dans de vieux papiers chez sa grand-mère.

Hors-champ

A. Mieux connaître les personnages.

Étape 1: La vie d'Éric Leblanc n'a pas été facile. Complétez le texte en choisissant les pronoms appropriés.

Le 9 septembre. C'est un jour _____[1] (qu'/qui) Éric Leblanc ne va jamais oublier. C'est le jour _____[2] (qu'/où) il quitte Saint-Jean-de-Causse pour travailler en ville.

Éric fait sa valise avec ses vêtements, _____[3] (ceux qui/ceux que) sa maman a lavés, et il embrasse sa grand-mère, Jeanne, _____[4] (dont/qui) pleure en silence. _____[5] (Ce qui/Ce qu') Éric veut avant tout, c'est rester dans son village, mais ce n'est plus possible. La ferme _____[6] (que/dont) son père est si fier ne rapporte plus assez d'argent pour faire vivre la famille.

(cont.)

CAMILLE: Bonjour. Je peux vous parler un instant?

Il monte dans la vieille Renault et il part pour Alès, _____[7] (qu'/où) il a trouvé du travail dans une usine. C'est une ville _____[8] (où/qui) se trouve à 48 kilomètres de Saint-Jean, mais pour le jeune homme cette ville semble loin, très loin, de chez lui. La seule chose _____[9] (à laquelle/dont) il pense, c'est rentrer à la maison.

À Alès, Éric retrouve beaucoup de jeunes gens des montagnes _____[10] (que/qui), comme lui, ont dû abandonner la terre et venir ici s'enfermer entre quatre murs. Le travail _____[11] (qu'/qui) il doit faire est difficile, mais Éric accepte sa situation. Le soir, il se sent parfois seul dans la petite chambre _____[12] (qu'/qui) il a louée au centre-ville.

Un an plus tard, Éric trouve un meilleur travail et il rencontre une jeune fille _____[13] (dont/qui) lui plaît beaucoup. Ses parents, _____[14] (que/qui) veulent rencontrer cette jeune fille, décident de venir à Alès. Ce jour-là, bien habillé et heureux, Éric attend ses parents. Il ne sait pas encore qu'il ne va jamais plus les revoir. Pendant ce voyage, le père a perdu le contrôle du véhicule, _____[15] (que/qui) allait trop vite. Les deux parents meurent sur le coup.[a]

Quinze jours après, Éric revient vivre à Saint-Jean-de-Causse _____[16] (dont/où) habite encore sa grand-mère. Il reprend son travail d'agriculteur et il construit une petite cabane _____[17] (que/qui) peut loger des touristes. _____[18] (Ce qui/Ce que) lui rend le plus triste, c'est que son amie décide de rester à Alès. Il vit près de sa grand-mère, _____[19] (qui/dont) il se sent responsable, et la vie continue. Et dans son cœur, il est content de retravailler la terre _____[20] (que/où) son père et son grand-père aimaient tant avant leur mort, l'un[b] dans l'accident de voiture et l'autre[c] le jour _____[21] (que/où) les Allemands l'ont tué.

[a]sur... *on the spot* [b]*the former* [c]*the latter*

Étape 2: Maintenant, répondez aux questions.

1. Pourquoi Éric a-t-il quitté Saint-Jean-de-Causse?
2. Pourquoi est-il retourné y vivre?

B. Choix et responsabilités. Avec un(e) partenaire, comparez la situation d'Éric avec la vôtre ou avec celle d'un(e) ami(e), en vous inspirant des thèmes suivants.

1. vivre avec ou près de sa famille / quitter la famille par nécessité ou par choix
2. garder / rejeter des traditions familiales
3. s'occuper des personnes âgées
4. faire des sacrifices pour le bien-être d'autres personnes

Pour mieux écrire

Dans la section **Pour mieux écrire** du *Cahier d'exercices* vous trouverez des stratégies d'écriture et des sujets de composition française liés aux thèmes de la topographie, de l'urbanisation et des différences régionales.

CHAPITRE 9

ON PARLE ENFIN À CAMILLE

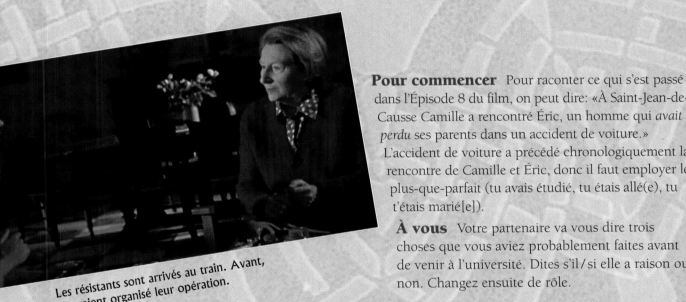

Les résistants sont arrivés au train. Avant, ils avaient organisé leur opération.

Pour commencer Pour raconter ce qui s'est passé dans l'Épisode 8 du film, on peut dire: «À Saint-Jean-de-Causse Camille a rencontré Éric, un homme qui *avait perdu* ses parents dans un accident de voiture.» L'accident de voiture a précédé chronologiquement la rencontre de Camille et Éric, donc il faut employer le plus-que-parfait (tu avais étudié, tu étais allé(e), tu t'étais marié[e]).

À vous Votre partenaire va vous dire trois choses que vous aviez probablement faites avant de venir à l'université. Dites s'il / si elle a raison ou non. Changez ensuite de rôle.

MODÈLE: É2: Avant de venir, tu avais visité le campus. Tu étais allée dans un pays francophone. Tu t'étais mariée.

É1: J'avais visité le campus et j'étais allée dans un pays francophone, mais je ne m'étais pas mariée!

Thèmes culturels

- les héros et les héroïnes
- définitions de l'héroïsme

Objectifs fonctionnels

- établir une chronologie dans le passé
- parler des causes et des effets
- spécifier le rapport entre deux actions
- indiquer la simultanéité de deux actions

Structures pour communiquer

9.1 Le plus-que-parfait
9.2 L'infinitif présent
9.3 Le **faire** causatif
9.4 L'infinitif passé
9.5 Le participe présent et le gérondif

Vocabulaire thématique

Le héros en période de crise et le héros dans la vie quotidienne

JEANNE: Mon mari est arrivé le premier, avec les autres résistants.

CAMILLE: Voulez-vous vous asseoir?

Le héros en période de crise

l'espoir (*m.*)	hope
faire un choix (un sacrifice; un compromis)	to make a choice (sacrifice; compromise)
faire face à (une situation)	to face, confront (a situation)
une lutte	struggle, fight
lutter (contre)	to struggle, fight (against)
une manifestation	demonstration, protest
manifester	to demonstrate
oser	to dare
une révolte	uprising, rebellion
se révolter	to rebel; to rise up
risquer (sa vie)	to risk (one's life)
sauver la vie à quelqu'un	to save someone's life
la souffrance	suffering

Le héros dans la vie quotidienne

actuellement	at present, nowadays
améliorer (quelque chose)	to improve (something)
s'améliorer	to improve; to get better
un(e) bénévole	volunteer
un but	goal, objective
se consacrer à	to devote oneself to
convaincre (quelqu'un de faire quelque chose)	to persuade (someone to do something)
s'efforcer de (+ *infinitif*)	to try hard (to do something)
empêcher (quelqu'un de faire quelque chose)	to prevent (someone from doing something)
éviter (quelque chose; quelqu'un)	to avoid (something; someone)
éviter de (+ *infinitif*)	to avoid (doing something)
faire abstraction de	to disregard
il s'agit de	it is a question of, it is about
(avoir) un impact (sur)	(to have) an effect (on)
important(e)	important; large
insister pour (+ *infinitif*)	to insist on (doing something)
insister sur (quelque chose)	to emphasize (something)
jouer (un rôle)	to play (a role, a part)
prendre un risque (la responsabilité [pour])	to take a risk (responsibility [for])
prétendre	to claim
servir d'exemple (pour)	to be a (role) model (for)

À NOTER

convaincre: je convaincs, tu convaincs, il / elle / on convainc, nous convainquons, vous convainquez, ils convainquent; *pp.* convaincu

À NOTER

Il s'agis is invariable, but the preposition **de** may change to agree with the noun that follows.

Dans l'épisode, il s'agit **des** résistant et **de l'** opération qu'ils ont montée. *In the episode, it is a question of [The episode is about] the resistance fighters and the operation they organized.*

Applications

A. **Les familles de mots.** Trouvez dans le **Vocabulaire thématique** des mots de la même famille que les mots en italique. Utilisez ces mots du **Vocabulaire thématique** dans des phrases.

MODÈLE: Les *manifestants* ont distribué des tracts contre la guerre.

Pendant la manifestation, la police a bloqué les rues.

1. Les médias présentent les problèmes dans le monde *actuel*.
2. Le *prétendu* roi n'était qu'un simple citoyen.
3. Les héros doivent souvent *choisir* entre un acte difficile et leur sécurité personnelle.
4. Les Français *ont souffert* pendant la guerre.
5. Les jeunes dans le Peace Corps *font du bénévolat*.
6. On *espère* toujours trouver des solutions aux problèmes.

B. Les nuances des mots. Lisez les phrases pour comprendre les différentes significations du mot en italique. Ensuite, écrivez vos propres phrases en imitant chaque exemple.

MODÈLE: *insister (pour) (sur)*

Ils *ont insisté pour* nous rencontrer.

Cet article *insiste sur* l'importance de l'éducation.

a. *J'ai insisté pour* payer l'addition.

b. Le professeur *insiste sur* les difficultés grammaticales dans cette leçon.

1. *(s')améliorer*

   Le patron *a amélioré* les conditions de travail dans son entreprise.

   On peut *s'améliorer* en lisant des livres.

   a. ______

   b. ______

2. *important(e)*

   Mon premier instituteur était une personne *importante* dans ma vie quand j'avais 6 ans.

   La manifestation à Marseille était *importante*; il y avait plus de 200 000 personnes dans les rues.

   a. ______

   b. ______

C. Le héros en période de crise et le héros dans la vie quotidienne. Complétez les phrases avec les mots de la liste. Faites tous les changements nécessaires.

se consacrer
s'efforcer
empêcher
faire abstraction
jouer un rôle
lutte
se révolter
sacrifice

Toussaint Louverture est un grand héros d'Haïti. Ancien esclave devenu homme libre, il ______[1] à la libération de son pays. Libre lui-même, il ne pouvait plus ______[2] des injustices dont son peuple était victime. En 1791, après la Révolution française, les esclaves noirs ______[3] contre les colons blancs dans une ______[4] violente et Toussaint Louverture y ______[5] important. Avec l'abolition de l'esclavage en France et dans ses colonies, ce héros ______[6] d'installer un «Pouvoir Noir» dans son pays et il a pris le titre de gouverneur général en 1801. Cette action a déplu à Napoléon, qui a voulu l'______[7] de devenir trop puissant.° Toussaint Louverture a été déporté en France et il est mort en prison en 1803, mais son ______[8] a permis à Haïti de devenir la première république noire du monde en 1804.

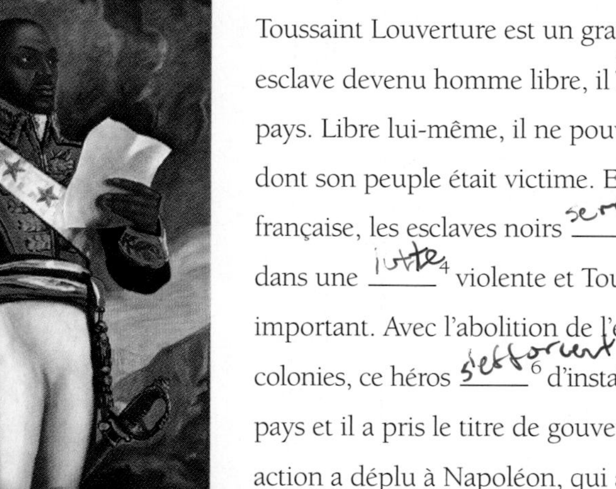

Général Toussaint Louverture (1743–1803)

°*powerful*

M. Lopez est l'instituteur dans une petite école de village en Auvergne. Son _____ [9] est d'aider les enfants à _____ [10]. Il les _____ [11] de bien faire leur travail et il leur _____ [12] dans la vie quotidienne. Quand les jeunes ont des problèmes (un père malade, par exemple), M. Lopez les écoute et il les aide à _____ [13] aux situations difficiles. Il _____ [14] sur la vie de ces enfants et c'est pour cela que cet homme est le héros du film documentaire *Être et Avoir* qui a eu beaucoup de succès.

s'améliorer
avoir un impact
but
convaincre
faire face
servir d'exemple

Dans le film documentaire *Être et Avoir*, on voit que M. Lopez est un instituteur exemplaire.

D. Compréhension culturelle. Relisez les paragraphes de l'Activité C pour bien comprendre l'information culturelle. Avec un(e) partenaire, répondez aux questions.

1. Pourquoi est-ce que l'on considère Toussaint Louverture comme un héros?
2. Quelles sont les qualités de M. Lopez qui font de lui un héros?
3. Comparez les deux héros. Quelles sont les différences? Qu'ont-ils en commun?

E. Différences. Dans chaque cas, expliquez la différence de sens entre les deux mots ou expressions.

1. faire un sacrifice et faire un compromis 2. manifester et se révolter
3. oser et faire un choix 4. risquer sa vie et sauver la vie à quelqu'un
5. empêcher et éviter

F. Des héros et des héroïnes. Avec un(e) partenaire, parlez de ce qui est évoqué par ces débuts de phrases, en utilisant autant que possible le **Vocabulaire thématique.** Comparez ensuite vos réponses avec celles du reste de la classe.

1. Un homme (une femme) «ordinaire» peut devenir un héros (une héroïne) quand…
2. Un héros (une héroïne) est quelqu'un qui…
3. _____ est un héros (une héroïne), parce que…

Allons au cinéma

Camille: Quand est-ce que mon grand-père Antoine est arrivé chez vous?

Rappelons-nous

Ce qui s'est passé avant. Vous souvenez-vous de l'Épisode 8? Travaillez avec un(e) partenaire. Vous allez décrire un des éléments suivants. Votre partenaire va ensuite expliquer l'importance de cet élément dans l'Épisode 8. Si vous n'êtes pas d'accord avec lui/elle, dites pourquoi. Changez de rôle pour chaque élément.

Modèle: le coup de fil (*phone call*) de Bruno à Camille

É1: Bruno demande à Camille si elle met sa ceinture de sécurité.

É2: Cela montre qu'il tient beaucoup à elle.

É1: C'est vrai, il l'aime beaucoup.

1. le président de Canal 7
2. le monument aux morts
3. le Bar des Cévennes
4. l'attitude d'Éric
5. l'adresse que note Camille

Préparons-nous pour l'épisode

En travaillant avec un(e) partenaire, regardez les photos et les légendes et choisissez la meilleure explication dans chaque cas. Ensuite, expliquez pourquoi vous avez choisi cette réponse.

1. 

CAMILLE: Je veux simplement savoir la vérité, pour moi.

a. Camille explique pourquoi elle veut parler avec Jeanne.
b. Camille veut écrire un article sur son grand-père.
c. Camille n'est pas contente parce que Jeanne lui a menti.

2. 

JEANNE: Venez un instant par ici. Votre grand-père Antoine est là.

a. Jeanne refuse de parler d'Antoine.
b. Jeanne a gardé une photo d'Antoine et de son mari.
c. Jeanne veut oublier ce qui s'est passé pendant la guerre.

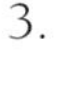

3. 

JEANNE: Ils détruisaient des ponts et des voies de chemin de fer. Il était essentiel de retarder les troupes allemandes... Mais Antoine était impatient.

a. Jeanne ne comprend pas pourquoi les résistants détruisaient tout.
b. Jeanne n'a pas une bonne opinion de l'attitude d'Antoine.
c. Jeanne ne sait pas ce que faisaient les résistants.

4. 

JEANNE: Pierre était nerveux. Il savait qu'il risquait sa vie et celle de ses camarades. Mais mon mari avait confiance: il croyait qu'Antoine était son ami. Et Antoine leur avait assuré qu'il y aurait très peu de soldats ce soir-là.

a. Jeanne ne comprend pas pourquoi son mari a accepté cette mission.
b. Jeanne raconte ce qu'elle sait sur cette mission dangereuse.
c. Jeanne pense que son mari a décidé d'attaquer le train ce soir-là sans raison précise.

5. 

JEANNE: Je l'ai soigné. Mais il est mort au matin dans mes bras.

a. Jeanne parle de la mort d'Antoine.
b. Jeanne parle de la mort de son mari, Pierre.
c. Jeanne n'a pas revu son mari après la mission.

Vocabulaire de l'épisode

Pendant le rendez-vous avec Jeanne

l'aligot (*m.*) *regional cheese-and-potato soup*
les voies (*f. pl.*) **de chemin de fer** railroad tracks
Les Allemands ont entreposé des armes... The Germans stockpiled weapons . . .
grièvement blessé seriously wounded
Et soudain, tout s'est précipité. Everything happened suddenly.
se traîner to move with difficulty; to crawl
les paroles (*f. pl.*) words
ce genre de ruse that kind of trick

Après le rendez-vous avec Jeanne

le chagrin pain, sorrow

Regardons l'épisode

Répondez aux questions suivantes en regardant l'épisode.

1. Quel(s) adjectif(s) Jeanne utilise-t-elle pour décrire Antoine?
   a. serviable   b. sympathique   c. important   d. impatient
2. Selon Jeanne, qu'est-ce qu'Antoine voulait faire?
   a. attaquer les Allemands
   b. frapper plus fort
   c. frapper les Allemands plus forts
   d. saisir les armes

Parlons de l'épisode

Jeanne: Il l'avait vu... avec Fergus... qui portait un uniforme nazi...

A. Détails importants. Avec un(e) partenaire, indiquez l'importance des éléments suivants dans le développement de l'intrigue et des personnages.

Modèle: l'aligot

É1: C'est le plat que Jeanne prépare pour Camille. Jeanne a donc invité Camille à déjeuner et on peut en conclure qu'elle accepte de lui parler.

É2: Ce plat montre aussi l'importance de la tradition culinaire.

1. la lettre qu'Antoine avait écrite en 1943
2. la photo d'Antoine et Pierre
3. les copains de la Résistance
4. le train
5. l'uniforme nazi
6. la disparition d'Antoine
7. une photo de Roland Fergus
8. un garage près du Vieux-Port à Marseille

B. La Résistance. Mettez les événements de chaque section dans l'ordre chronologique, puis lisez les chronologies à haute voix (*out loud*).

Avant la nuit fatale

_____ a. Antoine, Pierre et quatre copains détruisaient des ponts et des voies de chemin de fer.

_____ b. Antoine est arrivé dans les Cévennes.

_____ c. Fergus est arrivé de Paris.

_____ d. Pierre a présenté Antoine à ses amis résistants.

_____ e. Fergus a demandé à Pierre de réunir tous ses amis résistants.

_____ f. Antoine voulait monter des opérations plus importantes.

La nuit fatale

_____ a. Pierre a accusé Antoine de trahison.

_____ b. Pierre s'est traîné jusque chez lui.

_____ c. Pierre est mort dans les bras de sa femme le lendemain de l'attaque.

_____ d. Pierre est arrivé près du train, avec les autres résistants.

_____ e. Pierre a été grièvement blessé.

_____ f. Les Allemands ont attaqué les résistants.

C. **Comme le disent les Français.** Quand on veut décrire une action de façon plus précise, on utilise des adverbes ou des expressions adverbiales. Trouvez l'équivalent des mots ou expressions soulignés.

1. BRUNO (*Épisode 8, à Camille*): Camille, c'est Bruno! Tu es <u>bien</u> arrivée?
2. BRUNO (*Épisode 8, à Camille*): T'attaches <u>bien</u> ta ceinture de sécurité?
3. BRUNO (*Épisode 8, à Camille*): Je t'embrasse très <u>fort</u>.
4. JEANNE (*Épisode 9, à Camille*): Antoine a voulu frapper plus <u>fort</u>.

a. avec force
b. correctement
c. de tout cœur
d. sans problème

5. CAMILLE (*Épisode 9, à Jeanne*): Je veux <u>simplement</u> savoir la vérité, pour moi.
6. CAMILLE (*Épisode 9, à Jeanne*): Vous avez <u>sûrement</u> raison, madame.
7. CAMILLE (*Épisode 9, à Jeanne*): Mais alors, il a <u>vraiment</u> lutté dans la Résistance avec votre mari?
8. JEANNE (*Épisode 9, à Camille*): Mon mari a été <u>grièvement</u> blessé.

a. seulement
b. sérieusement
c. certainement
d. réellement

D. **Légende.** Regardez cette photo, puis écrivez une légende qui souligne une idée importante de l'épisode. Expliquez à un(e) partenaire pourquoi cette idée est importante. Votre partenaire va vous dire s'il/si elle est d'accord ou pas. Ensuite, comparez vos légendes et vos idées à celles du reste de la classe.

E. **Discussion.** Que savez-vous sur les personnages dont on parle dans cet épisode? Travaillez en petits groupes; chaque groupe va expliquer en détail ce qu'il sait à propos de ces personnages. Ensuite, chaque groupe va présenter son analyse à la classe.

1. Roland Fergus
2. Pierre Leblanc
3. Antoine
4. les soldats allemands

Structures pour communiquer 1

JEANNE: Un certain Fergus a dit aux résistants qu'il fallait saisir les armes que les Allemands avaient cachées dans un train.

9.1 Le plus-que-parfait

When there is a need to situate a past action further back in time than another past action, the **plus-que-parfait** is used. This verb tense expresses *had done* or *had been* in English and may be referred to as the *past perfect* or as the *pluperfect*. It is helpful to know that the rules for using the **plus-que-parfait** in French and in English are similar.

Les formes du plus-que-parfait

The **plus-que-parfait** is made up of the **imparfait** of the auxiliary **avoir** or **être** followed by the past participle of the main verb. The rules for agreement of the past participle and the placement of adverbs are the same as for the **passé composé**.

RAPPEL

I had played . . .
We had left . . .
They had gotten up . . .

	jouer	partir	se lever
je (j')	avais joué	étais parti(e)	m'étais levé(e)
tu	avais joué	étais parti(e)	t'étais levé(e)
il/elle/on	avait joué	était parti(e)	s'était levé(e)
nous	avions joué	étions parti(e)s	nous étions levé(e)s
vous	aviez joué	étiez parti(e)(s)	vous étiez levé(e)(s)
ils/elles	avaient joué	étaient parti(e)s	s'étaient levé(e)s

On n'a pas reconnu Denis à la réunion parce qu'il **avait beaucoup maigri**. — *We didn't recognize Dennis at the reunion because he had lost a lot of weight.*

Zoé était en retard parce qu'elle **ne s'était pas rappelée** à quelle heure nous avions rendez-vous. — *Zoey was late because she hadn't remembered what time our appointment was.*

Les emplois du plus-que-parfait

1. The **plus-que-parfait** is used to express an action in the main clause that was completed *before* another past action described in the sentence.

   Quand Marcel est enfin arrivé, la pièce **avait** déjà **commencé**. — *When Marcel finally arrived, the play had already started.*

   Je **m'étais couchée** très tard la veille, alors quand mon réveil a sonné à 6 h ce matin-là, j'étais très fatiguée. — *I had gone (went) to bed very late the night before, so when my alarm went off at 6 that morning, I was really tired.*

2. In French, three verb tenses are used to narrate events of the past: *Main actions* are in the **passé composé**, *descriptive or background information* is in the **imparfait**, and *actions* that were *completed before the main event(s)* are in the **plus-que-parfait**.

   Les résistants sont allés à la gare parce qu'Antoine les **avait assurés** que la situation n'était pas trop dangereuse. — *Members of the Resistance went to the train station because Antoine had assured them that the situation wasn't too dangerous.*

   Selon Jeanne Leblanc, son mari a perdu la vie parce qu'Antoine **avait collaboré** avec les Allemands. — *According to Jeanne Leblanc, her husband lost his life because Antoine had collaborated with the Germans.*

3. When used after **si seulement**, the **plus-que-parfait** expresses a wish or a regret about a past situation.

   Si seulement j'**avais su!** — *If only I had known!*

   Si seulement nous **avions travaillé** plus dur! — *If only we had worked harder!*

   Si seulement elle **n'était pas partie**! — *If only she hadn't left!*

Exercices

A. Déjà fait. Récrivez les phrases suivantes. Utilisez *le plus-que-parfait* et *le passé composé* selon le modèle.

MODÈLE: Ils _____ (prendre déjà) une décision quand tu _____ (rentrer).

Ils *avaient déjà pris* une décision quand tu *es rentré*.

1. Jamel _____ (manger déjà) quand nous _____ (se lever).
2. Stéphanie _____ (partir déjà) quand tu _____ (arriver).
3. Ils _____ (finir déjà) leurs devoirs quand on _____ (annoncer) le dîner.
4. Vous _____ (se coucher déjà) quand Edgar _____ (téléphoner).

B. Contes de fées (*Fairy tales*). Complétez avec *le passé composé* ou *le plus-que-parfait* du verbe entre parenthèses.

1. Alice a vu un lapin blanc sortir une montre de son gilet (*vest*). Elle _____ (courir) après lui, mais elle _____ (tomber) alors dans un puits (*well*) interminable pour se retrouver devant une porte minuscule…
2. Cendrillon a pu aller au bal royal parce que sa bonne fée (*fairy godmother*) lui _____ (donner) une très belle robe et des pantoufles de verre (*glass slippers*).
3. La reine était jalouse de la beauté de Blanche-Neige et elle a essayé de tuer la belle princesse. Heureusement, Blanche-Neige _____ (trouver) refuge dans une petite maison de la forêt où habitaient sept nains. Un jour, une vieille femme _____ (venir) offrir à Blanche-Neige une pomme empoisonnée qu'elle _____ (préparer). Si seulement Blanche-Neige _____ (ne pas être) si naïve!
4. Le nez de Pinocchio est devenu très long parce qu'il _____ (mentir beaucoup).
5. Un soir, Peter Pan _____ (aller) avec Wendy, Jean et Michel au Pays Imaginaire où de nombreuses aventures les attendaient. Le Capitaine Crochet (*Hook*), chef d'une bande de pirates et leur ennemi mortel, avait très peur d'une seule chose… du crocodile qui lui _____ (manger déjà) une main. Un jour, Crochet _____ (capturer) Wendy et ses frères avec l'intention de les jeter à la mer…

Prenons la parole

Établir une chronologie dans le passé

A. Ce qui s'était passé avant. En petits groupes, vous allez déterminer quelles actions ont précédé d'autres actions dans *Le Chemin du retour*. À partir des phrases données, chaque membre du groupe raconte à son tour ce qui s'était passé avant l'action mentionnée par la personne précédente. Suivez le modèle. (Si nécessaire, regardez les photos du film dans les chapitres précédents pour vous rappeler ce qui s'était passé.)

MODÈLE: Épisode 1: Camille a cherché son médaillon dans son sac.

É1: Elle avait vu Hélène.

É2: Elle avait donné le béret de la semaine à Bruno.

É3: Le boulanger avait parlé du pain pendant l'émission «Bonjour!»

1. Épisode 2: Mado a proposé du champagne à Camille et à Rachid.
2. Épisode 3: Mado était furieuse contre Camille parce qu'elle avait montré la photo d'Antoine à Louise.
3. Épisode 4: Camille et Bruno sont allés au restaurant.
4. Épisode 5: Bruno a parlé à Camille d'un ami historien.
5. Épisode 6: Camille a rencontré David, l'ami historien de Bruno.
6. Épisode 7: Camille est partie dans les Cévennes.
7. Épisode 8: Camille est allée chez Jeanne.
8. Épisode 9: Jeanne Leblanc a demandé à Éric de donner une photo de Roland Fergus à Camille.

Établir une chronologie dans le passé

B. Pourquoi? Expliquez ce qui a logiquement précédé ces phrases au passé, en suivant le modèle. Votre partenaire va trouver une hypothèse différente. Utilisez des expressions de temps, si possible.

MODÈLE: Nous sommes allés voir ce film parce que...

É1: Nous sommes allés voir ce film parce que mon ami en avait lu une bonne critique la veille.

É2: Nous sommes allés voir ce film parce que je ne l'avais pas encore vu.

1. Nous étions fatigués parce que...
2. J'ai dû faire mes devoirs à la dernière minute parce que...
3. Mon ami n'a pas acheté le CD qu'il voulait parce que...
4. La bibliothèque m'a envoyé une lettre parce que...
5. Ma voiture s'est arrêtée au milieu de l'autoroute parce que...
6. Je ne pouvais pas rentrer dans mon appartement parce que...
7. Mon ami(e) a perdu son travail parce que...
8. Tu as raté ton avion parce que...

À NOTER

To talk about previous days, weeks, and months in a past context, you can use the following expressions:

la veille	*the day before*
la semaine	*the week*
l'année	*year*
le mois	*month*
précédent(e)	*before*

Other expressions that often accompany the **plus-que-parfait** are **déjà** and **ne... pas encore**.

9.2 L'infinitif présent

Verbs are the heart of every sentence. Usually, they must be conjugated to agree with the subject. However, sometimes verbs are used in their infinitive or unconjugated form, in both English and French.

Une critique politique à l'occasion des élections européennes

Penser ne suffit pas; il faut **penser** à quelque chose. —*Jules Renard*	*To think is not enough; it is necessary to think about something.*

Les formes de l'infinitif présent

AFFIRMATIF	NÉGATIF
voir	ne pas voir
aller	ne pas aller
se lever	ne pas se lever

Les emplois de l'infinitif présent

1. The infinitive can be used as the subject of a sentence. This is often the case with proverbs and general principles. When the infinitive is *negative*, both elements of the negation precede it.

Vouloir, c'est **pouvoir**.	*Where there is a will, there is a way. [Literally: To want is to be able.]*
Tout **comprendre**, c'est tout **pardonner**.	*To understand all is to forgive all.*
Être ou **ne pas être**, voilà la question.	*To be or not to be, that is the question. —Shakespeare*

2. When a conjugated verb is followed by a second verb in the same clause, the second verb is always an infinitive. Remember that either verb form can be negative.

Mado ne veut pas **parler** de la guerre.	*Mado does not want to talk about the war.*
Mado préfère **ne pas connaître** la vérité sur Antoine.	*Mado prefers not to know the truth about Antoine.*

RAPPEL

When two verbs are used in two *different* clauses, both are conjugated. The subjects may be the same or different.

S'il **dit** oui, elle **dit** non.
Quand on **veut**, on **peut**.

a. Many verbs in English and in French are followed directly by an infinitive in the same clause. See **Appendice C** for a more detailed list of verbs + infinitives.

VERBES SUIVIS DIRECTEMENT PAR L'INFINITIF (SANS PRÉPOSITION)				
MOUVEMENT	DÉSIR	OPINION	PERCEPTION	DIVERS
aller	aimer	compter	écouter	devoir
partir	désirer	croire	entendre	falloir
rentrer	espérer	détester	regarder	faire*
revenir	préférer	penser	voir	laisser*
venir	vouloir	savoir		pouvoir

JEANNE: Mais Antoine était impatient. Il disait à mon mari: «Il **faut frapper** plus fort.»	*But Antoine was impatient. He said to my husband: "We must hit harder."*
CAMILLE: Plus fort?	*Harder?*
JEANNE: Oui. Il **a voulu monter** des opérations plus importantes!	*Yes. He wanted to organize bigger operations.*

b. Some verbs must be followed by the preposition **à** before an infinitive.

VERBES + **à** + INFINITIF		
aider à	commencer à	inviter à
s'amuser à	s'habituer à	se mettre à
apprendre à	hésiter à	réussir à

JEANNE: Cette nuit-là, Pierre **a réussi à se traîner** jusqu'ici.	*That night, Pierre managed to drag himself back here.*

*See section 9.3 for more details on causative **faire** and **laisser** + infinitive.

STUDY TIP

When you learn a new verb, learn its preposition as well, if there is one. Note that the use of prepositions in points 2b and 2c is not the same in French as in English.

Il l'encourage **à** parler.
He encourages her to speak.
Elle essaie **de** parler.
She tries to speak.

For a more complete list of **Verbes + *à* ou *de* + infinitif,** see Appendice C in the Online Learning Center.

c. Other verbs and verbal expressions are followed by the preposition **de** before an infinitive.

VERBES + **de** + INFINITIF		
s'arrêter de	dire de	promettre de
avoir besoin, envie de	essayer de	refuser de
décider de	être bon, important, (etc.), de	rêver de
demander de	oublier de	se souvenir de

JEANNE: Et Fergus **a demandé** à mon mari **de réunir** tous ses amis résistants.	*And Fergus asked my husband to get all his friends in the Resistance together.*

3. The infinitive is used as an imperative to give impersonal commands on public signs and to give directions in recipes.

Ne pas se pencher dehors.	*Don't lean out (of the window).*
Ajouter la sauce. **Saler** et **poivrer**.	*Add the sauce. Add salt and pepper.*

Exercices

A. On parle enfin à Camille. Complétez les phrases suivantes avec **à** ou **de**, *si c'est nécessaire*. Ensuite, indiquez qui a dit chaque phrase.

1. «Un ami est venu _____ vous voir, la semaine dernière. Un Parisien.»
   a. Camille b. Éric
2. «Ah! Ce journaliste qui faisait un reportage sur les Cévennes? Qu'est-ce que je peux _____ faire pour vous?»
   a. Camille b. Éric
3. «Je suis désolé, elle ne veut pas _____ vous parler.»
   a. Camille b. Éric
4. «Demandez-lui simplement _____ lire ceci… »
   a. Camille b. Éric
5. «La vérité… Savez-vous qu'il n'est pas toujours bon _____ la connaître?»
   a. Camille b. Jeanne
6. «Elle n'a pas pu _____ se marier avec quelqu'un de mauvais! C'est impossible!»
   a. Camille b. Éric
7. «Il voulait _____ faire de la Resistance.»
   a. Camille b. Jeanne

B. À vous. Complétez avec **à** ou **de** (*si nécessaire*) + infinitif.

1. En général, je n'aime pas ________.
2. En cours, nous devons ________.
3. Le professeur aide les étudiants ________.
4. Les étudiants s'habituent ________.
5. Je rêve ________.
6. Est-ce que tu oublies souvent ________?
7. L'année prochaine, nous pensons ________.
8. En avion, on nous demande souvent ________.

9.3 Le *faire* causatif

The construction **faire** + infinitive is used to show cause and effect.

La guerre fait souffrir tant de gens.	*War makes so many people suffer.*

En Auvergne, une région agricole. Sur ce tee-shirt on lit: «Les jeunes agriculteurs vous font partager l'amour de leur métier.»

Les emplois du *faire* causatif

1. A conjugated form of the verb **faire** followed by an infinitive indicates that someone is *making someone do something*.

L'institutrice **fait travailler** les élèves.	*The teacher makes the children work.*
Elle les **fait lire et écrire**.	*She makes them read and write.*

2. A form of **faire** + infinitive can also express that someone *has something done* by someone; in this case, **faire** means *to have*, not *to make*. **Par** is used to indicate the person who is doing the action.

Il a fait réparer sa voiture **par** le mécanicien.	*He had his car repaired by the mechanic.*
Elles vont faire construire une maison **par** un nouvel architecte.	*They are going to have a house built by a new architect.*

3. A form of **faire** + infinitive can also show that something is (or is not) *causing something* to happen.

Le soleil fait fondre la glace.	*The sun is melting the ice.*
Le film n'a pas fait rire ces enfants.	*The film didn't make these children laugh.*

RAPPEL

Pronouns normally precede infinitives.
Exception: Pronouns precede causative **faire, laisser,** and verbs of perception that are followed by an infinitive.

Les soldats? Le capitaine pense **les** comprendre. Il **les** laisse se détendre après une mission difficile. il **les** voit dormir…

www.mhhe.com/bienvubiendit

À NOTER

There is agreement in **Elle les a *laissés* sortir,** because the dogs (direct object) performed the action of the infinitive. On the other hand, there is no agreement in **Elle les a *laissé* examiner par le vétérinaire** because the dogs did not do the examining.

Note: There is never agreement with a preceding direct object in the **passé composé** with causative **faire**.

Ce film? Il ne **les** a pas **fait** rire.	*This film? It didn't make them laugh.*
As-tu vu Amélie? Qui l'a **fait** pleurer?	*Did you see Amelie? Who made her cry?*

Note: The construction **laisser** + infinitive means *to let someone do something, to let something happen*. With this construction, there is agreement only with preceding direct objects in the **passé composé** when the *direct object* is doing the action expressed by the infinitive.

Elle a laissé sortir ses chiens (= objet direct).	*She let her dogs go out.*
Elle **les** a **laissés** sortir.	*She let them go out.*
Elle **les** a **laissé** examiner par le vétérinaire.	*She let the vet examine them.*

Exercices

A. Une commémoration. Faites des phrases avec **faire** + infinitif, selon le modèle.

MODÈLE: Le président / les invités entrent

Le président *fait entrer* les invités.

1. Le général / les soldats marchent
2. La mort du jeune héros / tout le monde réagit
3. Les membres du clergé / les gens prient (prier = *to pray*)
4. Les soldats / tous les Français viennent à Paris
5. La chanteuse / la foule (*crowd*) chante

B. L'institutrice et les élèves. Une institutrice a fait certaines choses en classe et elle en a fait faire d'autres par les élèves. Faites correspondre les phrases de la colonne A avec les traductions de la colonne B pour indiquer ce que l'institutrice a fait et ce qu'elle a fait faire en classe hier. Expliquez pourquoi il y a accord ou pas.

A	B
1. Elle les a entendus chanter.	a. *She made them sing.*
2. Elle les a laissés chanter.	b. *She watched them sing.*
3. Elle les a regardés chanter.	c. *She listened to them sing.*
4. Elle les a fait chanter.	d. *She heard them sing.*
5. Elle les a écoutés chanter.	e. *She let them sing.*

Prenons la parole

FONCTION

Spécifier le rapport entre deux actions

A. **Le héros ou l'héroïne du quotidien?** Y a-t-il des hommes ou des femmes qui font preuve d'héroïsme dans la vie de tous les jours? Utilisez un infinitif (et une préposition si nécessaire) pour parler avec un(e) partenaire de ce que font les personnes dans la liste suivante. Suivez le modèle.

MODÈLE: Un pompier (*fire fighter*) est un héros qui essaie de sauver la vie aux gens.

Les pompiers sauvent la vie à un enfant à Paris.

Personnes

un(e) de vos ami(e)s, un(e) artiste, un instituteur (une institutrice), un médecin (une femme médecin), une personne âgée, un policier, un pompier, un(e) bénévole, un père (une mère), vous-même, des soldats, quelqu'un d'autre, ?

Verbes

aider, aimer, demander, essayer, faire, (ne pas) hésiter, oublier, pouvoir, réussir, rêver, vouloir

B. **Sondage.** Interviewez individuellement plusieurs camarades de classe pour en apprendre plus sur leur vie. Prenez des notes et présentez les résultats à la classe. Y a-t-il des étudiant(e)s qui se ressemblent?

Spécifier le rapport entre deux actions

1. Qu'est-ce que tu rêves de faire?
2. Qu'est-ce que ton meilleur ami (ta meilleure amie) te demande souvent de faire?
3. Qu'est-ce que tu préfères ne pas faire?
4. Qu'est-ce que tu fais faire par les autres?
5. Qu'est-ce qui te fait rire?
6. Qu'est-ce que tes parents t'ont laissé(e) faire quand tu étais petit(e)?
7. Qu'est-ce que tu sais faire que tes amis ne savent pas faire?
8. Qu'est-ce que tu hésites à faire en cours? Pourquoi?
9. Qu'est-ce que tu n'oublies jamais de faire?
10. Qu'est-ce que tu dois faire cette semaine?

Culture en images

JEANNE: Et soudain, tout s'est précipité.

L'Abbé Pierre, un personnage célèbre de France, milite pour donner des logements à ceux qui n'en ont pas.

Jeanne d'Arc a inspiré l'armée française et a libéré la France des Anglais au 15ème siècle. Elle est morte pour ses convictions.

Analyse culturelle. Analysez les photos, ainsi que leurs légendes, pour déterminer ce que ces gens ont en commun. Ensuite, choisissez la (ou les) réponse(s) qui vous semble(nt) le mieux répondre à la question. Justifiez votre choix.

Quelles sont les caractéristiques d'un héros?

a. Un héros prend des risques qui le mettent en danger de mort.
b. Un héros se consacre à une cause juste.
c. Un héros cherche la célébrité.

(Vous allez voir un exemple d'héroïsme dans **Culture**, pp. 322–326.)

Structures pour communiquer 2

9.4 L'infinitif passé

Infinitives have a past form as well as a present form. The past infinitive is formed using the infinitive **avoir** or **être** + the past participle of the main verb.

Après **avoir fait** la grève pendant deux mois, ils ont décidé de signer le contrat.	*After having been on strike for two months, they decided to sign the contract.*
Ils sont contents d'**être arrivés** à cette solution.	*They are happy to have arrived at this solution.*

Les formes de l'infinitif passé

	AFFIRMATIF	NÉGATIF
voir	avoir vu	ne pas avoir vu
aller	être allé(e)(s)	ne pas être allé(e)(s)
se lever	s'être levé(e)(s)	ne pas s'être levé(e)(s)

Note that both elements of the negation precede **être** or **avoir**.

Est-ce que tu peux m'appeler après **t'être réveillée**?	*Can you call me after waking up?*
Je veux te remercier de **ne pas avoir oublié** notre réunion hier.	*I want to thank you for not having forgotten about our meeting yesterday.*

Note: When the past participle follows **être**, it always agrees in number and gender with the subject of the sentence. When the past participle follows **avoir**, it changes in number and gender only to agree with a *direct object* that precedes **avoir**.

Excusez-nous de ne pas être **venus** à la manifestation hier.	*We apologize for not having come to the demonstration yesterday.*
Elle regrette de ne pas nous avoir **parlé**.	*She regrets not having spoken to us.*
Victor se rappelle **avoir vu** ces acteurs dans un vieux film.	*Victor remembers having seen those actors in an old film.*
Est-ce que tu te rappelles **les avoir vus** aussi?	*Do you remember having seen them as well?*

À NOTER

In English, the past infinitive of French often translates as the verb + *-ing*.

Après **avoir visité** le musée, ils ont déjeuné. *After visiting the museum, they had lunch.*

Il est déçu d'**avoir perdu** le match. *He is disappointed about losing the game.*

Les emplois de l'infinitif passé

1. The past infinitive indicates a past action that was completed before the action of the conjugated verb.
2. The past infinitive follows the preposition **après** to indicate two successive actions performed by the same subject. Note that the reflexive pronoun of the past infinitive agrees with the subject of the sentence.

Après avoir regardé son courrier, elle a fermé son ordinateur.	*After having checked (checking) her e-mail, she turned off her computer.*
Après m'être reposée à la campagne pendant une semaine, je suis rentrée en ville.	*After having rested (resting) in the countryside for a week, I returned to the city.*

Exercice

En période de crise. Mettez les deux phrases ensemble, selon le modèle.

MODÈLE: Il a pensé aux alternatifs. Il a pris sa décision.

Après avoir pensé aux alternatifs, il a pris sa décision.

1. Elles ont manifesté. Elles ont fait la grève.
2. On a souffert. On a fait face à la situation.
3. J'ai consacré toute mon énergie à la cause. Je me suis senti mieux.
4. Ils sont allés à la manifestation. Ils ont organisé un débat.
5. Nous nous sommes révoltés. Nous avons pu réaliser nos objectifs.
6. Nous les avons réalisés. Nous avons célébré notre victoire.

Prenons la parole

Spécifier le rapport entre deux actions

A. Une bonne année pour tout le monde? Avec un(e) partenaire, donnez des détails sur les choses positives ou négatives qui se sont passées dans votre vie l'année dernière, puis mentionnez ce qui est arrivé à des gens que vous connaissez ou à des personnes célèbres. Faites appel à votre imagination, si nécessaire. Suivez le modèle.

MODÈLE: être content(e)(s)

É1: Je ne suis pas contente de m'être disputée avec ma meilleure amie.

É2: Moi, je suis content de t'avoir rencontrée.

É1: Ma mère n'est pas contente d'avoir perdu son travail.

1. regretter de
2. être satisfait(e)(s) de
3. avoir l'impression de
4. penser
5. prétendre
6. se rappeler
7. avoir la certitude de

Établir une chronologie dans le passé
Spécifier le rapport entre deux actions

B. Et après? Regardez les photos et imaginez ce que les gens ont fait après. Un membre du groupe dit ce que les gens étaient en train de faire. Les autres indiquent ce qu'ils ont fait après, en suivant le modèle. Chaque étudiant(e) doit proposer une action différente, en utilisant comme point de départ la phrase donnée par l'autre étudiant(e).

MODÈLE: É1: Ces gens entraient dans le musée.

É2: Après être entrés dans le musée, ils ont acheté des billets.

É3: Après avoir acheté les billets, ils sont allés voir *la Joconde*.

É4: Après être allés voir *la Joconde*, ils sont partis.

À l'entrée du Louvre

1. 

Devant un cinéma à Paris

2. 

À table, le matin

3. 

Dans une épicerie à Paris

4. 

En route pour la plage, à Bordeaux

9.5 Le participe présent et le gérondif

SAMUEL BECKETT
En attendant Godot
LES ÉDITIONS DE MINUIT

«En attendant Godot (*Waiting for Godot*)» est probablement la pièce la plus célèbre de Beckett, un écrivain du théâtre de l'absurde.

Present participles and gerunds are verb forms ending in *-ing* in English and **-ant** in French. They are used to modify a noun or to indicate actions that are simultaneous with, or are the cause of, the action of the conjugated verb.

Le jeune homme **portant** un uniforme nazi était en réalité un résistant.	*The young man wearing a Nazi uniform was in reality a member of the Resistance.*
Il marchait **en chantant** l'hymne national allemand.	*He was walking while singing the German national anthem.*
Il est tombé et s'est blessé **en ne faisant pas** attention où il allait.	*He fell down and hurt himself by not looking where he was going.*

Les formes du participe présent et du gérondif

1. The present participle is formed by adding the ending **-ant** to the first person plural stem (**nous**) of the present indicative.

   parler: nous **par**lons → **parlant**

   finir: nous **finiss**ons → **finissant**

   rendre: nous **rend**ons → **rendant**

Note: Three verbs have an irregular present participle.

avoir → **ayant** être → **étant** savoir → **sachant**

Oubliant où il était, le soldat a allumé une cigarette près du champ de bataille.	*Forgetting where he was, the soldier lit a cigarette near the battlefield.*
Camille, **sachant** qu'elle n'allait pas découvrir l'histoire de son grand-père à Paris, est partie pour Saint-Jean-de-Causse.	*Camille, knowing that she wouldn't discover her grandfather's story in Paris, left for Saint-Jean-de-Causse.*

2. The gerund consists of the present participle preceded by **en**. Note the position of the two negative elements and the change of reflexive pronouns to agree with the subject of the gerund.

   en parlant **en** finissant
   en rendant **en** se reposant

En ne se plaignant pas, elle s'est fait beaucoup d'amis.	*By not complaining, she made a lot of friends.*
Vous ne devez pas penser à vos problèmes **en vous endormant**.	*You mustn't think about your problems while falling asleep.*

Les emplois du participe présent et du gérondif

1. The present participle is used like a relative clause beginning with **qui** to describe nouns. It modifies the nearest noun but does not change its form to agree with it.

   Les soldats, { **qui s'habillaient** vite, / **s'habillant** vite, } écoutaient les ordres du sergent.

   The soldiers, dressing quickly, listened to the sergeant's orders.

   La petite fille, { **qui regarde** la photo de son père, / **regardant** la photo de son père, } a envie de pleurer.

   The little girl, looking at the photo of her father, feels like crying.

2. The gerund is usually composed of **en** + the present participle. It is used as a verb and indicates an action simultaneous with or caused by the main verb of the sentence. **En** corresponds to the English words *while, by, upon.*

Il ne faut pas parler **en mangeant**.	*You mustn't talk while eating.*
En relisant la lettre de son fiancé, elle s'est sentie mieux.	*Upon rereading her fiancé's letter, she felt better.*

   Note: The *gerund* always indicates an action performed by the subject of the sentence. The *present participle* is used as an adjective and modifies the noun it follows.

   LE GÉRONDIF

En entrant dans l'église, **j**'ai vu le soldat. (= moi qui entrais)	*Going into the church, I saw the soldier. (= I saw him when I was going in:* ***en entrant*** *refers to the subject of the sentence)*
J'ai vu le soldat **en entrant** dans l'église. (= je l'ai vu quand moi, j'entrais)	*I saw the soldier while going into the church. (= I saw him when I was going in:* ***en entrant*** *refers to the subject of the sentence)*

   LE PARTICIPE PRÉSENT

J'ai vu **le soldat entrant** dans l'église. (= le soldat qui entrait)	*I saw the soldier going into the church. (= the soldier who was going in:* ***entrant*** refers to the noun it follows)

À NOTER

Verbs like **manger** and **commencer** add **e** (**mangeant**) and **ç** (**commençant**) before **a** or **o**.

Exercices

A. **Actions simultanées.** Faites des phrases avec les mots suivants, selon le modèle.

   MODÈLE: je / faire attention aux vélos / conduire

   Je fais attention aux vélos en conduisant.

1. nous / étudier / écouter de la musique
2. Flora / ne pas faire de bruit / rentrer le soir
3. Bertrand / faire des économies / ne pas acheter de jeux vidéo
4. je / ne penser à rien / se réveiller
5. Julie et Audrey / boire de l'eau / faire de l'exercice
6. tu / aimer chanter / prendre une douche

B. Descriptions. Lisez les phrases et répondez aux questions qui suivent.

1. Le sculpteur crée un couple dansant dans le parc. Qui danse?
2. En se promenant sur la plage, Alain a rencontré un ami. Qui se promenait?
3. J'ai entendu une fille chantant une mélodie. Qui chantait?
4. J'ai vu Nabil en courant. Qui courait?
5. Elle voit son père faisant la cuisine. Qui cuisine?
6. Entrant dans le restaurant, Pierre a cherché Paul. Qui entrait?

Prenons la parole

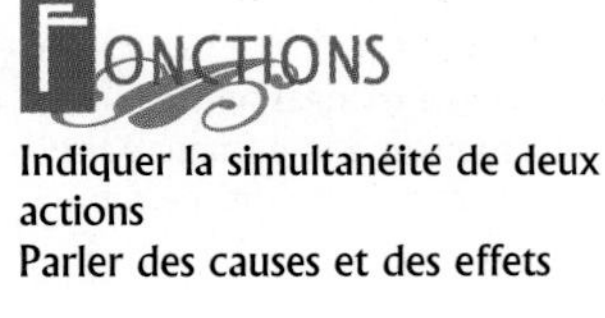

Indiquer la simultanéité de deux actions
Parler des causes et des effets

A. Observations. En petits groupes, complétez les propositions suivantes. Chaque étudiant(e) doit trouver une réponse différente. Suivez le modèle.

MODÈLE: On apprend en _____.

É1: On apprend en travaillant.

É2: On apprend en lisant des livres.

É3: On apprend en écoutant en classe.

1. Mon ami(e) a trouvé un bon travail en _____.
2. Je fais mes devoirs en _____.
3. Les adolescents vont s'amuser pendant les grandes vacances en _____.
4. On maigrit en _____.
5. Quand j'étais petit(e), je m'endormais en _____.
6. On réussit sa vie en _____.
7. Les personnes âgées s'ennuient parfois en _____.

Parler des causes et des effets

B. Comment devient-on un héros / une héroïne?
Étape 1: Mettez ensemble les phrases suivantes pour expliquer comment ces gens sont devenus des héros. Chaque partenaire donne une phrase différente, en suivant le modèle.

MODÈLE: Napoléon Bonaparte a beaucoup contribué à l'évolution de la France. Il a créé le Code Civil sur lequel la justice française est basée, et il a déclaré que tous les enfants avaient droit à une éducation gratuite.

É1: Napoléon Bonaparte a beaucoup contribué à l'évolution de la France en créant le Code Civil.

É2: Napoléon Bonaparte a beaucoup contribué à l'évolution de la France en déclarant que tous les enfants avaient droit à une éducation gratuite.

1. La Kényane Wangari Maathai (prix Nobel, 2004) a amélioré la vie des femmes africaines. Elle a fondé le *Green Belt Movement* (mouvement de la Ceinture verte) en 1977 et elle a mis en place des services de planning familial, de nutrition et d'information.
2. Les habitants du village Le Chambon-sur-Lignon ont protégé des juifs pendant la Deuxième Guerre mondiale. Ils les ont cachés des nazis et ils leur ont donné tout ce qu'il fallait pour survivre.
3. Nelson Mandela (prix Nobel, 1993) a libéré ses compatriotes noirs de l'injustice de l'apartheid en Afrique du Sud. Il est devenu président et il a réalisé son rêve d'un pays plus juste.
4. Le comique français, Coluche, a utilisé sa célébrité pour aider les pauvres. Il a fondé les Restos du Cœur et il a lutté contre l'exclusion sociale.
5. Faouzi Skali, d'origine marocaine, a contribué à la communication entre différentes cultures. Il a réuni les gens au Festival de Fès des Musiques Sacrées du Monde et il a encouragé le dialogue entre les différentes cultures et religions du monde.
6. Margaret Gibney, âgée de 14 ans, a changé la perception mondiale du conflit en Irlande du Nord. Elle a écrit une lettre au Premier ministre Tony Blair et elle l'a invité à participer au projet du Mur de la Paix à Belfast.
7. Jean-Olivier Chénier, un Patriote mort en 1837, a voulu défendre les droits des Canadiens francophones. Il s'est révolté contre les injustices infligées par les Anglais. Il a réuni 250 hommes pour se battre et il a refusé d'abandonner le combat. Il s'est sacrifié avec eux.

Étape 2: Maintenant, pensez à un héros ou une héroïne. Imitez les types de phrases que vous avez faites dans l'Étape 1 pour décrire son héroïsme.

MODÈLE: Paul Newman est devenu une star de cinéma en faisant des films extraordinaires, mais il est devenu un héros en militant pour les droits civiques et en créant le Scott Newman Center for Drug Abuse en 1985, après la mort de son fils.

Jacques-Louis David, *Napoléon Bonaparte dans son cabinet de travail aux Tuileries,* peint en 1812

NOTE CULTURELLE

Les Restos du Cœur, une association fondée par Coluche, servent gratuitement des millions de repas aux pauvres chaque année. Coluche a bien utilisé la célébrité qu'il avait acquise comme comique sur scène, à la radio et à la télévision pour mobiliser ses fans et lutter contre la malnutrition en France.

NOTE CULTURELLE

Après la victoire des Anglais en 1759, les Canadiens-Français subissent de nombreuses injustices. Ils forment alors le Parti patriote en 1827 et réclament les mêmes privilèges et pouvoirs que le parlement britannique. L'Angleterre refuse. En 1837, les Patriotes se rebellent.

Culture

Mise en route

Lucie Aubrac, née en 1912 dans une famille de maraîchers (*truck farmers*), était une étudiante brillante et sensible (*sensitive*). Elle a vu très jeune les injustices du monde et les dangers du fascisme. Elle a été, pendant la Deuxième Guerre mondiale, une véritable héroïne, engagée dans l'action contre les nazis et le gouvernement collaborateur de Vichy. Elle et son mari, Raymond Samuel, sont deux figures majeures de la Résistance. Après l'arrestation de son mari par la Gestapo, elle a organisé, avec succès, une opération militaire pour le libérer de prison. En 1944, ils se sont enfuis (*fled*) à Londres pour y rejoindre le général de Gaulle, chef de la France combattante.

Dans son livre *La Résistance expliquée à mes petits-enfants,* publié en 2000, Lucie Aubrac explique que l'héroïsme, sous l'occupation allemande, ne se limitait pas aux actions violentes. C'était avant tout un état d'esprit et un courage quotidien qu'il est important, selon elle, de transmettre aux jeunes générations pour assurer l'avenir de la liberté et de certaines valeurs universelles.

Activité

Le terme «Résistance» vient du verbe «résister», au sens de «s'opposer à», «désobéir», «refuser»—contraires de «accepter», «obéir», «se résigner». Les trois premiers verbes peuvent avoir un sens positif ou négatif selon le contexte et les opinions des gens qui les utilisent. Dans quelles circonstances est-ce que ces verbes ont un sens positif, selon vous? et un sens négatif? Imaginez des exemples actuels dans votre vie, chez vous ou à l'université, en politique nationale ou internationale, en écologie, etc.

MODÈLE: Je crois qu'il est important de résister aux publicités qui nous incitent à consommer toujours plus. Il faut refuser d'acheter des produits fabriqués par des pays qui ne respectent pas les droits de l'homme.

Lucie Aubrac, sur la couverture de son livre

La Résistance expliquée à mes petits-enfants

Texte I

Lucie Aubrac rencontre très souvent de jeunes Françaises et Français, dans toute la France, pour répondre à leurs questions. Ce passage est au début de son livre. Elle y parle de son expérience pendant ces rencontres, et elle définit son livre comme la poursuite [continuation] de ce dialogue avec les jeunes générations.

Survivants de la Résistance et des camps de déportation, nous faisons tous la même constatation:[1] nos enfants nés pendant ou après la guerre nous ont peu ou pas du tout interrogé sur ce passé qui nous a classés dans cette catégorie bizarre appelée «Résistance».

En revanche,[2] nos petits-enfants sont avides de[3] souvenirs, de détails, précisément sur notre engagement et notre activité entre 1940 et 1945. Il ne s'agit pas pour eux de préciser notre biographie mais de se renseigner, auprès de témoins[4] de plus en plus rares d'une époque déjà historique, sur les valeurs qui ont déterminé leurs actions, leurs souffrances, leur sacrifice et finalement leur victoire.

—Pourquoi cette génération veut-elle tant[5] savoir et comprendre?

Je rencontre chaque année plusieurs milliers d'adolescents dans les collèges de France. Toujours, je retrouve, comme chez mes petits-enfants, la même exigence[6] de savoir, le même besoin de comprendre, les mêmes constatations sur l'époque actuelle, les mêmes recherches pour la gestion[7] de leurs problèmes.

Ils m'ont posé beaucoup de questions, j'ai essayé d'y répondre. Face à des adolescents qui interrogent, je me retrouve la grand-mère d'une jeunesse[8] à qui le professeur Jacques Decour a adressé ces derniers mots avant d'être fusillé par les nazis:

«Je me considère comme la feuille qui tombe de l'arbre pour faire du terreau.[9] La qualité du terreau dépendra de celle des feuilles. Je veux parler de la jeunesse en qui je mets tout mon espoir.»

Ce petit livre n'est pas une «histoire de la Résistance», c'est un dialogue avec mes petits-enfants, pour les informer, les aider à comprendre puis à juger, donc à choisir et à s'engager[10] pour défendre les valeurs universelles que la Résistance a sauvées et leur a léguées.[11]

Vocabulaire utile

les valeurs (*f. pl.*) values
fusillé(e) shot and killed by a firing squad
la disette famine
une mitraillette machine gun
nuire à to hurt

Texte II

Dans cet extrait, Lucie Aubrac parle du manque de nourriture sous l'occupation nazie et des actes très courageux de certaines femmes. Elle montre, par des exemples, que la Résistance n'est pas seulement la violence directe contre les Allemands.

—Qu'est-ce que cela veut dire J2, J3?

C'était une manière de distinguer les consommateurs pour la répartition[12] de la nourriture. Les catégories étaient fonction de[13] l'utilité dans la société. Venaient en tête[14] les travailleurs de force,[15] les femmes enceintes,[16] les J3 adolescents de 13 à 18 ans. Les plus mal lotis[17] étaient les vieillards,[18] les infirmes, les malades

[1]*observation* [2]En... *On the other hand* [3]avides... *hungry for* (*in a figurative sense*) [4]auprès... *by asking witnesses* [5]*so much* [6]*very strong demand* [7]*handling* [8]je... *I am like the grandmother of the young generation* [9]*compost* [10]*commit themselves* [11]*transmitted* [12]*distribution* [13]étaient... *depended on* [14]en... *first* [15]travailleurs... *laborers* [16]*pregnant* [17]Les... *The worst off* [18]*old people*

mentaux et, bien entendu,[19] les condamnés emprisonnés ou parqués[20] dans les camps. On mourrait beaucoup de faim, de malnutrition, de maladies infectieuses, et il n'y avait pas encore d'antibiotiques.

En classe, nous, les profs, nous redoutions[21] la dernière heure de la matinée: les élèves s'endormaient; on appelait cela «la somnolence[22] de la faim». À partir d'octobre 1942, on a distribué après la récréation de dix heures des biscuits vitaminés à base de farine de poisson.[23]

—À la campagne, il y avait tout de même plus de choses: le lait, les œufs, les poulets, les lapins; ils ne pouvaient pas tout prendre!

Le gouvernement avait créé des inspecteurs du ravitaillement[24] qui surveillaient, réquisitionnaient,[25] confisquaient. Alors, tout le monde trichait;[26] certains vendaient cher à ceux qui pouvaient payer. C'était le marché noir. D'autres cachaient leur production et partageaient avec leur famille et leurs amis. Mais dans les grandes villes comme Paris, Lyon, Marseille, Nice, c'était la disette perpétuelle.

Il y avait des magasins réservés à l'occupant et à ses amis. Une fois, rue de Buci à Paris, des femmes résistantes y sont entrées de force et ont lancé sur le trottoir[27] des boîtes de conserve, des fromages et d'autres nourritures pour que les ménagères se servent. Elles ont presque toutes été arrêtées et déportées, plusieurs ne sont pas revenues. Sans nos petits journaux clandestins, personne ne l'aurait su en dehors du quartier.

—Ces femmes, quel courage!

Justement,[28] je voudrais bien que vous compreniez que la Résistance ne se limite pas à l'usage de grenades ou de mitraillettes. Ainsi,[29] les riches mines de charbon[30] du Nord de la France devaient produire de plus en plus pour les transports allemands; les mineurs se sont mis en grève,[31] par patriotisme et à cause des cadences intenables.[32] Les Allemands ont pris des sanctions: suppressions de salaire, amendes,[33] prison, exécutions. Les femmes des mineurs ont décidé qu'il fallait soutenir et aider leurs maris; elles ont récolté[34] dans le bassin minier[35] nourriture et argent. Elles se tenaient[36] devant les soldats allemands à l'entrée du puits de mine[37] et, après trois mois, elles ont gagné! Les mineurs ont été payés et les cadences assouplies.[38]

—Moi, je ne voyais pas la Résistance comme cela! C'est encore plus courageux que de faire sauter[39] un train!

Il faut les deux ou, plutôt, il faut trouver toutes les façons qui nuisent à l'occupant et aux collaborateurs. Nous étions sûrs de gagner, la propagande ennemie ne pouvant étouffer[40] la voix de la BBC: ces Français qui parlaient depuis Londres, qui nous racontaient le vrai déroulement de la guerre,[41] qui nous disaient le courage des Forces françaises libres engagées en Afrique, sur mer et dans les airs. Ces noms plus jamais oubliés—Koufra, Bir Hakeim,

---

[19]bien... *of course* [20]*confined* [21]*feared* [22]*sleepiness* [23]*fish meal* [24]*supplies* [25]*seized* [26]*cheated* [27]ont... *threw on the sidewalk* [28]*Precisely* [29]*For example* [30]*coal* [31]se... *went on strike* [32]cadences... *unbearable workloads* [33]*fines* [34]*collected* [35]bassin... *mining region* [36]se... *stood* [37]puits... *mine shaft* [38]*lightened* [39]faire... *to blow up* [40]*stifle* [41]le... *the way the war was really going*

El-Alamein, escadrille Normandie-Niemen[42]—étaient aussi nos victoires. Les Français qui n'étaient pas actifs dans la Résistance n'étaient pas complètement dupes de[43] Radio-Paris et essayaient d'en savoir plus en écoutant Londres.

---

[42]Koufra... *names of French and Allied victories against the Nazis in North Africa* [43]n'étaient... *weren't totally taken in by*

Questions de compréhension

Texte I

1. Dans les familles, qui pose le plus de questions aux résistants?
2. Pourquoi les jeunes d'aujourd'hui se renseignent-ils sur la Résistance? Pour entendre des histoires intéressantes du passé? Pour penser à des valeurs permettant de comprendre et de confronter les problèmes actuels de la société?
3. Comment est mort Jacques Decour (ligne 17)? Quelles métaphores utilise-t-il pour parler des résistants et de la génération suivante?
4. Selon Lucie Aubrac, qu'est-ce qu'il est très important de transmettre aux jeunes générations lorsqu'on leur parle de la Résistance?

Texte II

1. Que signifie le terme «J3»?
2. Quand est-ce que les enfants s'endormaient en classe? Pourquoi?
3. Est-ce qu'on souffrait plus de la faim en ville ou à la campagne? Pourquoi? Comment s'appelait le commerce illégal de nourriture?
4. Pourquoi est-ce que les femmes résistantes ont choisi d'attaquer le magasin de la rue de Buci?
5. Pourquoi est-ce que les Allemands voulaient que les mineurs travaillent très dur? Quelle a été la réaction des mineurs? Pourquoi? Quel rôle ont joué les femmes des mineurs?
6. Quelle est la radio favorite des résistants, Radio-Paris ou la BBC? Pourquoi?

Questions d'analyse

Texte I

1. Pourquoi est-ce que la Résistance sert plus facilement de modèle aux petits-enfants qu'aux enfants des gens qui ont vécu pendant la guerre.
2. Est-ce que vous parlez plus facilement de certaines choses avec vos grands-parents qu'avec vos parents? Expliquez.

Texte II

1. Lisez attentivement le classement des gens selon leur «utilité dans la société». Que pensez-vous de ce classement? Que nous apprend-il sur les priorités des nazis? Qu'en pensez-vous?
2. Parce que la nourriture était rare pendant la querre, certains la vendaient le plus cher possible. Est-ce que cela pose un probléme éthique en temps de guerre? et en temps de paix? Est-ce que l'éthique est importante dans le commerce? Pourquoi (pas)?
3. Au début du texte, Lucie Aubrac parle des valeurs qui ont été «sauvées et léguées» par la Résistance. Après avoir lu ces textes, comprenez-vous quelles peuvent être ces valeurs universelles? Sont-elles compatibles avec les priorités des nazis?

Le texte et vous

Le grand mérite des résistants est de ne pas s'être résignés à la victoire finale des nazis, alors que les Allemands avaient le pouvoir en France. Et vous? Avez-vous tendance à vous résigner à ce qui vous déplaît ou à résister et essayer de changer ce que vous n'aimez pas? Discutez avec vos camarades en donnant des exemples.

Retournons au cinéma

David Murray parle de l'importance du décor pour la narration d'une histoire:

«L'avantage du film pour raconter une histoire, c'est de pouvoir transporter les spectateurs et les personnages dans un endroit spécifique. Un décor bien choisi est important pour comprendre un personnage; il rend vivante la scène la plus simple.»

Pour parler du cinéma

le décor set; setting
les meubles (*m. pl.*) furniture
la suite de l'histoire the rest of the story

Revoyons l'épisode

Concentrez-vous sur la ferme et les détails du décor. Qu'est-ce qu'ils vous révèlent au sujet de Jeanne?

Reparlons de l'épisode

Étape 1 Le mot du réalisateur. «Pendant que nous repérions (*were scouting*) les lieux de tournage pour les scènes dans la maison de Jeanne, nous avons beaucoup parlé de Jeanne, des événements de sa vie et de son mode de vie. Quand nous avons découvert cette maison, nous avons tous compris qu'elle était parfaite! Grâce au décor, on peut imaginer Jeanne avant même de la voir à l'écran. Comme elle, la ferme est vieille et belle, marquée par le temps et les épreuves qu'elle a endurées avec ténacité et courage. Les maisons reflètent la personnalité de leurs habitants et nous avons eu de la chance de trouver cette maison pour y filmer le personnage de Jeanne.

Dans la cuisine de Jeanne Leblanc

La maison de Jeanne, son éclairage, ses meubles et les autres aspects du décor, sont plus utiles que le dialogue pour comprendre Jeanne et ses rapports avec Camille. Par exemple, la cuisine symbolise le style de vie de Jeanne—une vie plus tournée vers le passé que vers l'avenir. On pourrait utiliser la même cuisine pour filmer une histoire située un siècle plus tôt. La cuisine est un symbole de la réticence de Jeanne, qui semble avoir peur que les recherches actuelles de Camille ne modifient son image du passé. L'intérieur de la maison représente les limites du monde de Jeanne et il est révélateur que ce soit à l'extérieur de la maison qu'Éric offre à Camille la photo, ce qui va permettre de faire avancer l'histoire.»

Étape 2 Avec un(e) partenaire, répondez aux questions suivantes.

1. Comment est-ce que la ferme influence votre interprétation du personnage de Jeanne? Donnez des exemples.
2. Qu'avez-vous ressenti lorsque Camille est entrée dans la ferme pour la première fois? Quels éléments du décor ont contribué à votre réaction?
3. Pensez-vous que le décor est bien choisi pour refléter la personnalité de Jeanne? pourquoi ou pourquoi pas?

Étape 3 **Vous êtes réalisateur.** Vous avez un très gros budget pour un film, donc vous pouvez le tourner n'importe où (*anywhere*). Expliquez à un(e) partenaire l'intrigue de votre film et précisez l'endroit où vous voulez le tourner et pourquoi.

1. le pays
2. l'endroit précis
3. le décor que vous allez créer
4. ce que vous cherchez à communiquer en choisissant cet endroit (ou en créant ce décor)

Hors-champ

A. Mieux connaître les personnages.

Étape 1: Jeanne Leblanc a perdu son mari une nuit de décembre, 1943. Mettez les verbes au *passé composé*, à *l'imparfait* ou au *plus-que-parfait* ou bien employez un *participe présent, un gérondif, un infinitif présent* ou *un infinitif passé.*

Cette nuit-là, Jeanne _____ [1] (attendre) son mari en _____ [2] (penser) à son jeune fils qui _____ [3] (dormir) dans la chambre à côté. Vers 3 h du matin, Jeanne

LOUISE: Lui qui se disait notre ami !... Écoutez mademoiselle, maintenant, partez! Vous n'avez rien à faire ici.

_____[4] (entendre) un cri de douleur _____[5] (venir) de dehors. En _____[6] (ouvrir) la porte, elle _____[7] (voir) son mari, Pierre, _____[8] (se traîner) par terre pour arriver jusqu'à la maison. Deux balles lui _____[9] (percer) la peau.

Pierre lui _____[10] (expliquer) en détail ce qui _____[11] (se passer): «Je _____[12] (arriver) le premier, avec les copains. On _____[13] (croire) ce que Fergus _____[14] (dire)—qu'il n'y aurait que° deux ou trois soldats allemands _____[15] (garder) le train. Soudain, les Allemands _____[16] (attaquer). Ils _____[17] (être) plusieurs à _____[18] (se cacher) dans le wagon. À ce moment-là, j'_____[19] (voir) Antoine. Il _____[20] (parler) avec Fergus qui _____[21] (porter) un uniforme nazi. Antoine, que j'_____[22] (accueillir) chez nous comme un frère, nous _____[23] (trahir).» Puis Pierre _____[24] (mourir) en _____[25] (dire): «Antoine Leclerc est un traître.»

Le lendemain, tout en _____[26] (préparer) les funérailles de son mari, Jeanne _____[27] (penser) à ce que Pierre lui _____[28] (dire). Et plusieurs jours après, les nazis _____[29] (venir) chez elle. En _____[30] (chercher) dans les affaires qu'Antoine _____[31] (laisser), ils _____[32] (trouver) le laissez-passer qu'un officier supérieur nazi _____[33] (signer). Alors, Jeanne _____[34] (comprendre). Pierre _____[35] (ne pas se tromper) en _____[36] (accuser) Antoine. Ce laissez-passer, dont Antoine _____[37] (ne pas parler), était la preuve de sa duplicité.

°*there would be only*

Étape 2: Maintenant, répondez aux questions.

1. Que faisait Jeanne quand son mari est rentré blessé?
2. Qui était arrivé au train avant Pierre et les résistants?
3. Pourquoi Pierre pensait-il que Fergus et Antoine étaient des nazis?
4. Qu'est-ce que les Allemands ont trouvé dans la chambre d'Antoine?
5. Pourquoi cet objet était-il important?

B. **Deux sortes de héros.** Avec un(e) partenaire, parlez de l'héroïsme de Pierre et de celui, moins évident, de Jeanne.

Pour mieux écrire

Dans la section **Pour mieux écrire** du *Cahier d'exercices*, vous trouverez des stratégies d'écriture et des sujets de composition française liés aux thèmes «le héros dans la vie quotidienne» et «le héros en période de crise».

CHAPITRE 10

UNE PISTE MÉDITERRANÉENNE

MARTINE: Monsieur le président, si Camille quitte Canal 7, je partirai aussi, et je pense que mon équipe me suivra.

Pour commencer On parle souvent de l'avenir. Martine dit ce qu'elle fera si le président de Canal 7 demande à Camille de partir.

À vous Écrivez trois choses qui, selon vous, se passeront cette année dans le monde ou dans votre vie privée, puis comparez votre liste à celle d'un(e) partenaire. Êtes-vous pessimistes ou optimistes?

MODÈLE: dans le monde

É1: On élira une femme aux prochaines élections présidentielles!

É2: Moi, je pense qu'il y aura une éclipse totale de soleil spectaculaire en été.

Thèmes culturels

- le mélange des populations
- l'identité culturelle
- l'immigration
- l'intégration

Objectifs fonctionnels

- parler de l'avenir
- établir une chronologie au futur
- généraliser
- parler des conséquences

Structures pour communiquer

10.1 Le futur simple

10.2 Le futur antérieur

10.3 Les conjonctions **quand**, **lorsque**, **aussitôt que**, **dès que** et **après que**

10.4 Le conditionnel présent

10.5 Les phrases avec **si**, Partie 1

Vocabulaire thématique

Les sociétés plurielles et la perception de l'autre

PATRON: Fergus... ? Fergus... ? Je connais tout le monde dans cette ville.

CAMILLE: Elle est super, cette chanson.
MUSICIEN: Merci. Tu aimes le raï?

Les sociétés plurielles

les années (*f. pl.*) **quatre-vingt (soixante)**	the eighties (the sixties)
l'assimilation (*f.*)	assimilation
(s')assimiler	to assimilate (oneself)
un(e) citoyen(ne)	citizen
la (dé)colonisation	(de)colonization
la diversité	diversity
un(e) étranger/ère	foreigner
un(e) immigré(e) légal(e) (clandestin[e])	legal (illegal) immigrant
immigrer	to immigrate
installer	to install
s'installer (dans une maison, dans une ville, devant la télévision)	to settle in (in a house, in a city, in front of the TV)
l'intégration (*f.*)	integration
intégrer	to integrate
s'intégrer	to become integrated; to become a part of

le Maghreb	Maghreb, North Africa (*Morocco, Algeria, and Tunisia*)
un(e) Maghrébin(e)	*person from one of the three countries of the Maghreb*
un(e) réfugié(e)	refugee
se réfugier	to take refuge
la richesse	riches, wealth
traiter	to treat
traiter de	to treat (*a subject*); speak about (*in a speech or formal document*)
traiter (quelqu'un) de (menteur, idiot, etc.)	to call (someone) (a liar, an idiot, etc.)

La perception de l'autre

un accueil (chaleureux)	(warm) welcome
accueillir	to welcome
une terre d'accueil	land of welcome
avoir l'esprit ouvert	to be open-minded
avoir des idées arrêtées	to be close-minded
avoir des préjugés (*m. pl.*)	to be prejudiced
un choc culturel	culture shock
l'égalité (*f.*)	equality
égal(e)(s), égaux	equal
également	equally; also
un manque (de tolérance [*f.*]**, de respect** [*m.*]**)**	lack (of tolerance, of respect)
un mélange	mixture
le racisme	racism
renoncer (à ses coutumes)	to give up (one's customs)
la xénophobie	xenophobia, fear of strangers

Cinéma
CINÉ IMA
Maghrébines entre deux mondes
et
Femmes cinéastes du Maghreb

Un festival de cinéma à l'Institut du monde arabe à Paris

À NOTER

In the present tense, **accueillir** is conjugated like an **-er** verb.

j'accueille, tu accueilles, il/elle/on accueille, nous accueillons, vous accueillez, ils/elles accueillent

Note the past participle: **accueilli**

Applications

A. Associations. Trouvez deux ou trois termes dans le **Vocabulaire thématique** que l'on peut associer à chacun des mots ou expressions suivants, puis utilisez ces mots ou expressions dans une phrase.

1. avoir des préjugés
2. la diversité
3. avoir des idées arrêtées
4. une terre d'accueil
5. se réfugier

B. Les nuances des mots. Lisez les phrases pour comprendre les différentes significations du mot en italique. Ensuite, écrivez vos propres phrases en imitant chaque exemple.

(*cont.*)

MODÈLE: *également*

Les richesses ne sont pas *également* distribuées entre les gens.

Je joue de la musique classique et *également* de la musique rock.

a. Les fruits et les légumes sont *également* bons pour la santé.

b. Je suis des cours de français et *également* des cours de biologie.

1. *(s')installer*

   Mon père *a installé* un nouveau frigo dans notre cuisine.

   Nous *nous sommes installés* dans une nouvelle maison l'année dernière.

   a. _____

   b. _____

2. *traiter (de)*

   Mon père *traite* toujours ma mère avec beaucoup de respect.

   Ces documents *traitent des* nouvelles négociations entre nos deux pays.

   Le chauffeur de bus *a traité* le mauvais conducteur *d'*idiot.

   a. _____

   b. _____

   c. _____

C. La France pluriculturelle. Complétez les phrases avec les mots de la liste. Faites tous les changements nécessaires, et faites attention aux temps des verbes.

accueillir
années soixante
s'assimiler
décolonisation
également
immigrés
réfugiés

Traditionnellement, la France est une terre d'accueil. Des _____[1] politiques (de l'Asie du Sud-est et de certains pays africains, par exemple) sont venus en France pour échapper à l'oppression. La France a _____[2] accueilli des _____[3] qui cherchaient du travail dans un pays économiquement plus stable que le leur.° Beaucoup d'Italiens, d'Espagnols, de Portugais et de Polonais sont venus en France au début du siècle dernier. Ils _____[4], et aujourd'hui leurs enfants et petits-enfants se considèrent comme français. D'autres groupes d'immigrés sont venus en France pendant les _____[5]. Les pays colonisés par la France ont demandé leur liberté et après la _____[6], la France _____[7] de nouveaux immigrés venus de ses anciennes colonies.

°le... *their own*

esprit ouvert
s'intégrer
Maghreb
Maghrébins
mélange
racisme
richesse

Un grand pourcentage d'immigrés aujourd'hui vient des trois pays du ______[8], l'Algérie, le Maroc et la Tunisie. Pour des raisons complexes (historiques, culturelles, politiques, religieuses, etc.), il leur est parfois difficile de ______[9] dans la culture française, même si beaucoup d'entre eux parlent français. Le ______[10] existe en France, même si une grande partie de la population a l'______[11]. Pourtant, les ______[12] contribuent beaucoup à la ______[13] culturelle de la France d'aujourd'hui. L'Institut du monde arabe à Paris est un centre culturel important, et une femme maghrébine, Assia Djebar, a été élue à l'Académie française en 2005. La musique raï, un ______[14] de musique traditionnelle arabe et de musique occidentale moderne, est un autre exemple de la rencontre des deux cultures.

D. Compréhension culturelle. Relisez les paragraphes de l'Activité C pour bien comprendre l'information culturelle. Avec un(e) partenaire, répondez aux questions.

1. Des étrangers de quelles nationalités se sont facilement intégrés dans la société française? Des immigrés de quels pays s'assimilent plus difficilement? Pourquoi?
2. Est-ce que le racisme existe dans votre pays ou dans votre région? Expliquez.
3. Comment est-ce que la présence des Maghrébins en France contribue à la richesse de la culture française?

E. Différences. Dans chaque cas, expliquez la différence de sens entre les deux expressions.

1. le respect et un manque de tolérance 2. un accueil chaleureux et la xénophobie 3. l'intégration et l'égalité 4. un(e) citoyen(ne) et un(e) immigré(e) légal(e) 5. l'assimilation et un choc culturel

La Mosquée de Paris, dans le 5e arrondissent, est un lieu important de rencontres interculturelles.

NOTE CULTURELLE

La France est un pays laïc (*secular*), où l'on ne trouve aucune référence à la religion au niveau de l'État. Ce principe a été réaffirmé pendant «l'affaire du voile islamique» (*Muslim headscarf*). En 2004, le gouvernement a interdit tout «signe ostensible» (*conspicuous*) de religion dans les écoles publiques, y compris le foulard (*scarf*) porté par certaines musulmanes.

F. **Des conseils culturels.** Avec un(e) partenaire, donnez des conseils aux personnes suivantes. Vous devez donner à chacune un conseil différent.

1. Une mère de famille immigrée veut garder les traditions de son pays.
2. Un enfant d'immigrés veut s'assimiler le plus vite possible à la culture de son pays d'accueil.
3. Une étudiante passe un an dans un pays étranger et souffre du choc culturel.
4. Un individu dans la rue traite votre ami d'imbécile.
5. Votre ami(e) se demande s'il / si elle doit participer à une manifestation pour régulariser (*give papers to*) les immigrés clandestins.
6. Une personne vous explique sa xénophobie.

Allons au cinéma

Camille au musée de la Résistance, à Marseille

Rappelons-nous

Ce qui s'est passé avant. Vous souvenez-vous de l'Épisode 9? On y apprend ce que Jeanne sait à propos d'Antoine. Les photos du film illustrent quatre des questions suivantes. Avec un(e) partenaire, trouvez la question que l'on peut associer à chacune des photos. Ensuite, répondez à toutes les questions pour vérifier votre compréhension de l'histoire d'Antoine pendant la guerre, telle que Jeanne la raconte.

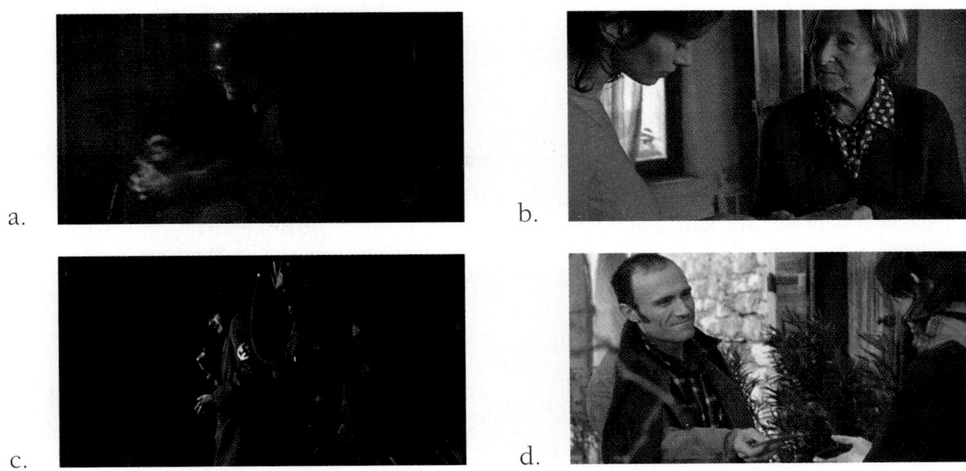

a. b. c. d.

1. Qui figure sur la photo que Jeanne a montrée à Camille?
2. Antoine est arrivé dans les Cévennes en 1943. Qu'est-ce que Pierre a fait pour lui?
3. Qu'est-ce qu'Antoine voulait faire?
4. Qui est arrivé de Paris? Pourquoi?
5. Que s'est-il passé lorsque les résistants ont voulu saisir les armes?
6. Pourquoi Jeanne est-elle convaincue qu'Antoine était un traître?
7. Quelle information Jeanne transmet-elle à Camille à la fin de l'épisode?

Préparons-nous pour l'épisode

MUSICIEN: J'ai peut-être une piste!

Ces extraits du dialogue vont vous aider à mieux comprendre l'Épisode 10. Choisissez la phrase de la colonne B qui suit logiquement la réplique dans la colonne A.

A	B
1. MARTINE: Est-ce que quelqu'un a des nouvelles de Camille?	a. CAMILLE: Il a travaillé dans la Résistance. Il était très actif à cette époque-là.
2. MARTINE: Monsieur le président, si Camille quitte Canal 7, je partirai aussi… et je pense que mon équipe me suivra.	b. PATRON DU BAR: J'ai découvert l'adresse du garage.
3. PATRON DU BAR: Bonjour, petite! Vous voulez que je vous serve quelque chose?	c. CAMILLE: Un café, s'il vous plaît!
4. CAMILLE: Vous avez trouvé Roland Fergus?	d. BRUNO: Oui. Elle a appelé. Elle est à Marseille.
5. CAMILLE: Je descends le boulevard de la Corderie, n'est-ce pas?	e. PRÉSIDENT: Vous l'aimez beaucoup, n'est-ce pas?… Si dans une semaine elle est toujours absente, je la licencie. O.K.?
6. MUSICIEN: Qu'est-ce que tu cherches exactement?	f. PATRON DU BAR: Jusqu'au numéro 40, 40 ter (40*C, a street address*)!
7. MUSICIEN: Est-ce que tu sais autre chose sur ce mec (*guy*)?	g. CAMILLE: Ceux qui ont collaboré avec les Allemands?
8. CONSERVATRICE DU MUSÉE: Nous avons reçu beaucoup de photos. Impossible de tout exposer! Alors, nous avons écarté (*put aside*) les photos des gens que nous ne pouvions pas identifier.	h. CAMILLE: Un certain Fergus. En 40–43, son père avait un garage installé ici.

Vocabulaire de l'épisode

À Canal 7

des nouvelles (*f. pl.*) **de** news from
Elle a peut-être changé d'avis! Maybe she changed her mind!
les indices (*m. pl.*) **d'audience** ratings
des caprices (*m. pl.*) impulsive behavior, whims
une animatrice dans une radio locale local radio host
une rédactrice editor

Dans le bar à Marseille

un ballon de rouge glass of red wine
Vous longez les quais. Follow the docks.

Dans l'entrepôt°

les paroles (*f. pl.*) lyrics
le propriétaire owner
Et vous squattez ce local? You're trespassing on the premises?
l'accord (*m.*) **de la mairie** the consent of the mayor's office
une piste lead

Au musée

la conservatrice curator
de provenance incertaine of uncertain origin

°*warehouse*

Regardons l'épisode

En regardant l'épisode, choisissez les éléments qui y figurent.

une carte de Marseille	un livre
une affiche (*poster*) de musée	une photo de Roland Fergus
une chanson	un téléphone portable

Parlons de l'épisode

A. **Camille reçoit de l'aide.** Dans cet épisode, plusieurs personnes ont aidé Camille. Avec un(e) partenaire, expliquez comment ces gens l'ont aidée.

1. Martine
2. le patron du bar
3. les chanteurs de raï
4. la conservatrice du musée

B. **Les personnages réagissent.** Dans l'Épisode 10, les personnages réagissent à ce qui vient de se passer. Utilisez le **Vocabulaire utile** pour parler de ces réactions. Faites tous les changements nécessaires. Certaines phrases ont plus d'une réponse possible.

Vocabulaire utile: admirer, avoir des soucis, défendre, devenir frustré, donner une piste, expliquer, proposer de démissionner, remercier, répondre, servir

BRUNO: Quand Camille n'est pas là, c'est la catastrophe, quoi!

MODÈLE: «Bonjour!» a perdu trois points dans les indices d'audience. (Bruno)

Bruno propose de démissionner.

1. Martine apprend que Camille est à Marseille. (Martine)
2. Martine est convoquée chez le président. (Martine)
3. Le président menace de licencier Camille. (Martine)
4. Camille rentre dans le bar. (le patron du bar)
5. Le patron du bar explique comment trouver le garage. (Camille)
6. Les musiciens jouent du raï. (Camille)
7. Camille explique sa recherche aux musiciens. (un des musiciens)
8. La conservatrice demande ce que Camille sait sur Roland Fergus. (Camille)
9. Camille demande d'où vient la photo que la conservatrice a trouvée. (la conservatrice)

C. **Comme le disent les Français.** En français, on peut utiliser un verbe au présent pour parler du présent, pour parler du futur ou à la place de l'impératif. C'est le contexte qui permet de comprendre le sens. Identifiez la fonction du verbe dans les répliques suivantes, en choisissant **P** (pour parler du présent), **F** (pour parler du futur) ou **I** (pour donner un ordre ou une suggestion).

1. PRÉSIDENT: Je n'**accepte** pas les caprices. _____
2. PRÉSIDENT: Vous l'aimez beaucoup, n'est-ce pas?... Si dans une semaine elle est toujours absente, je la **licencie**. O.K.? _____
3. CAMILLE (*au patron du bar*): Je **cherche** cet homme. _____
4. PATRON DU BAR: Je vous **trouve** son adresse pour demain matin. _____
5. PATRON DU BAR: Mon bar est ici. Vous **prenez** à gauche... Vous **longez** les quais... Vous **tournez** à droite... _____
6. MUSICIEN: J'**ai** peut-être une piste. _____

D. **Légende.** Regardez cette photo, puis écrivez une légende qui souligne une idée importante de l'épisode. Expliquez à un(e) partenaire pourquoi cette idée est importante. Votre partenaire va vous dire s'il / si elle est d'accord ou pas. Ensuite, comparez vos légendes et vos idées à celles du reste de la classe.

E. **Discussion.** Quelle est l'importance des endroits que Camille a visités dans cet épisode? Travaillez en petits groupes; chaque groupe va réfléchir à un des endroits suivants. Ensuite, chaque groupe va présenter son analyse au reste de la classe.

1. la ville de Marseille
2. le bar
3. l'entrepôt
4. le musée

Structures pour communiquer 1

JEANNE: (*à Camille*) Comme vous êtes jeune!... Quand vous vieillirez, vous ne parlerez plus ainsi.

10.1 Le futur simple

In French and in English, the future tense is used to describe what *will* take place. It is a simple tense in French but a compound tense in English.

ÉRIC: En été, avec la nouvelle route, les touristes **pourront** monter plus facilement jusqu'au village.

In the summer, with the new road, tourists will be able to drive up to the village more easily.

Les formes du futur simple

1. The future is formed by adding the endings **-ai**, **-as**, **-a**, **-ons**, **-ez**, and **-ont** to the infinitive. For verbs ending in **-re**, the final **e** is dropped before adding the future endings.

	renoncer		
je	renoncer**ai**	nous	renoncer**ons**
tu	renoncer**as**	vous	renoncer**ez**
il/elle/on	renoncer**a**	ils/elles	renoncer**ont**
	finir		
je	finir**ai**	nous	finir**ons**
tu	finir**as**	vous	finir**ez**
il/elle/on	finir**a**	ils/elles	finir**ont**
	perdre		
je	perdr**ai**	nous	perdr**ons**
tu	perdr**as**	vous	perdr**ez**
il/elle/on	perdr**a**	ils/elles	perdr**ont**

RAPPEL

The endings for the future are very similar to the conjugated forms of the verb **avoir** in the present tense.

j'	ai	-ai
tu	as	-as
il/elle/on	a	-a
nous	avons	-ons
vous	avez	-ez
ils/elles	ont	-ont

Si tu t'installes dans un pays étranger un jour, est-ce que tu **renonceras** à tes coutumes?	*If you settle in a foreign country one day, will you give up your customs?*
Si l'on renonce à quelques coutumes, est-ce que l'on **perdra** contact avec ses racines?	*If people give up some customs, will they lose touch with their roots?*

2. Verbs like **se lever**, **appeler**, and **employer** have spelling changes in the future, but the endings are regular.

se lever: e → è			
je me	lèver**ai**	nous nous	lèver**ons**
tu te	lèver**as**	vous vous	lèver**ez**
il/elle/on se	lèver**a**	ils/elles se	lèver**ont**
appeler: l → ll			
j'	appeller**ai**	nous	appeller**ons**
tu	appeller**as**	vous	appeller**ez**
il/elle/on	appeller**a**	ils/elles	appeller**ont**
employer: y → i			
j'	emploier**ai**	nous	emploier**ons**
tu	emploier**as**	vous	emploier**ez**
il/elle/on	emploier**a**	ils/elles	emploier**ont**

RAPPEL

Other verbs with spelling changes like **(se) lever** (e → è) are **acheter** and **(se) promener**.

Other verbs with spelling changes like **appeler** are **épeler** (l → ll) and **jeter** (t → tt).

Other verbs with spelling changes like **employer** (y → i) are **(s')ennuyer, essayer,** and **payer**.

www.mhhe.com/bienvubiendit

3. Verbs like **s'intégrer** (**é** in the next-to-last syllable) keep the accent pattern of the infinitive in all forms of the future.

s'intégrer			
je m'	intégrer**ai**	nous nous	intégrer**ons**
tu t'	intégrer**as**	vous vous	intégrer**ez**
il/elle/on s'	intégrer**a**	ils/elles s'	intégrer**ont**

RAPPEL

Other verbs like **s'intégrer** (é → é) are **espérer, exagérer, préférer,** and **répéter**.

À NOTER

Verbs whose infinitives sound similar often have future stems that sound similar.

avoir, savoir → aur-, saur-
falloir, valoir → faudr-, vaudr-
devoir, pleuvoir, recevoir → devr-, pleuvr-, recevr-
courir, mourir → courr-, mourr-

4. A number of verbs have irregular stems in the future, but regular endings.

aller	j' **ir**ai	devoir	je **devr**ai
avoir	j' **aur**ai	pleuvoir	il **pleuvr**a
être	je **ser**ai	recevoir	je **recevr**ai
faire	je **fer**ai		
savoir	je **saur**ai	courir	je **courr**ai
		envoyer	j' **enverr**ai
falloir	il **faudr**a	mourir	je **mourr**ai
valoir	il **vaudr**a	pouvoir	je **pourr**ai
venir	je **viendr**ai	voir	je **verr**ai
vouloir	je **voudr**ai		

Nicole a tout planifié. Elle **aura** deux enfants et ils **iront** à la même université qu'elle. L'un des deux **recevra** un prix Nobel et l'autre **deviendra** Premier ministre de la France. Cela lui est égal, qui fait quoi! | *Nicole has everything all planned out. She will have two children and they will go to the same university she did. One of them will receive a Nobel Prize and the other will be Prime Minister of France. She doesn't care who does what!*

Les emplois du futur simple

The future is used in a variety of situations in French.

1. It expresses future actions.

   Omar **deviendra** citoyen dans deux mois. | *Omar will become a citizen in two months.*

2. It is used in place of the imperative to give an order.

   Tu **seras** poli avec les invités. | *Be polite with the guests.*

   Vous **aiderez** tout le monde à se sentir à l'aise. | *Help everyone feel at ease.*

3. It is used with the conjunctions **quand**, **lorsque** (*when*), **aussitôt que** (*as soon as*), **dès que** (*as soon as, once*), and **après que**, when the action will occur in the future. Other verbs in the same sentence will be in the future or in the imperative, depending on the context.

   —**Donne**-moi un coup de téléphone **lorsque** tu **seras** à l'aéroport. | *Call me when you are at the airport.*

   —D'accord, je t'**appellerai dès que** j'**arriverai**. | *All right, I will call you as soon as I arrive.*

4. It is used in the main clause to express the future result of **si** (*if*) + a dependent clause with a verb in the present indicative. The clause with **si** can begin or end the sentence. **Note:** The verb after **si** is never in the future. See pages 355–356 for more details.

   —**Si** nous **allons** en Europe l'année prochaine, **viendra**-t-elle nous voir? | *If we go to Europe next year, will she come to see us?*

   —Elle **pourra** passer quelques jours avec vous **si** vous y **êtes** en août. | *She will be able to spend several days with you, if you are there in August.*

RAPPEL

In English, the *present* tense is often used to refer to future actions.

*When you **come** next week, we will have dinner at La Chaumière.*

Quand (Lorsque) tu **viendras** la semaine prochaine, nous dînerons à La Chaumière.

RAPPEL

si + il/ils → **s'il** / **s'ils**

si + elle/elles → **si elle** / **si elles**

Exercice

Égalité et fraternité. Voici quelques idées pour combattre le racisme. Mettez les verbes au futur.

1. Nous sommes fiers d'adhérer à SOS Racisme, une association fondée en 1984. SOS Racisme cherche un avenir où l'on _____[1] (respecter) les principes d'égalité de la République française. Il _____[2] (ne pas y avoir) de système de quotas (à l'américaine), mais tous les individus _____[3] (vivre) à égale dignité dans la société et nous _____[4] (voir) en France un véritable métissage.[a] Nous _____[5] (rester) fidèles aux valeurs de notre contrat social et nous _____[6] (faire) le nécessaire pour lutter contre la discrimination.
2. Les enfants d'une école ont écrit des «commandements» antiracistes pour leurs camarades. En voici deux: I. «Tu _____[1] (être) gentil avec tous tes camarades. La couleur de leur peau[b] _____[2] (ne pas compter) pour toi. II. Tu _____[3] (réagir) si quelqu'un est méchant[c] avec un autre enfant à l'école. Tu le _____[4] (protéger).
3. Je m'appelle Salima et je suis d'origine algérienne. L'année prochaine, je _____[1] (devenir) citoyenne et je _____[2] (voter) en France pour la première fois. Je _____[3] (choisir) un candidat qui _____[4] (soutenir) les droits de tous les citoyens et qui _____[5] (être) ouvert à des changements de loi pour aider les immigrés. La France _____[6] (pouvoir) être une vraie terre d'accueil, j'en suis sûre.

[a]*mixing of races* [b]*skin* [c]*mean*

NOTE CULTURELLE

Traditionnellement, les partis politiques de gauche soutiennent les droits des immigrés en France. Un parti d'extrême droite, le Front national, voudrait au contraire limiter l'immigration et les droits des immigrés.

10.2 Le futur antérieur

The future perfect describes an action that *will have been finished* at a given time in the future, either at a specific moment or before another future action is completed.

Dans un mois, ils **seront rentrés** de leur voyage.	*In a month, they will have returned from their trip.*

Les formes du futur antérieur

The future perfect is formed with the future tense of the auxiliary **avoir** or **être** and the past participle of the verb. The rules concerning agreement of the past participle and the placement of adverbs are the same as for the **passé composé**.

accueillir	descendre	s'assimiler
je (j') aurai accueilli	serai descendu(e)	me serai assimilé(e)
tu auras accueilli	seras descendu(e)	te seras assimilé(e)
il/elle/on aura accueilli	sera descendu(e)	se sera assimilé(e)
nous aurons accueilli	serons descendu(e)s	nous serons assimilé(e)s
vous aurez accueilli	serez descendu(e)(s)	vous serez assimilé(e)(s)
ils/elles auront accueilli	seront descendu(e)s	se seront assimilé(e)s

Quand **ils auront accueilli** tous les nouveaux arrivants, on ira à l'hôtel.

After they have welcomed all the new arrivals, we will go to the hotel.

Les emplois du futur antérieur

1. The future perfect is used to indicate an action that will be finished at a specific time in the future.

   Dans un mois, les immigrés **auront terminé** leur voyage.

   In a month, the immigrants will have completed their trip.

2. The future perfect is also used in dependent clauses beginning with **quand, lorsque, aussitôt que, dès que**, and **après que** to indicate a future action that will be completed *before* the action of the main clause. The verb of the main clause is in the simple future.

   Il y **aura** moins de sources de conflit **après que** nous **aurons éliminé** la discrimination.

   There will be fewer sources of conflict after we have eliminated discrimination.

   Chen **se sentira** mieux **dès qu**'il **aura oublié** les années 70.

   Chen will feel better once he has forgotten the 1970s.

Exercices

A. Le chemin du futur. Mettez les verbes entre parenthèses au futur antérieur. Puis avec un(e) partenaire, répondez aux questions numéros 2, 4 et 5 dans cet exercice, en disant ce qui se passera selon vous dans le prochain épisode du film.

1. Camille _____ (arriver) à Casablanca demain à cette heure.
2. Aussitôt que Camille lui _____ (expliquer) pourquoi elle est venue, est-ce que Roland Fergus sera d'accord pour parler de la guerre?
3. Mado voudra voir Camille aussitôt qu'elle _____ (rentrer) à Paris.
4. Dès que Martine _____ (justifier) l'absence de Camille, est-ce que le président de Canal 7 se calmera un peu?
5. Est-ce qu'il licenciera Camille après qu'elle _____ (retourner) au travail?

B. À l'avenir. Complétez les phrases suivantes en mettant les verbes au futur simple ou au futur antérieur.

1. Lorsque nous _____ (éliminer) la xénophobie, les gens n'en _____ (souffrir) plus.
2. Dès que les gens _____ (se rendre) compte qu'il est possible de s'intégrer sans renoncer à leurs coutumes, ils _____ (avoir) envie de devenir citoyens.
3. Est-ce que les immigrés _____ (devoir) apprendre la langue du pays aussitôt qu'ils _____ (s'installer)?
4. Que _____-nous (faire) pour aider les réfugiés après qu'ils _____ (arriver) dans endroit sûr?
5. Quand la tolérance et le respect mutuel _____ (remplacer) la discrimination et les préjugés, un meilleur avenir _____ (émerger).

Prenons la parole

Parler de l'avenir
Généraliser, parler des conséquences

A. Jeu de rôles: Voyant(e) et client(e).
Étape 1: Votre partenaire jouera le rôle d'un(e) voyant(e) que vous consultez. Posez-lui des questions selon le modèle. Votre partenaire est très optimiste et vous expliquera ses réponses.
Étape 2: Maintenant, changez de rôles. Vous serez un(e) voyant(e) pessimiste!

MODÈLE: je / recevoir mon diplôme bientôt

É1: Est-ce que je recevrai mon diplôme bientôt?

É2: Oui, mademoiselle, vous le recevrez bientôt, parce que vous réussirez à tous vos examens. Vous en serez très heureuse.

1. mes parents / me / donner beaucoup d'argent
2. je / rencontrer / l'homme (la femme) de mes rêves
3. mon ami(e) / faire un grand voyage
4. je / s'ennuyer pendant l'été
5. mes amis et moi, nous / se voir souvent
6. je / trouver un bon travail
7. vous / me / faire payer cette consultation

Parler de l'avenir

B. Sondage. Que feront ces gens dans une semaine, dans un mois ou dans un an? En utilisant le **Vocabulaire utile**, interviewez individuellement plusieurs camarades de classe et notez leurs prévisions. Ensuite comparez les résultats avec ceux du reste de la classe pour savoir qui fera les mêmes choses. Suivez le modèle.

MODÈLE: un membre de ta famille

É1: Ta mère achètera-t-elle quelque chose de nouveau dans un an?

É2: Oui, elle achètera sans doute une nouvelle voiture. Elle choisira une voiture électrique qui polluera moins que sa vieille voiture.

Vocabulaire utile: acheter quelque chose de nouveau, avoir des enfants, changer de logement, faire un voyage, trouver du travail

1. toi
2. un membre de ta famille
3. un ami
4. une amie
5. une personne célèbre

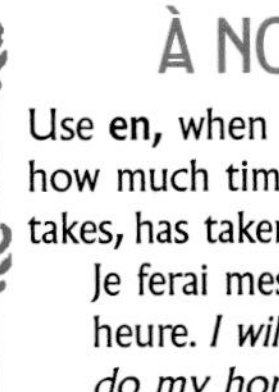

À NOTER

Use **en,** when you want to say how much time something takes, has taken, or will take.

Je ferai mes devoirs **en** une heure. *I will take an hour to do my homework.*

When you want to state when future actions will begin, use **dans.**

Je te retrouverai **dans** une heure. *I will come get you in an hour.*

C. **Comment seront-ils? Que feront-ils?** Avec un(e) partenaire, imaginez comment seront les personnages du film dans trois ans et expliquez pourquoi. Votre partenaire va imaginer comment ils seront dans dix ans. Chaque étudiant(e) doit utiliser au moins un verbe au futur et un verbe au futur antérieur.

Parler de l'avenir
Établir une chronologie au futur

MODÈLE: Alex

É1: Dans trois ans, Alex sera très célèbre parce qu'un imprésario l'aura entendu dans la rue Mouffetard et lui aura proposé de jouer de l'accordéon dans un film.

É2: Dans dix ans, Alex aura une femme et trois enfants. Ils vivront dans l'ancien appartement de Louise qu'ils auront acheté, et ils seront très heureux.

1. Yasmine
2. Martine
3. Mado
4. Éric Leblanc
5. Rachid
6. Camille

10.3 Les conjonctions *quand, lorsque, aussitôt que, dès que et après que*

All sentences with the above conjunctions of time have two clauses: the *dependent* clause (**proposition subordonnée**), which is introduced by the conjunction, and the *independent* or *main* clause (**proposition principale**), which is a complete sentence.

Tu **te feras** beaucoup d'amis lorsque tu **travailleras** pour le Corps de la Paix.
You will make a lot of friends when you work for the Peace Corps.

Aussitôt que tu **seras parti**, tu **manqueras** à ta famille.
As soon as you have left, your family will miss you.

Notre monde sera parfait quand les poules auront des dents! (c'est-à-dire, «jamais»)

Les emplois de *quand, lorsque, aussitôt que, dès que* et *après que*

Verbs can be used with the preceding conjunctions in a variety of tenses. The clause containing the conjunction can begin or end the sentence.

1. Use **quand** + two verbs in the *present indicative* when making observations about what is generally true.

   Quand on **voyage**, on **s'élargit** l'esprit.
   When we travel, we broaden our minds.

2. Use **lorsque** + two verbs in the *present indicative* and put the main clause first in the sentence, to show two conflicting options.

   Ils **font** des discours **lorsqu**'il **est** temps d'agir.
   They are making speeches when it's time to act.

3. To indicate that two events are occurring at the same time, use **quand, lorsque, aussitôt que,** or **dès que** + two verbs in the *present* or two verbs in the *future*, depending on when the events take place.

   Cette sage-femme **pleure** toujours **lorsque** l'enfant **paraît**.
   This midwife always cries when the baby appears.

   Quand vous **vous sentirez** à l'aise, votre fils **se sentira** à l'aise.
   When you feel comfortable, your son will feel comfortable.

4. Use **quand, lorsque, aussitôt que,** or **dès que** + a *future*-tense verb + an *imperative* to show a future action and a command connected with it.

   Quand tu **verras** Cécile, **viens** me chercher.
   When you see Cécile, come find me.

   Parlez à Cédric **dès qu**'il **sera** de retour.
   Talk to Cédric as soon as he returns.

   Aussitôt que vous **aurez fini** votre travail, **téléphonez**-moi.
   As soon as you finish your work, call me.

5. When there is a sequence of two future actions, use **quand, lorsque**, **aussitôt que, dès que,** or **après que** + the *future perfect* for the action that will be completed *first* + the *simple future* for the action that will be completed *second*.

   Après qu'Abdul **aura quitté** l'Algérie, il **ira** directement en France.
   After Abdul has left Algeria, he will go directly to France.

   Maman nous **préparera** un bon couscous **dès que** nous **serons rentrés**.
   Mom will fix a nice couscous for us once we've returned home.

LA CONCORDANCE DES TEMPS		
	PROPOSITION SUBORDONNÉE	**PROPOSITION PRINCIPALE**
	+ présent	+ présent
quand **lorsque** **aussitôt que** **dès que**	+ futur simple futur antérieur	+ futur simple impératif
après que	+ futur antérieur	+ futur simple impératif

Exercices

A. Qu'en pensez-vous? Trouvez dans la colonne B la fin logique de chaque début de phrase de la colonne A.

A	B
1. Quand je me promène,...	a. ils pourront aller voir la Chapelle Sixtine ensemble.
2. Après que j'aurai terminé ma conférence,...	b. tu pourras réserver l'hôtel.
3. Aussitôt que leur ami arrivera au Vatican,...	c. nous sortirons avec les autres participants.
4. Quand tu auras obtenu ta carte de crédit,...	d. il fait mauvais.
5. Elle reste à l'intérieur lorsqu'...	e. envoyez-moi un mail.
6. Dès que vous serez en Tunisie,...	f. je regarde tous les gens dans la rue.

B. Observations. Complétez les phrases suivantes avec le présent de l'indicatif, le futur simple ou le futur antérieur des verbes entre parenthèses.

1. Quand on _____ (jouer) un rôle dans une société, on se sent intégré.
2. Nous visiterons votre pays lorsque le nouveau gouvernement _____ (être) en place.
3. Quand l'étranger décide de rester dans son nouveau pays, il _____ (devenir) immigré.
4. Dès que l'on entre dans un pays illégalement, on ne _____ (respecter) pas la loi concernant l'entrée des étrangers.
5. Certains pays pourront accéder à la technologie aussitôt que nous _____ (améliorer) les conditions de vie.
6. Après que les étrangers _____ (s'installer) définitivement dans le pays d'accueil, est-ce qu'ils perdront contact avec le pays d'origine?
7. Téléphone-moi dès que tu _____ (avoir) leur réponse mardi prochain.

Prenons la parole

Généraliser
Parler des conséquences

A. Un monde meilleur. Avec un(e) partenaire, complétez les phrases suivantes, en respectant les temps des verbes. Chaque étudiant(e) doit proposer une fin de phrase différente.

Modèle: Je rencontrerai beaucoup plus d'étrangers...

É1: Je rencontrerai beaucoup plus d'étrangers quand *je voyagerai.*

É2: Je rencontrerai beaucoup plus d'étrangers quand *il y aura plus d'immigrés dans cette ville.*

1. Il y aura moins de racisme quand...
2. Les gens ne se comprennent pas bien quand...
3. On fait l'expérience du choc culturel quand...
4. Les gens se respecteront quand...
5. Les immigrés dans mon pays s'intègrent quand...
6. Nous aurons moins d'immigrés clandestins quand...
7. Les gens seront plus tolérants des différences culturelles quand...
8. Les gens ont des idées arrêtées quand...

Généraliser
Parler des conséquences

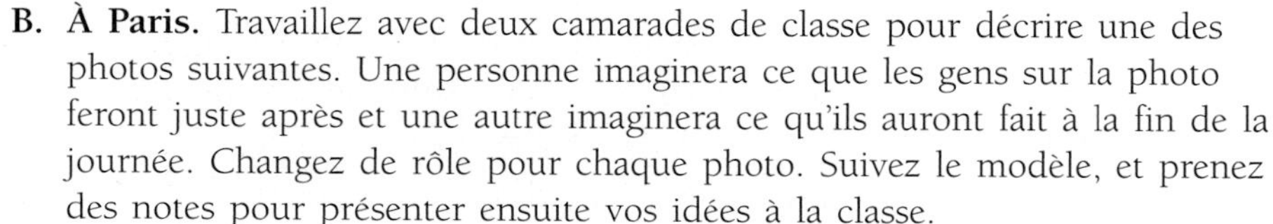

B. À Paris. Travaillez avec deux camarades de classe pour décrire une des photos suivantes. Une personne imaginera ce que les gens sur la photo feront juste après et une autre imaginera ce qu'ils auront fait à la fin de la journée. Changez de rôle pour chaque photo. Suivez le modèle, et prenez des notes pour présenter ensuite vos idées à la classe.

Modèle:

Devant le supermarché Tang Frères à Paris

É1: Ces gens achètent de la nourriture ici pour préparer la fête du Têt, le Nouvel An vietnamien.

É2: Après, à la maison, tout le monde travaillera dur quand ils prépareront le repas pour la fête.

É3: À la fin de la journée, ils auront fini la plupart des préparations.

1. La place du Tertre, à Montmartre

2. Une partie d'échecs dans le jardin du Luxembourg, à Paris

3. À la recherche d'une carte postale

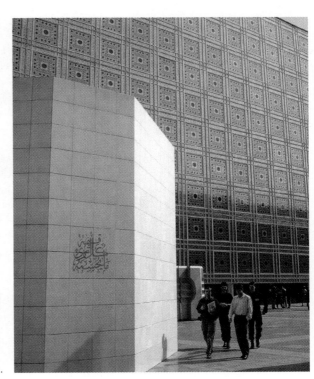

4. Une visite à l'Institut du monde arabe, à Paris

Culture en images

Des chanteurs de raï à Marseille. Le raï est un mélange de musique d'Europe et du Maghreb.

«Halal» indique une préparation conforme aux règles de l'Islam. Combien de cultures pouvez-vous identifier sur cette photo prise à Paris?

À Paris, deux jeunes femmes se promènent près des Champs-Élysées.

Analyse culturelle. Analysez les photos, ainsi que leurs légendes, pour déterminer ce qu'elles ont en commun. Ensuite, choisissez la (ou les) réponse(s) qui vous semble(nt) le mieux répondre à la question. Justifiez votre choix.

Comment le mélange de cultures se manifeste-t-il en France?

a. Dans la musique
b. À travers les choix vestimentaires
c. À travers la nourriture

(Vous allez explorer le mélange des cultures en France dans **Littérature**, pp. 359–364.)

Structures pour communiquer 2

10.4 Le conditionnel présent

The conditional is used to describe an action or state that *would* take place if a certain condition were met, as well as to speak with a polite tone, and to express ideas that haven't been confirmed.

Si nous traitions tout le monde avec dignité, nous **montrerions** du respect pour nous-mêmes. — *If we treated everyone with dignity, we would be showing respect for ourselves.*

Les formes du conditionnel présent

1. To form the present conditional, add the endings of the **imparfait** (**-ais, -ais, -ait, -ions, -iez, -aient**) to the infinitive. The final **e** of infinitives ending in **-re** is dropped before adding the conditional endings.

renoncer			
je	renoncer**ais**	nous	renoncer**ions**
tu	renoncer**ais**	vous	renoncer**iez**
il/elle/on	renoncer**ait**	ils/elles	renoncer**aient**
finir			
je	finir**ais**	nous	finir**ions**
tu	finir**ais**	vous	finir**iez**
il/elle/on	finir**ait**	ils/elles	finir**aient**
perdre			
je	perdr**ais**	nous	perdr**ions**
tu	perdr**ais**	vous	perdr**iez**
il/elle/on	perdr**ait**	ils/elles	perdr**aient**

Je **logerais** volontiers des immigrés chez moi s'ils arrivaient sans logement dans notre ville. — *I would gladly house immigrants in my home if they were to arrive in our city without housing.*

2. Verbs that have spelling changes in their stem in the future have the same changes in the present conditional.

J'**essaierais** de répondre si je pouvais. — *I would try to answer if I could.*

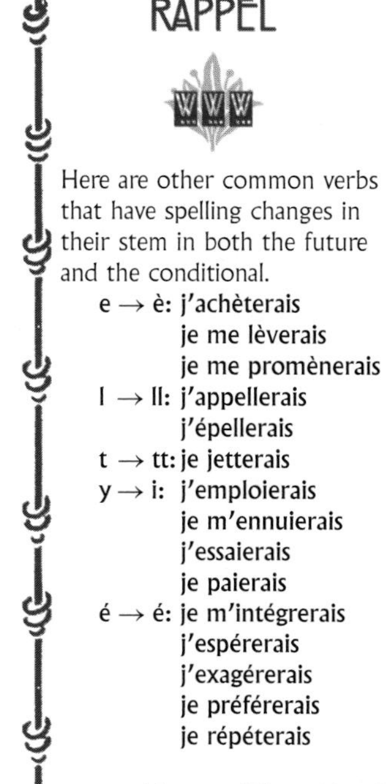

RAPPEL
WWW
Here are other common verbs that have spelling changes in their stem in both the future and the conditional.
e → è: j'achèterais
je me lèverais
je me promènerais
l → ll: j'appellerais
j'épellerais
t → tt: je jetterais
y → i: j'emploierais
je m'ennuierais
j'essaierais
je paierais
é → é: je m'intégrerais
j'espérerais
j'exagérerais
je préférerais
je répéterais
www.mhhe.com/bienvubiendit

3. Verbs that have irregular stems in the future use the same stem in the present conditional. See page 342.

Avec trois semaines de vacances, j'**irais** en Suisse et je **ferais** du ski. Et toi?	*With three weeks of vacation, I would go to Switzerland and I would ski. How about you?*

Les emplois du conditionnel présent

RAPPEL

Whether the **si** clause begins or ends the sentence, note that the verb after **si** is never in the conditional.

1. The present conditional is used to indicate a possible consequence that *would* occur if a precise condition were met; note that these situations are hypothetical, not actual. The condition is introduced by **si** + a verb in the **imparfait**. The clause with **si** can begin or end the sentence.

Si mon père m'**obligeait** à me marier très jeune, je **quitterais** la maison.	*If my father were to force me to marry at a very young age, I would leave home.*

2. The conditional is also used to express a polite question, statement, wish, or desire. Three of the verbs used most often in these contexts are **devoir, pouvoir**, and **vouloir**.

Madame, je **voudrais** bien vous parler. Est-ce que je **pourrais** vous voir à 11 h?	*Madam, I would like to speak with you. Could I see you at 11?*
Vous **devriez** vous adresser à ma secrétaire.	*You should talk to my secretary.*

3. The conditional can also express ideas that have not been confirmed. This is often used in the mass media.

Il y **aurait** une alerte à la bombe à l'aéroport.	*It appears that there is a bomb scare at the airport.*
Isabelle n'est pas encore arrivée. **Serait**-elle malade?	*Isabelle hasn't yet arrived. Could she be ill?*

Exercices

A. Problèmes et solutions. Mettez les verbes entre parenthèses au conditionnel ou à l'imparfait.

MODÈLE: On _____ (résoudre) ce problème, s'il y avait du travail pour tous.

On *résoudrait* ce problème, s'il y avait du travail pour tous.

1. Si la société les _____ (accueillir) chaleureusement, les étrangers choisiraient de rester dans le pays.
2. Si la France devenait leur pays, les immigrés ne _____ (repartir) pas.
3. Les gens _____ (avoir) moins de difficultés à gagner leur vie si le gouvernement réduisait le chômage.

4. Est-ce que le racisme serait moins fort si plus d'immigrés ____ (devenir) citoyens?
5. Les étrangers ____ (s'intégrer) facilement si l'on respectait plus souvent les différences culturelles.
6. Si tes amis ____ (choisir) librement, dans quels pays est-ce qu'ils s'installeraient?

B. Être poli. Exprimez poliment les idées suivantes en utilisant le conditionnel.

1. Cet immigré ____ (vouloir) régulariser sa situation.
2. ____-tu (pouvoir) l'aider?
3. Oui, mais il ____ (devoir) venir à l'ambassade.
4. ____-il (pouvoir) trouver un emploi?
5. Oui, beaucoup d'entreprises ____ (vouloir) employer des travailleurs réguliers.

10.5 Les phrases avec *si*, Partie 1

The conjunction **si** is often used to join two clauses. The dependent clause describes the *condition* and begins with **si**. The main or independent clause completes the idea introduced by **si** and gives the result.

Les emplois de *si*

1. The conjunction **si** links two ideas. One is a hypothetical condition (the **si** clause), and the other is a possible consequence or result of that condition. The **si** clause can begin or end the sentence.

Si tu vas à la manifestation, j'y vais aussi.	*If you're going to the demonstration, I'm going too.*
Il n'y aurait pas de préjugés **si** tout le monde avait l'esprit ouvert.	*There wouldn't be any prejudice, if everyone had an open mind.*

2. When the verb in the **si** clause is in the *present*, the verb in the main clause can be in the *present, near future, future*, or *imperative*. **Note:** The verb in the **si** clause is *never* in the future.

S'il fait beau demain, je t'**emmène** à la plage.	*If it's nice tomorrow, I'm taking you to the beach.*
Elle **va** nous **rendre visite**, **s'il fait** beau demain.	*She is going to visit us, if it's nice tomorrow.*
S'il fait beau demain, nous **ferons** un pique-nique.	*If it's nice tomorrow, we'll have a picnic.*
Téléphone-moi vers 9 h **s'il fait** beau demain.	*Phone me around 9 o'clock, if it's nice tomorrow.*

3. When the verb in the **si** clause is in the **imparfait**, the other verb must be in the conditional. **Note:** The verb in the **si** clause is *never* in the conditional.

S'il pleuvait, je **travaillerais** chez moi.	*If it were raining, I would work at home.*
Te sentirais-tu mieux **si** tu **te couchais** plus tôt?	*Would you feel better, if you went to bed earlier?*

LA CONCORDANCE DES TEMPS	
CONDITION	**RÉSULTAT**
si + présent	présent futur proche futur simple impératif
si + imparfait	conditionnel

Exercices

A. Réactions. Trouvez dans la colonne B la fin logique de chaque début de phrase de la colonne A.

A	B
1. Si je ne finissais pas mes devoirs,...	a. elles seront malheureuses.
2. Si elle arrivait en retard,...	b. maman sera très contente!
3. Si tu fais la vaisselle,...	c. on commencerait sans elle.
4. Si le bébé ne dort pas,...	d. le professeur me donnerait une mauvaise note.
5. Si tu ne parles pas à tes sœurs,...	e. personne ne dormira.
6. Si le chien ne mangeait pas,...	f. il aurait très faim.

B. Conséquences. Complétez les phrases avec le présent, l'imparfait, le futur simple ou le conditionnel.

1. Si on ______ (voyager), on connaîtra les autres.
2. Il y aurait moins de discrimination si l'économie ______ (se porter) bien.
3. Si un ami immigré se sentait menacé, qu'est-ce que vous ______ (faire) pour l'aider?
4. Est-ce que l'on pourrait tirer des conclusions sur un groupe entier si on ______ (connaître) seulement un membre de ce groupe?

5. Si un parti raciste gagne aux élections l'année prochaine, quelles _______ (être) les conséquences?
6. Si plusieurs ethnies cohabitaient dans votre pays, est-ce qu'il y _______ (avoir) moins de conflits?
7. Est-ce que la télévision _______ (lutter) contre le racisme si elle faisait connaître les autres cultures?

Prenons la parole

A. La perception de l'autre. Dites à un(e) partenaire ce que vous feriez dans une des situations suivantes. Il/Elle donnera une réponse différente. Changez de rôle pour chaque situation. Faites tous les changements nécessaires.

Parler des conséquences

MODÈLE: être victime du racisme

É1: Si j'étais victime du racisme, j'en parlerais avec ma famille.

É2: Si j'étais victime du racisme, je me sentirais très triste.

1. rencontrer une personne xénophobe
2. découvrir un cas de discrimination
3. faire la connaissance d'un étranger (une étrangère)
4. faire un exposé (*class presentation*) sur un pays étranger
5. rencontrer quelqu'un qui a des idées arrêtées
6. voyager dans un pays étranger
7. devoir quitter mon pays pour toujours

B. Un monde surréaliste. Utilisez les dessins à la page suivante pour imaginer ce qui se passerait si les choses étaient comme ça. Votre partenaire proposera quelque chose de différent. Changez de rôle pour chaque dessin.

Parler des conséquences

MODÈLE:

É1: Si les livres pouvaient voler, il faudrait les mettre en cage à la bibliothèque.

É2: Si les livres avaient des ailes (*wings*), je n'aurais pas besoin de sac à dos. Je pourrais les attacher avec une corde et ils me suivraient.

(*cont.*)

1.

2.

ÊTRE
je suis
tu es
il/elle est
nous sommes
vous êtes
ils/elles sont

3.

4.

Bonjour!

5.

6.

RÉPÉTEZ, S'IL VOUS PLAÎT
Le français

C. **Séquences et conséquences.** Mettez-vous en groupes de trois ou quatre. Une personne commence en faisant une phrase avec **si** à partir d'un des thèmes suggérés. Une autre enchaîne, en commençant par la deuxième partie de la phrase de son/sa camarade de classe. Les autres étudiants continuent ce jeu, jusqu'à ce qu'ils ne trouvent plus rien à dire. Une autre personne relance alors le jeu avec un nouveau thème. À la fin de l'activité, les groupes additionnent toutes leurs phrases, et le groupe avec le plus grand nombre de phrases gagne. Suivez le modèle.

Généralisér
Parler des conséquences

MODÈLE: donner son numéro de téléphone

É1: Si je te donnais mon numéro de téléphone, tu m'appellerais.

É2: Si je t'appelais, je t'inviterais au restaurant.

É3: Si tu l'invitais au restaurant, elle accepterait, peut-être.

É1: Si j'acceptais, est-ce que tu choisirais un bon restaurant? (etc.)

ou

É1: Si je te donne mon numéro de téléphone, tu m'appelleras.

É2: Si je t'appelle, je t'inviterai au restaurant. (etc.)

1. avoir un chat
2. perdre les clés de la voiture
3. trouver un sac avec mille dollars dans la rue
4. oublier l'anniversaire de ma mère (mon père, ma femme, mon mari, etc.)
5. rencontrer une personne très intéressante
6. conduire trop vite
7. se réveiller trop tard

Littérature

Mise en route

En littérature, on peut utiliser certaines formes grammaticales qui sont strictement réservées à l'écrit, comme, par exemple, le passé simple, un temps du passé qui a été remplacé par le passé composé dans la langue parlée. Un écrivain peut alterner les deux temps pour obtenir un effet particulier: il imite par écrit la langue parlée par son personnage et parfois il utilise le style littéraire, celui de l'écrivain.

C'est le cas dans le texte que vous allez lire, *Parle mon fils parle à ta mère*, de Leïla Sebbar, qui vit à Paris. Ce texte est continu, sans paragraphes, et superpose la voix intérieure de la narratrice et celle des autres personnages. (Vous avez vu ce que signifie «narrateur/trice» dans l'histoire du *Petit Nicolas*). Ce style permet à l'auteur de représenter comment cette femme déracinée (*uprooted*) compense ses difficultés de communication par un flot continu (*continuous flow*) de monologues et dialogues, réels ou imaginaires. Traditionnellement, les paragraphes organisent le texte en le divisant entre descriptions, dialogues, etc. Lorsque cette organisation est absente, le texte est un peu plus difficile à suivre, car on ne distingue pas toujours facilement entre les différentes voix. Mais cette ambiguïté voulue constitue aussi le style original du livre.

Une certitude: on ne trouve jamais le passé simple quand le texte représente directement la voix parlée des personnages: il est réservé à Leïla Sebbar, l'écrivain.

Comment reconnaîtrez-vous le passé simple dans ce texte? Voici quelques indications générales:

1. Les verbes réguliers utilisent le radical de l'infinitif pour former le passé simple. La terminaison de l'infinitif dicte (*dictates*) la conjugaison du passé simple, selon le modèle suivant:

   parler: je parlai, tu parlas, il parla, nous parlâmes, vous parlâtes, ils parlèrent

   finir: je finis, tu finis, il finit, nous finîmes, vous finîtes, ils finirent

   vendre: je vendis, tu vendis, il vendit, nous vendîmes, vous vendîtes, ils vendirent

2. Voici la conjugaison de quelques verbes irréguliers:

   avoir: j'eus, tu eus, il eut, nous eûmes, vous eûtes, ils eurent

   être: je fus, tu fus, il fut, nous fûmes, vous fûtes, ils furent

   faire: je fis, tu fis, il fit, nous fîmes, vous fîtes, ils firent

3. Le participe passé est souvent utile pour trouver le passé simple:

   Exemple: Le participe passé de **lire** est **lu**.

   passé simple: je lus, tu lus, il lut, nous lûmes, vous lûtes, ils lurent

   Ceci est vrai pour les verbes **connaître, courir, croire, mettre, pouvoir, recevoir, rire, vivre** et **vouloir**, entre autres.

   Voir **l'Appendice E** dans le Online Learning Center, pour voir la conjugaison d'autres verbes au passé simple.

Activité

Le paragraphe suivant donne un contexte utile pour comprendre le texte de Leïla Sebbar. Trouvez les formes du passé simple, et imaginez l'infinitif de ces verbes.

> Le père et la mère émigrèrent d'Algérie en France et s'installèrent dans la banlieue de Paris où ils eurent plusieurs enfants, des filles et des garçons. Le père tomba malade et on l'envoya se reposer dans un asile (*mental*

hospital). Le fils qui parle avec sa mère dans cet extrait voyagea longtemps à travers (*around*) le monde. Samira, une des filles, partit de la maison sans explications. Juste avant le début de cet extrait, la mère entendit parler à la radio d'une marche (*march*) de protestation des fils et filles d'immigrés contre le racisme et pour l'égalité. Cette marche eut vraiment lieu en 1983 et contribua à la fondation de l'association SOS Racisme l'année suivante.

Le 3 décembre 1983, des dizaines de milliers de gens manifestent contre le racisme, sur la place de la Bastille à Paris. C'est la fin d'une marche qui a commencé à Marseille six semaines avant.

Parle mon fils parle à ta mère

Leïla Sebbar, née en 1941 d'un père algérien et d'une mère française, a écrit *Parle mon fils parle à ta mère* en 1984. Ce titre, sans ponctuation et à l'impératif, représente la voix d'une mère algérienne qui a émigré en France et ne sait ni lire ni écrire. Son fils, né en France, ne parle plus vraiment la même langue que sa mère.

Vocabulaire utile

un(e) Beur *person born in France, whose parents came from North Africa*
Radio-Beur *radio station by and for the Beurs*
Radio-Soleil *radio station by and for people from the Maghreb*
berbère *language of an ethnic minority living among Arabs in North Africa*

À Radio-Beur, ils ont parlé de la marche. Elle met la radio, pas les cassettes de musique arabe. La musique qu'elle aime, il ne l'aime pas, et la musique qu'il écoute, elle lui dit de l'écouter ailleurs,[1] depuis toujours, sous le porche,[2] dans la rue, le terrain vague,[3] ou du côté du cimetière,[4] pas ici dans la maison... cette musique qui n'est pas de la musique, elle n'en veut pas, elle

[1]*elsewhere* [2]*entryway of the building* [3]terrain... *vacant lot* [4]*cemetery*

À NOTER

La narratrice désigne la mère par «elle» et le fils par «il». Le «je» désigne toujours la mère. Après le tiret (—) à la ligne 7, c'est la mère qui s'adresse à son fils, désigné par «tu», pour lui parler de ses amis qui «parlent dans la radio».

tourne le bouton; elle tape sur le poste[5] ou elle lance[6] les cassettes à travers la chambre, pas les siennes[7] bien sûr—Écoute, tes amis… Ils parlent dans la radio.[8] Ceux-là je les laisse.[9] Ça m'intéresse et ils me font rire. Je voudrais qu'ils parlent plus en arabe, dis-leur. J'ai entendu des femmes comme moi dans la radio; elles téléphonent et elles parlent, moitié[10] arabe, moitié français, et moi… si je les appelais un jour… Ton père assis là, il écoute la radio, il m'entend tout à coup[11]… non, non, c'est pas possible. J'entends des filles, aussi, beaucoup. Je me dis que peut-être Samira va les appeler; j'écoute, si c'est elle… mais j'ai pas reconnu sa voix. Alors, tu les connais, ceux qui font ça? C'est des Arabes comme toi, des filles et des garçons; ils parlent, ils rient au micro; souvent aussi ils sont sérieux, ils passent[12] des disques de chanteurs et de chanteuses de chez nous et de la musique pour les jeunes comme toi. Je sais pas pourquoi ils disent Radio-Beur; pourquoi ça *Beur,* c'est le beurre des Français qu'on mange sur le pain? Je comprends pas. Pour la couleur? Ils sont pas comme ça, c'est pas la couleur des Arabes… les jeunes savent, moi je sais pas; j'ose pas demander. Samira saura; quand elle revient, je lui demande et toi tu sais? Si tu étais dans tous ces pays… Tu ne sais rien? Tu ne peux pas m'expliquer? Peut-être c'est *le Pays… El Ber,* chez nous, en arabe, ça veut dire le pays tu le sais, mon fils, c'est ça ou non?—Le fils apprit[13] à la mère que le mot *Beur* avait été fabriqué à partir du mot *Arabe,* à l'envers.[14] Il eut du mal à la convaincre que *Arabe,* à l'envers, en partant de la dernière syllabe, donnait *Beur;* où étaient passés les *a,* on ne les entendait plus alors qu'il y en avait deux… Le fils ajouta que *Beur* n'avait rien à voir avec le mot *pays.* On disait aussi *Rebeu* pour Arabe… là il n'y avait plus de *a* et à l'envers, on obtenait facilement *Beur.* Elle ne croyait pas que l'on ne retrouvait pas le *pays* dans *Beur…* Et puis elle répétait que ça ne sonnait pas bien,[15] que c'était trop comme le mot français pour cet aliment gras et mou[16] qu'elle n'aimait pas… ça ne convenait pas si bien. Il cherchait à lui faire entendre les sonorités du mot, plutôt dures,[17] abruptes, un peu brutales, qu'on prononçait aussi bien en arabe qu'en français. Ce monosyllabe lui paraissait beau et fort. Il ne parla pas de monosyllabe à sa mère; il se contenta de dire BEUR à haute voix, plusieurs fois, et une fois en roulant[18] le *r.* Ça la fit rire et elle dit que les jeunes avaient peut-être raison. Un jour où elle serait seule, elle les appellerait en privé,[19] pas sur l'antenne.[20] Plus tard, elle verrait—Tu sais, je mets aussi Radio-Soleil, c'est pour des moins jeunes… pour des femmes comme moi, je ne sais pas; mais j'écoute la musique arabe et les émissions en arabe, en berbère je comprends un peu. Une voisine m'a dit qu'il y a beaucoup de radios comme ça et même dans d'autres villes de France; elles ont des noms drôles Gazelle, Tam-Tam ça c'est africain sûrement, Tropiques aussi; on ne peut pas les entendre ici. Si Samira téléphonait de Marseille ou de Lyon pour parler à sa mère? Souvent on entend des messages ou des chansons, pour des amis, des parents, peut-être

---

[5]*radio* [6]*throws* [7]pas… *not hers* [8]dans… *A French native would say* à la radio. [9]Ceux… *I let them keep talking* [10]*half* [11]tout… *all of a sudden* [12]*play* [13]*taught* [14]*This language is called* verlan, *a word that is the phonetic inversion of the French word* l'envers, *meaning "backward."* [15]ça… *it didn't sound good* [16]gras… *fatty and soft* [17]*hard* [18]*rolling* [19]en… *off the air* [20]sur… *on the air*

qu'elle le fera... Si ton père revient avant elle, s'il apprend qu'elle est partie, il dira qu'il ne veut plus la voir, il dira que s'il l'attrape,[21] il la tue,[22] il demandera à ton frère d'aller la chercher et s'il ne la trouve pas, qu'il ne remette pas les pieds[23] à la maison. Il dira ça, ton père. Et toi?...—Le fils grignote[24] le dernier gâteau. Il regarde par la fenêtre. Des enfants jouent au foot, en shootant dans[25] la balle, un petit sac en plastique bourré de[26] papiers et de chiffons,[27] comme les enfants des rues d'Alger.

[21]*catches her* [22]il... *he'll kill her* [23]qu'... *he shouldn't come back* [24]*nibbles on* [25]en... *kicking* [26]bourré... *stuffed with* [27]*rags*

Questions de compréhension

1. Quelle est la radio favorite de la mère? Qu'est-ce qu'elle aime écouter?
2. Est-ce que le fils écoute sa musique favorite chez lui? Expliquez.
3. À la ligne 9, on trouve l'expression «dis-leur»; le pronom «leur» représente qui?
4. Pourquoi est-ce que la mère ne veut pas parler «dans» la radio?
5. Quelles sont les différentes interprétations imaginées par la mère pour le mot «Beur»? Est-ce qu'elle aime le son de ce mot? Pourquoi?
6. Pourquoi est-ce que le fils n'utilise pas le mot «monosyllabe» en parlant à sa mère? Comment essaie-t-il de faire aimer le mot «Beur» à sa mère?
7. Le mot «Rebeu» est l'inversion de quel mot?
8. Combien de noms de stations de radio sont mentionnés dans ce texte? Est-ce que ce sont des radios locales ou nationales? Quelle radio utilise le plus la langue arabe?
9. Quels membres de la famille sont mentionnés dans le texte? Que savez-vous d'eux?

Questions d'analyse

1. La musique favorite de vos parents n'est probablement pas votre musique favorite. Pourquoi? Est-ce que la mère et le fils sont exactement dans la même situation que vous et vos parents?
2. Est-ce que nous entendons directement ou indirectement la voix du père dans ce texte? Expliquez.
3. Qui utilise des mots d'argot? Pourquoi?
4. Après le second tiret, qui est à la ligne 24, quels sont les verbes au passé simple, indiquant que c'est la voix littéraire de l'écrivain qui décrit la scène?

5. À la fin du texte, certains verbes au présent désignent le futur. Lesquels?
6. À la ligne 44, pensez-vous que la phrase commençant par «Si Samira téléphonait… » représente la voix de la narratrice? la voix de la mère? les deux à la fois? Expliquez.
7. Qui exerce l'autorité dans cette famille? Expliquez.
8. Avec quelles personnes est-ce que la mère parle plus facilement, les hommes ou les femmes? Pourquoi, selon vous?
9. Est-ce que la mère pense que le père est favorable à l'intégration de sa famille dans la culture française? Expliquez en examinant tous les passages où il est question du père, surtout quand la mère imagine en détail les paroles du père.

Le texte et vous

Dans votre région, connaissez-vous des gens qui sont en contact avec des cultures d'autres pays? Comment le font-ils? Pensez-vous que ces contacts sont seulement utiles à des étrangers qui veulent garder contact avec leur culture d'origine, ou est-ce que tout le monde peut profiter de ce genre d'expérience? Discutez avec vos camarades et comparez vos expériences et opinions.

Retournons au cinéma

Le réalisateur, David Murray, sur le rôle de la musique dans le film:

«La musique produit une très forte impression sur les spectateurs et elle est très efficace pour créer une ambiance ou mettre en relief les pensées et sentiments d'un personnage. Ce n'est pas une coïncidence si le cinéma a utilisé la musique bien avant les dialogues. Les films seraient tout à fait différents sans la musique.»

Pour parler du cinéma

efficace effective
mettre en relief to highlight
le son sound
des effets (*m. pl.*) **sonores** sound effects
le compositeur composer

Revoyons l'épisode

Écoutez attentivement la musique pendant les scènes dans l'entrepôt et au musée. Comment est-ce que la musique reflète les émotions de Camille?

Reparlons de l'épisode

Camille visite le musée de la Résistance à Marseille.

Le raï plaît à Camille.

Étape 1 Le mot du réalisateur. «La scène dans le musée de la Résistance illustre l'utilisation de la musique pour refléter les émotions de Camille. Dès le début du projet, nous avons décidé de composer une musique originale pour le film. Nous avons donc des thèmes pour accompagner chacun des personnages principaux, et nous avons varié ces thèmes pour exprimer ce qui leur arrive et comment leurs émotions évoluent. Le thème de Camille, que l'on entend pendant ces scènes, est un bon exemple de ces variations musicales autour d'un personnage. La musique devient de plus en plus sombre quand Camille visite l'exposition au musée, reflétant ses inquiétudes et ses doutes. La scène du musée serait beaucoup moins forte si la musique ne mettait pas en relief la profondeur (*the depth*) des émotions de Camille.»

Étape 2 Émotions et musique. Voici des extraits d'un autre commentaire de David Murray au sujet du rôle de la musique dans cet épisode. Avec un(e) partenaire, trouvez les émotions dans la colonne B que l'on peut associer aux commentaires de la colonne A. Justifiez vos choix.

A	B
1. Au début, c'est une musique avec des sonorités diffuses et mystérieuses. On a l'impression d'être perdu ou de ne pas savoir d'où vient la musique.	a. Camille est contente de pouvoir poursuivre sa quête.
2. Dans le grand espace de l'entrepôt, il y avait d'incroyables effets sonores d'échos et de réverbération. C'était chaotique.	b. Le compositeur a choisi ces sonorités pour montrer l'inquiétude de Camille, qui se sent mal à l'aise dans une ville qu'elle ne connaît pas.
3. La musique devient joyeuse et chaleureuse.	c. Camille commence à se sentir plus à l'aise avec les musiciens.
4. La musique trouve son équilibre, et l'ambiance de la scène devient calme et rassurante.	d. Nous avons utilisé ces effets sonores pour exprimer le trouble intérieur ressenti par Camille.

Étape 3 Vous êtes réalisateur. Qu'est-ce que vous savez maintenant sur le rôle de la musique dans un film? Imaginez une scène de votre vie. Où êtes-vous? Avec qui? Qu'est-ce qui se passe? Quelle musique est-ce que vous pouvez utiliser pour exprimer vos attitudes et sentiments?

Hors-champ

À Marseille, Camille rencontre des musiciens de raï.

A. Mieux connaître les personnages.

Étape 1: Lisez cette histoire des musiciens de raï.

Le raï («opinion» en arabe) est très populaire au Maghreb et en France. Il associe les sonorités contemporaines du rock, du reggae, etc. avec celles d'une musique arabe traditionnelle. À Marseille, c'est l'amour du raï qui réunit les jeunes Beurs et d'autres Français. Karim et Mourad sont de très bons musiciens et ils sont passionnés: le raï est leur raison de vivre. Mais la vie n'est pas toujours facile; Mourad travaille dans un garage, comme mécanicien, et Karim fait des petits boulots. Le soir, ils répètent (*rehearse*) dans un entrepôt que leur prête la mairie (*mayor's office*), mais ils devront bientôt partir et trouver autre chose. D'autres musiciens de rock ou de rap jouent de plus en plus souvent avec eux parce que le raï est plus riche musicalement et moins macho dans ses paroles; en un mot: plus moderne. Pour l'instant, ils jouent dans de petites salles de concerts, des bistrots du vieux Marseille ou des maisons de la culture (*city-sponsored culture centers*). Karim et Mourad ont remporté leur plus grand succès lors de la fête marquant la fin du Ramadan, en décembre. Il y avait 600 personnes—beaucoup de Beurs mais aussi des Français de souche (*of French origin*)—et tout le monde a chanté et dansé jusqu'au petit matin. Un producteur s'intéresse à la chanson «Sois gentille» et veut la diffuser sur Internet pour tester les réactions des auditeurs. Le groupe aura-t-il autant de succès que Khaled, la vedette du raï? On peut toujours rêver!

Étape 2: Maintenant, répondez aux questions.

1. Qu'est-ce que le raï?
2. Que fait Kalim pour gagner sa vie? et Mourad? Que préféreraient-ils faire pour gagner leur vie? Pensez-vous que ce sera un jour possible? Pourquoi?

Étape 3: Maintenant, complétez chaque phrase avec le verbe logique et la forme qui convient. Vous utiliserez le présent, le futur simple, l'imparfait ou le conditionnel, selon le cas.

1. Si Mourad et Karim ne jouaient pas de raï, leur vie _____ triste. (être / avoir)
2. Si Karim et Mourad ne travaillaient pas, ils _____ jouer du raï toute la journée. (pouvoir / vendre)
3. La mairie ne leur prêterait pas le local s'ils ne _____ pas leur musique au sérieux. (prendre / mériter)

4. Quand vous écouterez de la musique raï, vous ____ qu'elle est très riche et très moderne. (rencontrer / comprendre)
5. Une question pour Karim: «Si tu étais célèbre aujourd'hui, est-ce que tu ____ toujours dans ce local un peu triste?» (jouer / dormir) Karim: «Non! Je ____ probablement un lieu plus beau et confortable. (venir / choisir) Mais j'aime l'ambiance de cet endroit. Quand nous ____, je regretterai (*will miss*) un peu cet entrepôt.» (déménager / trouver)
6. Karim et Mourad ne sont pas encore célèbres, mais ils ____ à attirer un très grand public quand ils jouent. (penser / réussir)
7. Si tout le monde écoutait du raï, les relations entre les Français de souche et les Beurs ____. (s'installer / s'améliorer)
8. Quand tu entendras la chanson «Sois gentille», tu l'____ sûrement. (inventer / adorer)
9. Si un jour vous travaillez comme producteur, est-ce que vous ____ les goûts du public? (respecter / finir)
10. Quand Karim et Mourad viendront jouer aux États-Unis, nous ____ les écouter avec nos amis. (entrer / aller)

Jeu de mots avec «récréation» + «Zen». (la récréation à l'école c'est quand les enfants jouent dehors entre leur leçons)

B. Le mélange des cultures. Avec un(e) partenaire, parlez des aspects de votre culture qui sont influencés par les cultures d'autres pays. Voici quelques catégories pour vous aider:

1. la cuisine
2. la mode
3. la musique
4. le cinéma
5. la littérature
6. ?

Pour mieux écrire

Dans la section **Pour mieux écrire** du *Cahier d'exercices*, vous trouverez des stratégies d'écriture et des sujets de composition française liés aux thèmes «les immigrés» et «la perception de l'autre».

CHAPITRE 11

CAMILLE APPREND LA VÉRITÉ

Si Fergus n'était pas venu vivre au Maroc, il n'aurait pas pris le nom Ahmed el-Diah.

Pour commencer Pour indiquer comment une situation au passé aurait été différente si certaines choses s'étaient passées, on utilise **si** + le plus-que-parfait pour l'hypothèse, avec le résultat au conditionnel passé.

À vous Parlez avec un(e) partenaire de la façon dont la vie d'un membre de votre famille aurait été différente si cette personne avait pris des décisions différentes. Ensuite, comparez vos réponses à celles du reste de la classe.

MODÈLE: É1: La vie de ma mère aurait été différente si elle n'avait pas épousé mon père. Moi, je ne serais pas née!

Thèmes culturels

- les technologies modernes
- la communication traditionnelle
- le Maroc

Objectifs fonctionnels

- présenter des possibilités
- exprimer des regrets
- annoncer les actions
- rapporter ce que les autres disent

Structures pour communiquer

11.1 Le conditionnel passé
11.2 Les phrases avec **si**, Partie 2
11.3 La voix passive
11.4 Le discours indirect

Vocabulaire thématique

Les technologies modernes et les questions de communication

À Casablanca, le commerçant parle de Camille à Roland Fergus.

Servir du thé à la menthe est la façon traditionnelle d'accueillir des gens dans une maison marocaine.

Les technologies modernes

un agenda électronique	PDA
allumer	to turn on
une boîte vocale	voice mail
une connexion (Internet)	Internet connection
se connecter	to go online
effacer (un document, un mail, un mot)	to erase; to delete (a document, an e-mail, a word)
en ligne	online
envoyer un mail (un SMS)	to send an e-mail (a text message)
éteindre	to turn off
un fichier	file
un fichier joint	attachment
le GPS	Global Positioning System (GPS)
l'informatique (*f.*)	computer science
un(e) Internaute	Internet user
un logiciel	software
le mail	e-mail
un mot de passe	password
un ordinateur	computer
une page d'accueil	home page
un PDF (document de format portable)	PDF

À NOTER

The term **Internet** is used without an article.

À NOTER

In French, there are several ways of referring to e-mail. The words **un mail, un mél,** and **un courriel** are interchangeable. To refer to an SMS, the French also use **un texto.**

planter	to plant
être planté(e)	to be down (*computer, system*)
se planter	to crash (*computer, system*)
un portable	laptop
un (téléphone) portable	cell phone
regarder son courrier	to check one's e-mail
un réseau	network
un jeu en réseau	online game
sauvegarder	to protect; to save (*electronic file*)
le service d'identification de la ligne appelante	caller ID
taper	to type
télécharger	to download
un télé-guichet	virtual self-service window, kiosk (with Internet access)
un truc	thing, "thingamajig" (*used when one can't think of the name of something*); trick (*a creative way to solve a problem*)
virtuel(le)	virtual
une Webcam	webcam

À NOTER

In some contexts, **un portable** refers to a cell phone (as do the terms **un téléphone cellulaire, un cell,** and **un mobile**). In other contexts, **un portable** means a laptop computer.

Les questions de communication

l'accès (*m.*)	access
un avantage	advantage
compliquer la vie (le travail)	to complicate life (work)
faciliter	to make easier
un inconvénient	disadvantage
l'isolement (*m.*)	isolation
(s')isoler	to isolate (oneself)
se méfier (de)	to be wary (of)
(la fracture) numérique	digital (gap) (*the gap between those who have access to computer technology and those who do not*)
le pourriel	spam

Applications

A. Définitions. Trouvez dans le **Vocabulaire thématique** le mot qui correspond à chaque définition.

1. quelqu'un qui utilise Internet
2. un ensemble de lignes ou de voies de communication
3. l'absence d'engagement ou de contact avec les autres
4. mettre en marche un appareil (une lampe, un ordinateur, etc.)
5. une caméra qui filme et envoit des images en temps réel par Internet

(*cont.*)

6. toucher le clavier (*keyboard*) d'un ordinateur pour écrire
7. arrêter le fonctionnement d'un appareil (une radio, un ordinateur, etc.)
8. un programme qui permet le traitement de l'information
9. un mot secret qui donne accès à un ordinateur
10. un appareil permettant d'organiser sa journée

B. Les nuances des mots. Lisez les phrases pour comprendre les différentes significations du mot en italique. Ensuite, écrivez vos propres phrases en imitant chaque exemple.

MODÈLE: *effacer*

Le prof *efface* le tableau noir après son cours.

J'ai *effacé* un fichier par erreur.

a. L'enfant *efface* une erreur dans son cahier d'exercices.

b. J'ai *effacé* le mail après l'avoir lu.

1. *sauvegarder*

Certaines personnes ne *sauvegardent* pas leurs fichiers assez souvent.

Il y a une organisation internationale qui veut *sauvegarder* les monuments historiques.

a. ______

b. ______

2. (*se*) *planter*

Les agriculteurs *ont planté* des graines au printemps.

Mon ordinateur *s'est planté* quand j'ai ouvert le fichier.

a. ______

b. ______

3. *un truc*

J'ai *un truc* super pour ne jamais perdre les fichiers importants: je me les envoie par courrier électronique, en fichier joint.

Mon fils est arrivé à la maison avec *un truc* bizarre pour écouter de la musique. Je ne sais pas ce que c'est.

a. ______

b. ______

4. *un portable*

Je me sers de mon *portable* pour prendre des notes en cours.

Je déteste les gens qui se servent de leur *portable* en conduisant.

a. ______

b. ______

C. L'évolution technologique. Complétez les phrases avec les mots de la liste. Faites tous les changements nécessaires.

accès
avantage
se connecter
faciliter
fracture numérique
inconvénient
isoler
ordinateur
télé-guichets

En France, la société de l'information doit ______[1] la vie de tous les citoyens. On se méfie de la ______[2], injuste pour une partie de la population qui n'a pas ______[3] à Internet. Si les gens ne peuvent pas ______[4], il y a une grande inégalité dans l'accès aux informations. C'est pourquoi le gouvernement va installer des «bornes publiques», c'est-à-dire, des ______[5] qui donnent accès à un certain nombre de services, dans des lieux publics. Un ______[6], c'est que l'on ne sera plus obligé d'attendre à la poste ou à l'Agence nationale pour l'emploi, par exemple, parce qu'on pourra tout faire en ligne. Un ______[7], c'est que l' ______[8] remplace le contact humain et ______[9] encore plus l'individu moderne.

Ces deux hommes à Marrakech se servent d'un ordinateur portable.

Internet
se méfier de
portable
réseau
téléphone portable
virtuel

Au Maroc, on peut utiliser ______[10] dans les cybercafés. Beaucoup de gens se servent régulièrement de leur ______[11] pour parler aux amis et de leur ______[12] pour écrire des mails. Mais certaines personnes ______[13] innovations technologiques et elles préfèrent les moyens de communication traditionnels. La communication orale traditionnelle exige un contact humain réel et non ______[14]. Elle ne dépend pas de la technologie mais est dictée par les coutumes. On prend le temps de discuter avec les autres autour d'un thé à la menthe, par exemple, une cérémonie que les nouveaux ______[15] technologiques de communication ne remplaceront jamais.

D. Compréhension culturelle. Relisez les paragraphes de l'Activité C pour bien comprendre l'information culturelle. Avec un(e) partenaire, répondez aux questions.

1. Le gouvernement lutte contre quel inconvénient majeur de l'informatisation (*computerization*) de la société? Comment?
2. Quels services en ligne utilisez-vous? Pourquoi?

3. Quelles innovations technologiques facilitent la communication au Maroc, selon le texte?
4. Quel est le rôle de la cérémonie du thé dans la culture marocaine? Y a-t-il un équivalent dans votre culture?

E. **Différences.** Dans chaque cas, expliquez la différence de sens entre les deux mots ou expressions.

1. télécharger et regarder son courrier 2. envoyer un mail et envoyer un SMS
3. compliquer et faciliter 4. une connexion Internet et une page d'accueil
5. sauvegarder un fichier et effacer un fichier 6. allumer et éteindre

F. **Avantages et inconvénients.** Avec un(e) partenaire, parlez à tour de rôle des aspects positifs et/ou négatifs des innovations technologiques suivantes en justifiant vos opinions.

1. Internet
2. le mail
3. un (téléphone) portable
4. un jeu en réseau
5. une boîte vocale
6. le service d'identification de la ligne appelante

Allons au cinéma

CAMILLE: Je voudrais parler à Monsieur Fergus.
COMMERÇANT: C'est malheureusement impossible. Monsieur Fergus est absent.

Rappelons-nous

Ce qui s'est passé avant. Vous souvenez-vous de l'Épisode 10? Pour chacune des scènes suivantes, mettez les phrases dans l'ordre chronologique, puis lisez les chronologies à haute voix.

Dans le bar à Marseille

_____ a. Le patron du bar a indiqué à Camille comment trouver le garage de Fergus.

_____ b. Camille a expliqué sa quête (*quest*) au patron du bar.

_____ c. Le patron du bar a promis à Camille de lui trouver des informations.

_____ d. Camille a demandé au patron du bar si elle pouvait garder la carte de la ville de Marseille.

Dans l'entrepôt

_____ a. Les chanteurs de raï ont dit qu'ils n'avaient jamais vu le propriétaire de l'endroit où ils répètent.

_____ b. Les chanteurs de raï avaient l'air surpris d'apprendre que Camille cherchait quelqu'un de l'époque de la guerre.

_____ c. Camille a expliqué sa quête aux chanteurs de raï.

_____ d. Un des chanteurs avait une piste pour Camille.

_____ e. Camille a exprimé son appréciation pour la musique qu'elle entendait.

Au musée

_____ a. La conservatrice a expliqué que les Marseillais avaient beaucoup souffert pendant la guerre.

_____ b. Camille était bouleversée par les images des rafles (*round-ups*).

_____ c. La conservatrice a trouvé une adresse à Casablanca pour Camille.

_____ d. Camille a reconnu Roland Fergus sur une photo que la conservatrice avait dans sa boîte.

Préparons-nous pour l'épisode

L'Épisode 11 va fournir des réponses à plusieurs questions que vous vous êtes sans doute posées à propos du film. Avec un(e) partenaire, écrivez deux questions à propos de chacun des sujets suivants.

1. Roland Fergus
2. les recherches de Camille
3. Antoine
4. la nuit où Pierre Leblanc est mort

Vocabulaire de l'épisode

Chez le commerçant

Il faudra vous vêtir dignement. You will have to dress appropriately.
un foulard head-scarf
pas de décolleté no low-cut top

Chez Roland Fergus (Ahmed el-Diah)

Votre chemin a croisé celui de mon grand-père en 1943. You crossed paths with my grandfather in 1943.
le chagrin sadness, sorrow
tromper to fool
un piège trap

Flashback

Sauve-toi! Run! (Save yourself!)
crever (*fam.*) to die

Chez Roland Fergus (Ahmed el-Diah)

la sienne his (life)
aperçu noticed
lancer des représailles to retaliate
au hasard at random
Ils les ont fusillés. They executed (shot) them.
s'en remettre to recover from that
ni parmi les fonctionnaires neither among civil servants

Regardons l'épisode

En regardant l'épisode, indiquez quels termes décrivent Roland Fergus.

en bonne santé	calme	vieux
fatigué	nerveux	triste

Parlons de l'épisode

A. **Camille à Casablanca.** Avec un(e) partenaire, lisez les phrases suivantes. Une personne corrigera celles qui contiennent une erreur et l'autre expliquera ce qui, dans le film, a permis de faire cette déduction.

MODÈLE: La femme qui accueille Camille chez Fergus ne respecte pas les traditions de sa culture.

É1: C'est faux. Elle les respecte.

É2: Elle porte des vêtements traditionnels et elle sert du thé à la menthe.

1. Le commerçant donne facilement l'adresse de Fergus à Camille.
2. Le fils de Fergus, Thomas, ne savait pas ce qui était arrivé à son père pendant la guerre.
3. Fergus explique que quand les résistants sont arrivés à la gare, les Allemands étaient déjà là.
4. Antoine a voulu partir quand il a vu que les Allemands attaquaient ses copains.
5. Les résistants ont tué Antoine parce que c'était un traître.
6. Les Allemands ont prétendu qu'Antoine et Fergus travaillaient avec eux.
7. Les fonctionnaires et les résistants ont cru Fergus quand il leur a expliqué la vérité.

B. Après la nuit fatale. Avec un(e) partenaire, complétez le scénario avec les verbes qui conviennent, conjugués au passé composé, à l'imparfait ou au plus-que-parfait, selon le cas. N'oubliez pas de faire l'accord du participe passé, si nécessaire.

apercevoir
donner
lancer
mourir
porter

FERGUS: Et c'est ainsi qu'Antoine ______[1] le 17 décembre 1943. Pour sauver ma vie, il ______[2] la sienne.

CAMILLE: Pourquoi êtes-vous passés tous les deux pour des traîtres?

THOMAS: Un résistant, un certain Pierre Leblanc, les ______[3]. Il avait vu votre grand-père, Antoine, avec mon père qui ______[4] un insigne nazi. C'est lui qui ______[5] la rumeur…

CAMILLE: Et ça a suffi pour déshonorer Antoine?

dire
reprendre
travailler
tuer

FERGUS: Les Allemands ______[6] cette rumeur à leur compte! Ils ______[7] que nous ______[8] pour eux et que c'est la Résistance qui ______[9] Antoine.

CAMILLE: Pourquoi ont-ils fait ça?

être (x 2)
fusiller
mettre
perdre
prendre
trahir

FERGUS: C'______[10] un bon prétexte pour lancer des représailles et pour commencer une campagne de désinformation! Ils ______[11] 25 hommes au hasard, dans la région, et ils les ______[12]! La Résistance ______[13] des mois à s'en remettre. Nous n'avons jamais su qui nous ______[14]. Mais moi, je sais que j'______[15] plus qu'un ami. Antoine ______[16]comme un frère pour moi.

C. Comme le disent les Français. Souvent les mots ne sont pas utilisés dans leur sens littéral. Dans les phrases suivantes, considérez les mots ou expressions en italique qui n'ont pas leur sens littéral, puis expliquez le sens de la phrase. Consultez un dictionnaire pour vérifier le sens littéral des mots, si nécessaire.

MODÈLE: CAMILLE (*à Fergus*): *Votre chemin a croisé* celui de mon grand-père en 1943.

Ici, cette expression veut dire que les deux hommes se sont rencontrés.

1. CAMILLE (*à Fergus*): Je sais qu'il a disparu une nuit de décembre, en 1943, et qu'aujourd'hui, 60 ans plus tard, *ce drame* nous *remplit* encore de chagrin et de honte.
2. ANTOINE (*pendant le flash-back de l'Épisode 11*): Inutile de *crever* tous les deux!

(*cont.*)

3. YASMINE (*à Rachid, dans l'Épisode 1*): Bonne chance, papa! Pour toi aussi, c'est un *grand jour*, non?
4. LOUISE (*dans l'Épisode 3*): Camille! Tu vas bien, *petite*?
5. CAMILLE (à Bruno, dans l'Épisode 8): Quoi, le président *me met à la porte*?
6. CAMILLE (*à Bruno, dans l'Épisode 5 où elle parle de la vie d'Antoine*): Les affaires *marchent* bien. Il a trois employés avec lui.

D. Légende. Regardez cette photo, puis écrivez une légende qui souligne une idée importante de l'épisode. Expliquez à un(e) partenaire pourquoi cette idée est importante. Votre partenaire va vous dire s'il/si elle est d'accord ou pas. Ensuite, comparez vos légendes et vos idées à celles du reste de la classe.

E. Discussion. Avez-vous trouvé dans cet épisode les réponses aux questions que vous aviez posées pour l'activité **Préparons-nous pour l'épisode** à la page 375? Travaillez en petits groupes; dans chaque groupe, un(e) étudiante posera une de ces questions et le groupe essaiera d'y répondre. Chaque groupe présentera ensuite cette question et sa réponse au reste de la classe.

Structures pour communiquer 1

Fergus aurait voulu sauver Antoine mais il n'a pas pu le faire.

11.1 Le conditionnel passé

The past conditional is used to describe an action that *would have* taken place if a certain condition had been met, as well as to express regrets, and to speak about reported but unconfirmed events.

J'**aurais regardé** mon courrier hier soir si j'avais eu le temps.	*I would have read my e-mail last night if I had had the time.*

Les formes du conditionnel passé

The past conditional is formed with the present conditional of the auxiliary **avoir** or **être** and the past participle of the verb. The rules for agreement of the past participle are the same for the past conditional as for the **passé composé**.

	étudier	aller	s'habiller
je (j')	aurais étudié	serais allé(e)	me serais habillé(e)
tu	aurais étudié	serais allé(e)	te serais habillé(e)
il/elle/on	aurait étudié	serait allé(e)	se serait habillé(e)
nous	aurions étudié	serions allé(e)s	nous serions habillé(e)s
vous	auriez étudié	seriez allé(e)(s)	vous seriez habillé(e)(s)
ils/elles	auraient étudié	seraient allé(e)s	se seraient habillé(e)s

Si elle avait eu le temps, Aida **aurait étudié** un an au Maroc. — *If she had had the time, Aida would have studied for a year in Morocco.*

Elle **serait allée** à l'Université Cadi-Ayyad à Marrakech pour étudier l'informatique. — *She would have gone to Cadi-Ayyad University in Marrakech to study computer science.*

Elle **ne se serait** probablement **pas habillée** traditionnellement, parce que ses amies marocaines ne portent pas le voile. — *She probably would not have dressed in traditional clothing, because her Moroccan friends do not wear the veil.*

RAPPEL

si + il/ils = **s'il / s'ils**
si + elle/elles = **si elle / si elles**

Les emplois du conditionnel passé

1. Sentences with the past conditional express what *would have happened* if circumstances had been different. A *hypothetical situation* is introduced by **si** + a verb in the **plus-que-parfait**. A possible *result* of that hypothetical situation is expressed by a verb in the past conditional. Either clause can begin the sentence.

   Si mon portable **ne s'était pas planté** hier soir [*hypothetical situation*], je l'**aurais apporté** pour toi ce matin [*result*]. — *If my laptop hadn't crashed last night, I would have brought it for you this morning.*

   Je t'**aurais apporté** mon portable ce matin [*result*] **s'**il **ne s'était pas planté** hier soir [*hypothetical situation*]. — *I would have brought my laptop to you this morning if it hadn't crashed last night.*

2. The verbs **devoir, pouvoir**, and **vouloir** in the past conditional describe an action that people *should have, could have*, or *would have liked to have* done but didn't.

Bruno **aurait voulu** accompagner Camille dans les Cévennes, mais il ne l'a pas fait.	*Bruno would have liked to accompany Camille to the Cevennes region, but he didn't.*

Selon les rumeurs, Roland Fergus aurait travaillé pour les nazis.

3. The past conditional is used to report unverified facts, especially in the media.

Deux hélicoptères **auraient été abattus** hier. Six soldats auraient été légèrement **blessés**. Un autre **se serait cassé** le bras.	*It has been reported that two helicopters were brought down yesterday. Apparently, six soldiers were slightly injured. Another is said to have broken his arm.*

Exercice

Dénouements originaux. Mettez les verbes entre parenthèses au conditionnel passé pour dire ce qui aurait pu se passer dans les histoires suivantes si les circonstances avaient été différentes.

MODÈLE: Si le frère Laurent avait pu envoyer un SMS à Roméo expliquant que Juliette était en vie, Roméo *ne se serait pas suicidé*. (ne pas se suicider)

1. Si le Petit Chaperon rouge et sa grand-mère avaient pu s'envoyer des mails tous les jours, elles _____ (ne jamais rencontrer) le loup (*wolf*).
2. Si le Prince Charmant avait connu Cendrillon en ligne, est-ce qu'il _____ (tomber) amoureux d'elle et est-ce qu'il _____ (se marier) avec elle?
3. Est-ce que Wendy, Jean et Michel _____ (pouvoir) partir avec Peter Pan si l'on avait installé une Webcam dans leur chambre?
4. Est-ce qu'Aladdin _____ (se transformer) en prince et est-ce qu'il _____ (se montrer) plus intelligent que son ennemi Jafar s'il avait trouvé un portable au lieu d'une lampe magique?
5. Si le miroir magique de la méchante reine s'était planté et n'avait pas complimenté la beauté de Blanche-Neige, est-ce que la Reine _____ (mettre) du poison dans la pomme?
6. Est-ce que Dorothée _____ (aller) à Oz pour voir le magicien si elle avait eu accès à Internet?
7. Est-ce que Hansel et Gretel _____ (se perdre) dans la forêt s'ils avaient eu un portable avec eux?

11.2 Les phrases avec *si*, Partie 2

As you recall, the conjunction **si** is often used to join two clauses. The dependent clause (a hypothetical condition) begins with **si**, and the main clause, or independent clause (the result), completes the idea introduced by **si**.

Les emplois de *si*, Partie 2

1. The present conditional is used to indicate a possible consequence that *would* occur if a precise condition were met. Note that these situations are hypothetical, not actual. The condition is introduced by **si** + a verb in the **imparfait**. The clause with **si** can begin or end the sentence.

   Si les gens **ne pouvaient** pas nous contacter 24 heures sur 24, est-ce qu'il **y aurait** moins de stress dans notre vie?
   If people weren't always able to contact us 24/7, would there be less stress in our lives?

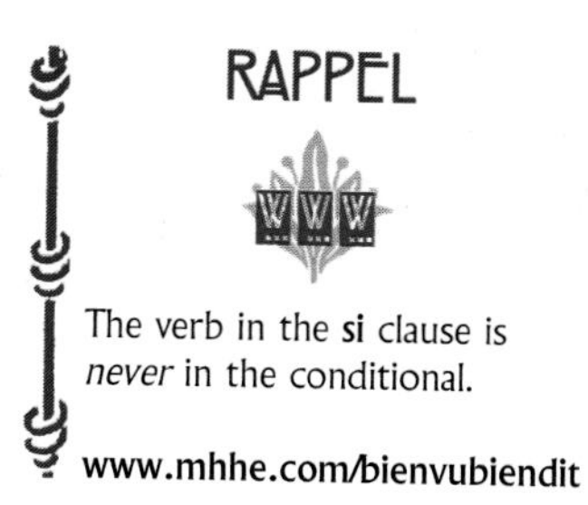

The verb in the **si** clause is *never* in the conditional.

www.mhhe.com/bienvubiendit

2. When the verb in the **si** clause is in the **plus-que-parfait**, the verb in the main clause is in the *present* conditional or the *past* conditional, depending on whether the main clause relates to a past situation or to the present. The **si** clause can begin or end the sentence.

   PLUS-QUE-PARFAIT + CONDITIONNEL PASSÉ

   Si je **n'avais pas bu** tant de café avec le dîner, je **n'aurais pas pu** finir mes devoirs *hier soir*.
   If I hadn't had so much coffee with dinner, I wouldn't have been able to finish my homework last night.

   PLUS-QUE-PARFAIT + CONDITIONNEL PRÉSENT

   Si je **n'avais pas bu** tant de café hier, je **ne serais pas** si tendu *maintenant*.
   If I hadn't drunk so much coffee yesterday, I wouldn't feel so tense now.

LA CONCORDANCE DES TEMPS	
CONDITION	**RÉSULTAT**
si + imparfait	conditionnel
si + plus-que-parfait	conditionnel présent conditionnel passé

Exercices

A. Si... Trouvez dans la colonne B la fin logique de chaque début de phrase de la colonne A.

A	B
1. Il serait sorti avec ses amis hier soir...	a. s'il m'avait invitée.
2. Je serais allée au cinéma avec lui...	b. si nous allions à Paris.
3. Nous visiterions tous les musées...	c. s'il avait fini ses devoirs avant 5 h.
4. Amina serait contente...	d. si elle avait pu.
5. Sarah aurait eu deux enfants...	e. si nous allions au restaurant pour son anniversaire.

B. Hypothèses. Complétez avec l'imparfait, le plus-que-parfait, le conditionnel passé ou le conditionnel présent.

Si elle ____[1] (pouvoir), Leïla voudrait bien s'installer à Casablanca pour quelque temps pour connaître la culture dont parlait sa grand-mère marocaine. Si Leïla avait étudié l'arabe, elle ____[2] (mieux comprendre) les histoires que lui racontait souvent sa grand-mère. Elle ____[3] (ne pas se sentir) comme une étrangère dans le monde magique de sa grand-mère si elle connaissait mieux le monde maghrébin.

Si mon mari et moi avions eu plus d'argent, nous ____[4] (aller) dans un pays francophone l'année dernière. Si j' ____[5] (être) bilingue, on aurait visité l'Afrique ou le Moyen-Orient il y a longtemps. Si l'occasion se présentait un jour, nous ____[6] (s'installer) dans un pays oriental. Nous nous intégrerions bien si nous ____[7] (faire) l'effort.

Prenons la parole

Présenter des possibilités

A. La technologie. Tout le monde a sans doute connu des succès et des drames avec la technologie. Travaillez en petits groupes. Un membre de votre groupe expliquera ce qui est arrivé de positif ou de négatif aux personnes suivantes avec leur ordinateur, leur portable, Internet, etc. Les autres feront des hypothèses pour indiquer comment cette situation aurait pu se terminer différemment. Suivez le modèle.

MODÈLE: un membre de votre famille

É1: Mon cousin a effacé une composition sur laquelle il avait travaillé pendant trois heures.

É2: S'il l'avait sauvegardée, il ne l'aurait pas perdue.

É3: S'il l'avait écrite à la main, il aurait pu la donner à son prof sans problème.

1. un membre de votre famille ou un(e) ami(e)
2. vous
3. des gens qui parlent au téléphone en conduisant
4. une personne qui n'a pas de téléphone portable
5. un(e) étudiant(e) qui envoie des SMS pendant les cours
6. un(e) «cybermaniaque»

NOTE CULTURELLE

Il existe en France, comme dans beaucoup de pays, des «accros» (*addicts*) de forums et de jeux en réseau. Ils passent beaucoup de temps en ligne et parfois ils y dépensent beaucoup d'argent. On les appelle familièrement des «cybermaniaques», et les psychologues parlent de «cyber-dépendance».

B. Une adolescence différente? Comment est-ce que votre adolescence aurait été différente si les choses suivantes s'étaient passées? Une personne pose des questions à son/sa partenaire, qui répondra. Puis c'est à la première personne de donner sa réponse à la question (une réponse différente). Changez de rôle pour chaque hypothèse. Suivez le modèle.

Présenter des possibilités

Modèle: si tu n'avais pas eu d'argent de poche

É1: Qu'est-ce que tu aurais fait si tu n'avais pas eu d'argent de poche?

É2: Si je n'avais pas eu d'argent de poche, j'aurais trouvé du travail.

É1: Si je n'avais pas eu d'argent de poche, je serais resté(e) chez mes parents à regarder la télé.

1. si tu n'avais pas rencontré ton meilleur ami (ta meilleure amie)
2. si tu n'avais pas eu d'adultes pour te guider
3. si tu n'avais pas terminé tes études au lycée
4. si tu avais grandi dans une famille différente
5. si un de tes parents avait gagné au Loto
6. si ta famille avait déménagé dans un pays étranger

C. Les personnages ont-ils des regrets? Pour chacune des situations à la page suivante, votre partenaire et vous imaginerez une autre version de la vie des personnages. Un(e) partenaire utilisera le plus-que-parfait et le conditionnel passé pour parler de la vie *passée* et, quand c'est possible, l'autre utilisera le plus-que-parfait et le conditionnel présent pour parler de la vie *actuelle* de ces personnages. Vous associerez ensuite vos phrases à une des photos. Suivez le modèle.

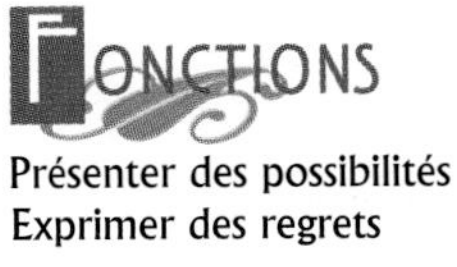

Présenter des possibilités
Exprimer des regrets

Modèle: Les Allemands ont assassiné Antoine.

É1: Si les Allemands n'avaient pas assassiné Antoine, Louise n'aurait pas vécu sans son mari pendant toutes ces années.

É2: Si Antoine n'était pas allé dans les Cévennes, Camille n'aurait probablement pas besoin de prouver qu'il n'était pas un traître. C'est la photo **a**. Tu te rappelles? Il a donné sa vie pour sauver la vie à Fergus.

(*cont.*)

1. Les Allemands ont assassiné Antoine.
2. Rachid et Sonia sont venus à Paris.
3. Rachid a trouvé une photo de Louise dans le livre sur les Cévennes.
4. Louise a gardé la lettre où Antoine parle de Saint-Jean-de-Causse.
5. Camille est allée à Saint-Jean-de-Causse.
6. Camille et la conservatrice du musée ont trouvé une photo de Fergus.
7. Le commerçant à Casablanca a donné l'adresse de Fergus à Camille.
8. Fergus et son fils ont parlé de la guerre.

a. b. c. d. e. f. g. h.

Culture en images

Le couvre-chef de Thomas indique qu'il est musulman. Les autres vêtements qu'il porte sont européens.

Les moyens de transport traditionnels et modernes coexistent à Marrakech.

Un café avec accès à Internet à Erfoud, au Maroc.

Analyse culturelle. Analysez les photos, ainsi que leurs légendes, pour déterminer ce qu'elles ont en commun. Ensuite, choisissez la (ou les) réponse(s) qui vous semble(nt) le mieux répondre à la question et justifiez votre choix.

Dans quel(s) domaine(s) peut-on voir le mélange du passé et du présent au Maroc?

a. Dans les moyens de communication.
b. Dans les vêtements.
c. Dans les transports.

(Vous allez explorer les notions de modernité et de tradition au Maroc dans **Culture**, pp. 394–398.)

Structures pour communiquer 2

11.3 La voix passive

Verbs are either in the active or in the passive voice. In the active voice, the subject of the sentence performs the action of the verb. However, in the passive voice, the action of the verb is *not* performed by the subject.

VOIX ACTIVE

Les députés **approuveront** l'amendement cette semaine.	*The representatives will approve the amendment this week.*

VOIX PASSIVE

L'amendement **sera approuvé** cette semaine.	*The amendment will be approved this week.*

Les formes de la voix passive

The passive voice is formed by using a conjugated form of the verb **être** + a past participle of the verb that agrees in gender and number with the subject of the sentence.

TEMPS	VOIX ACTIVE	VOIX PASSIVE
PRÉSENT	Apple™ **fait** les iPods™.	Les iPods™ **sont faits** par Apple™.
IMPARFAIT	IBM™ **vendait** ce matériel.	Ce matériel **était vendu** par IBM™.
PASSÉ COMPOSÉ	On **a connecté** ce pays.	Ce pays **a été connecté.**
FUTUR	Tout le monde **utilisera** Internet.	Internet **sera utilisé** par tout le monde.
CONDITIONNEL PRÉSENT	On **effacerait** les fichiers.	Les fichiers **seraient effacés**.
CONDITIONNEL PASSÉ	On **aurait éteint** les portables.	Les portables **auraient été éteints**.

Les emplois de la voix passive

1. The passive voice is used to let it be known that an action is taking place, has taken place, or will take place. Who or what performed the action is often not known or not stated. The passive voice is used in this context much more often in English than in French.

DAVID: Beaucoup d'archives **ont été détruites** à la fin de la guerre.	*A lot of archives were destroyed at the end of the war.*

2. Using the passive voice is a way to put emphasis on the *receiver* of the action of the verb (the subject of the sentence) rather than on whoever *performed* the action. When the performer of the action is identified, it follows the verb and is introduced by **par, de**, or **à**.

BRUNO: **Ton absence** est très mal acceptée **par** le président.	*Your absence is not being looked at very kindly by the president.*

Comment éviter la voix passive

There are two strategies to avoid overuse of the passive voice in French.

1. Use **on** + a verb in the active voice when the person doing the action is not named.

VOIX PASSIVE	VOIX ACTIVE
Internet **sera installé** demain.	**On installera** Internet demain.
The Internet will be installed tomorrow.	*They will install the Internet tomorrow.*
Un fichier joint **a été envoyé**.	**On a envoyé** un fichier joint.
An attachment was sent.	*They sent an attachment.*

2. Use pronominal verbs to make general statements. The English sentence uses the verb *to be* in the passive voice but the French sentence uses a pronominal verb in the active voice.

VOIX PASSIVE	VOIX ACTIVE
Home pages are easily opened.	Les pages d'accueil **s'ouvrent** facilement.
That is not done.	Cela **ne se fait pas**.

Exercices

A. Évaluations. Une institutrice à Rabat, au Maroc, écrit quelques commentaires sur ses élèves et son école. Dites si chaque phrase est à la voix active ou passive.

1. Mohamed a été nommé pour un prix de mathématiques.
2. Chafiqa est aimée de tout le monde.
3. On ne comprend pas toujours Fouad.
4. Les meilleures compositions françaises ont été écrites par Khalid.
5. La technologie s'utilise facilement à l'école.

(*cont.*)

6. On amuse Aicha un peu trop facilement.
7. Réda a fait un grand effort cette année.

B. **Au Maroc.** Découvrez un peu la cuisine marocaine, en faisant des phrases avec **on** ou avec un verbe pronominal à partir des éléments donnés. Faites tous les changements nécessaires.

1. en général / on / utiliser / les doigts / pour manger / et non pas les couverts
2. de délicieuses brochettes de viande et de légumes / s'acheter / au marché, sur les places et dans la rue
3. avant de manger en famille, / on / se laver / les mains / et / on / faire une prière (*to pray*)
4. le couscous / se consommer traditionnellement / au déjeuner du vendredi
5. le thé à la menthe / se boire / le matin et après les repas
6. pendant la période de Ramadan / on / ne pas manger / et on / ne pas boire / de l'aube (*dawn*) jusqu'au coucher du soleil
7. visiter le Maroc, / ce / être / un plaisir / qui / ne pas se refuser

Prenons la parole

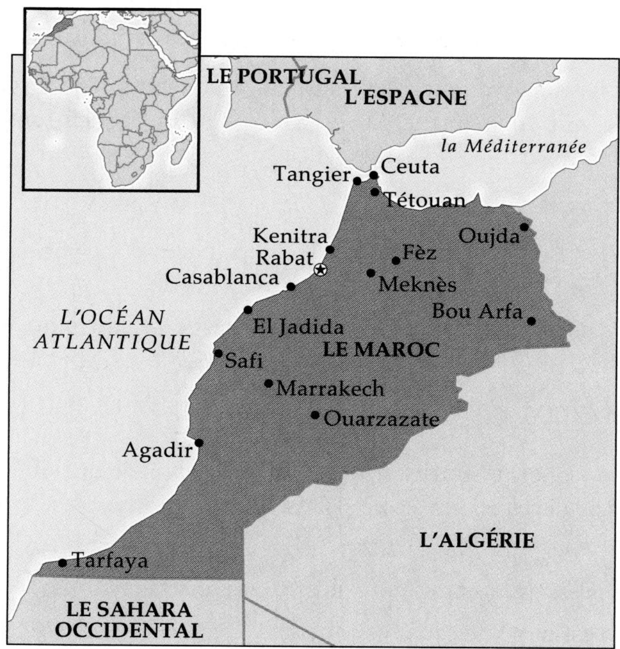

Utiliser la voix passive

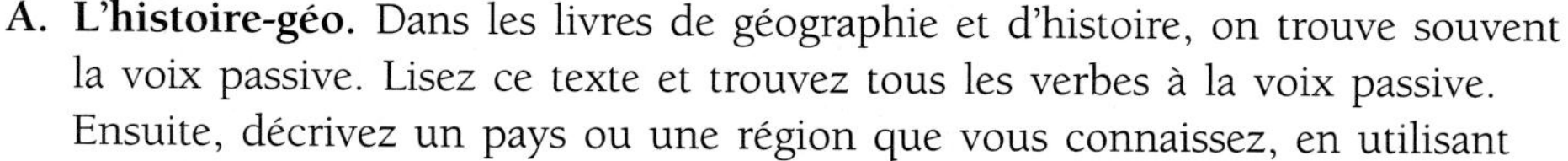
A. **L'histoire-géo.** Dans les livres de géographie et d'histoire, on trouve souvent la voix passive. Lisez ce texte et trouvez tous les verbes à la voix passive. Ensuite, décrivez un pays ou une région que vous connaissez, en utilisant

comme modèle ce texte sur le Maroc. Si nécessaire faites des recherches dans un livre ou sur Internet pour bien vous préparer à présenter cet endroit à la classe.

Le Royaume du Maroc est délimité au nord par le détroit (*strait*) de Gibraltar et la mer Méditerranée et au sud par la Mauritanie. Il est situé entre l'Algérie et l'océan Atlantique. La côte est bordée de plaines et c'est là que la plupart des grandes villes ont été construites. Au sud du pays, le Sahara est habité par quelques tribus nomades et dans le Nord, les montagnes de l'Atlas sont souvent couvertes de neige. Là aussi, la vie est difficile. Rabat est la capitale du Maroc, donc c'est un endroit qui sera visité par tous les touristes. Casablanca est un mélange de modernité et de tradition, et cette ville est considérée comme la ville lumière (*city of light*) du Maroc.

Éviter la voix passive

B. Des comparaisons culturelles.

Étape 1: Une personne utilisera les éléments donnés pour parler de la culture marocaine en évitant la voix passive avec **on**. Son/Sa partenaire reformulera la phrase pour faire des comparaisons culturelles entre le Maroc et un autre pays. Il s'agit de transformer le verbe en verbe pronominal, selon le modèle.

MODÈLE: célébrer / une fête importante, l'Aïd-el-Adha, avec le sacrifice d'un mouton.

É1: Au Maroc, *on célèbre* une fête importante, l'Aïd-el-Adha, avec le sacrifice d'un mouton.

É2: Dans mon pays, Noël *se célèbre* avec la préparation d'une dinde.

1. porter / souvent les vêtements traditionnels comme la djellaba
2. servir / du thé à la menthe très sucré après les repas et pour accueillir des visiteurs
3. laisser / ses chaussures devant la porte quand on entre dans une maison traditionnelle
4. négocier / le prix avec un marchand
5. trouver / un mélange des cultures berbère, arabe, française, juive et espagnole
6. ne pas boire / souvent d'alcool
7. entendre / l'appel à la prière cinq fois par jour

Deux hommes au marché en Tunisie

Étape 2: Maintenant, chaque étudiant(e) dira trois différences culturelles entre le Maroc et son pays et donnera des raisons possibles pour ces différences.

Trois hommes en prière au Maroc.

11.4 Le discours indirect

CAMILLE: Avez-vous dit à Monsieur Fergus que j'étais arrivée?

In direct discourse, we hear or see the exact words of a speaker. In indirect discourse, we learn indirectly what a speaker said, often through an intermediary person.

Les formes du discours indirect

À NOTER

To write a quotation in French, use: « », rather than " ".

une citation *a quotation*
entre guillemets *in quotation marks*

1. Statements with indirect discourse have two clauses. The main clause identifies the speaker and has a verb of communication such as **dire**, **expliquer**, or **répondre**. The dependent clause begins with **que** and reports what was said.

DISCOURS DIRECT	DISCOURS INDIRECT
Anita dit: «Kassi n'a pas de boîte vocale.»	Anita dit [*main clause*] **que** Kassi n'a pas de boîte vocale [*dependent clause*].
Anita says, "Kassi doesn't have voice mail."	*Anita says that Kassi doesn't have voice mail.*

2. Questions in indirect discourse also have two clauses. The main clause identifies the speaker and uses a verb of interrogation such as **(se)**

demander or **vouloir savoir**. The dependent clause contains **si** or the interrogative word used in the direct question, followed by the question asked. In indirect discourse, **si** is used to replace **est-ce que**, inversion, and rising intonation of direct discourse questions.

DISCOURS DIRECT	DISCOURS INDIRECT
Erika demande: «**Est-ce que** Julien a l'identification de la ligne appelante?»	Erika demande [*main clause*] **si** Julien a l'identification de la ligne appelante [*dependent clause*].
Erika asks, "Does Julien have caller ID?"	*Erika asks whether Julien has caller ID.*
Erika demande: «**Où** est-il?»	Erika demande [*main clause*] **où** il est [*dependent clause*].
Erika asks, "Where is he?"	*Erika asks where he is.*

À NOTER

In indirect discourse, the words after **si** follow the order of a declarative sentence, not of a question.

Raoul: «**A-t-il** une Webcam?»
Raoul demande **s'il a une Webcam.**

3. In indirect discourse, there are changes involving pronouns, adjectives, punctuation, and word order that must be made for the communication to be logical. They are identical in English and in French.

DISCOURS DIRECT	DISCOURS INDIRECT
Yann demande: «**Est-ce que tu envoies** des SMS à l'aide de **ton** portable?»	Yann demande **si j'envoie** des SMS à l'aide de **mon** portable.
*Yann asks, "**Do you** send text messages with **your** cell phone?"*	*Yann is asking **whether I** send text messages with **my** cell phone.*

À NOTER

Si usually means *if* in *direct* discourse.

«**Si** tu l'installes, est-ce qu'il marchera?»
"If you install it, will it work?"

Si means *whether* or *if* in *indirect* discourse.

Paul demande **si** elle est allumée.
*Paul is asking **whether** (**if**) it's turned on.*

Les emplois du discours indirect

Indirect discourse is often used to report something that was said when the speaker is not present to say it directly. It may also be used by the speaker to report what he/she said, would say, will say, etc.

1. When the verb in the main clause is in the *present, future,* or *conditional*, the verb in the dependent clause is conjugated the same way it was in the direct statement or question.

DISCOURS DIRECT	DISCOURS INDIRECT
Nina **demande**: «Qui **a téléchargé** cette chanson?»	Nina **demande** qui **a téléchargé** cette chanson.
Amélie **expliquera**: «Je **télécharge** souvent des chansons.»	Amélie **expliquera** qu'elle **télécharge** souvent des chansons.
Nina **voudrait** savoir: «Est-ce que je **pourrais** avoir une copie?»	Nina **voudrait** savoir si elle **pourrait** avoir une copie.

2. When the verb in the main clause is in the *past*, the verb in the dependent clause changes in the following ways:

DISCOURS DIRECT		DISCOURS INDIRECT
présent	→	imparfait
passé composé	→	plus-que-parfait
futur simple	→	conditionnel présent
futur antérieur	→	conditionnel passé

RAPPEL

Imparfait, plus-que-parfait, and **conditionnel passé** verbs do not change when the main clause is in the past.

Luc a dit: «Anne **tapait** bien.» → Luc a dit qu'elle **tapait** bien.

Luc a dit: «Anne l'**avait tapé.**» → Luc a dit qu'Anne l'**avait tapé.**

Luc a dit: «Anne l'**aurait tapé.**» → Luc a dit qu'Anne l'**aurait tapé.**

PROPOSITION PRINCIPALE AU PASSÉ		TEMPS VERBAL DANS LA PROPOSITION SUBORDONNÉE
Julie a demandé: «Quels mails est-ce que tu **sauvegardes**?» [*présent*]	→	Julie a demandé quels mails je **sauvegardais.** [*imparfait*]
Julie a demandé: «Quels mails est-ce que tu **as sauvegardés**?» [*passé composé*]	→	Julie a demandé quels mails j'**avais sauvegardés**. [*plus-que-parfait*]
Julie a demandé: «Quels mails est-ce que tu **sauvegarderas**?» [*futur simple*]	→	Julie a demandé quels mails je **sauvegarderais**. [*cond. présent*]
Julie a demandé: «Quels mails est-ce que tu **auras sauvegardés**?» [*futur antérieur*]	→	Julie a demandé quels mails j'**aurais sauvegardés**. [*cond. passé*]

Exercices

A. Identifications. Indiquez qui dit les phrases suivantes, en utilisant le discours indirect au présent. Utilisez «dire» pour introduire une phrase déclarative et «demander» pour introduire une question. **Personnages possibles:** Camille, Bruno, Rachid, Yasmine, Mado

MODÈLES: (*à Rachid*) «Yasmine et moi, on va se promener un petit peu.»

Sonia dit à Rachid qu'elle et Yasmine, elles vont se promener un petit peu.

(*à Rachid*) «Tu as fait bon voyage?»

Camille demande à Rachid s'il a fait bon voyage.

1. (*à Rachid*) «C'est ma nouvelle école?»
2. (*devant la caméra à Canal 7*) «Le pain, en France, est très important.»
3. (*à Hélène*) «T'arrives de Montréal?»
4. (*à Camille*) «On ne réveille pas les morts!»
5. (*à Camille*) «J'ai un scoop!»
6. (*à Martine*) «Je pars en vacances aujourd'hui!»

B. Citations connues. Mettez les phrases suivantes au discours indirect. Suivez le modèle.

MODÈLE: Woody Allen a dit: «J'ai des questions à toutes vos réponses.»

Woody Allen a dit qu'il avait des questions à toutes nos réponses.

1. Oscar Wilde a dit: «Les jeunes sont toujours prêts à donner à leurs aînés le bénéfice de leur inexpérience.»
2. Dorothy Parker a expliqué: «Les deux mots les plus beaux du vocabulaire sont "chèque joint" (*enclosed*).»
3. Simone de Beauvoir a dit: «La fatalité triomphe dès qu'on croit en elle.»
4. Platon a dit: «Le commencement est la moitié du tout.»
5. Zsa Zsa Gabor a répondu: «Je n'ai jamais haï (détesté) un homme après une rupture au point de lui rendre ses diamants.»
6. Napoléon a dit: «Je n'ai pas succédé à Louis XVI, mais à Charlemagne.»
7. Karl Marx a expliqué: «L'histoire tout entière n'est qu'une transformation de la nature humaine.»
8. Shakespeare a dit: «Ce que nous appelons rose, sous un autre nom, sentirait aussi bon.»

Prenons la parole

Rapporter ce que les autres disent

A. Les SMS. Vous travaillerez avec un(e) partenaire pour comprendre les SMS que Daniel vous envoie. Dans la colonne A, vous trouverez ses messages. Une personne les associera aux «traductions» dans la colonne B, et l'autre rapportera ce que Daniel a dit, en disant les mêmes phrases avec le discours indirect. Changez de rôle pour chaque message. Suivez le modèle.

MODÈLE: É1: 4. KESTUFÉ? J V O 6NÉ. Ça se traduit par **a.** Qu'est-ce que tu fais? Je vais au ciné.

É2: Il a demandé ce que tu faisais. Il a dit qu'il allait au cinéma.

A	B
1. SLT SOFI VIEN. J V ALE LA CHERCHÉ	a. Qu'est-ce que tu fais? Je vais au ciné.
2. OQP, NRV G PAL TEM	b. On a rendez-vous à 21 h au restaurant. J'ai faim.
3. RDV 21H O RESTO. G F1	c. Salut, Sophie vient. Je vais aller la chercher.
4. KESTUFÉ J V O 6NÉ	d. Je suis occupé, énervé, je n'ai pas le temps.
5. TA HT DUP1 C 5PA	e. Tu bois un café? Où es-tu?
6. SDR. J D100 DU BUS	f. Je suis de retour. Je descends du bus.
7. J DECO. PLPP	g. Je me déconnecte. Je ne suis pas libre pour parler.
8. TU BOA 1 KFÉ WÉTU	h. Tu as acheté du pain? C'est sympa.

Rapporter ce que les autres disent

À NOTER

If you choose to link two declarative sentences together in indirect discourse, you must repeat the **que** of the dependent clause.

> Anne a dit: «Je suis fatiguée et j'ai faim.»
> Anne a dit **qu'**elle était fatiguée et **qu'**elle avait faim.

B. **La boîte vocale.** Vous travaillerez en petits groupes pour transmettre un message que vous avez écouté.

Étape 1: Écrivez un message logique pour chaque situation donnée, puis lisez votre message à un(e) partenaire.

Étape 2: Votre partenaire dira au groupe ce que vous avez dit, en suivant le modèle, et le groupe devra deviner de quelle situation il s'agit.

MODÈLE: un professeur à la secrétaire du département

> É1: Le message dit: «Je suis malade et je vais annuler mon cours.»
>
> É2: Il a dit qu'il était malade et qu'il allait annuler son cours.
>
> É3: C'est un professeur qui parle à la secrétaire du département.

1. un professeur à la secrétaire du département
2. une mère à son fils à l'université
3. un(e) étudiant(e) à son professeur
4. un(e) employé(e) à son patron
5. un agent de voyage à son client (sa cliente)
6. un(e) étudiant(e) à son père
7. une jeune femme à son petit ami

Rapporter ce que les autres disent

RAPPEL

These verbs are useful with indirect discourse:

ajouter	**écrire**
annoncer	**expliquer**
déclarer	**indiquer**
demander	**préciser**
dire	**proposer**

C. **Sondage.** Interviewez individuellement plusieurs camarades de classe pour savoir ce qu'ils/elles ont fait la semaine dernière. Présentez ensuite les résultats de vos recherches à la classe, en commençant vos phrases par un des verbes de la liste à gauche.

MODÈLE: Marc m'a expliqué qu'il était allé au cinéma et qu'il avait vu un très bon film qui s'appelait *Le Tigre*.

Culture

Mise en route

Dans les sociétés modernes, les données (*data*) sont des produits que l'on échange très rapidement, et l'information est une marchandise (*commodity*) que l'on achète et que l'on vend. Pour favoriser ces échanges rapides, les outils (*tools*) de communication se multiplient et ils sont rapidement considérés comme indispensables, mais ils modifient la définition traditionnelle du terme «communication». En effet, les outils de communication modernes favorisent l'isolement physique des gens, contrairement à la communication traditionnelle qui les rapprochait. On le comprend facilement en observant la communication dans un pays comme le Maroc qui, tout en se modernisant, conserve encore les modes traditionnels de communication, basés sur une riche culture orale et des réseaux de relations personnelles.

Activité

Avec qui communiquez-vous régulièrement (individu, association, église, blog, etc.)? À quel(s) groupe(s) appartenez-vous? Quels outils de communication utilisez-vous dans ces différents groupes? Imaginez les moyens de communication utilisés par vos parents, puis ceux qui seront utilisés dans le futur. Quels sont les caractéristiques, les avantages et/ou les inconvénients de ces différents moyens de communication?

Modes de communication traditionnels et modernité au Maroc

Pour en savoir plus sur le Maroc, nous avons posé des questions à Rachid Baligh, qui est originaire de Casablanca où habite toute sa famille. Rachid vit actuellement aux États-Unis, où il exerce la profession de traducteur et traduit des textes arabes en anglais. Il garde cependant le contact avec son pays natal, où il séjourne une partie de l'année.

Vocabulaire utile

un bip pager
un récepteur satellite box
cryptée encrypted
une bande frequency band
le piratage pirating
être branché sur to be plugged into, connected to

—Bonjour, Rachid.

—Bonjour.

—Comment est-ce qu'on communique dans une entreprise marocaine, aujourd'hui?

—Même si on travaille dans une entreprise moderne, comme une banque par exemple, on n'utilise jamais Internet ou le téléphone pour se parler. On se rencontre dans un café, on prend un thé à la menthe, et on parle directement à la personne.

—On n'utilise ni les mails, ni Internet pour communiquer?

Non. Par exemple mon père, qui travaille à la Banque Populaire, la plus grande banque du Maroc, n'utilise pas de mails. On utilise le téléphone pour se donner rendez-vous et boire un thé à la menthe. Dans les boîtes[1] internationales d'informatique, on envoie seulement des photos ou des documents électroniques par Internet.

—Est-ce que le thé à la menthe fait partie du protocole de la conversation «à la marocaine»[2]?

—Il est très rare que deux personnes se rencontrent pour parler sans que l'une invite l'autre à boire un thé à la menthe. Après on s'assoit et, généralement, on commence par des salutations traditionnelles, puis on parle de la famille, des enfants, on va aussi parler du climat, du prix des tomates, etc. On

Au Maroc, le thé à la menthe continue à jouer un rôle central dans les affaires.

---

[1]*companies* [2]à… *Moroccan style*

n'est pas direct comme les Américains; même si on connaît la personne, il y a toujours ce petit «tapis rouge»[3] d'abord, avant de parler d'un sujet précis. Il faut prendre son temps, se relaxer, parler de ces petites choses, remercier Dieu que la santé soit bonne, avant d'aborder[4] le sujet de la conversation, pour souligner qu'il y a des choses plus importantes.

—Les salutations traditionnelles ont-elles un sens religieux?

—Au Maroc et dans la plupart des pays arabes et musulmans (à l'exception peut-être de la Turquie, qui est un état plus ou moins laïque[5]), la religion fait partie de la vie et est intégrée dans le langage. Qu'on soit religieux ou non, on utilise les formules comme «Inch Allah», «comme Dieu le veut» ou «Essalam haleikoum», mot à mot «que la paix soit avec vous». Mais si on a étudié dans des écoles bilingues français/arabe on a tendance à être plus informel, on dit «Labass», l'équivalent de «bonjour», en dialecte marocain.

—Au téléphone, qu'est-ce qu'on dit?

—On peut dire «Allô», mais les gens plus religieux disent aussi «Essalam haleikoum» au téléphone. Il n'y a qu'une compagnie de téléphone, qui est un monopole d'état. Ce n'est pas comme ici; on paie pour les minutes qu'on utilise et c'est cher par rapport au niveau de vie[6] au Maroc. On a tendance à ne pas utiliser le téléphone sauf en cas d'urgence. On ne peut pas se permettre[7] de rester au téléphone à parler de rien du tout pendant une heure, parce que ça coûterait une fortune.

—Là vous parlez des téléphones fixes ou des portables?

—Je parle des téléphones fixes. Pour les portables, il y a deux compagnies au Maroc. Il y a Télécom et IAM. On a encouragé les gens à avoir un téléphone portable et le marketing a été très bien fait. À Agadir, j'ai même[8] vu un homme sur un chameau[9] avec un portable. On utilise aussi souvent les cellulaires comme bip: quelqu'un t'appelle, tu sais qu'il a appelé et tu passes chez lui.

Un homme qui voyage à dos de chameau avec son portable

—Alors on utilise le portable seulement pour savoir quand on va prendre un thé à la menthe?

—Oui, c'est ça!

—Est-ce que les gens ont accès à la télévision par satellite?

—Les Marocains n'ont pas beaucoup de choix purement marocains. Ils ont la télévision nationale et «2M», la deuxième chaîne, qui est partiellement privée. Mais à Casablanca il y a un souk[10] qui s'appelle «Derb Ghallef» où on peut acheter un récepteur. Je sais pas ce qu'ils font, mais ils les modifient et tu peux avoir toutes les chaînes de la France. Parfois on peut même avoir Canal+, qui est une chaîne cryptée et payante[11] en France! Un jour j'ai emmené deux téléphones

[3]*literally, red carpet. Here it means small talk: showing one's interest in the other person before getting down to business.* [4]*to mention for the first time, to bring up* [5]*secular* [6]niveau... *standard of living* [7]se... *to afford* [8]*even* [9]*camel* [10]*open market* [11]*which one has to pay for*

américains à «Derb Ghallef», et bien qu'on n'utilise pas la même bande aux États-Unis qu'au Maroc, ils ont réussi à modifier les téléphones pour qu'ils marchent[12] au Maroc! Oui, il y a beaucoup de piratage de DVD, de cassettes, de films, de télévision par satellite: c'est la Chine de l'Europe!

—*Est-ce qu'il y a des Internautes?*

—Internet coûte trois ou quatre cents dirhams[13] par mois (l'équivalent de trente-trois ou quarante-quatre dollars), alors ce n'est pas pour tout le monde. En plus, c'est seulement pour dix heures par mois, on ne peut pas être connecté toute la journée. On n'a pas encore la notion des choses «à volonté».[14]

—*Est-ce qu'il y a beaucoup d'analphabètes[15] au Maroc?*

—Il y a jusqu'à 80 ou 90% d'analphabètes dans les zones rurales. C'est pour cela que la communication orale traditionnelle est avant tout une nécessité.

—*Est-ce que l'information circule rapidement dans ces communautés?*

—Au Maroc nous avons l'équivalent traditionnel des réseaux informatiques: ce sont les «samsars». Le samsar est une personne qui n'est généralement pas très éduquée, mais qui sait très bien parler, charmer[16] les gens et a une excellente mémoire. Si quelqu'un veut, par exemple, acheter ou vendre une maison, il le dit au samsar. Les samsars se rencontrent chaque jour et essaient de trouver des acheteurs ou des vendeurs pour recevoir leur commission. Tout est verbal, il n'y a pas de listes imprimées.[17] Vous dites à un samsar que vous avez un appartement à vendre, croyez-le ou non, vous vendez aussi vite qu'en utilisant Internet! Cette culture traditionnelle existe depuis des siècles. Mon père a vendu sa voiture par l'intermédiaire d'un samsar: ils étaient au café, ils parlaient et mon père lui a indiqué l'année, la marque[18] de la voiture; le samsar a trouvé tout de suite, dans ce café, un autre samsar qui connaissait un acheteur potentiel! Les samsars sont très branchés sur la communauté, connaissent les gens et savent leur parler. Ce sont des Marocains très traditionnels, intégrés dans des réseaux d'autres samsars. D'ailleurs,[19] on appelle ça le «téléphone arabe»!

—*Alors, tu penses que les rapports personnels sont une valeur culturelle qui persistera au Maroc?*

—Oui, c'est dans la nature de la culture marocaine. Je ne pense pas que les samsars soient interchangeables avec Internet. Je pense que les Marocains vont adopter la technologie moderne, mais seulement comme une aide, et qu'ils conserveront les aspects traditionnels de la communication «à la marocaine».

---

[12]*work* [13]*Moroccan currency; $1 is about 9 dirhams.* [14]*as much as you want* [15]*illiterate people* [16]*engage* [17]*printed* [18]*make* [19]*By the way*

Questions de compréhension

1. Quel est le moyen de communication favori entre les employés d'une entreprise marocaine?
2. Traditionnellement, que font les Marocains pendant une conversation?
3. Est-ce que les conversations au Maroc sont plus directes ou moins directes que dans votre pays? Expliquez.
4. Est-ce que les salutations traditionnelles sont réservées aux gens très religieux? Expliquez.
5. Pourquoi est-ce que les Marocains n'ont pas de longues conversations au téléphone? Donnez plusieurs raisons.
6. Au Maroc, le portable a souvent une autre fonction que la conversation. Laquelle?
7. «Derb Ghallef» est un problème pour les compagnies de télévision par satellite. Pourquoi? Donnez des détails.
8. À part (*Besides*) la tradition, pourquoi est-ce qu'Internet n'est pas utilisé par beaucoup de gens au Maroc?

Questions d'analyse

1. Les Marocains ont une longue tradition de communication orale, impliquant des règles précises: par exemple, ce que Rachid appelle le «tapis rouge» et aussi le thé à la menthe, etc. Est-ce qu'il y a l'équivalent de ces règles dans votre pays? Comment se passe généralement la communication entre employés dans votre pays? Donnez le plus de détails possibles: Est-ce un face-à-face? Est-on direct? Est-ce que l'on boit? Est-ce que l'on mange?, etc.
2. Pensez-vous qu'au Maroc la communication professionnelle soit très différente de la communication entre amis? Et dans votre pays?
3. Selon vous, quelle est la qualité principale du samsar: savoir parler ou savoir écouter? Et dans la communication en général, laquelle de ces deux activités est la plus importante? Expliquez.
4. Imaginez que les transactions commerciales soient purement verbales dans votre pays, c'est-à-dire que l'on soit obligé de parler en personne aux partenaires commerciaux. Quels seraient les avantages et les inconvénients? Pouvez-vous donner des exemples de ces transactions dans votre pays?
5. Quels sont, selon vous, les avantages et les inconvénients de la communication traditionnelle et de la communication par l'intermédiaire de la technologie? Donnez des exemples dans la vie professionnelle et dans la vie privée.

Le texte et vous

Pensez-vous que les moyens modernes de communication vous rendent plus heureux/heureuse? plus malheureux/malheureuse? Préférez-vous être toujours disponible pour les autres ou préférez-vous avoir des moments de solitude garantie? Discutez de ces sujets avec un(e) partenaire. Ensuite, présentez vos idées à la classe.

Retournons au cinéma

Pour parler du cinéma

un accessoire prop
un costume costume
le maquillage makeup

Le réalisateur, David Murray, sur l'importance des accessoires et costumes:

«Accessoires, costumes et maquillage sont tous des éléments importants du travail que l'on fait avant de tourner une scène; ce sont aussi des éléments essentiels de ce qui se passe sur l'écran, mais, si nous faisons bien notre travail, le public ne doit pas s'en apercevoir! Il faut énormément de temps et d'efforts pour que le public voie sur l'écran des images qui semblent parfaitement normales et appropriées à la situation. C'est un travail énorme.»

Revoyons l'épisode

Pourquoi les costumes et accessoires suivants sont-ils importants dans cet épisode?

Reparlons de l'épisode

Étape 1 Le mot du réalisateur. «Les choix pour le costume de Camille dans la scène à Casablanca montrent comment les costumes permettent de bien raconter l'histoire. Quand Camille entre dans le magasin, ses vêtements à la parisienne semblent déplacés. Plus tard, quand elle rend visite à Fergus, elle a changé de vêtements et semble beaucoup mieux adaptée au décor. En choisissant les vêtements de cette scène nous voulions souligner le dépaysement (*disorientation*) vécu par Camille tout au long de l'histoire. Les vêtements traditionnels du Maghreb et le foulard sur la tête reflètent son sentiment d'inadaptation dans le nouveau monde que Fergus s'est construit.

Si vous faites attention aux accessoires et au décor, dans cette scène cruciale où Camille rencontre enfin Fergus—les meubles, les costumes traditionnels, les bougies, les tapisseries et les tapis sur les murs—tous ces éléments contribuent au contexte. Ils constituent littéralement l'endroit et l'atmosphère. C'est en "étrangère dans une région étrange" que le personnage de Camille atteint enfin son but (*reaches her goal*) et apprend la vérité sur son grand-père. Nous voulions que le décor reflète les influences arabes et françaises présentes à Casablanca, mais nous voulions aussi que ce décor symbolise combien Camille s'est éloignée de (*has moved away from*) son ancienne vie pour poursuivre sa quête.»

Étape 2 Costumes et accessoires. Maintenant, avec un(e) partenaire, répondez aux questions pour analyser certains des costumes et accessoires dans cet épisode.

1. Qu'est-ce que le portable dans l'épicerie indique sur la culture marocaine de nos jours? Et les vêtements du commerçant?
2. Pourquoi est-ce que Camille change de costume dans cette scène? Quel est l'effet produit?
3. Est-ce que le réalisateur a réussi à représenter Camille comme «étrangère dans une région étrange»? Comment?
4. Quelle est l'importance du costume, du maquillage et du décor de la maison de Fergus?
5. Que pensez-vous de Fergus? Comment est-ce que le réalisateur manipule vos émotions par ses choix de costume et de maquillage?

Étape 3 Vous êtes réalisateur. Qu'est-ce que vous savez maintenant sur le rôle des costumes et des accessoires dans un film? Au début de votre film, vous voulez présenter un personnage et vous avez droit à seulement un accessoire, un costume et du maquillage pour montrer sa personnalité et ses priorités. Vous décrivez votre personnage et votre partenaire suggère un costume et un objet/accessoire. Changez ensuite de rôle.

Hors-champ

A. Mieux connaître les personnages.

Étape 1: C'est qui, Roland Fergus? Il dit à Camille qu'il a changé de nom. Lisez le texte pour comprendre ce qui lui est arrivé et comment sa vie a changé après la guerre.

Roland Fergus a eu une enfance joyeuse entre son père catholique et sa mère marocaine de religion musulmane. À Marseille, les personnes originaires du Maghreb étaient nombreuses et les mariages mixtes ne choquaient pas autant que dans les autres grandes villes françaises. Au garage de son père, Fergus rencontrait toutes sortes de gens et il comprenait bien que sa ville était culturellement riche et très diverse.

FERGUS FILS: Mon père a quitté la France, avec la colère au cœur.

En 1939, Fergus avait 22 ans. Comme beaucoup de Marseillais, il détestait le message raciste d'Adolf Hitler. Il avait envie d'aller au front mais, comme il souffrait d'une maladie respiratoire, l'armée ne l'a pas accepté. Alors, puisqu'il ne pouvait pas être soldat, pendant l'Occupation, Fergus a décidé d'être résistant.

Il est allé d'abord dans la ville de Lyon, un important centre de la Résistance. Il était intelligent et courageux, et en plus il parlait allemand. On l'a donc choisi pour infiltrer les nazis en France. Ainsi il a pu obtenir des informations importantes pour la Résistance.

Pendant un voyage à Paris, il a rencontré Antoine Leclair, le grand-père de Camille. Après quelque temps, Fergus, qui commençait à bien connaître les opérations secrètes des nazis en France, a pu sauver un réseau entier de résistants. Il s'est rendu dans les Cévennes où il a retrouvé Antoine Leclair. Il savait que les nazis avaient caché des armes dans un train près de Saint-Jean-de-Causse et il pensait que les résistants devaient absolument les saisir.

En septembre 1943, Fergus a donc préparé cette opération dangereuse avec Antoine Leclair. Mais les Allemands le suivaient en secret et ils savaient que les résistants allaient attaquer le train. Et voilà l'origine du drame qui a eu lieu une nuit de décembre dans les Cévennes. Antoine Leclair et ses amis résistants ont été exécutés par les Allemands. Seul Roland Fergus a pu s'échapper.

Après cette nuit terrible, Fergus est retourné à Marseille, et de là il est parti au Maroc, dans la famille de sa mère. Plus tard, il est revenu en France en secret et c'est pendant ce voyage qu'il a appris la rumeur. Selon cette rumeur, Roland Fergus et Antoine Leclair étaient des traîtres. Antoine était déjà mort; il ne souffrait pas de ces horribles histoires, mais Fergus n'a pas pu supporter ce que disaient les rumeurs. Il est retourné au Maroc, pour recommencer sa vie...

À présent, il est commerçant. Il aime Casablanca, et quand il a pris la nationalité marocaine, il s'est converti à la religion de sa mère. Il a pris le nom Ahmed el-Diah. Son existence est calme, et la religion musulmane l'aide à vivre en paix.

La visite de Camille Leclair le touche beaucoup. Il est triste, mais en même temps il espère que la vérité sera révélée. Est-ce que cette jeune fille charmante pourra lui rendre son honneur?

Étape 2: Maintenant, répondez aux questions.

1. Quelle était la nationalité du père de Fergus? et de sa mère?
2. Pourquoi Roland Fergus a-t-il infiltré les nazis?
3. Comment est-ce que les nazis savaient que les résistants allaient attaquer le train ce soir-là?

Étape 3: Maintenant, mettez le verbe à la forme appropriée et répondez aux questions.

1. Est-ce que Roland Fergus _____ (devenir) soldat s'il n'avait pas eu de maladie respiratoire?
2. Si Roland Fergus _____ (ne pas parler) allemand, qu'est-ce qu'il n'aurait pas pu faire?

(cont.)

3. S'il _____ (ne pas aller) à Paris, qui n'aurait-il pas rencontré?
4. Si les Allemands n'avaient pas suivi Roland Fergus dans les Cévennes, qu'est-ce qui _____ (se passer) différemment?
5. Si Fergus était resté avec ses amis cette nuit de décembre, qu'est-ce qui lui _____ (arriver)?
6. Si Fergus n'avait pas eu de famille au Maroc, à votre avis, est-ce qu'il _____ (quitter) la France?
7. Qu'est-ce que Roland Fergus _____ (ne pas apprendre) s'il n'était pas retourné en France?
8. Comment est-ce que la vie de Fergus serait aujourd'hui s'il _____ (ne pas s'installer) à Casablanca?
9. À votre avis, si Camille n'était pas venue à Casablanca, qu'est-ce que Fergus _____ (faire) avec la boîte de documents?

B. Le désir de savoir. Répondez aux questions en comparant vos observations et expériences avec celles d'un(e) partenaire.

1. À votre avis, pourquoi Camille fait-elle tant d'efforts pour apprendre la vérité sur son grand-père?
2. Qu'est-ce que Camille aurait fait si elle n'avait pas trouvé Fergus ou s'il avait refusé de lui parler?
3. À votre avis, est-ce que Camille est maintenant satisfaite? Fera-t-elle autre chose?
4. Comment vit-on en paix quand quelque chose d'horrible arrive? Parlez de quelqu'un que vous connaissez ou d'un personnage dans un film ou un roman qui arrive à accepter une tragédie. Comment fait-il/elle pour vivre en paix?

Pour mieux écrire

Dans la section **Pour mieux écrire** du *Cahier d'exercices*, vous trouverez des stratégies d'écriture et des sujets de composition française liés aux thèmes «les technologies modernes» et «les questions de communication».

CHAPITRE 12

NOUVEAUX DÉPARTS

CAMILLE: Bonjour!

Pour commencer Dans une phrase comme «Je fais du recyclage», on fait une déclaration objective. Quand on dit: «Il faut que les gens fassent du recyclage», on donne un sens subjectif à la phrase. Cette formulation indique une obligation imposée par celui qui parle. Dans ce cas, comme dans d'autres, il faut utiliser le subjonctif.

À vous Expliquez à un(e) partenaire ce qu'il faut que vous fassiez cette semaine en utilisant le subjonctif des verbes suivants et expliquez ces obligations. Suivez le modèle. Ensuite, changez de rôle. Vous allez présenter les réponses de votre partenaire à la classe.

Verbes utiles:

aller → que j'aille; qu'il/elle aille

apprendre → que **j'apprenne**; qu'il/elle **apprenne**

faire → que je fasse; qu'il/elle fasse

manger → que je mange; qu'il/elle mange

MODÈLE: É1: Il faut que j'aille à la bibliothèque. J'ai besoin d'un livre pour mon cours d'histoire.

Thèmes culturels

- changements dans le monde
- changements dans la vie de l'individu
- l'Europe

Objectifs fonctionnels

- exprimer des obligations
- exprimer des désirs et des préférences
- exprimer des émotions
- donner des opinions
- exprimer des doutes et des certitudes
- relier des phrases

Structures pour communiquer

12.1 Le subjonctif

12.2 Le subjonctif par rapport à l'infinitif

12.3 Le subjonctif par rapport à l'indicatif

12.4 Le subjonctif passé

Vocabulaire thématique

Réinventer le monde et se réinventer

Une nouvelle relation s'établit entre mère et fille.

Réinventer le monde

une cause	cause
coexister	to coexist
un consensus	consensus
créer	to create
un droit	right
les droits de l'homme	human rights
un effet	effect
éliminer	to eliminate
l'environnement (*m.*)	environment
éventuellement	possibly; if need be
guérir	to cure; to get better
un jour ou l'autre	eventually, sooner or later
menacer	to threaten
prévenir	to warn; to prevent
protéger	to protect
un résultat	result
un(e) SDF (sans domicile fixe)	homeless person
la sécurité	safety
être en sécurité	to be safe
la solidarité	solidarity
subventionner	to support (*financially*); to fund
surmonter	to overcome

Se réinventer

une croyance	belief
un doute	doubt
exiger	to demand; to require
une façon	way, manner
une habitude	habit
comme d'habitude	as usual
un intérêt	interest
réaliser (un rêve) (un film) (un projet)	to realize; to fulfill (a dream); to produce (a film); to carry out (a project)
se réaliser	to fulfill oneself
une réconciliation	reconciliation
recycler	to recycle
se recycler	to change professions
souhaiter	to wish

RAPPEL

Se rendre compte de/que is also used to express *to realize* or *to be aware of.*

Je **me rends compte des** dangers de la surpopulation.
Je **me rends compte que** la surpopulation est dangereuse.

Applications

A. Opinions. Complétez chaque phrase avec une des expressions en italique et justifiez votre décision en ajoutant une autre phrase.

MODÈLE: On va au cinéma ce soir (*pour changer / comme d'habitude*)?

On va au cinéma ce soir, *comme d'habitude*. On va toujours au cinéma.

1. La violence est parfois (*la cause / l'effet*) des problèmes familiaux.
2. On inventera (*ne jamais / un jour ou l'autre*) une voiture qui ne pollue pas.
3. Les touristes sont (*en danger / en sécurité*) quand ils voyagent.
4. Il y a (*un consensus / une dispute*) quand les gens sont d'accord sur un sujet.
5. Le gouvernement doit (*taxer / subventionner*) les logements pour les pauvres.

B. Les nuances des mots. Lisez les phrases pour comprendre les différentes significations du mot en italique. Ensuite, écrivez vos propres phrases en imitant chaque exemple.

MODÈLE: *prévenir*

Les scientifiques nous *préviennent* que le climat va changer.
Il faut *prévenir* les guerres en recherchant le consensus.

a. Nos professeurs nous *préviennent* que les examens seront difficiles.
b. Il est important de *prévenir* les accidents de la route en conduisant prudemment.

(*cont.*)

1. *(se) recycler*

   On *recycle* les boîtes en métal pour réduire le gaspillage (*waste*) des ressources naturelles.

   L'homme d'affaires *se recycle* pour devenir professeur.

   a. _____

   b. _____

2. *guérir*

   Le médecin n'*a* pas pu *guérir* Louise.

   Louise n'*a* pas *guéri*; elle est morte.

   a. _____

   b. _____

3. *(se) réaliser*

   Micheline Bood *a réalisé* que les Américains étaient à Paris et que les Allemands allaient partir.

   Thierry Meunier *a réalisé* son rêve de devenir boulanger.

   David Murray *a réalisé* le film *Le Chemin du retour*.

   Les jeunes *se réalisent* en s'engageant pour une cause qui les passionne.

   a. _____

   b. _____

   c. _____

   d. _____

NOTE CULTURELLE

L'Union européenne a cinq institutions avec des rôles spécifiques:

- Le Parlement européen (directement élu par les citoyens des États membres);
- Le Conseil de l'Union européenne (le représentant des gouvernements des États membres);
- La Commission européenne (le moteur de l'Union et son organe exécutif);
- La Cour de justice (la garantie du respect de la législation);
- La Cour des comptes (l'organe de contrôle de l'utilisation correcte et légale du budget de l'Union).

C. L'Europe et vivre «à l'européenne». Complétez les phrases avec les mots de la liste. Faites tous les changements nécessaires.

Après la Deuxième Guerre mondiale, les pays d'Europe ont voulu _____[1] leurs divisions pour _____[2] en paix. Cette _____[3] a été possible en partie parce que l'Europe est une communauté historique qui partage une culture politique, spirituelle et artistique. L'Union européenne (l'UE) est le _____[4] de cette recherche de _____[5]. La première mission de l'UE est de créer et de consolider des _____[6] communs à tous ces pays. Chaque pays, pourtant, garde sa spécificité culturelle, même en participant pleinement à l'Union.

coexister
consensus
intérêts
réconciliation
résultat
surmonter

Thérèse _____[7] enrichir son expérience universitaire en études scientifiques. Le programme d'échange ERASMUS entre les universités européennes est une _____[8] pour elle de le faire. ERASMUS _____[9] de chaque participant(e) une année d'études universitaires dans son pays d'origine. Ensuite, ces participants ont le _____[10] d'étudier dans un autre pays de l'Union. Thérèse a choisi l'Allemagne pour _____[11] son rêve: faire de la recherche médicale pour _____[12] des maladies aujourd'hui incurables.

droit
exiger
façon
guérir
réaliser
souhaiter

D. Compréhension culturelle. Relisez les paragraphes de l'Activité C pour bien comprendre l'information culturelle. Avec un(e) partenaire, répondez aux questions.

1. Pourquoi a-t-on créé l'Union européenne? Selon le texte, quelle est sa mission principale? Pouvez-vous en imaginer d'autres? Lesquelles?
2. Qu'est-ce que les pays de l'UE partagent? Est-ce qu'ils deviennent tous semblables?
3. Qu'est-ce qu'ERASMUS? Pourquoi Thérèse s'y intéresse-t-elle?
4. Dans votre pays, est-il facile de passer une année d'études dans une université différente? Expliquez.

L'Union européenne*

E. Différences. Dans chaque cas, expliquez la différence de sens entre les deux mots ou expressions.

1. un doute et une croyance 2. menacer et protéger 3. un jour ou l'autre et éventuellement 4. un droit et les droits de l'homme 5. la solidarité et l'égocentrisme

F. Il faut? Il ne faut pas? Dites s'il faut faire les choses suivantes pour créer un monde meilleur. Votre partenaire va exprimer son accord ou son désaccord, en expliquant ses raisons. Changez de rôle pour chaque élément.

Modèle: éliminer (les voitures au centre-ville? les subventions pour les pauvres?)

É1: Il faut éliminer les voitures au centre-ville pour réduire la pollution.

É2: Je ne suis pas d'accord. Il faut construire des voitures qui polluent moins. On ne peut pas éliminer toutes les voitures au centre-ville. Et les subventions pour les pauvres? À mon avis, il ne faut pas les éliminer.

É1: Je suis d'accord.

*This map was accurate as of October 2006.

(*cont.*)

1. créer (un système de médecine universel? d'autres armes nucléaires?)
2. protéger (les SDF? les intérêts économiques du pays?)
3. s'intéresser (à l'environnement? aux actions du gouvernement?)
4. changer (les mauvaises habitudes? le système d'éducation?)

Allons au cinéma

CAMILLE: Ce qui m'a aidée, c'est ton amour et celui de Louise.

Rappelons-nous

Ce qui s'est passé avant. L'Épisode 11 nous a beaucoup appris sur Antoine Leclair, Roland Fergus et la nuit fatale en décembre 1943. Avec un(e) partenaire, trouvez les situations de la colonne A que l'on peut associer aux informations de la colonne B.

MODÈLE: É1: Le commerçant marocain ne veut pas déranger Roland Fergus.

É2: Nous avons appris que Roland Fergus était malade.

A	B
1. Camille doit s'habiller dignement pour rencontrer Roland Fergus.	a. Il a quitté la France la colère au cœur.
2. Roland Fergus s'appelle maintenant Ahmed el-Diah.	b. Jeanne Leblanc a cru que Fergus était un nazi.
3. Quand Pierre Leblanc a vu Roland Fergus à la gare, Fergus était habillé en agent de la Gestapo.	c. Camille ne doit pas porter de robe courte et doit se cacher les cheveux sous un foulard.

4. Antoine s'est sacrifié.
5. Les Allemands ont dit qu'Antoine et Roland Fergus travaillaient pour eux.
6. Roland Fergus n'a pas pu convaincre les autorités que ni lui ni Antoine n'étaient des traîtres.
7. Thomas Fergus donne une boîte contenant des documents à Camille.

d. Ils ont lancé une campagne de désinformation contre la Résistance.
e. Roland Fergus a pu s'échapper.
f. Il espère que son père et lui peuvent aider Camille à prouver que son grand-père était un héros.
g. Fergus s'est converti à l'Islam après la Deuxième Guerre mondiale.

Préparons-nous pour l'épisode

Des extraits de dialogue. Pouvez-vous deviner ce qui va se passer dans l'Épisode 12? Choisissez la meilleure interprétation des phrases suivantes.

David vient de voir Camille à Canal 7.

1. MADO (*à Camille*): Je n'ai pas le souvenir d'un seul jour où tu n'aies été impatiente avec moi, nerveuse.
   a. Mado se rappelle que Camille a souvent été impatiente avec elle.
   b. Mado pense que Camille la comprenait bien avant de commencer sa quête.
2. BRUNO (*à Camille*): Excuse-moi, Camille. Excuse-moi. J'ai été ridicule, comme d'habitude. Au fond, je suis un type banal, tu sais, un journaliste sans talent, sans avenir.
   a. Bruno a beaucoup de confiance en lui-même.
   b. Bruno a l'impression de dire toujours des bêtises (*stupid things*).
3. MARTINE (*à Rachid*): Bruno ne changera jamais. C'est un amour, mais il a un caractère de cochon (*bad attitude*).
   a. Martine aime bien Bruno, mais elle le trouve parfois difficile à supporter.
   b. Martine n'aime pas Bruno, mais elle sait qu'elle doit travailler avec lui.
4. CAMILLE (*à David*): Merci! Je vous invite à dîner un soir de la semaine prochaine!
   a. Camille trouve David sympa, et elle veut mieux le connaître.
   b. Camille trouve David sympa, mais elle ne compte pas le revoir.
5. MADO (*à Camille*): Tu es si différente de moi. Toi… tu n'as jamais peur de rien…
   a. Mado admire sa fille.
   b. Mado croit que sa fille manque de courage.

Vocabulaire de l'épisode

Dans l'appartement de Camille

des soupirs (*m. pl.*) sighs
Tu lèveras plus les yeux au ciel? You won't roll your eyes anymore?
une tigresse female tiger
libérée d'un poids freed from a burden
Sa femme l'a pleuré... His wife mourned him...
... il faut que j'y aille.... I've got to go.

À Canal 7

un lifting face-lift
décernée awarded
Le devoir m'appelle. Duty calls.

Au Champ de Mars

lâche cowardly
me gronder to scold me

Regardons l'épisode

Répondez aux questions suivantes en regardant l'épisode.

1. Quel adjectif décrit les rapports entre Camille et Bruno?

   a. tendus b. tendres c. distants

2. Quel adjectif décrit les rapports entre Camille et sa mère?

   a. tendus b. tendres c. distants

Parlons de l'épisode

A. Qui a dit quoi? Pour chaque extrait de dialogue, identifiez les personnages qui parlent. Votre partenaire va expliquer ce qu'il/elle a appris dans cette partie de l'Épisode 12.

MODÈLE: É1: (*Dans l'appartement de Camille*) Mado: Tu ne pousseras plus de soupirs à chaque fois que je parle?

Camille: Non!

É2: J'ai appris que Camille va être plus patiente avec sa mère. Elle est plus à l'aise.

1. (*Dans l'appartement de Camille*)

   ________: Je pense que ce voyage t'a fait du bien. On dirait que t'es... libérée d'un poids.

   ________: Attends, il ne s'agit pas de moi [...]

2. (*À Canal 7*)

   ________: Un comité d'historiens et d'anciens résistants a accepté d'étudier le cas de votre grand-père.

   ________: Vraiment?

(*cont.*)

3. (*Au Champ de Mars*)

_______: Tiens… ton médaillon… Vas-y, ouvre-le.

_______: Tu n'as pas honte?! Tu veux me faire encore pleurer?

B. Changements? Est-ce que les personnages et les relations entre les personnages ont évolué depuis le début du film? Regardez les photos et expliquez l'évolution, s'il y en a une. S'il n'y a pas eu d'évolution, pourquoi pensez-vous que ce soit le cas?

1.

[*Épisode 3*] MADO: Mais de quoi te mêles-tu? Tu es une gamine, Camille!

[*Épisode 12*] MADO: Tu es une fille bien, Camille. Très bien, même.

2.

[*Épisode 4*] BRUNO: [*à Camille*] Attends!

[*Épisode 12*] BRUNO: Excuse-moi, Camille. Excuse-moi. J'ai été ridicule, comme d'habitude.

3.

[*Épisode 1*] MARTINE: C'est Rachid, Rachid Bouhazid. ... Et là, sur l'écran, Camille Leclair et Bruno Gall.

[*Épisode 12*] RACHID: Il [Bruno] n'est pas méchant!

4.

[*Épisode 6*] CAMILLE: Bruno m'a beaucoup parlé de vous.

[*Épisode 12*] CAMILLE: Je vous invite à dîner un soir de la semaine prochaine!

À NOTER

The figure of speech that establishes an explicit similarity between two elements is **une comparaison** (*simile*) in French. Words such as **comme** and **semblable à** are used in French to form **des comparaisons. Il est bête comme ses pieds,** literally *He's as dumb as his feet,* is an example.
Une métaphore establishes an implicit similarity. Metaphors suggest similarities by transferring the qualities of one element to the other. **Ce garçon est un petit monstre** doesn't tell us exactly which characteristics are shared by the child and a monster, but we understand that the former is unpleasant to be around.

C. Comme le disent les Français. Les personnages utilisent souvent des comparaisons et des métaphores pour mieux communiquer. Trouvez-les dans les phrases suivantes, et expliquez leur sens.

1. FERGUS (*Épisode 11, à Camille*): Les Allemands les tuaient un à un, comme des lapins.
2. FERGUS (*Épisode 11, à Camille*): Mais moi, je sais que j'ai perdu plus qu'un ami. Antoine était comme un frère pour moi.
3. BRUNO (*Épisode 12, à Camille*): Mais tu sais très bien que notre productrice s'est battue comme une tigresse avec le président, hein.
4. MARTINE (*Épisode 12, à Rachid*): Bruno ne changera jamais! C'est un amour, mais il a un caractère de cochon.
5. MADO (*Épisode 12, à Camille*): Tu ne serais pas encore en train de me gronder comme une petite fille?

D. Légende. Regardez cette photo, puis écrivez une légende qui souligne une idée importante de l'épisode. Expliquez à un(e) partenaire pourquoi cette idée est importante. Votre partenaire va vous dire s'il / si elle est d'accord ou pas. Ensuite, comparez vos légendes et vos idées à celles du reste de la classe.

E. Discussion. Que sera l'avenir des personnages? Travaillez en petits groupes; chaque groupe va parler d'une des paires suivantes. Ensuite, chaque groupe va présenter son analyse au reste de la classe.

Camille et Bruno

Camille et Mado

Rachid et Sonia

Camille et David

Structures pour communiquer 1

BRUNO: Parce que... Parce qu'il faut que j'y aille, là.

12.1 Le subjonctif

Verbs in the indicative express *objective* facts and ideas. Conversely, verbs in the subjunctive express a *subjective attitude* toward facts and ideas. Compare the following sentences.

INDICATIF	SUBJONCTIF
Il **comprend** le monde dans lequel il vit.	Il est essentiel qu'il **comprenne** le monde dans lequel il vit.
He understands the world in which he lives.	*It is essential that he understand the world in which he lives.*

Les formes du subjonctif

To form the present subjunctive of verbs, the endings **-e**, **-es**, **-e**, **-ions**, **-iez**, and **-ent** are added to the stem. (Exceptions: **avoir** and **être**.)

Verbes réguliers au subjonctif

Verbs that are regular in the present indicative are also regular in the present subjunctive.

1. To form the subjunctive of all regular **-er**, **-ir**, and **-re** verbs, add the endings **-e**, **-es**, **-e**, **-ions**, **-iez**, and **-ent** to the third person plural (**ils/elles**) stem of the present indicative.

RAPPEL

In the present subjunctive, the **nous** and **vous** forms are identical to those forms in the **imparfait.**

	parler: *parl-*	finir: *finiss-*	rendre: *rend-*
... que je	**parl**e	**finiss**e	**rend**e
... que tu	**parl**es	**finiss**es	**rend**es
... qu'il/elle/on	**parl**e	**finiss**e	**rend**e
... que nous	**parl**ions	**finiss**ions	**rend**ions
... que vous	**parl**iez	**finiss**iez	**rend**iez
... qu'ils/elles	**parl**ent	**finiss**ent	**rend**ent

À NOTER

Verbs with the *same endings as* those in paragraph 2 form the subjunctive in the same way: **traduire, paraître** (*to seem*), **décrire, permettre, promettre, souffrir, ouvrir, découvrir, sortir, dormir, sentir, servir, sourire, vivre,** etc.

2. The verbs **conduire, connaître, courir, dire, écrire, lire, mettre, offrir, partir, rire,** and **suivre** are irregular in the present indicative but *regular* in the subjunctive—add the endings **-e, -es, -e, -ions, -iez,** and **-ent** to the third person plural stem.

	connaître: *connaiss-*	mettre: *mett-*	partir: *part-*
... que je	**connaiss**e	**mett**e	**part**e
... que tu	**connaiss**es	**mett**es	**part**es
... qu'il/elle/on	**connaiss**e	**mett**e	**part**e
... que nous	**connaiss**ions	**mett**ions	**part**ions
... que vous	**connaiss**iez	**mett**iez	**part**iez
... qu'ils/elles	**connaiss**ent	**mett**ent	**part**ent

Verbes irréguliers au subjonctif

Verbs in this category have *irregular stems* but *regular endings*. Note that the verbs **avoir** and **être** have both irregular stems and irregular endings.

RAPPEL

aie / aies / ait / aient rhyme with **paie / paies / paient; ayons / ayez** rhyme with **payons / payez**

	avoir		être
... que j'	**aie**	... que je	**sois**
... que tu	**aies**	... que tu	**sois**
... qu'il/elle/on	**ait**	... qu'il/elle/on	**soit**
... que nous	**ayons**	... que nous	**soyons**
... que vous	**ayez**	... que vous	**soyez**
... qu'ils/elles	**aient**	... qu'ils/elles	**soient**

1. Six irregular verbs have a single stem in the subjunctive.

	faire: *fass-*	pouvoir: *puiss-*	savoir: *sach-*
... que je	**fass**e	**puiss**e	**sach**e
... que tu	**fass**es	**puiss**es	**sach**es
... qu'il/elle/on	**fass**e	**puiss**e	**sach**e
... que nous	**fass**ions	**puiss**ions	**sach**ions
... que vous	**fass**iez	**puiss**iez	**sach**iez
... qu'ils/elles	**fass**ent	**puiss**ent	**sach**ent

	falloir: *faill-*	pleuvoir: *pleuv-*	valoir: *vaill-*
... qu'il	**faill**e	**pleuv**e	**vaill**e

2. Many irregular verbs have *two stems* in the subjunctive: The stem of the first person plural (**nous**) of the present indicative is used for **nous** and **vous**, and the stem of the third person plural (**ils/elles**) is used for all other forms. Note that **aller** and **vouloir** are exceptions to this pattern.

boire: *boiv-*			***buv-***
... que je	**boiv**e	... que nous	**buv**ions
... que tu	**boiv**es	... que vous	**buv**iez
... qu'il/elle/on	**boiv**e	... qu'ils/elles	**boiv**ent

Here are some other verbs with two stems in the subjunctive.

acheter	... que j'**achète**	... que nous **achet**ions
aller	... que j'**aill**e	... que nous **all**ions
appeler	... que j'**appell**e	... que nous **appel**ions
croire	... que je **croi**e	... que nous **croy**ions
devoir	... que je **doiv**e	... que nous **dev**ions
envoyer	... que j'**envoi**e	... que nous **envoy**ions
jeter	... que je **jett**e	... que nous **jet**ions
mourir	... que je **meur**e	... que nous **mour**ions
payer	... que je **pai**e	... que nous **pay**ions
préférer	... que je **préfèr**e	... que nous **préfér**ions
prendre	... que je **prenn**e	... que nous **pren**ions
recevoir	... que je **reçoiv**e	... que nous **recev**ions
venir	... que je **vienn**e	... que nous **ven**ions
voir	... que je **voi**e	... que nous **voy**ions
vouloir	... que je **veuill**e	... que nous **voul**ions

Les emplois du subjonctif

1. The subjunctive is used when there are *two different subjects* in a sentence that begins with an expression of *doubt*, *opinion*, *desire*, or *emotion*.

   a. The following expressions convey *doubt* in the speaker's mind.

   douter que
   il est douteux que
   il est improbable que
   il est (im)possible que
   il semble (*seems*) **que**

   Je **doute que** *nous* **puissions** éliminer tout ce qui menace l'environnement. — *I doubt that we can eliminate everything that threatens the environment.*

   Il **n'est pas possible que** *ce résultat* **soit** juste. — *It's not possible that this result is right.*

RAPPEL

The subjunctive is *subjective* and is often used to express an *attitude* toward a fact or an idea.

Fact: Tant d'espèces **sont** menacées. *So many species are threatened.*

Attitude: Il est inadmissible que tant d'espèces **soient** menacées. *It's unacceptable that so many species are threatened.*

À NOTER

In English, the subjunctive is also used to express opinions.

It's important that you *be* on time. It is necessary that he *sleep* more.

À NOTER

In English, the subjunctive is also used to express desires.

They are asking that we *be* especially kind to the homeless this winter.
Our teacher suggests that everyone *read* aloud 30 minutes each day.

À NOTER

The expressions **avoir peur que, avant que,** and **à moins que** may be followed by **ne** before the subjunctive verb. It is used in certain writing styles but is seldom used in speaking. When it is used, this **ne** does not make the verb negative.

J'ai peur que mon ami (ne) soit malade. *I'm afraid that my friend is sick.*
Téléphone **avant qu'**elle (ne) vienne. *Phone before she comes.*

b. The following terms express *necessity* or the speaker's *opinion.*

il est bizarre/bon/dommage/important/(in)utile/juste/nécessaire/ normal/ridicule/temps, etc. que

il faut que/il vaut mieux que (*it is better that*)

Il **est bon que** *tu* **puisses** exprimer tes doutes.	*It's good that you can express your doubts.*
Il **n'est pas bon que** *vous* **vous sentiez** menacés.	*It is not good that you feel threatened.*

c. The following verbs express the speaker's *wishes* and *desires.*

demander que	**souhaiter que**
désirer que	**suggérer que**
préférer que	**vouloir que**

La présidente ne **veut pas que** *nous* **fassions** la guerre.	*The president does not want us to go to war.*
Elle **souhaite que** *tout le monde* **soit** en sécurité.	*She wishes everyone to be safe.*

d. The following expressions convey the speaker's *emotions.*

avoir peur que ... (ne) **regretter que**

être content/désolé/furieux/heureux/ravi/surpris/triste, etc. que

Ils **ne sont pas surpris que** *nous* **réalisions** ce projet ensemble.	*They are not surprised that we are carrying out this project together.*
Elle **est ravie que** *tu* **réussisses** dans la vie.	*She is thrilled that you are making a success of your life.*

2. The subjunctive is also used when the sentence contains one of the following conjunctions and has two different subjects.

à condition que	*provided that*
à moins que ... (ne)	*unless*
avant que ... (ne)	*before*
pour que / afin que	*in order that, so that*
sans que	*without*

*J'*achèterai ce DVD **à moins que** *tu* **ne** l'**aies** déjà.	*I'll buy this DVD unless you already have it.*
Elle partira **avant qu'***il* **ne fasse** trop froid.	*She will leave before it gets too cold.*

See section 12.2 for more details about the use of these conjunctions.

3. The following conjunctions are *always* followed by the subjunctive, whether the subjects of the two clauses are the same or different.

bien que / quoique	*although*
jusqu'à ce que	*until*
Quoique *tu* **fasses** un énorme effort avec ces enfants, *nous* ne pouvons pas les guérir de toutes leurs mauvaises habitudes.	*Even though you're making a huge effort with these children, we cannot break them of all of their bad habits.*
Rana travaillera **jusqu'à ce qu'***elle* **finisse** ce reportage sur la crise économique.	*Rana will work until she finishes this report on the economic crisis.*

Exercices

A. Qu'en pensez-vous? Avec un(e) partenaire, exprimez vos opinions sur les idées suivantes. Faites une phrase en employant une expression de doute ou d'opinion, selon le modèle.

Vocabulaire utile: douter / il est (im)possible / il (n')est (pas) bon/ important/juste/nécessaire/temps

Modèle: É1: Il y a un emploi intéressant pour tout le monde.

É2: Je doute qu'il y ait un emploi intéressant pour tout le monde.

1. Nous recyclons assez.
2. La vie des SDF devient facile.
3. Nous protégeons l'environnement.
4. Tous les pays veulent coexister.
5. Le rire (*laughter*) peut guérir.
6. Nous sommes en sécurité actuellement.

B. Biscuits chinois (*Fortune cookies*). Complétez les phrases suivantes en mettant les verbes entre parenthèses au subjonctif.

1. Attention! Vos amis ont peur que vous ne _______ (commettre) quelques excès dans les jours qui viennent.
2. Danger! La prudence demande que vous _______ (ne pas prendre) le train aujourd'hui. Un accident est toujours possible.
3. Votre chef est content que tout _______ (aller) bien avec le nouveau projet. Bravo!
4. L'ambiance familiale sera explosive. Votre famille désire très fort que vous _______ (faire) des concessions.

(*cont.*)

5. Confucius suggère que nous _______ (rester) dans le présent et que nous _______ (accepter) tout moment comme source de sérénité.
6. Relations amicales brillantes en vue! Votre partenaire est ravi(e) que vous _______ (réussir) à équilibrer votre budget.

C. Observations. Trouvez dans la colonne B la fin logique de chaque début de phrase de la colonne A.

A	B
1. Elle se recycle à condition que/qu'...	a. nous tombions de sommeil.
2. Paco est parti sans que/qu'...	b. Léa veuille divorcer.
3. Il va prévenir Ève du problème avant que/qu'...	c. nous nous recyclions.
4. Igor veut une réconciliation bien que/qu'...	d. je lui dise au revoir.
5. Ils modifient la loi pour que/qu'...	e. elle ne finisse le projet.
6. D'habitude nous travaillons jusqu'à ce que/qu'...	f. l'environnement soit protégé.

Exprimer des obligations
Donner des opinions

RAPPEL

réussir sa vie = to have a happy life
réussir dans la vie = to be successful in life

www.mhhe.com/bienvubiendit

Exprimer des obligations

Prenons la parole

A. Pour réussir. Que faut-il que les personnes suivantes fassent pour réussir dans la vie et pour réussir leur vie? Qu'est-ce qui n'est pas nécessaire? Avec un(e) partenaire, imaginez autant de phrases que possible, en commençant chaque réponse avec **il faut que, il (n')est (pas) important que**, ou **il n'est pas nécessaire que**.

MODÈLE: une étudiante en médecine

É1: Il est important qu'une étudiante en médecine finisse ses études. Il faut qu'elle devienne médecin. Il faut qu'elle soit sérieuse.

1. vous
2. un(e) SDF
3. votre ami(e)
4. un(e) enfant(e) d'une famille pauvre
5. les étudiant(e)s
6. un(e) musicien(ne)
7. un(e) militant(e) pro-environnement
8. un homme (une femme) d'affaires

B. L'horoscope. Mettez-vous en petits groupes. Un membre du groupe donne la date de son anniversaire et l'anniversaire d'une autre personne (parent, ami, etc.). Les autres trouvent les signes astrologiques et disent ce qu'il faut faire (ou ne pas faire) selon son horoscope. Suivez le modèle.

MODÈLE: É1: Mon anniversaire, c'est le 12 décembre. L'anniversaire de mon père est le 3 juillet.

É2: Toi, tu es Sagittaire. Il faut que tu sois raisonnable.

É3: Il faut que tu fasses tout ce que l'on te demande.

Verseau

20 janvier – 19 février

Ce mois-ci vous serez entouré(e) de bons amis, mais faites attention de ne pas être trop honnête! Dites-leur ce que vous pensez, mais gentiment. Santé: Pas de problèmes, si vous ne passez pas trop de temps devant votre ordinateur.

Poissons

20 février – 20 mars

Grâce à Vénus, vous rencontrerez l'homme ou la femme de vos rêves si vous sortez à un endroit inhabituel. Si vous allez toujours au cinéma, prenez un risque: allez dans un parc. Promenez-vous et profitez de la nature. Santé: Faites attention de ne pas boire trop de café.

Bélier

21 mars – 20 avril

Votre vie professionnelle s'améliorera si vous acceptez de changer de travail. N'hésitez pas à demander un bon salaire et si l'on vous demande de déménager, dites «oui»! Santé: Prenez des vitamines pour rester en forme pendant cette période de stresse.

Taureau

21 avril – 20 mai

Vous vous sentirez en harmonie avec vous-même si vous vous reposez assez. Rentrez avant minuit et faites de la méditation et du sport. Dormez beaucoup. Santé: Si vous tombez malade, allez tout de suite chez le médecin. N'attendez surtout pas!

Gémeaux

21 mai – 20 juin

Jupiter vous aidera avec vos ambitions si vous finissez tout votre travail à temps. Faites très attention à la qualité de votre travail. Ne soyez pas paresseux/paresseuse! Santé: Suivez un régime sans sucre, sinon vous serez souvent fatigué(e).

Cancer

21 juin – 21 juillet

Ce mois-ci, vous risquez d'oublier des rendez-vous importants si vous ne les écrivez pas sur votre agenda. Et n'oubliez pas de noter l'heure et l'adresse. Surtout, ne perdez pas votre agenda! Santé: Faites attention en traversant la rue. Sinon, ce sera un bras cassé!

Lion

22 juillet – 21 août

Grâce à Mercure, vous ferez un voyage très amusant si vous choisissez bien vos compagnons de voyage et si vous prenez tout de suite les billets d'avion. Partez avant le 18 de ce mois et allez à un endroit ensoleillé. Santé: Mettez beaucoup de crème solaire, ou vous souffrirez!

Vierge

22 août – 22 septembre

Pour vous, c'est le moment de mettre votre vie en ordre. Faites le ménage et jetez tous vos vieux papiers. Achetez ce dont vous avez besoin et rendez votre logement plus agréable. Santé: Commencez un régime «bio» pour éviter les effets négatifs des insecticides.

Balance

23 septembre – 22 octobre

Votre vie sociale sera intéressante si vous envoyez un mail à un vieil ami. Invitez-le à dîner au restaurant, et bien sûr,c'est vous qui paierez. Prenez le temps de bien discuter avec lui. Santé: Promettez de ne pas trop manger, sinon vous prendrez quelques kilos de trop!

Scorpion

23 octobre – 22 novembre

Si votre situation financière est fragile, jouez à la loterie. Choisissez les chiffres 15 et 23. Mais n'attendez pas la fin du mois pour jouer, car votre chance sera meilleure entre le 2 et le 14. Santé: Reconnaissez vos limites.

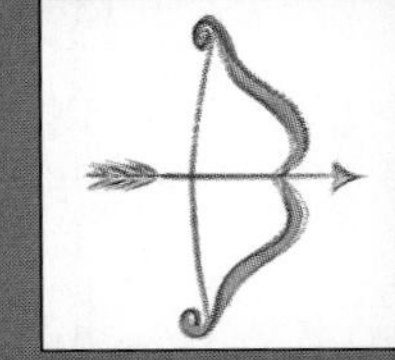

Sagittaire

23 novembre – 20 décembre

Le devoir vous appelle. Soyez raisonnable et faites tout ce qu'on vous demande. Ne vous inquiétez pas—ce mois passera vite. Si vous réussissez à tout faire, le mois prochain sera facile. Ne dormez pas tard le matin et ne perdez pas votre temps. Santé: Buvez beaucoup d'eau.

Capricorne

21 décembre –19 janvier

Pour une vie heureuse, n'écoutez pas les mauvais conseils. Dites aux «faux amis» que leurs opinions ne vous intéressent pas. Prenez vos propres décisions et ayez confiance en votre jugement. Suivez votre coeur. Santé: Faites attention en voiture, sinon vous risquez un accident.

Exprimer des obligations
Exprimer des désirs et des préférences

C. **Je le veux!** Chaque membre du groupe doit donner plusieurs phrases différentes pour chaque dessin. Imaginez ce que ces personnes disent ainsi que ce qu'elles veulent ou ce qu'elles imposent, en utilisant les expressions qui exigent le subjonctif.

Verbes utiles: acheter, aller, s'embrasser, faire les courses, jouer, lire, manger, pouvoir, prendre, sortir, etc.

MODÈLE É1: La femme voudrait que son mari fasse les courses.

É2: Il préférerait que sa femme aille au magasin à sa place.

É3: La petite fille dit à sa soeur aînée: «Il faut que nous mangions le chocolat que maman a acheté.»

É4: Le garçon aimerait bien que son ami et lui puissent jouer au football.

1. **Verbes utiles:** commencer, devenir, être, faire attention, finir, jouer, perdre, vendre, etc.

   Noms utiles: le directeur, une entreprise (*company*), le gruyère (*Swiss cheese*), le Roquefort

2. **Verbes utiles:** arrêter, se battre, écouter, faire, lire, mettre, quitter, sortir, etc.

   Nom utile: un(e) élève, une grenouille (*frog*), une institutrice

Culture en images

Un petit bouquet de fleurs peut symboliser l'amitié, comme ici.

On donne un brin de muguet (*sprig of lily of the valley*) aux amis pour fêter le 1er mai.

En France, on met des chrysanthèmes sur les tombes en souvenir des morts.

Analyse culturelle. Analysez les photos, ainsi que leurs légendes, pour déterminer ce qu'elles ont en commun. Ensuite, choisissez la (ou les) réponse(s) qui vous semble(nt) le mieux répondre à la question. Justifiez votre choix.

Quelles fleurs ne devrait-on pas apporter quand on est invité à dîner?

a. Des tulipes
b. Du muguet
c. Des chrysanthèmes

(Vous allez trouver une belle utilisation du symbolisme des fleurs dans **Littérature**, pp. 432–434.)

Structures pour communiquer 2

12.2 Le subjonctif par rapport à l'infinitif

When there are two verbs in a sentence, are they both conjugated? In most cases, the answer is yes, if each verb has a *different* subject. The answer is no, however, if both verbs are tied to *one* subject.

Les emplois du subjonctif par rapport à l'infinitif

1. As you already know, the subjunctive is used after an expression of doubt, opinion, desire, or emotion *if there are two different subjects* in the sentence. If there is only one subject, the second verb is in the infinitive.

SUBJONCTIF (DEUX SUJETS)	INFINITIF (UN SUJET)
Elle **voudrait que** *vous* **regardiez** le journal de 20 h.	*Elle* **voudrait regarder** le journal de 20 h.
She would like you to watch the evening news.	*She would like to watch the evening news.*
Il **vaut mieux que** *tu* **repartes** à zéro.	*Il* **vaut mieux repartir** à zéro.
It's better that you start over from square one.	*It's better to start over from square one.*

2. The subjunctive is used after the following conjunctions if the sentence has two subjects. If there is only one subject, the corresponding preposition is used and the second verb is in the infinitive, not the subjunctive.

DEUX SUJETS (+ CONJONCTION)		UN SUJET (+ PRÉPOSITION)	
pour que afin que sans que à moins que… (ne) avant que… (ne)	+ *subjonctif*	pour afin de sans à moins de avant de	+ *infinitif*

Le sénateur téléphonera **avant que** *vous* ne **quittiez** le bureau.	*Le sénateur* téléphonera **avant de quitter** le bureau.
The senator will phone before you leave the office.	*The senator will phone before leaving the office.*

À NOTER

When an expression of *doubt, opinion,* or *emotion* using **être + adjectif** precedes an infinitive, add **de** before the infinitive.

Nous sommes tristes que **tu partes.** (*2 subjects*) *but:*
Nous sommes tristes **de** partir. (*1 subject*)

Il organise une réunion **pour que** *nous* **parlions** des droits de l'homme.	*Il* organise une réunion **pour** nous **parler** des droits de l'homme.
He is organizing a meeting so that we (can) talk about human rights.	*He is organizing a meeting to talk to us about human rights.*

Exercices

A. Bons conseils. Vous interviewez une femme qui aura 100 ans demain. Complétez le dialogue suivant en laissant le verbe entre parenthèses à l'infinitif ou en le mettant au subjonctif.

VOUS: Quel est votre secret? Qu'est-ce qu'il faut _____[1] (faire) pour vivre jusqu'à l'âge de 100 ans?

ELLE: D'abord, il vaut mieux _____[2] (être) patient. Vous ne devez pas _____[3] (aller) à toute allure° tout le temps.

VOUS: Vous savez, mes amis me demandent souvent de _____[4] (ralentir) mon rythme de vie, mais je ne veux pas _____[5] (manquer) une occasion importante.

ELLE: Il semble que les jeunes de ta génération ne _____[6] pas (savoir) attendre, mais je suggère que vous _____[7] (faire) un effort. Il n'est pas possible de tout _____[8] (faire) en une minute!

VOUS: Avez-vous d'autres conseils pour _____[9] (réussir) dans la vie?

ELLE: Il est très important que tout le monde _____[10] (comprendre) que nous pouvons _____[11] (surmonter) tous les problèmes dans notre société. Nous sommes faits pour les _____[12] (résoudre) avec bon sens et sensibilité.

VOUS: Merci, madame, pour ces belles réflexions. Et bon anniversaire!

°à... *at top speed*

B. Suggestions. Les gens suivants veulent mieux réussir dans la vie. Avec un(e) partenaire, faites des suggestions. En utilisant un élément de chaque colonne, formez des phrases complètes et mettez le deuxième verbe à l'infinitif ou au subjonctif. Changez de rôle pour chaque élément. Suivez le modèle.

MODÈLES: É1: ta camarade de chambre

É2: Il ne faut pas qu'elle sorte trop souvent.

É2: les Yankees

É1: Ils doivent apprendre que gagner n'est pas la seule priorité.

A	B
1. des étudiants qui n'aiment pas étudier	devoir
2. Tiger Woods	être indispensable de / que
3. tes amis	falloir
4. une équipe professionnelle	être important de / que
5. un(e) jeune acteur (actrice)	valoir mieux
6. ton/ta camarade de chambre	ne pas falloir
7. Oprah Winfrey	être préférable de / que
8. Hillary Clinton	être bon de / que
9. ?	

12.3 Le subjonctif par rapport à l'indicatif

Certain verbs that describe our *thoughts, hopes*, and *beliefs* can be followed by either the indicative or the subjunctive.

S.PELLEGRINO
Vittel
perrier
Pourquoi croyez-vous qu'il y ait trois verres sur les tables des grands restaurants ?

Une publicité pour l'eau minérale

L'emploi du subjonctif par rapport à l'indicatif

1. When the following verbs and expressions are used in an affirmative sentence, the indicative is used and shows the likelihood or the certainty that something will occur. However, when these same verbs and expressions are used in a negative sentence or in a question, an element of doubt is introduced and the subjunctive is often used.

   Il me (te, lui, nous, vous, leur) semble que…
   Il est certain/évident/probable/sûr/vrai, etc. que…
   Je suis (etc.) certain(e)(s)/sûr(e)(s) que…
   avoir l'impression que…

croire que	**penser que**
espérer que	**trouver que**

INDICATIF (CERTITUDE)	SUBJONCTIF (DOUTE)
Elle trouve que ça **vaut** la peine. *She believes that it's worth it.*	**Elle ne trouve pas que** ça **vaille** la peine. *She doesn't believe that it's worth it.*
Je suis certain qu'elle **est** heureuse. *I am sure that she is happy.*	**Es-tu certain que** Camille **soit** heureuse? *Are you sure that Camille is happy?*

2. As you know, the language we use when speaking is generally less formal than what we use in writing. Written questions using expressions of *thinking* and *hoping* follow the rule given in paragraph 1. However, in spoken questions using these verbs and expressions, there are two possibilities. When using *inversion*, the subjunctive is used to show that the speaker is not at all certain of the answer to the question. When using **est-ce que** or *rising intonation*, the indicative is used because the speaker already knows the answer to the question being asked and just wants to check to be sure.

INVERSION (DOUTE)	EST-CE QUE/INFLEXION (PAS DE DOUTE)
Penses-tu qu'il **vienne**? *Do you think he's coming? (The speaker is not certain he is coming.)*	**Est-ce que tu penses** qu'il **vient**? *You think he's coming, right? (The speaker thinks he is coming and wants to confirm that you think so as well.)*
Est-il vrai qu'elle **ait** besoin de partir? *Is it true that she needs to leave? (The speaker is not certain she needs to leave.)*	**Il est vrai** qu'elle **a** besoin de partir? *It's true that she needs to leave, isn't it? (The speaker believes that she needs to leave and wants to confirm that fact.)*

Exercice

Optimiste ou pessimiste? Pendant un débat, un journaliste interroge une candidate qui répond parfois à l'affirmatif, parfois au négatif. Jouez les deux rôles.

MODÈLE: É1: Est-il vrai que vous *ayez* l'appui (*support*) de la majorité?
É2: Oui, il est vrai que j'*ai* l'appui de la majorité.

ou:

Non, il n'est pas vrai que j'*aie* l'appui de la majorité.

1. Pensez-vous que les électeurs veuillent un changement radical?
2. Est-il sûr que votre parti sache défendre les intérêts des SDF?
3. Pensez-vous que l'on *puisse un* jour éliminer le problème de la pauvreté?
4. Avez-vous l'impression que votre parti puisse se réinventer après les catastrophiques dernières élections?
5. Êtes-vous certaine qu'il soit possible de protéger l'environnement?

Prenons la parole

Exprimer des désirs et des préférences

A. **Pour un avenir heureux.** Beaucoup de gens veulent aider les étudiants à réussir dans la vie. Travaillez en petits groupes; un membre de votre groupe explique ce que les gens suivants veulent que les autres fassent, en utilisant le subjonctif. Ses partenaires réagissent en utilisant l'infinitif. Suivez le modèle, et changez de rôle pour chaque thème.

Verbes et expressions utiles: aller, choisir de bons cours, connaître les nouvelles technologies, dormir régulièrement, être, faire les devoirs (le ménage, la cuisine, etc.), se détendre, lire, manger mieux, participer en classe, prendre des vitamines, réduire le stress, etc.

MODÈLE: nos futurs employeurs / nous

É1: Nos futurs employeurs veulent que nous soyons bien préparés pour notre profession.

É2: Je veux être bien préparé, mais c'est difficile. Le monde change très vite.

É3: Nous voulons tous être bien préparés. C'est pour cela que nous travaillons beaucoup.

1. nos futurs employeurs / nous
2. mes parents / je
3. les professeurs / nous
4. un conseiller (*advisor*) à l'université / les étudiants
5. mes amis / je
6. les médecins / nous

B. Transitions. À différents moments de la vie, on doit être capable d'effectuer des transitions. Avec un(e) partenaire, parlez de ces moments importants. Suivez le modèle.

Relier des phrases

MODÈLE: Les enfants doivent être assez indépendants avant de... / avant que...

É1: Les enfants doivent être assez indépendants avant de *commencer l'école.*

É2: Les enfants doivent être assez indépendants avant que *leurs parents n'aient confiance en eux.*

1. Les élèves de l'école primaire doivent savoir lire pour que... / pour...
2. Les adolescents peuvent se réaliser sans... / sans que...
3. Les étudiants réussissent leurs études universitaires à moins de... / à moins que...
4. Les jeunes adultes ne peuvent pas trouver un emploi sans que... / sans...
5. Un chômeur doit parfois se recycler avant de.../ avant que...
6. Une personne à la retraite sera heureuse à moins de... / à moins que...

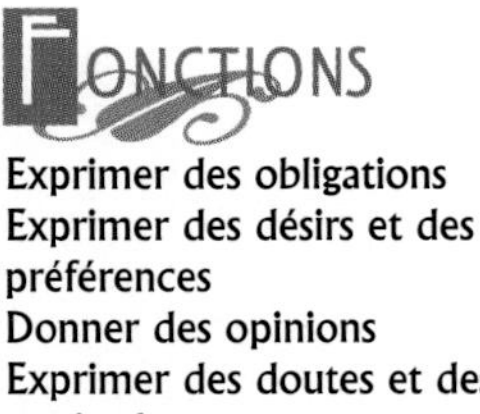

Exprimer des obligations
Exprimer des désirs et des préférences
Donner des opinions
Exprimer des doutes et des certitudes

C. L'avenir des personnages. Mettez-vous en petits groupes. Chaque membre du groupe doit faire un commentaire différent concernant les personnages suivants, en utilisant des éléments de la liste (ou d'autres). Les autres étudiant(e)s vont exprimer leur accord ou leur désaccord en donnant une explication.

Expressions utiles:

j'espère que	il (ne) faut (pas) que	il est dommage que
j'aimerais bien que	il vaut mieux que	je doute que
je (ne) pense (pas) que	je souhaite que	j'ai peur que
je suis certain(e) que	je suis content(e), triste, etc. que	

MODÈLE: Sonia et Rachid

É1: J'ai peur qu'ils ne divorcent.

É2: J'en ai peur aussi, mais je pense qu'ils vont faire des efforts pour rester ensemble. J'étais content qu'ils s'embrassent pendant leur dispute au début du film. C'est bon signe!

É3: Moi, je pense qu'ils resteront ensemble. Ils étaient heureux d'avoir invité Camille chez eux. Ils ont bien discuté ensemble.

1. Camille
2. Camille et David
3. Roland Fergus
4. Mado
5. Bruno
6. Rachid
7. Camille et Bruno

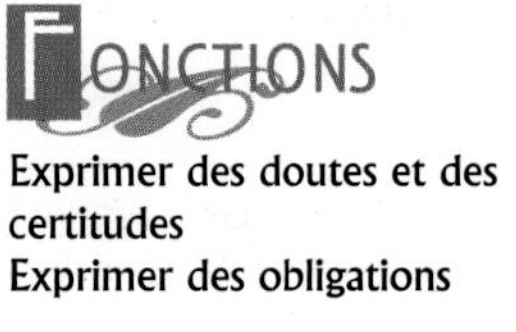

Exprimer des doutes et des certitudes
Exprimer des obligations

D. Est-ce possible? Avec un(e) partenaire, utilisez des éléments donnés ci-dessous pour donner votre opinion sur l'avenir. Votre partenaire va donner son opinion et va dire ce qu'il faut faire pour créer un monde meilleur, en expliquant pourquoi et comment. Changez de rôle pour chaque interaction.

Verbes: améliorer, faire du covoiturage (*carpooling*), guérir, protéger, recycler, réduire

Noms: le chômage, la guerre, les maladies, la pollution, la situation des femmes, la situation des minorités ethniques, la solidarité, les SDF

MODÈLE: É1: Je suis certain qu'il y aura toujours des guerres.

É2: Oui, mais il est possible qu'il y ait moins de guerres à l'avenir qu'aujourd'hui. Il faut que notre gouvernement apprenne à se servir de la diplomatie.

12.4 Le subjonctif passé

Les formes du subjonctif passé

The past subjunctive is formed by using the present subjunctive of the auxiliary verb **avoir** or **être** and the past participle of the verb.

	parler	**venir**	**se lever**
... que je/j'	aie parlé	sois venu(e)	me sois levé(e)
... que tu	aies parlé	sois venu(e)	te sois levé(e)
... qu'il/elle/on	ait parlé	soit venu(e)	se soit levé(e)
... que nous	ayons parlé	soyons venu(e)s	nous soyons levé(e)s
... que vous	ayez parlé	soyez venu(e)(s)	vous soyez levé(e)(s)
... qu'ils/elles	aient parlé	soient venu(e)s	se soient levé(e)s

L'emploi du subjonctif passé

The past subjunctive is used when the action of the verb in the subjunctive took place *before* the action of the verb in the main clause. Note that the verb in the main clause can be in the present, the **imparfait**, or the **passé composé**.

Je suis contente que tu **sois venue** hier soir. — *I am happy that you came last night.*

Elle avait peur que nous **n'ayons oublié** de sauvegarder le fichier. — *She was afraid that we had forgotten to save the file.*

Tout le monde a été déçu que **vous ne vous soyez pas réconciliés**. — *Everyone was disappointed that you didn't get back together.*

À NOTER

Use the present subjunctive if two separate actions were *simultaneous* in the past or if the action of the verb in the subjunctive took place *after* the action of the verb in the main clause.

Il était dommage que **tu ne sois pas** là pour m'aider. *It was too bad you weren't there to help me.*

Elle était contente que je **puisse** l'accompagner à la gare. *She was happy that I could go with her to the train station.*

Exercices

A. Un peu d'histoire. Avec un(e) partenaire, commentez les idées suivantes selon le modèle, en utilisant le subjonctif passé et les expressions suggérées.

Vocabulaire utile: Il est bon/dommage/important/normal/possible que... / Je n'ai pas l'impression que... / Je doute que... / Je ne crois pas que...

MODÈLE: George Washington a abattu un cerisier (*cherry tree*).

Je ne crois pas que George Washington ait abattu un cerisier.

1. Dieu a choisi Jeanne d'Arc pour sauver la France.
2. Les Français ont aidé les Américains pendant la guerre pour l'indépendance américaine.
3. Thomas Jefferson a écrit que tous les hommes naissent libres et égaux en droit.

(*cont.*)

4. Tout le monde a oublié le discours (*speech*) d'Abraham Lincoln à Gettysburg.
5. Les Français et les Américains se sont entraidés pendant la Deuxième Guerre mondiale.
6. Des milliers de soldats sont morts en un seul jour, le 6 juin 1944.

B. Que dire? Mettez les verbes entre parenthèses au temps (présent ou passé) du subjonctif qui s'impose.

1. J'aimerais que tu ____ (prévenir) Katia que nous arrivons demain.
2. Faut-il que je/j' ____ (aller) à l'aéroport vous chercher cet après-midi?
3. Nous avons été surpris que vous ____ (ne pas rentrer) à l'heure hier soir.
4. Je ne veux pas que tu ____ (répondre) tout de suite.
5. Penses-tu que Mohamed ____ (réussir) son examen la semaine dernière?
6. L'entraîneur était heureux que Francine ____ (ne pas se blesser) pendant le dernier marathon.
7. Ils vont divorcer bien qu'ils ____ (se réconcilier) deux fois.

Prenons la parole

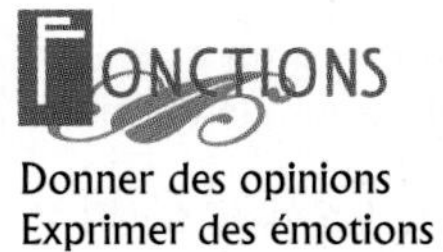

Donner des opinions
Exprimer des émotions

A. Réactions. Avec un(e) partenaire, utilisez les photos comme point de départ pour parler des réactions des personnages, en donnant le plus de détails possibles. Suivez le modèle, et changez de rôle pour chaque élément.

Adjectifs utiles: content(e), désolé(e), frustré(e), furieux/furieuse, ravi(e), triste, etc.

Verbes utiles: (ne pas) aimer que, avoir peur que, regretter que

MODÈLE:

Rachid a accepté le travail à Canal 7.
Sonia et Rachid se sont disputés.

Sonia / Rachid

É1: Sonia est triste que Rachid ait accepté le travail à Canal 7 et qu'ils soient partis de Marseille.

É2: Rachid regrette qu'ils se soient disputés. Il est triste qu'elle n'ait pas répondu au téléphone.

1. Louise / Camille

Camille a donné la photo d'Antoine à Louise. Mado s'est fâchée.

2. Camille / David

David a trouvé la trace d'Antoine. Camille s'est inquiétée en voyant le laissez-passer.

3. Mado / Camille

Louise est morte. Mado a expliqué l'histoire des photos découpées.

4. Jeanne / Camille

Pierre Leblanc est mort. La visite de Camille a fait de la peine à Jeanne.

5. Martine / Bruno

«Bonjour!» a perdu trois points aux indices d'audience. L'absence de Camille a eu un effet négatif sur cette émission.

6. la conservatrice / Camille

Les Marseillais ont beaucoup souffert de la guerre. La conservatrice a trouvé une adresse à Casablanca.

7. Roland Fergus / Camille

Antoine s'est sacrifié. Fergus a dit qu'Antoine n'était pas un traître.

8. Camille / David

David a donné une bonne nouvelle à Camille. Camille a promis d'inviter David à dîner.

Donner des opinions
Exprimer des émotions

B. **De bons choix.** Donnez des détails sur ce que vous avez fait récemment ou ce qu'a fait un membre de votre famille ou un(e) ami(e). Votre partenaire va réagir à ce qu'il/elle a appris. Donnez ensuite votre opinion en répondant à ses remarques. Changez ensuite de rôle. Suivez le modèle.

MODÈLE: É1: Mon amie Janine a passé ses week-ends à la bibliothèque.

É2: C'est dommage qu'elle ait passé ses week-ends à la bibliothèque. Elle n'a pas pu voir ses amis.

É1: Oui, mais il est possible qu'elle ait eu de très bonnes notes.

Littérature

Mise en route

Pendant tout le film *Le Chemin du retour*, Camille est déterminée à reconstituer l'image de son grand-père, disparu de la mémoire familiale. Dans le poème de Victor Hugo «Demain, dès l'aube», le narrateur s'adresse à sa fille disparue et il va, lui aussi, retourner symboliquement vers elle. Mais le «chemin du retour» passe ici par la poésie, et non pas par le cinéma. Le travail du réalisateur sur les images filmées est remplacé ici par le travail du poète sur le son et le rythme des mots.

Léon Bonnat, *Victor Hugo,* peint en 1879

La poésie est un genre littéraire inséparable de la musique. Comme en musique, le poète choisit soigneusement le son des mots, notamment les rimes, et le rythme d'un texte destiné à être lu à haute voix (*aloud*). Des vers (*lines*) de douze syllabes, que l'on appelle des «alexandrins», donnent son rythme au poème classique français. En voici un exemple dans le poème que vous allez lire. Lisez plusieurs fois ce vers à voix haute pour bien entendre son rythme.

Je / ne / puis / de / meu / rer / loin / de / toi / plus / long / temps.*

Une autre règle (*rule*) de l'alexandrin classique exige que chaque vers exprime très clairement une idée complète: dans le vers qui précède, le narrateur exprime clairement et complètement son besoin de partir rejoindre quelqu'un. Le lecteur (ou auditeur) de poésie classique est séduit par cette clarté de l'idée et par son rythme régulier. Comme en musique, il s'attend à une répétition régulière de ce procédé. Mais dans d'autres vers du même poème, Victor Hugo, poète romantique qui a révolutionné la poésie, ne respecte pas toujours ces deux règles du vers classique. Voici, par exemple, le début du poème:

*Je ne puis (*cannot*) demeurer (*remain*) loin de toi plus longtemps.

Demain, dès l'aube, à l'heure où blanchit la campagne,
Je partirai. Vois-tu, je sais que tu m'attends.

Ici, on doit lire le début du deuxième vers pour avoir l'idée complète. Les mots «Je partirai» prennent alors une très grande importance car cette partie de la phrase, placée au début du second vers, dérange, pour l'auditeur, le rythme général formé par les alexandrins: au lieu de la répétition, Victor Hugo utilise ici la surprise rythmique.

Ce poème a été publié en 1856, dans un recueil intitulé *Les Contemplations.*

Activité

Voici la première strophe (*stanza*) de «Demain, dès l'aube». Trouvez les douze syllabes des deux derniers vers et lisez-les «musicalement», c'est-à-dire en étant conscient(e) de leur rythme très régulier. Maintenant, lisez toute la strophe en écoutant aussi les rimes et la «surprise rythmique» dans les deux premiers vers.

Demain, dès l'aube, à l'heure où blanchit la campagne,
Je partirai. Vois-tu, je sais que tu m'attends.
J'irai par la forêt, j'irai par la montagne.
Je ne puis demeurer loin de toi plus longtemps.

Vocabulaire utile

l'aube (*f.*) dawn
blanchir whiten
demeurer to remain; to live
fixés fixed
courbé hunched over
croisées clasped
les voiles (*f. pl.*) sails
le houx vert green holly
la bruyère heather

Demain, dès l'aube

Victor Hugo, né en 1802, est l'un des plus célèbres écrivains français. Ses poèmes, ses pièces de théâtre et ses romans (dont Les Misérables) ont fait de lui un véritable héros. C'est son amour pour Léopoldine, sa fille, qui lui a inspiré ce poème.

Demain, dès l'aube, à l'heure où blanchit la campagne,
Je partirai. Vois-tu, je sais que tu m'attends.
J'irai par la forêt, j'irai par la montagne.
Je ne puis demeurer loin de toi plus longtemps.

Je marcherai les yeux fixés sur mes pensées,
Sans rien voir au dehors, sans entendre aucun bruit,
Seul, inconnu, le dos courbé, les mains croisées,
Triste, et le jour pour moi sera comme la nuit.

Je ne regarderai ni l'or du soir qui tombe,
Ni les voiles au loin descendant vers Harfleur,
Et quand j'arriverai, je mettrai sur ta tombe
Un bouquet de houx vert et de bruyère en fleurs.

Léopoldine au livre d'heures, peint vers 1835, Musée Victor Hugo, Paris

Questions de compréhension

1. Dans la première strophe, à qui s'adresse le narrateur? au lecteur? à lui-même? à une autre personne? Quel ton utilise-t-il pour cela: familier ou poli? Justifiez votre réponse.
2. À quel moment de la journée est-ce que le narrateur veut partir? Pourquoi est-ce qu'il veut partir?
3. Dans la deuxième strophe, quels sont les trois adjectifs qui décrivent directement le narrateur? Est-ce que ces trois adjectifs correspondent bien avec le reste de cette strophe? Dans cette strophe, le narrateur s'imagine sur le chemin. Est-il absorbé par la beauté de la nature? Est-il conscient des différents moments de son voyage et de sa journée? Est-il absorbé par autre chose? Expliquez.
4. Dans la troisième strophe, quel moment de la journée est évoqué? Ce moment correspond à quel moment du voyage?
5. Dans la troisième strophe, qu'est-ce que nous apprenons sur la personne à qui le narrateur s'adresse depuis le début? Est-ce une surprise? Expliquez.

Questions d'analyse

À NOTER

In order to hear the twelve syllables of an alexandrine, it is sometimes necessary to modify the pronunciation of certain words. In line 9, "Je ne regarderai ni l'or du soir qui tombe," you must pronounce "re / gar / de / rai" in order to have the twelve syllables of the alexandrine. This rule also applies to "arriverai" in line 11.

1. Lisez ce poème à haute voix en faisant bien entendre les groupes rythmiques de syllabes. Par exemple, le troisième vers forme clairement un rythme de deux fois six syllabes (6/6), alors que d'autres vers sont beaucoup plus fragmentés.
2. Considérez attentivement le troisième vers de la seconde strophe. Est-ce que son rythme fragmenté correspond avec ce qu'exprime ce vers? Expliquez.
3. Quels passages du poème font allusion au sens de la vue? Est-ce que le narrateur s'intéresse toujours à ce qu'il voit? Expliquez.
4. Dans la dernière strophe, le mot «tombe » apparaît deux fois avec deux sens différents, mais exactement le même son. Selon vous, est-ce une coïncidence, ou bien voyez-vous un rapport entre ces deux mots dans le contexte de ce poème? Expliquez.
5. Le dernier alexandrin représente une image précise: le houx vert et la bruyère sont deux plantes aux feuilles toujours vertes. Que symbolisent ici ces plantes, à votre avis?

Le texte et vous

Léopoldine, la fille de Victor Hugo, s'est noyée (*drowned*) accidentellement en compagnie de son mari, juste après son mariage. On peut imaginer que Victor Hugo, en écrivant ce texte, accomplit symboliquement le voyage de deuil (*mourning*) qu'il décrit dans son texte et que le poème devient lui-même une sorte de monument à la mémoire de sa fille. Connaissez-vous d'autres textes ou d'autres films de ce type? Avez-vous déjà utilisé l'écriture pour surmonter une épreuve difficile? Imaginez-vous que la composition soigneuse d'un poème puisse aider à accepter la disparition d'une personne aimée? Justifiez votre réponse.

Retournons au cinéma

Le réalisateur, David Murray, sur le dénouement de la quête et la conclusion de l'histoire:

«Un petit enfant vous dirait que toutes les histoires commencent par "Il était une fois… " et finissent par "… et ils vécurent heureux toute leur vie". Il n'y a pas ce genre de règles pour un réalisateur de films, mais je considère qu'une histoire bien racontée se termine par des réponses aux questions soulevées tout au long du film. Personnellement, j'aime bien quand on se pose aussi quelques nouvelles questions à la fin.»

Pour parler du cinéma

le dénouement ending
les règles (*f. pl.*) rules
une histoire bien racontée well-told story

Revoyons l'épisode

Regardez bien les éléments suivants. Comment est-ce que le réalisateur les utilise pour récapituler certains moments du film entier?

1. Camille sert du thé à la menthe.
2. Bruno attend Camille sur le plateau.
3. David vient au studio de Canal 7.
4. Mado donne le médaillon à Camille.

Reparlons de l'épisode

Étape 1 Le mot du réalisateur. «J'aime beaucoup le dénouement de cette histoire parce que c'est aussi un nouveau début. En effet, le retour de Camille à Paris marque simultanément la fin de sa quête et un nouveau départ dans sa vie. À chacun des endroits où elle est passée, représentant chaque fois une étape de la quête, une nouvelle question se posait à Camille. À la fin, le film a répondu à toutes les questions importantes. Tout est redevenu normal à Canal 7; on peut espérer que la réputation du grand-père sera rétablie, et que la famille Leclair retrouvera son honneur et sa fierté perdus. Antoine et Louise sont réunis dans le médaillon. On voit que Camille se sent beaucoup mieux sur le plan personnel et professionnel: la quête lui a permis de retrouver son équilibre affectif. Elle est maintenant prête à aller de l'avant et à saisir les occasions offertes par un avenir plein de promesses.»

Camille est enfin de retour chez elle!

Étape 2 La quête de Camille. Maintenant, répondez aux questions en comparant vos observations avec celles d'un(e) partenaire.

1. Quelles sont les principales caractéristiques d'une histoire bien racontée, selon David Murray? Et selon vous?
2. Quelles questions se posent pendant les différentes étapes du voyage de Camille?
3. Quelles sont les réponses à ces questions?
4. Quelles questions, posées dans le film, ne trouvent pas de réponses à la fin?
5. Imaginez quelles occasions vont se présenter dans la vie professionnelle et personnelle de Camille.

Étape 3 Vous êtes réalisateur. Qu'est-ce que vous savez maintenant concernant «une histoire bien racontée» et sa conclusion? Imaginez que vous puissiez ajouter cinq minutes à la fin du film *Le Chemin du retour*. À quelle(s) questions voudriez-vous fournir une réponse? Voudriez-vous montrer la réunion des historiens? le dîner entre Camille et David? Bruno et Camille? Rachid et Sonia? Présentez un résumé de votre scène, en pensant aux personnages, au lieu de tournage et au message que vous voulez communiquer.

Hors-champ

A. Mieux connaître les personnages.

Étape 1: Lisez cette histoire de Bruno, David Girard et de Camille. Complétez le texte avec les verbes qui conviennent.

Que se passera-t-il entre Camille et David?

En 1997, David Girard et Bruno vivaient dans deux mondes complètement différents. C'est donc étonnant qu'ils _____[1] (se sont rencontrés/se soient rencontrés). Canal 7 voulait que Bruno _____[2] (ait fait/fasse) un reportage sur une photo de 1940. Sur une des photos, on voyait le maréchal Pétain, le chef du gouvernement français, qui acceptait une grosse somme d'argent d'un officier nazi. Bruno et Martine croyaient que cette image _____[3] (change/ changerait) notre vision de la collaboration entre la France et les Nazis. Bruno pensait qu'un reportage spécial «La France vendue aux Allemands» _____[4] (soit/serait) fantastique.

Mais Martine voulait que Bruno _____[5] (est/soit) sûr de ses informations. Il a donc montré la photo à un jeune professeur d'histoire, David Girard, pour

(cont.)

que celui-ci _____[6] (peut/puisse) l'analyser. David lui a expliqué que la photo _____[7] (était/soit) truquée° parce que l'argent sur la photo _____[8] (n'ait pas eu/n'avait pas) de valeur en 1940. Il a fallu que Bruno _____[9] (ait reconnu/reconnaisse) que son «scoop historique» _____[10] (n'allait pas marcher/ne marche pas). Bruno a compris que l'historien _____[11] (ait adoré/adorait) son travail. David aimait bien qu'on _____[12] (prend/prenne) au sérieux des questions historiques qui jouent un rôle dans le présent. Bruno a invité David à dîner pour le _____[13] (remercie/remercier) et une nouvelle amitié a commencé. Ils se sont vus de temps en temps pendant deux ans et puis ils se sont perdus de vue.

En ce qui concerne la quête de Camille, David a été très heureux que Bruno l' _____[14] (appelle/a appelé). Il a fait des recherches sur Antoine Leclair et il est venu à Canal 7 pour en _____[15] (parle/parler) avec Camille. Il l'a trouvée très intéressante et il a compris qu'elle _____[16] (avait/ait) besoin de son aide. Mais il avait peur qu'Antoine _____[17] (avait trahi/ait trahi) son pays. Après le voyage de Camille au Maroc, David a été très content de _____[18] (présenter/présente) les documents de Fergus au comité. Il croit que le comité _____[19] (trouvera/trouve) une nouvelle place dans l'histoire de la Résistance pour Antoine et Fergus. Et jusqu'à ce que le comité _____[20] (se réunit/se réunisse), Camille et David auront plusieurs occasions de se voir. Et Bruno? Il aime bien David, mais il n'aime pas trop que David et Camille _____[21] (s'entendre/s'entendent) si bien. À vrai dire, il est un peu jaloux de cette nouvelle amitié.

°*faked*

Étape 2: Maintenant, répondez aux questions.

1. Comment est-ce que David et Bruno se sont rencontrés?
2. Selon vous, David est-il un bon historien? Pourquoi (pas)?
3. Qui va décider si Antoine et Fergus sont des héros ou des traîtres? Sur quoi vont-ils baser leur décision?

B. Le passé dans le présent. Avec un(e) partenaire, discutez des effets du passé sur le présent. Parlez d'un ou plusieurs des éléments suivants, en suivant le modèle.

Modèle: Le passé de ma ville a une grande influence sur son présent. D'abord, le nom de ma ville, St. Louis, fait référence à Louis IX, roi de France. Les premiers Européens qui y habitaient étaient français. Une autre influence historique se voit dans l'architecture. Le marché Soulard date du début du siècle dernier, et on essaie de préserver l'atmosphère du quartier où il se trouve.

1. votre ville ou votre région
2. votre famille
3. votre vie actuelle
4. les relations internationales

Pour mieux écrire

Dans la section **Pour mieux écrire** du *Cahier d'exercices*, vous trouverez des stratégies d'écriture et des sujets de composition française liés aux thèmes «réinventer le monde» et «se réinventer».

Lexique

This end vocabulary provides contextual meanings of French words used in this text. It does *not* include proper nouns (unless the French equivalent is quite different in spelling from English), most abbreviations, most exact cognates, many near cognates, regular past participles used as adjectives if the infinitive is listed, or regular adverbs formed from adjectives listed. Adjectives are listed in the masculine singular form; feminine forms are included only when they are irregular. Irregular past participles are listed, as well as third person forms of irregular verbs in the *passé simple.* Other verbs are listed in their infinitive forms only. An asterisk (*) indicates words beginning with an aspirate **h.**

Abbreviations

adj.	adjective	*indef.*	indefinite	*n.*	noun	*p.s.*	*passé simple*
adv.	adverb	*indic.*	indicative	*neu.*	neuter	*s.*	singular
art.	article	*inf.*	infinitive	*onom.*	onomatopoeia	*s.o.*	someone
conj.	conjunction	*interj.*	interjection	*pl.*	plural	*s.th.*	something
contr.	contraction	*interr.*	interrogative	*poss.*	possessive	*subj.*	subjunctive
f.	feminine (noun)	*inv.*	invariable	*p.p.*	past participle	*tr. fam.*	very colloquial, argot
fam.	familiar or colloquial	*irreg.*	irregular (verb)	*prep.*	preposition		
		lit.	literary term	*pres. p.*	present participle	*vulg.*	vulgar
gram.	grammatical term	*m.*	masculine (noun)	*pron.*	pronoun		

A

à *prep.* to, in, at; **à cause de** because of; **à côté de** *prep.* next to, by, near; **à deux heures de** two hours from; **à part** *prep.* besides
abandonner to abandon; to give up
abattre (*p.p.* **abattu**) *irreg.* to cut down, bring down
abattu (*p.p. of* **abattre**)
Abbé *m.* Father (*priest*)
abondant *adj.* plentiful
aborder to broach, bring up
absolu *adj.* absolute
abstraction *f.*: **faire abstraction de** to disregard
abstrait *adj.* abstract
abusif/ive *adj.* improper
Acadie *f.* Acadia
Acadien(ne) *m., f.* Acadian
accéder (j'accède) à to have access to
accentuer to emphasize
accepter to accept; to put up with; **accepter de** + *inf.*, **accepter que** + *subj.* to agree to
accès *m.* access
accessoire *m.* prop
accompagner to accompany, go with
accomplir to accomplish
accord *m.* consent, agreement; **d'accord** okay, agreed; **être d'accord** to agree
accordé (*p.p. of* **accorder**) *adj.* granted
accro(e) *m., f., fam.* addict
accueil *m.* welcome; **page** (*f.*) **d'accueil** home page; **terre** (*f.*) **d'accueil** land of welcome
accueillant *adj.* welcoming
accueillir (j'accueille) *irreg.* to welcome
accumuler to accumulate
acheter (j'achète) to buy, purchase
acheteur/euse *m., f.* buyer
acteur/trice *m., f.* actor/actress
activité *f.* activity
actuel(le) *adj.* current, present-day
actuellement *adv.* now, at the present time
addition *f.* check (*restaurant*)
additionner to add up
adepte *m., f.* expert
adhérer (j'adhère) à to belong to, be a member of
adieu *m.* (*pl.* **adieux**) good-bye, farewell
admettre (*like* **mettre**) *irreg.* to admit; to acknowledge
admirer to admire
adolescent(e) *m., f.*, adolescent, teenager
adopter to adopt; to embrace
adorer to love, adore
adresse *f.* address
adresser to address; **s'adresser à** to speak to (*s.o.*)
aéroport *m.* airport
affaire *f.* deal; business (matter); *pl.* belongings; business; **femme** (*f.*) **d'affaires** businesswoman; **homme** (*m.*) **d'affaires** businessman; **voyage** (*m.*) **d'affaires** business trip
affectif/ive *adj.* emotional
affectueusement *adv.* affectionately
affiche *f.* poster
affirmer to assert; to declare

afin de *conj.* + *inf.* in order to; **afin que** *conj.* + *subj.* in order that
africain *adj.* African; **Africain(e)** *m., f.* African (*person*)
Afrique *f.* Africa
âge *m.* age; **quel âge as-tu?** how old are you?; **troisième âge** old age
âgé *adj.* old
agence *f.* agency
agent *m.* agent; **agent de police** police officer; **agent de voyage** travel agent
agir to act; **il s'agit de** it is a question of, it is a matter of, it is about
agrandir to enlarge
agréable *adj.* pleasant
agressivité *f.* aggressiveness
agricole *adj.* agricultural
agriculteur/trice *m., f.* farmer
aide *f.* help, aid, assistance; **à l'aide de** with the help of
Aïd-el-Adha *f. Muslim holiday commemorating Abraham's sacrifice*
aider to help
aile *f.* wing
ailleurs *adv.* elsewhere; **d'ailleurs** besides
aimer to like; to love; **aimer bien** to like; **aimer mieux** to prefer
aîné(e) *m., f.* elder child; *adj.* elder, older
ainsi *adv.* thus, so; in this way; **ainsi que** as well as; **c'est ainsi que** and that is how; **et ainsi de suite** and so on
air *m.* air; **avoir l'air (de)** to seem; to look (like); **en plein air** *adv.* outside, outdoors; *adj.* open-air, outdoor
aise *f.* ease, comfort; **à l'aise** *adv.* relaxed, comfortable; **mal à l'aise** *adv.* uncomfortable, ill at ease
ajouter to add
ajuster to adjust; to put right
album-photo *m.* (*pl.* **albums-photos**) photo album
alcool *m.* alcohol
alerte *f.* alarm; **alerte à la bombe** bomb scare
alexandrin *m.* alexandrine (*12-syllable line of poetry*)
Alger Algiers
Algérie *f.* Algeria
algérien(ne) *adj.* Algerian; **Algérien(ne)** *m., f.* Algerian (*person*)
aligot *m.* cheese-and-potato soup (*Auvergne specialty*)
aliment *m.* food (*item*)
alimentaire *adj.* food
alimentation *f.* feeding; nutrition
allégé *adj.* light, low-fat (*food*)
allégorie *f.* allegory
Allemagne *f.* Germany
allemand *m.* German (*language*); *adj.* German; **Allemand(e)** *m., f.* German (*person*)
aller to go; **aller** + *inf.* to be going (*to do s.th*); **comment allez-vous?** how are you? **s'en aller** to leave
alliance *f.* union
allô *interj.* hello (*on the telephone*)
allumer to light; to turn on
allure *f.* speed; **à toute allure** *adv.* at top speed
allusion *f.*: **faire allusion à** to allude to
alors *adv.* so, then, in that case; **et alors?** so?, so what?
alternative *f.* option
alterner to alternate
amant(e) *m., f.* lover
ambassade *f.* embassy
ambassadeur/trice *m., f.* ambassador
ambiance *f.* ambience, atmosphere
ambiguïté *f.* ambiguity
ambitieux/euse *adj.* ambitious
ambulant *adj.* mobile
améliorer to improve (*s.th.*); **s'améliorer** to improve; to get better
amende *f.* fine
amendement *m.* amendment
amener (j'amène) to bring
américain *adj.* American; **Américain(e)** *m., f.* American (*person*)
Amérique *f.* America
ami(e) *m., f.* friend; **petit ami** *m.* boyfriend; **petite amie** *f.* girlfriend
amical *adj.* friendly
amitié *f.* friendship; **rapport** (*m.*) **d'amitié** friendship
amour *m.* love
amoureux/euse *adj.* in love; loving; **tomber amoureux/euse (de)** to fall in love (with)
amuser to entertain, amuse; **s'amuser** to have a good time
an *m.* year; **avoir... ans** to be . . . years old; **Jour** (*m.*) **de l'An** New Year's Day; **par an** per year
analphabète *m., f.* illiterate person
analyse *f.* analysis
analyser to analyze
ancêtre *m., f.* ancestor
ancien *m.* village elder; **ancien(ne)** *adj.* former; antique; ancient; old
ange *m.* angel
anglais *m.* English (*language*); *adj.* English; **Anglais(e)** *m., f.* English person
Angleterre *f.* England
anglophone *adj.* English-speaking
animal (*pl.* **animaux**) *m.* animal
animateur/trice *m., f.* host, emcee
animé *adj.* lively, spirited
animer to host, emcee
année *f.* year; **l'année dernière (passée)** last year; **les années 60** 1960s; **bonne année** happy new year
anniversaire *m.* birthday
annoncer (nous annonçons) to announce; to state
annuler to cancel
anorexie *f.* anorexia
antenne *f.*: **sur l'antenne** on the air
antérieur *adj.* former, previous; **futur** (*m.*) **antérieur** *gram.* future perfect
anxieux/euse *adj.* anxious, nervous
août *m.* August
apercevoir (*like* **recevoir**) *irreg.* to notice; **s'apercevoir de** to realize, notice
apparaître (*like* **connaître**) *irreg.* to appear
apparemment *adv.* apparently
appareil *m.* appliance, device
apparence *f.* appearance
apparenté *adj.* related
appartement *m.* apartment
appartenir (*like* **tenir**) **(à)** *irreg.* to belong (to)
appel *m.* call; **faire appel à** to summon up, call forth; to call upon
appeler (j'appelle) to call; **s'appeler** to be named, called; **service** (*m.*) **d'identification de la ligne appelante** caller ID
appendice *m.* appendix
s'appliquer to apply (oneself)
apporter to bring
apprécier to appreciate; to value
apprendre (*like* **prendre**) *irreg.* to learn; to teach; **apprendre à** to learn (how) to
apprenti(e) *m., f.* apprentice
apprentissage *m.* apprenticeship
appris (*p.s. of* **apprendre**)
apprivoiser to tame, master
approfondir to deepen
approprié *adj.* appropriate
approuver to approve
approximatif/ive *adj.* approximate
appui *m.* support
après *prep.* after; *adv.* afterward; then; **après avoir (être)...** + *p.p.* after having . . . ; **après que** + *indic.* after; **d'après** according to; **et après?** and then what?
après-midi *m.* (*or f.*) afternoon

arabe *m.* Arabic (*language*); *adj.* Arab, Arabic; **Arabe** *m., f.* Arab (*person*)
arachide *f.*: **pâte d'arachide** peanut paste
arbre *m.* tree
arc-en-ciel (*pl.* **arcs-en-ciel**) *m.* rainbow
argent *m.* money; **argent de poche** allowance; pocket money
argot *m.* slang
arme *f.* weapon
armée *f.* army
armistice *m.* truce; armistice
arôme *m.* flavor (*not ice cream*)
arpent *m.* acre
arracher (à) to tear (away from)
arrestation *f.* arrest
arrêter (de) to stop; to arrest; **s'arrêter (de)** to stop
arrière *adv.*: **revenir en arrière** to start over; **zoom** (*m.*) **arrière** zoom out
arrière-grand-père *m.* great-grandfather
arrière-grands-parents *m. pl.* great-grandparents
arrière-plan *m.* background; **en arrière-plan** in the background
arrivée *f.* arrival
arriver to arrive, come; to happen; **arriver à** + *inf.* to manage to, succeed in
arrondissement *m.* district
asile *m.* mental hospital
aspirateur *m.* vacuum cleaner
assaisonnement m. seasoning
assassiner to kill, murder
assaut *m.* attack, assault
s'asseoir (*p.p.* **assis**) *irreg.* to sit down
assez *adv.* rather, fairly; enough; **assez de** enough; **en avoir assez** *fam.* to be fed up
assiette *f.* plate
assimilation *f.* assimilation
s'assimiler to assimilate oneself
assis (*p.p. of* **asseoir**)
assister à to attend (*concert, event, lecture*)
associer to associate, connect
assommer to overwhelm
assoupli *adj.* lightened
assurer to assure; to ensure
atelier *m.* workshop
attacher to fasten, tie (up); to buckle (*a seat belt*)
attaquer to attack
atteindre (*p.p.* **atteint**) *irreg.* to reach
attendre to wait (for); to expect; **s'attendre à** to expect
attention *f.* attention; **faire attention (à)** to pay attention (to), watch out (for); **attention** *interj.* careful
atterrir to land
attirer to attract
attraper to catch
au *contr. of* **à** + **le**
aube *f.* dawn
auberge *f.* inn
aucun(e) (ne... aucun[e]) *adj., pron.* no, none; no one, not one, not any; any
au-dessus de *prep.* above
audience *f.* audience; **indices** (*m. pl.*) **d'audience** ratings
auditeur/trice *m., f.* listener
aujourd'hui *adv.* today; nowadays
auparavant *adv.* before
auprès de *prep.* near; **se renseigner auprès de** to get information from; **une clientèle auprès des ouvriers** a clientele among the workers
auquel. *See* **lequel**
aussi *adv.* also, too; so; as; consequently; **aussi bien que** as well as; **aussi... que** as . . . as
aussitôt que *conj.* as soon as
autant *adv.* as much, so much, as many, so many; **autant (de)... que** as many (much) . . . as
auteur *m.* author
autobus *m.* bus
automne *m.* fall, autumn
autoritaire *adj.* authoritarian
autorité *f.* authority
autoroute *f.* highway
auto-suffisant *adj.* self-sufficient
autour de *prep.* around, surrounding
autre *adj., pron.* other; another; *m., f.* the other, another; **autre chose** something (anything) else; **l'autre** the other (one); the latter; **l'un(e)... l'autre** each other; **quelqu'un d'autre** someone else
autrefois *adv.* formerly, in the past
aux *contr. of* **à** + **les**
auxquel(le)s. *See* **lequel**
avance: à l'avance *adv.* in advance
avancer (nous avançons) to advance
avant *adv., prep.* before (*in time*); **aller de l'avant** to forge ahead; **avant de** + *inf.* before; **avant que** *conj.* + *subj.* before; **avant tout** above all; **zoom** (*m.*) **avant** zoom in
avantage *m.* advantage
avant-hier *adv.* the day before yesterday
avare *m., f.* miser
avarice *f.* greed
avenir *m.* future
aventure *f.* adventure
avide *adj.* greedy
avion *m.* airplane
avis *m.* opinion; **à mon (ton, votre) avis** in my (your) opinion; **changer d'avis** to change one's mind
avocat(e) *m., f.* lawyer
avoir (*p.p.* **eu**) *irreg.* to have **avoir... ans** to be . . . years old; **avoir besoin de** to need; **avoir confiance en** to trust; **avoir des idées arrêtées** to be close-minded; **avoir des nouvelles de** to hear from; **avoir des préjugés** to be prejudiced; **avoir envie (de)** to feel like; to want (to); **avoir faim** to be hungry; **avoir froid** to be (feel) cold; **avoir l'esprit ouvert** to be open-minded; **avoir l'impression que** to be under the impression that; **avoir lieu** to take place; **avoir peur (de)** to be afraid (of); **avoir raison** to be right; **il y a** there is, there are
avouer to confess, admit
avril *m.* April

B

bagages *m. pl.* luggage
baguette *f.* loaf of French bread, baguette
baignade *f.* swim, dip
baigné *adj.* bathed
se baigner to take a bath; to swim
bail *m.* lease
bal *m.* ball (*dance*)
Balance *f.* Libra
balle *f.* bullet
ballon *m.* red-wine glass
balnéaire *adj.*: **station** (*f.*) **balnéaire** seaside resort
baluchon *m.* bundle
banal *adj.* ordinary, run-of-the-mill
bande *f.* band, gang; frequency band
banderole *f.* banner
banlieue *f.* suburb (*suburbs that struggle with inner-city problems*)
banque *f.* bank
baratin *m.*: **Arrête ton baratin!** *tr. fam.* Stop your smooth talk!
baril *m.* barrel
bas(se) *adj.* low; **basse classe** *f.* lower class; **en bas** *adv.* below, at the bottom; **en bas de** *prep.* at the bottom of
base *f.* basis; base
baser to base
basket *m.* basketball
basse-cour *f.* farmyard
bassin (*m.*) **minier** mining region
bataille *f.* battle

bateau (*pl.* **bateaux**) *m.* boat; **faire du bateau** to go boating
bâtiment *m.* building
batterie *f.* drums; **jouer de la batterie** to play the drums
se battre (*p.p.* **battu**) *irreg.* to fight, battle
bavard *adj.* talkative
baveux/euse *adj.* slimy
beau (bel, belle, beaux, belles) *adj.* handsome; beautiful; **faire beau** to be nice weather; **part belle** greater part
beau-fils (*pl.* **beaux-fils**) *m.* stepson; son-in-law
beau-frère (*pl.* **beaux-frères**) *m.* stepbrother; brother-in-law
beau-père (*pl.* **beaux-pères**) *m.* stepfather; father-in-law
beauté *f.* beauty
beaux-arts *m. pl.* fine arts
beaux-parents *m. pl.* in-laws
bébé *m.* baby
Belgique *f.* Belgium
Bélier *m.* Aries
belle *f. Cajun* beloved
belle-fille (*pl.* **belles-filles**) *f.* stepdaughter; daughter-in-law
belle-mère (*pl.* **belles-mères**) *f.* stepmother; mother-in-law
belle-sœur (*pl.* **belles-sœurs**) *f.* stepsister; sister-in-law
ben *interj. fam.* well
bénéfice *m.* benefit
bénévolat *m.* volunteer work
bénévole *m., f.* volunteer
berbère *m.* Berber (*language*); *adj.* Berber (*related to the indigenous people of North Africa*)
berceau *m.* cradle
besoin *m.* need; **avoir besoin de** to need
bête *adj.* dumb, stupid; **être bête comme ses pieds** to be too stupid for words
bêtement without motive
Beur *m., f. person born in France of North African parents*
beurre *m.* butter
bibliothèque *f.* library
bien *adv.* well, good; quite; much; comfortable; *adj. inv.* good; *m.* good; *pl.* goods, belongings; **aimer bien** to like; **aller bien** to be well; **aussi bien que** as well as; **bien des** many; **bien entendu** *interj.* of course, certainly; **bien que** *conj. + subj.* although; **bien sûr** *interj.* of course; **eh bien** *interj.* well; **moins bien que** not as good as; **ou bien** or
bien-être *m.* well-being
bientôt *adv.* soon
bienvenue *adv.* welcome
bijou (*pl.* **bijoux**) *m.* piece of jewelry
bilingue *adj.* bilingual
billet *m.* ticket
bio *adj. inv.* organic
biologique *adj.* organic; **mère** (*f.*) **biologique** birth mother
bip *m.* pager
biscuit *m.* cracker; **biscuit chinois** fortune cookie
bise *f.*: **faire la bise à** to kiss in greeting; **se faire la bise** to kiss each other in greeting
blafard *adj.* pale
blanc(he) *adj.* white; **Blanche-Neige** Snow White
blanchir to light up; to whiten
blé *m.* wheat; **blé dur** durum wheat (*gritty, coarse particles of wheat*)
blesser to wound; **se blesser** to hurt oneself
bleu *adj.* blue
bloquer to block
Boches *m. pl. derogatory name given to Germans during World War II*
bœuf *m.* beef; ox
boire (*p.p.* **bu**) *irreg.* to drink
boisson *f.* drink, beverage
boîte *f.* box; can; nightclub; **boîte de conserve** can of food; **boîte électronique** electronic mailbox; **boîte vocale** voice mail
bombardement *m.* bombing
bombarder to bomb
bon(ne) *adj.* good; right, correct; **bonne année** *interj.* happy new year; **bon anniversaire** *interj.* happy birthday; **bon enfant** *inv.* good-humored; **bon marché** *inv.* inexpensive; **bonne fée** *f.* fairy godmother; **de bonne foi** honest
bonbon *m.* (piece of) candy
bonheur *m.* happiness
bonjour *interj.* hello, good day
bord *m.* bank, shore; **au bord de** on the edge of; on the banks (shore) of; **de bord** on the other side
borne *f.* limit, boundary; **borne publique** virtual self-service kiosk (with Internet access); **dépasser les bornes** to go too far
boucher/ère *m., f.* butcher
bougie *f.* candle
bouillon *m.* clear broth, bouillon
boulanger/ère *m., f.* baker
boulangerie *f.* bakery
boule *f.* round loaf of bread; scoop (*of ice cream*)
bouleverser to overwhelm; to upset
boulot *m., fam.* job; work; **petits boulots** odd jobs
bourgade *f.* small town
bourré *adj.* stuffed, crammed
bourse *f.* scholarship
bousculer to bump into; to push roughly
bout *m.*: **jusqu'au bout** all the way; **au bout des doigts** at one's fingertips
bouteille *f.* bottle
bouton *m.* knob (*radio*)
branché (*adj.*) **sur** plugged into
bras *m.* arm
bref/ève *adj.* brief
Bretagne *f.* Brittany
brevet *m.* diploma, certificate
brillant *adj.* brilliant
briller to shine
brin *m.* sprig
brochette *f.* skewer
brosser to brush
bru *f.* daughter-in-law
bruit *m.* noise
brûler to burn
brun(e) *m., f.* brunette; *adj.* dark-haired
brutal *adj.* rough
Bruxelles Brussels (*capital of Belgium*)
bruyère *f.* heather
bu (*p.p. of* **boire**)
bureau (*pl.* **bureaux**) *m.* office; desk
but *m.* goal; **marquer un but** make a goal

C

ça (cela) *pron. neut.* that, this; **ça fait longtemps que** it was a long time ago that; **ça va?** *fam.* how's it going?
cabane *f.* cabin
cabinet (*m.*) **de travail** study
cacher to hide
cadeau (*pl.* **cadeaux**) *m.* gift
cadence *f.* workload
cadet(te) *m., f.* younger, youngest child; *adj.* younger
cadien(ne) *adj.* Cajun; **Cadien(ne)** *m., f.* Cajun (*person*)
cadre *m.* frame (*on-screen*)
cadré *adj.* in the frame
café *m.* café; coffee
cahier *m.* notebook, workbook
calme *m.* calm; peace and quiet; **du calme** *interj.* calm down
calmer to calm (down); **se calmer** to quiet down
camarade *m., f.* friend, companion; **camarade de chambre** roommate; **camarade de classe** classmate
Cambodge *m.* Cambodia
caméra *f.* movie camera
camp *m.* camp: **fous le camp** *vulg.* get out of here, get lost

campagne *f.* countryside, rural area; campaign; **à la campagne** in the country
canadien(ne) *adj.* Canadian; **Canadien(ne)** *m., f.* Canadian (*person*)
canapé *m.* couch, sofa
canard *m.* duck
Canaries *f. pl.* Canary Islands
candidat(e) *m., f.* candidate; applicant
candidature *f.*: **poser sa candidature** to apply for a job
cantine *f.* cafeteria
capable *adj.* capable, able
caprices *m. pl.* impulsive behavior
car *conj.* for, because
caractère *m.* personality; **avoir un caractère de cochon** to have a bad attitude
caractéristique *f.* characteristic, trait; *adj.* characteristic, distinctive
carapace *f.* shell
carnet *m.* notebook; **carnet de notes** grade book
carotte *f.* carrot
carrière *f.* career
carte *f.* map; menu; card; **à la carte** from the regular menu; **carte de crédit** credit card; **carte de vœux** greeting card; **carte d'identité** ID; **carte postale** postcard
cas *m.* case; **au cas où** in that case, if that happens; **en cas de** in case of, in the event of; **en tout cas** in any case; **selon le cas** as the case may be
casse-croûte *m.*: **pause** (*f.*) **casse-croûte** lunch break
casser to break; **se casser le bras** to break one's arm
cause *f.* cause; **à cause de** because of
cave *f.* wine cellar
ce (cet, cette, ces) *adj.* this, that; *pl.* these, those; **ce (c')** *pron. neu.* it, this, that
ceci *pron.* this, that
ceinture *f.* belt; **ceinture de sécurité** seat belt
cela (ça) *pron. neu.* that, this
célèbre *adj.* famous
célébrité *f.* fame, celebrity
cell *m.* cell phone **cellulaire** *adj.*: **téléphone** (*m.*) **cellulaire** cell phone
celle(s) *pron. See* **celui**
celui (celle, ceux, celles) *pron.* the one, the ones, this one, that one, these, those
Cendrillon Cinderella
cent *adj.* one hundred; **pour cent** percent
centaine *f.* hundred (*approximate quantity*)
centre *m.* center
centre-ville *m.* downtown
cependant *conj.* however, nevertheless; yet, still
cercle *m.* circle
céréale *f.* grain
cérémonie *f.* ceremony
cerisier *m.* cherry tree
certain *adj.* sure; certain; particular; *pron. pl.* some people, certain ones
certitude *f.* certainty; **avoir la certitude de** to be sure of
ces *adj. See* **ce**
cesser to stop, cease
cet *adj. See* **ce**
cette *adj. See* **ce**
ceux *pron., m. pl. See* **celui**
chacun(e) *pron., m., f.* each, everyone; each one
chagrin *m.* sorrow, sadness, pain
chaîne *f.* chain; channel (*television*)
chaîne-stéréo *f.* stereo
chaise *f.* chair
chaleur *f.* heat
chaleureusement *adv.* warmly
chaleureux/euse *adj.* warm
chambre *f.* bedroom, room, hotel room; **camarade** (*m., f.*) **de chambre** roommate
chameau (*pl.* **chameaux**) *m.* camel
champ *m.* field; **champ de bataille** battlefield
chance *f.* luck; possibility; opportunity; **avoir de la chance** to be lucky; **bonne chance** *interj.* good luck
chandail *m.* sweater
changement *m.* change
changer (nous changeons) to change; **changer d'avis** to change one's mind
chanson *f.* song
chant *m.* song, singing; call (*of bird*)
chanter to sing
chanteur/euse *m., f.* singer
chapeau (*pl.* **chapeaux**) *m.* hat
chapelle *f.* chapel
chaperon *m.*: **le Petit Chaperon rouge** Little Red Riding Hood
chapitre *m.* chapter
chaque *adj.* each, every
charbon *m.* coal
chargé *adj.* busy
charger (nous chargeons) to instruct (*s.o. to do s.th.*)
charmant *adj.* charming
chat(te) *m., f.* cat
château (*pl.* **châteaux**) *m.* castle, chateau
chaud *adj.* hot, warm; **avoir chaud** to feel hot; **il fait chaud** it's hot (*weather*)
chauffé *adj.* heated
chauffeur *m.* driver
chaussure *f.* shoe
chef *m.* head; chef
chef-d'œuvre (*pl.* **chefs-d'œuvre**) *m.* masterpiece
chemin *m.* path, way; **chemin de fer** railroad
chemise *f.* shirt
chêne *m.* oak
chèque *m.* check
cher (chère) *adj.* expensive; dear
chercher to look for; **aller chercher** to (go) pick up, get; **chercher à** to try, attempt to
chéri(e) *m., f.* dear, darling
cheval (*pl.* **chevaux**) *m.* horse
cheveux *m. pl.* hair
chèvre *f.* goat
chez *prep.* at the home (establishment) of
chien(ne) *m., f.* dog
chiffon *m.* rag
chimie *f.* chemistry
chinois *m.* Chinese (*language*); *adj.* Chinese; **Chinois(e)** *m., f.* Chinese person
chip *m.* potato chip
choc (*m.*) **culturel** culture shock
choisir to choose
choix *m.* choice
chômage *m.* unemployment
chômeur/euse *m., f.* unemployed person
choquer to shock
chose *f.* thing; **quelque chose** *indef. pron.* something; **autre chose** something, anything else
chouette *interj. fam.* cool, neat
chouquette *f.* puff pastry
ci-dessous *adv.* below
ci-dessus *adv.* above
ciel *m.* sky; heaven; **le ciel est couvert** the sky is overcast; it's cloudy
cimetière *m.* cemetery
cinéma (*fam.* **ciné**) *m.* movies; cinema; movie theater; **festival** (*m.*) **de cinéma** film festival; **vedette** (*f.*) **de cinéma** movie star
cinquante *adj.* fifty
circonstance *f.* circumstance
circulation *f.* traffic
circuler to travel; to circulate
citation *f.* quotation, quote
cité (*f.*) **universitaire** dormitory
citoyen(ne) *m., f.* citizen
civil *adj.* civil; *m.* civilian
civique *adj.* civic; **droits** (*m. pl.*) **civiques** citizens' rights
clair *adj.* light (*color*); clear
clandestin *adj.* secret, clandestine; **immigrés** (*m. pl.*) **clandestins** illegal immigrants
clarté *f.* clarity
classe *f.* class; **camarade** (*m., f.*) **de classe** classmate; **salle** (*f.*) **de classe** classroom

classement *m.* classification
classique *adj.* classical
clavier *m.* keyboard
clé *f.* key
clergé *m.* clergy
client(e) *m., f.* customer; client
clinique *f.* clinic
coca *m.* Coca-Cola
cochon *m.* pig; pork; **avoir un caractère** (*m.*) **de cochon** to have a bad attitude
code *m.* code; entry code
cœur *m.* heart; **de grand cœur** very willingly; **de tout cœur** with all one's heart
coexister to coexist
cohabiter to live together, cohabit
coiffure *f.* hairdo
coin *m.* corner
colère *f.* anger; **être en colère contre** to be angry with
collaborateur/trice (*fam.* **collabo**) *m., f.* collaborator (*negative connotation*)
collaborer to collaborate
collège *m.* junior high
collègue *m., f.* colleague
colline *f.* hill
colocataire *m., f.* roommate
colon *m.* colonist
colonne *f.* column
combat *m.* fighting
combattant *adj.* fighting
combattre (*p.p.* **combattu**) *irreg.* to fight
combien (de) *adv.* how much; how many
comblé *adj.* full; fulfilled
comédie *f.* comedy
comédien(ne) *m., f.* actor (*theater*)
comité *m.* committee
commander to order
comme *conj.* as, like, how; since
commémorer to commemorate
commencement *m.* beginning
commencer (nous commençons) (à) to begin (to); to start
comment *adv.* how; **comment?** what? how?
commentaire *m.* commentary; remark
commenter to comment (on)
commerçant(e) *m., f.* shopkeeper; store owner
commerce *m.* business
commercial *adj.* business; commercial
commettre (*like* **mettre**) *irreg.* to commit
commun *adj.* common; **en commun** in common
communautaire *adj.* community
communauté *f.* community
communiquer to communicate
compagnie *f.* company; **en compagnie de** in the company of
compagnon *m.* journeyman
comparaison *f.* comparison, simile
comparer to compare
compenser to make up for
complet/ète *adj.* complete; whole
compléter (je complète) to complete, finish
compliqué *adj.* complicated
compliquer to complicate
comportement *m.* behavior
se comporter to behave
compositeur/trice *m., f.* composer
composition *f.* composition; writing
compréhension *f.* understanding; comprehension
comprendre (*like* **prendre**) *irreg.* to understand
compris (*p.p. of* **comprendre**): **y compris** *adj.* including
compte *f.* account; benefit; **compte rendu de livre** book review; **se rendre compte de** to become aware of; **se rendre compte que** to realize (that)
compter to plan on; to intend to; **compter sur** to count on
concentrer to concentrate, focus
concerner to concern; **en ce qui concerne** concerning, regarding
concilier to reconcile
conclure (*p.p.* **conclu**) *irreg.* to conclude
concordance (*f.*) **des temps** *gram.* sequence of tenses
concours *m.* competition, contest
condamné *adj.* condemned
condition: à condition que *conj.* + *subj.* provided (that)
conducteur/trice *m., f.* driver
conduire (*p.p.* **conduit**) *irreg.* to drive; to take; to lead
conférence *f.* lecture, talk
confiance *f.* confidence; trust; **avoir confiance en** to trust
confiant *adj.* self-confident
confidences *f. pl.*: **faire des confidences (à)** to confide (in)
conflit *m.* conflict
conforme (à) *adj.* in accordance (with)
confort *m.* comfort
confortable *adj.* comfortable
conjugaison *f., gram.* conjugation
conjuguer *gram.* to conjugate
connaissance *f.* acquaintance; knowledge; **faire la connaissance de** to meet, get acquainted with
connaître (*p.p.* **connu**) *irreg.* to know; to be familiar with
connecter to connect; **se connecter** to go online
connexion *f.* **(Internet)** Internet connection
connu (*p.p. of* **connaître**)
consacrer to devote; **se consacrer à** to devote oneself to
conscient (de) *adj.* conscious (of); aware (of)
conseil *m.* (piece of) advice; **demander des conseils à** to ask advice of (*s.o.*)
conseiller (de) to advise (to)
conseiller/ère *m., f.* advisor
consensus *m.* consensus
consentement *m.* agreement; acceptance
conservateur/trice *adj.* conservative
conserve *f.*: **boîte** (*f.*) **de conserve** can (*of food*)
conserver to preserve
considérer (je considère) to consider; to regard, deem; **se considérer** to consider oneself
consommateur/trice *m., f.* consumer
consommation *f.* consumption
consommer to consume (*to eat or drink*); **se consommer** to be consumed
consonne *f., gram.* consonant
constamment *adv.* constantly
constatation *f.* observation
constituer to constitute
construire (*like* **conduire**) *irreg.* to build, construct
consulter to consult; to check
conte *m.* story; **conte de fées** fairy tale; **conte fantastique** gothic or supernatural tale
contemporain *adj.* contemporary, present-day
contenir (*like* **tenir**) *irreg.* to contain
content *adj.* happy; pleased; glad; **être content de** to be happy to, about; **être content que** + *subj.* to be happy (that)
contenu *m.* content
continu *adj.* continuous
continuer (à) to continue (to)
contrainte *f.* obligation; constraint
contraire *m.* opposite
contrairement à *prep.* as opposed to
contrat *m.* contract
contre *prep.* against; **être contre** to oppose; **par contre** on the other hand
contredire (*like* **dire,** *except* **vous contredisez**) *irreg.* to contradict

contribuer to contribute
contrôler to inspect, monitor; to control
convaincre (*p.p.* **convaincu**) *irreg.* to convince
convenir (*like* **venir**) *irreg.* to fit; to be suitable, appropriate
se convertir to convert
convive *m., f.* dining companion
convoqué (*p.p. of* **convoquer**) *adj.* summoned
copain (copine) *m., f., fam.* friend, pal
coq *m.* rooster
corbeau (*pl.* **corbeaux**) *m.* crow
corde *f.* rope
corps *m.* body; corps; **Corps de Paix** Peace Corps
corriger (nous corrigeons) to correct
Corse *f.* Corsica
costume *m.* costume
côte *f.* coast
côté *m.* side; **à côté de** *prep.* next to; by, near
côtier/ère *adj.* coastal
coucher (*m.*) **de soleil** sunset
coucher to put (*s.o.*) to bed; **se coucher** to go to bed
couleur *f.* color
coup *m.* blow; **coup de fil** phone call; **coup de fusil** gunshot; **coup de téléphone** telephone call; **donner un coup de main** to help, lend a hand; **sur le coup** then and there; **tout à coup** suddenly; **tout d'un coup** *adv.* all at once
coupe *f.* cup
couper to cut
coupure *f.* cut, break
cour *f.* courtyard
courageux/euse *adj.* courageous
courant *adj.* current, common; *m.* current
courbé *adj.* bent
courge *f.* winter squash
courgette *f.* summer squash, zucchini
courir (*p.p.* **couru**) *irreg.* to run
courriel *m.* e-mail
courrier *m.* mail; e-mail; **courrier électronique** e-mail
cours *m.* course, class; **au cours de** *prep.* during; **suivre un cours** to take a class
course *f.* errand; shopping; **faire des courses** to run errands; to do some shopping; **faire les courses** to go grocery shopping
court *adj.* short
couscous *m. popular dish from North Africa*
couscoussière *f.* couscous steamer
couteau (*pl.* **couteaux**) *m.* knife
coûter to cost; **coûter cher** to be expensive
coutume *f.* custom
couverture *f.* cover (*book*)
couvrir (*like* **ouvrir**) *irreg.* to cover
covoiturage *m.* carpooling
craindre (*p.p.* **craint**) *irreg.* to fear
créatif/ive *adj.* creative
crédit *m.* credit; **à crédit** on credit; **carte** (*f.*) **de crédit** credit card
créer to create
crème (*f.*) **solaire** suntan lotion
crêperie *f.* pancake bar
crever (je crève) *fam.* to die; **crever de faim** *fam.* to be starving
cri *m.* cry, shout
crier to shout; to cry out
crise *f.* crisis
critère *m.* criterion
critique *f.* review
critiquer to criticize
croire (*p.p.* **cru**) *irreg.* to believe
croisé (*p.p. of* **croiser**) *adj.* crossed; **mains croisées** hands clasped
croiser to cross
croissance *f.* growth
Croix-Rouge *f.* Red Cross
croyance *f.* belief
cru *adj.* harsh (*lighting*)
cru (*p.p. of* **croire**)
crudités *f. pl.* raw vegetables
cruel(le) *adj.* cruel
crypté *adj.* encrypted
cuire (*p.p.* **cuit**) *irreg.* to cook; **dur** (*m.*) **à cuire** tough guy
cuisine *f.* kitchen; food, cooking; cuisine; **faire la cuisine** to cook
cuisinier/ère *m., f.* cook
cuisson *f.* cooking; **cuisson à la vapeur** steam cooking; **temps** (*m.*) **de cuisson** cooking time
cuit (*p.p. of* **cuire**) *adj.* cooked; **cuit à la vapeur** steamed
culinaire *adj.* culinary
cultiver to cultivate; to grow
culturel(le) *adj.* cultural; **choc** (*m.*) **culturel** culture shock
curieux/euse *adj.* curious
cybercafé *m.* cybercafe
cyber-dépendance *addiction to the Internet*
cybermaniaque *m., f.* Internet addict

D

d'abord *adv.* first
d'accord *adv., interj.* okay, agreed
dame *f.* lady
dangereux/euse *adj.* dangerous
dans *prep.* in
de *prep.* of; from; about
débarquement *m.* landing, disembarkation
débat *m.* debate
se débrouiller to manage; to get by
début *m.* beginning; **au début (de)** in, at the beginning (of)
décembre *m.* December
décerné (*p.p. of* **décerner**) *adj.* awarded
décevoir (*like* **recevoir**) *irreg.* to disappoint
déchirer to tear (up)
déclic *m.* click
décolleté *m.* low-cut neckline
décolonisation *f.* decolonization
se déconnecter to go offline
découpé (*p.p. of* **découper**) *adj.* cut up
découragé *adj.* discouraged
découragement *m.* discouragement
découvrir (*like* **ouvrir**) *irreg.* to discover
décrire (*like* **écrire**) *irreg.* to describe
déçu (*p.p. of* **décevoir**) *adj.* disappointed
dédier to dedicate (*book*) (*to s.o.*)
défaite *f.* defeat
défaut *m.* fault
défendre to defend
défi *m.* challenge
défilé *m.* parade
défiler to go by
défini *adj., gram.* definite
définir to define
définitivement *adj.* permanently
se défouler to let off steam
dégoût *m.* disgust
dégoûtant *adj.* disgusting
dégoûté *adj.* disgusted
degré *m.* degree
dégustation *f.* eating with appreciation
dehors *adv.* out; outdoors; **au dehors** on the outside; **en dehors de** outside of
déjà *adv.* already; ever
déjeuner to have lunch; *m.* lunch; **petit déjeuner** breakfast
délai *m.* delay; time lag
délicieux/euse *adj.* delicious
délimité *adj.* bordered
demain *adv.* tomorrow
demander to ask (for); **se demander** to wonder
déménagement *m.* move (*to a new home*)
déménager (nous déménageons) to move (*household*)
démésurément *adv.* inordinately, excessively

demeurer to remain; to live
demi *adj.* half
demi-bouteille *f.* half a bottle
demi-frère *m.* half brother
demi-heure *f.* half hour
démissionner to resign, quit (*a job*)
démocratie *f.* democracy
démontrer to show, demonstrate
dénouement *m.* ending
se densifier to become dense, crowded
dent *f.* tooth
départ *m.* departure; start; **point** (*m.*) **de départ** starting point
dépasser to transcend; **dépasser les bornes** to go beyond the limits
dépaysement *m.* disorientation
se dépêcher to hurry
dépendre (de) to depend (on)
dépenser to spend (*money*); to burn (*calories*)
dépenses *f. pl.* expenses
déplacé *adj.* out of place
se déplacer (nous nous déplaçons) to get around; to travel
dépliant *m.* leaflet
depuis *prep.* since, for; **depuis toujours** right from the start
dernier/ère *adj.* last
derrière *prep.* behind
des *contr. of* **de + les**
dès *prep.* from (then on); **dès que** *conj.* as soon as
descendre to descend; to go down; to get off; to bring down; to take down; **descendre dans un hôtel** to stay at a hotel
déséquilibre *m.* imbalance
déshonneur *m.* dishonor
désigner to indicate
désinformation *f.* disinformation
désir *m.* desire, wish
désirer to wish, desire
désireux/euse (de) *adj.* wishing (to)
désobéir (a) to disobey
désolé *adj.* sorry
désormais *adv.* from then on; from now on
desquel(le)s. *See* **lequel**
dessin *m.* drawing
dessiner to draw
dessous: en dessous de *prep.* below
destiné *adj.* intended
désunion *f.* separation
se détendre to relax
détester to hate
détroit *m.* strait
détruire (*like* **conduire**) *irreg.* to destroy
deuil *m.* mourning
deuxième *adj.* second
dévalorisant *adj.* demeaning
devant *prep.* in front of
développement *m.* development
développer to develop
devenir (*like* **venir**) *irreg.* to become
deviner to guess
devinette *f.* guessing game
devoir (*p.p.* **dû**) *irreg.* to have to; to owe; *m.* duty; *m. pl.* homework
diamant *m.* diamond
dicter to dictate
dictionnaire *m.* dictionary
diététique *adj.* dietary
Dieu *m.* God
différemment *adv.* differently
difficile *adj.* difficult
diffus *adj.* diffuse
diffuser to broadcast
dignement *adv.* appropriately
dignité *f.* dignity
dimanche *m.* Sunday
dîner to have dinner; *m.* dinner
diplomatie *f.* diplomacy
diplôme *m.* diploma; degree; **obtenir son diplôme** to graduate
dire (*p.p.* **dit**) *irreg.* to say
discours *m.* speech; **discours (in)direct** *gram.* (in)direct discourse
discret/ète *adj.* discreet
discuter to discuss; to talk
disette *f.* famine
disjoint *adj.*: **pronom** (*m.*) **disjoint** *gram.* disjunctive (stressed) pronoun
disparaître (*like* **connaître**) *irreg.* to disappear
disparu (*p.p. of* **disparaître**) *adj.* missing; dead
disponible *adj.* available
disposer de to command, have at one's disposal
dispute *f.* quarrel
se disputer to argue, quarrel
distinguer to distinguish
dit (*p.p., p.s. of* **dire**)
divaguer to ramble on
divers *adj.* various; varied
diviser to divide; **se diviser** to divide into
dizaine *f.* about ten
docteur *m.* doctor
doigt *m.* finger; **au bout des doigts** at one's fingertips
dolo *m. traditional opaque beer in Mali and Burkina Faso*
domaine *m.* domain, area, field
domicile *m.* home; **sans domicile fixe (SDF)** homeless
dominer to dominate
dommage *m.*: **il est (c'est) dommage que** + *subj.* it is too bad (that)
donc *conj.* therefore; so; then
donner to give; **se donner rendez-vous** to make a date
dont *pron.* whose, of whom, of which
dormir (*p.p.* **dormi**) *irreg.* to sleep
dos *m.* back; **sac** (*m.*) **à dos** backpack
doucement *adv.* softly, sweetly
se doucher to take a shower
doudou *m.* blankie
douleur *f.* pain
doute *m.* doubt; **sans doute** no doubt, probably
douter to doubt
douteux/euse *adj.* doubtful
doux (douce) *adj.* soft; sweet
douzaine *f.* dozen
douze *adj.* twelve
dragueur *m.* flirt
drame *m.* drama
droit *m.* (legal) right; *adj.* right; law; **droits de l'homme** human rights
droite *f.* right (*side*); **tourner à droite** to turn right
drôle *adj.* funny
du *contr. of* **de + le**
dû (*p.p. of* **devoir**)
dupe *f.*: **être dupe de** to be taken in by
duplicité *f.* duplicity
duquel(le). *See* **lequel**
dur *adv.* hard; *adj.* hard, harsh; **dur** (*m.*) **à cuire** tough guy; **œuf** (*m.*) **dur** hard-boiled egg
durant *prep.* during
durer to last

E

eau *f.* water
ébéniste *m., f.* cabinetmaker
écarter to put aside
échange *m.* exchange
échanger (nous échangeons) to exchange
échapper à to escape, avoid; **s'échapper (de)** to escape (from)
échecs *m. pl.* chess
échouer to fail
éclairage *m.* lighting
éclater to break out (*war*)
école *f.* school
éconduit (*p.p. of* **éconduire**) *adj.* denied a visit
Écossais(e) *m., f.* Scotsman, Scotswoman
écouter to listen (to)
écran *m.* screen
écrire (*p.p.* **écrit**) *irreg.* to write
écrit (*p.p. of* **écrire**) *adj.* written
écriture *f.* writing
écrivain *m.* writer; *adj.* **femme** (*f.*) **écrivain** woman writer
éduqué *adj.* educated
effacer (nous effaçons) to erase; to delete
effectuer to effect, carry out
effet *m.* effect; **en effet** indeed; as a matter of fact

efficace *adj.* effective
s'efforcer de (nous nous efforçons) to try hard (*to do s.th.*)
effrayant *adj.* appalling
égal *adj.* equal; **ça m'est égal** *fam.* it's all the same to me, I don't care
également *adv.* equally; likewise; also
égalité *f.* equality
égard: à l'égard de *prep.* with regard to
église *f.* church
égoïste *adj.* selfish
égorger (nous égorgeons) to cut the throat of
eh *interj.* hey; **eh ben** *interj. fam.* well; **eh bien** *interj.* well; well then
élargir to broaden
électeur/trice *m., f.* voter
élégamment *adv.* elegantly
élève *m., f.* student, pupil
élever (j'élève) to raise
éliminer to eliminate
élire (*like* **lire**) *irreg.* to elect
elle *pron., f. s.* she; her; **elles** *pron., f. pl.* they; them
elle-même *pron., f. s.* herself
elles-mêmes *pron., f. pl.* themselves
éloigné *adj.* far (away), distant
s'éloigner (de) to move away (from)
éluder to evade; **éluder la question** to dodge the question
embaucher to hire
embourbé *adj.* stuck
embrasser to kiss; to hug; **s'embrasser** to kiss (each other)
émerger (nous émergeons) to emerge
émigrer to emigrate
émission *f.* TV program
emmener (j'emmène) to take away, along (*s.o.*)
emmerder *tr. fam.* to bug, get on the nerves of (*s.o.*)
empêcher (de) to prevent (*s.o. from doing s.th.*)
emplir to fill
emploi *m.* use; usage; job; **emploi du temps** schedule
employé(e) *m., f.* employee
employer (j'emploie) to use; to employ
empoisonner to poison
empreinte *f.* imprint
emprunter to borrow
en *prep.* in; to; within; into; at; like; in the form of; by; *pron.* of him, of her, of it, of them; from him, by him, etc.; some of it; any
encadrer to enroll
enceinte *adj. f.* pregnant
enchaînement *m.* chain, series
enchaîner to carry on, continue
enclencher to set in motion
encombrer to clutter up
encore *adv.* still, yet; again; even; more; **ne... pas encore** not yet
s'endormir (*like* **dormir**) *irreg.* to fall asleep
endroit *m.* place, spot, location
énergique *adj.* energetic
énervé *adj.* aggravated, jumpy
enfance *f.* childhood
enfant *m., f.* child; **bon enfant** *inv.* good-humored
s'enfermer to shut oneself up
enfin *adv.* finally, at last; in the end
s'enfuir (*p.p.* **enfui**) *irreg.* to flee
enfumé *adj.* smoky
engagé *adj.* committed
engagement *m.* commitment
s'engager (nous nous engageons) to commit oneself
ennemi(e) *m., f.* enemy
ennui *m.* boredom
ennuyer (j'ennuie) to bother; to bore; **s'ennuyer** to be bored
ennuyeux/euse *adj.* boring; annoying
énorme *adj.* huge, enormous
énormément de *adv.* a great deal of
enquêter to investigate, research
enregistrement *m.* recording
enregistrer to record
enrouler to roll up
enseigner to teach
ensemble *adv.* together; *m.* assemblage; whole
ensuite *adv.* then, next
entendre to hear; **s'entendre** to get along (*with each other*)
entendu: bien entendu *interj.* of course
enterrement *m.* funeral
entêté(e) *m., f.* stubborn fool
entier/ère *adj.* whole, entire
entourer to surround
s'entraider to help one another
entraîneur/euse *m., f.* trainer
entre *prep.* between, among
entrée *f.* entrance; entry; first course
entreposer to store
entrepôt *m.* warehouse
entreprenant *adj.* enterprising
entreprise *f.* business, company
entrer (dans) to enter; **entrer de force** force one's way into
entretien *m.* interview
envahir to invade
envers *prep.* toward; in respect to
envie *f.*: **avoir envie (de)** to want (to)
environ *prep.* about, approximately
environs *m. pl.* surroundings
envoyer (j'envoie) *irreg.* to send
épatamment *adv.* wonderfully well
épaule *f.* shoulder
épeler to spell
épices *f. pl.* spices
épicerie *f.* grocery store
époque *f.* era, epoch, time
épouser to marry
époux (épouse) *m., f.* spouse
épreuve *f.* trial, ordeal
éprouver to feel, experience (*sensation, pain*)
équilibre *m.* balance, equilibrium
équilibrer to balance
équipe *f.* team
ère *f.* era; **de notre ère** A. D.
erreur *f.* mistake, error
escalade *f.* climbing; **faire de l'escalade** to go rock climbing
esclavage *m.* slavery
esclave *m., f.* slave
espace *m.* space
Espagne *f.* Spain
espagnol *m.* Spanish (*language*); *adj.* Spanish; **Espagnol(e)** *m., f.* Spaniard
espèce *f.* species
espérer (j'espère) to hope (to)
espoir *m.* hope
esprit *m.* mind; spirit; **avoir l'esprit ouvert** to be open-minded
essayer (j'essaie) (de) to try (to)
s'estimer to consider oneself
et *conj.* and
établir to establish; **s'établir** to become established
établissement *m.* establishment
étage *m.* floor; story
étape *f.* stage, step
état *m.* state; **États-Unis** *m. pl.* United States
été (*p.p. of* **être**)
été *m.* summer
éteindre (*like* **craindre**) *irreg.* to turn off
s'étendre to sprawl
éternel(le) *adj.* eternal
ethnie *f.* ethnic group
étoile *f.* star
étonnant *adj.* astonishing; surprising
étouffer to smother, stifle
étrange *adj.* strange
étranger/ère *m., f.* foreigner; *adj.* foreign; **à l'étranger** abroad
étrangeté *f.* strangeness
être (*p.p.* **été**) *irreg.* to be; **être à** to belong to; to be the turn of; **être en train de** to be in the process of; **être pour/contre** to support/oppose
être *m.* (living) being
étude *f.* study; *pl.* studies

étudiant(e) *m., f.* student
étudier to study
eu (*p.p. of* **avoir**)
eurent (*p.s. of* **avoir**)
eut (*p.s. of* **avoir**)
eux *pron., m. pl.* them
eux-mêmes *pron. m. pl.* themselves
événement *m.* event
éventuel(le) *adj.* possible
éventuellement *adv.* possibly; if need be
évidemment *adv.* obviously, evidently
éviter to avoid
évoluer to evolve
évoquer to evoke
exactement *adv.* exactly
exagérer (j'exagère) to exaggerate
examen *m.* exam; **passer un examen** to take an exam; **préparer un examen** to study for an exam; **rater un examen** to fail an exam; **réussir (à) un examen** to pass an exam
excès *m.* excess
excuser to excuse; **s'excuser** to apologize
exemple *m.* example; **par exemple** for example
exercer (nous exerçons) to exercise; to practice
exercice *m.* exercise
exigence *f.* requirement, demand
exiger (nous exigeons) to require, demand
exode *m.* exodus
expérience *f.* experience; **faire l'expérience de** to experience
explication *f.* explanation
expliquer to explain
exposé *m.* presentation
exposer to exhibit
exposition *f.* exhibit
exprimer to express
expulser to expel
extérieur *m.* outside; **à l'extérieur** on the outside
extrait *m.* extract, excerpt
extrêmement *adv.* extremely

F

fabriquer to manufacture
face: en face (de) *prep.* opposite, facing, across from; **face à** in the face of; **faire face à** to face, confront
face-à-face *m.* face-to-face meeting
fâché *adj.* angry; annoyed
se fâcher to get angry
facile *adj.* easy
faciliter to make easier
façon *f.* way, manner, fashion
façonner to shape
faculté *f.* college, school (*university*)
faim *f.* hunger; **avoir faim** to be hungry
faire (*p.p.* **fait**) to do, to make; **faire** + *inf.* to have (*s.th. done*); **faire abstraction de** to disregard; **faire attention (à)** to pay attention (to); **faire chaud** to be hot (*weather*); **faire connaissance avec** to meet; **faire de la danse** to study dancing; **faire de l'exercice** to exercise; **faire des confidences (à quelqu'un)** to confide personal issues (*to s.o.*); **faire des courses** to run errands; **faire des économies** to save (money); **faire du camping** to go camping; **faire du skate** to skateboard, go skateboarding; **faire du ski** to ski, go skiing; **faire du soleil** to be sunny; **faire du sport** to play sports; **faire du vent** to be windy; **faire face à** to face, confront; **faire froid** to be cold (out); **faire la bise à** to kiss in greeting; **faire la connaissance de** to meet; **faire la cuisine** to cook; **faire la fête** to party; **faire la queue** to stand in line; **faire la vaisselle** to do the dishes; **faire le marché** to go grocery shopping; **faire les courses** to go grocery shopping; **faire mauvais** to have bad weather; **faire noir** to be dark out; **faire partie de** to belong to, be part of; **faire peur à** to scare, frighten; **faire revivre** to revive; **faire sa toilette** to wash up, get ready; **faire sauter** to blow up; **faire un pique-nique** to have a picnic; **faire un voyage** to take a trip; **faire une prière** to say a prayer; **faire une promenade** to go for a walk; **faire une soirée** to have a party; **faire vivre** to support; **se faire la bise** to kiss each other in greeting
fait *m.* fact
fait (*p.p. of* **faire**)
falloir (*p.p.* **fallu**) *irreg.* to be necessary, have to
fallu (*p.p. of* **falloir**)
familial *adj.* family
familier/ère *adj.* familiar
famille *f.* family
farine *f.* flour; **farine d'igname** sweet potato flour; **farine de poisson** fish meal
fatalité *f.* fate
fatigué *adj.* tired
fauteuil *m.* armchair, easy chair
faux (fausse) *adj.* false
faveur *f.* favor; **à la faveur de** by means of; **en faveur de** in favor of
favori(te) *adj.* favorite
favoriser to favor, be partial to
féculents *m. pl.* starchy food
fée *f.* fairy; **conte** (*m.*) **de fées** fairy tale
féerique *adj.* enchanting, entrancing
féminin *adj.* feminine; female
femme *f.* woman; wife; **femme écrivain** woman writer; **femme médecin** woman doctor
fenêtre *f.* window
fer *m.* iron; **chemin** (*m.*) **de fer** railroad
ferme *f.* farm
fermer to close; to turn off
fête *f.* party; holiday; celebration; **fête du Travail** Labor Day; **faire la fête** to party; **fête des Mères** Mother's Day; **jour** (*m.*) **de fête** holiday
feu *m.* fire; **feu d'artifice** fireworks
feuille *f.* leaf; **feuille de service** call sheet
février *m.* February
ficher: je m'en fiche! *tr. fam.* I don't care!
fichier *m.* file; **fichier joint** attachment
fictif/ive *adj.* fictitious
fidèle *adj.* faithful
fier (fière) *adj.* proud
fierté *f.* pride
fil *m.*: **coup** (*m.*) **de fil** phone call
fille *f.* girl; daughter; **jeune fille** girl; young woman
fillette *f.* little girl
fils *m.* son
fin *f.* end; **fin de siècle** turn of the century
financier/ère *adj.* financial
finir to finish; **finir par** + *inf.* to end up (*doing s.th.*)
fit (*p.s. of* **faire**)
fixe *adj.* fixed; **sans domicile fixe (SDF)** homeless
flemmard *adj., tr. fam.* lazy
fleur *f.* flower
fleurir to flourish
fleuve *m.* river (*to the sea*)
flipper *m.* pinball
flot *m.* flow
flou *adj.* blurry, out of focus
flûte *f.* flute; **jouer de la flûte** to play the flute
foi *f.* faith; **de bonne foi** honest; **de mauvaise foi** dishonest
fois *f.* time, occasion; times (*arithmetic*); **à la fois** at the same time; **des fois** sometimes, now and then; **il était une fois** once upon a time; **une fois** once
foncé *adj.* dark, deep (*color*)
fonctionnaire *m., f.* civil servant

fonctionnel(le) *adj.* functional
fonctionnement *m.* working order, functioning
fond *m.* background; end; bottom; **au fond** basically
fondamental basic
fondation *f.* founding
fonder to found
fondre to melt
fonio *m.* small millet (*West African cereal*)
foot *m., fam.* soccer
football *m.* soccer
force *f.* strength; force; *pl.* troops; **entrer de force** to force one's way into
forêt *f.* forest
formation *f.* training
forme *f.* form; **en forme** in good health; **en forme de** in the form of
former to form; to train
formidable *adj.* fantastic, wonderful
formule *f.* formula; set phrase
fort *adj.* strong; *adv.* strongly; loudly; hard
fortement *adv.* strongly
fou (fol, folle) *adj.* crazy, mad; wild
foulard *m.* scarf
foule *f.* crowd
four *m.* oven; **four à micro-ondes** microwave (oven)
fournil *m.* bakehouse
fournir to provide, supply
fourrure *f.* fur
foutre: fous le camp! *vulg.* get out of here, get lost; **on s'en fout** *vulg.* we don't give a damn
foyer *m.* home
fracture (*f.*) **numérique** digital gap
frais (fraîche) *adj.* fresh; cool
fraise *f.* strawberry
franchement *adv.* frankly
franchouillard *adj.* stereotypically French (*negative characteristics*)
franco-allemand *adj.* French-German
francophone *adj.* French-speaking
frapper to knock; to hit back
fréquemment *adv.* frequently
frère *m.* brother
frigo *m., fam.* refrigerator
frit (*p.p. of* **frire**) *adj.* fried
frites *f. pl.* French fries
froid *adj.* cold; **avoir froid** to be (feel) cold; **faire froid** to be cold (*weather*); *m.* chill
fromage *m.* cheese
frontière *f.* border
fruité *adj.* fruity
frustré *adj.* frustrated
funérailles *f. pl.* funeral
fureur *f.* rage
furieux/euse *adj.* furious
fusil *m.* gun; **coup** (*m.*) **de fusil** gunshot
fusiller to shoot
futur *adj. m.* future

G

gagner to win
gamin(e) *m., f.* kid
garanti *adj.* guaranteed
garçon *m.* boy
garde *f.* guardianship
garder to keep
gardien(ne) *m., f.* guardian
gare *f.* train station
gaspillage *m.* waste
gâteau *m.* cake
gauche *m.* left; **à gauche (de)** on, to the left (of)
gaz *m.* gas
gazeux/euse *adj.* carbonated
Gémeaux *m. pl.* Gemini
gênant *adj.* awkward
gendre *m.* son-in-law
généreux/euse *adj.* generous
génial *adj.* great, terrific
genre *m.* kind, type, sort
gens *m. pl.* people
gentil(le) *adj.* nice, pleasant; kind
gentiment *adv.* kindly
gérondif *m., gram.,* gerund
geste *m.* gesture
gestion *f.* management
gifle *f.* slap
gilet *m.* vest
glace *f.* ice; **patin** (*m.*) **à glace** ice skate
gonfler: tu nous gonfles! *vulg.* you're getting on our nerves!
gourmand(e) *m., f.* glutton
goût *m.* taste; **avoir bon (mauvais) goût** to have good (bad) taste; **avoir un bon (mauvais) goût** to taste good (bad); **de bon (mauvais) goût** in good (bad) taste
goûter to taste
goutte *f.* drop
gouvernement *m.* government
gouverneur *m.* governor
grâce *f.* grace; **grâce à** *prep.* thanks to; **jour** (*m.*) **de l'Action de Grâce** Thanksgiving
graine *f.* seed
grammaire *f.* grammar
grand *adj.* tall; big, large; great; **grand amour** *m.* true love
grandir to grow up
grand-mère *f.* grandmother
grand-père *m.* grandfather
grands-parents *m. pl.* grand-parents
gras(se) fat, fatty, oily; **matières** (*f. pl.*) **grasses** fats
gratuit *adj.* free
grave *adj.* serious
grenouille *f.* frog
grève *f.* strike; **se mettre en grève** to go on strike
grièvement *adj.* seriously, gravely
grignoter to snack (between meals); to nibble on
grille *f.* grid
grillé *adj.*: **pain** (*m.*) **grillé** toast
griot *m. African storyteller and musician*
gris *adj.* gray
gronder to scold
gros(se) *adj.* fat; big, large; thick; **grosse artillerie** *f.* heavy artillery
grossesse *f.* pregnancy
grossier/ère *adj.* vulgar, rude
guère: ne… guère scarcely, hardly
guérir to cure; to get better
guérisseur *m.* medicine man
guerre *f.* war; **Deuxième Guerre mondiale** World War II; ***La Guerre des étoiles*** *Star Wars*
guet-apens *m.* trap, ambush
guillemets *m. pl.* quotation marks
guitare *f.* guitar; **jouer de la guitare** to play the guitar
gymnase *m.* gymnasium

H

habilement *adv.* cleverly
s'habiller to get dressed
habitant(e) *m., f.* inhabitant
habitation *f.* dwelling; **habitation** (*f.*) **à loyer modéré (HLM)** low-cost subsidized housing
habiter to live; to inhabit
habitude *f.* habit; **comme d'habitude** as usual; **d'habitude** usually
habitué à *adj.* accustomed, used to
habituel(le) *adj.* usual
s'habituer à to get used to
***haï** (*p.p. of* **haïr**)
***haine** *f.* hate, hatred
***haïr** (*p.p.* **haï**) to hate, detest
***haricot** *m.* bean
***hasard** *m.* luck, chance; **au hasard** at random
***haut** *m.* top; height; *adj.* high; tall (*buildings, trees, not people*); upper; **à haute voix** aloud; **à voix haute** aloud; **en haut (de)** at the top (of)
Havane, la Havana
***hein** *interj.* eh, what
hériter to inherit
héroïne *f.* heroine
***héros** *m.* hero
hésitation *f.* hesitation; **avec hésitation** hesitantly
hésiter to hesitate
heure *f.* hour; time; **à l'heure** on time; dix heures ten o'clock

heureusement *adv.* fortunately
heureux/euse *adj.* happy; fortunate
hier *adv.* yesterday
histoire *f.* history; story
histoire-géo *f.* social studies
historien(ne) *m., f.* historian
hiver *m.* winter
HLM (habitation à loyer modéré) *f.* low-cost, subsidized housing
homme *m.* man; **homme d'affaires** businessman; **homme de Néandertal** Neanderthal man
honnête *adj.* honest
honnêteté *f.* honesty
honneur *m.* honor
***honte** *f.* shame; **avoir honte (de)** to be ashamed *(of)*
hôpital *m.* hospital
***hormis** *prep.* except
horreur *f.* horror; **film** *(m.)* **d'horreur** horror movie
***hors-champ** *adv.* backstory
***hors-d'œuvre** *m., inv.* appetizer
***houleusement** *adv.* noisily
***houx** *m.* holly
huile *f.* oil
***huit** *adj.* eight
***huitième** *adj.* eighth
humain *adj.* human
humeur *f.* mood; **de mauvaise humeur** in a bad mood
humour *m.* humor
hymne *(m.)* **national** national anthem
hypermarché *m.* hypermarket
hypothèse *f.* hypothesis

I

ici *adv.* here
idéaliser to idealize
idéaliste *adj.* idealistic
idée *f.* idea
identifier to identify; **s'identifier à** to identify oneself with
igname *f.* yam
il *pron., m. s.* he; it; there; **ils** *pron., m. pl.* they; **il y a** there is/are; ago
île *f.* island
illustrer to illustrate
ils *pron., m. pl.* they
image *m.* picture; image
imaginaire *adj.* imaginary
imaginer to imagine
imbécile *m., f.* idiot
imiter to imitate
immeuble *m.* apartment building
immigré(e) *m., f.* immigrant; **immigré(e) légal(e)** legal immigrant; **immigré(e) clandestin(e)** illegal immigrant
imparfait *m., gram.* imperfect tense
impliquer to involve
impoli *adj.* impolite
importe: n'importe où anywhere; **n'importe quel(le)** any, no matter which; **n'importe quoi** any old thing, anything
imposer to impose; to require; **s'imposer** to be called for
inadaptation *f.* maladjustment
incertain *adj.* uncertain
inciter to urge
inconnu *adj.* unknown
inconvénient *m.* disadvantage
incroyable *adj.* incredible
indécis *adj.* undecided
indéfini *adj.* indefinite
indicatif *m., gram.* indicative mood
indice *m.* clue; **indices d'audience** ratings
indiquer to indicate
individu *m.* individual, person
individuel(le) *adj.* individual
indulgent *adj.* lenient
inégalité *f.* inequality
inexpérimenté *adj.* inexperienced
infectieux/euse *adj.* infectious
inférieur *m.* subordinate
infiltrer to infiltrate
infinitif *m., gram.* infinitive
infirme *m., f.* invalid
infligé *(p.p. of* **infliger***)* *adj.* inflicted
informaticien(ne) *m., f.* computer scientist
informatique *f.* computer science
informatisation *f.* computerization
ingénieur *m.* engineer
ininterrompu *adj.* uninterrupted
injuste *adj.* unjust
inoubliable *adj.* unforgettable
inquiet/ète *adj.* worried; concerned
s'inquiéter (je m'inquiète) to worry
inquiétude *f.* worry
s'inscrire (à) *(like* **écrire***)* *irreg.* to register (for); to enroll (in)
insigne *m.* insignia
insister to insist; **insister pour** + *inf.* to insist on *(doing s.th.)*; **insister sur** to emphasize, stress
inspirer to inspire; **s'inspirer de** to take inspiration from
installer to install, put up; **s'installer** to settle down; to settle
instant *m.* instant, moment; **pour l'instant** for the moment
instauration *f.* setting up
instituteur/trice *m., f.* elementary school teacher
instruire *(like* **conduire***)* *irreg.* to instruct
intégrer (j'intègre) to integrate; **s'intégrer** to become integrated
intenable *adj.* unbearable
interdire *(like* **dire**, *except* **vous interdisez***)* *irreg.* to forbid
intéressant *adj.* interesting
intéresser to interest; **s'intéresser à** to be interested in
intérêt *m.* interest
intérieur *m.* interior; *adj.* inner; **à l'intérieur** indoors, inside
intermédiaire: par l'intermédiaire de via, through the medium of
internaute *m., f.* Internet surfer
interroger (nous interrogeons) to question
intervenir *(like* **venir***)* *irreg.* to intervene
intime *adj.* intimate; **ami(e) intime** close friend; **journal** *(m.)* **intime** diary
intimité *f.* intimacy
intitulé *adj.* entitled
intrigue *f.* plot
introduire *(like* **conduire***)* *irreg.* to insert
intrus *m.* intruder
inutile *adj.* useless; **inutile de** + *inf.* it's pointless to *(do s.th.)*
inventer to invent
inviter to invite
Irlandais(e) *m., f.* Irish person
Irlande *f.* Ireland
irremplaçable *adj.* irreplaceable
isolé *adj.* isolated
isolement *m.* isolation
s'isoler to isolate oneself
issu (de) *adj.* descended (from)
italique *m. s.* italics

J

jaloux/ouse *adj.* jealous
jamais *adv.* ever; never; **ne… jamais** never
jambe *f.* leg
jambon *m.* ham
Japon *m.* Japan
japonais *adj.* Japanese
jardin *m.* garden; **Jardin des Plantes** Botanical Garden *(in Paris)*
jarret *(m.)* **de porc** ham hock
je (j') *pron. s.* I
jeter (je jette) to throw; to throw away
jeu *m.* game
jeudi *m.* Thursday
jeune *adj.* young; *m. pl.* young people, youth; **jeune fille** *f.* girl
jeunesse *f.* youth

Joconde, la the *Mona Lisa*
joie *f.* joy; **joie de vivre** zest for life
joindre (*like* **craindre**) *irreg.* to join
joint (*p.p. of* **joindre**) *adj.* enclosed
joli *adj.* pretty
jouer (**à** + *game, sport*; **de** + *musical instrument*) to play; **à quoi tu joues?** what are you up to?
jour *m.* day; **de nos jours** nowadays; **par jour** a (per) day; **plat** (*m.*) **du jour** daily special; **tous les jours** every day; **un jour ou l'autre** eventually, sooner or later
journal (*pl.* **journaux**) *m.* newspaper; news broadcast; **journal intime** diary
journaliste *m., f.* reporter; journalist
journée *f.* day; **toute la journée** all day long
joyeux/euse *adj.* joyous
juge *m.* judge
juger (nous jugeons) to judge
juif/juive *m., f.* Jew; *adj.* Jewish
juillet *m.* July
juin *m.* June
jurer to swear
jusque *prep.* as far as; **jusqu'à** *prep.* until, up to; **jusqu'à ce que** *conj.* + *subj.* until; **jusqu'au bout** all the way; **jusqu'ici** up to here, up to now
juste *adj.* just; right; fair; *adv.* just
justement *adv.* exactly, precisely
justifier to justify

K

kilo *m.* kilo(gram)
kilomètre *m.* kilometer (*.6 miles*)

L

la (l') *art., f. s.* the; *pron., f. s.* it, her
là *adv.* there
là-bas *adv.* over there
lac *m.* lake
lâche *adj.* cowardly
laïc (laïque) *adj.* secular
laine *f.* wool
laisser to leave; to let, allow; **laisser sortir** to let out
laissez-passer *m.* pass
lait *m.* milk
laitier/ère *adj.* dairy
laitue *f.* lettuce
lancer (nous lançons) to throw; to launch, initiate; **lancer des représailles** to retaliate
langage *m.* language; jargon
langue *f.* language
lapin *m.* rabbit; **poser un lapin à quelqu'un** to stand someone up
laquelle. *See* **lequel**
lauréat(e) *m., f.* prizewinner
laver to wash; **se laver** to wash (oneself)
le (l') *art., m. s.* the; *pron., m. s.* it, him
leçon *f.* lesson
lecteur/trice *m., f.* reader; **lecteur** (*m.*) **de DVD** DVD player
lecture *f.* reading
légende *f.* caption
léger/ère *adj.* light; slight
léguer (je lègue) to bequeath
légume *m.* vegetable
lendemain *m.* next day, day after
lent *adj.* slow
lentille *f.* lentil
lequel (laquelle, lesquels, lesquelles) *pron.* which one, who, whom, which
les *art. pl.* the; *pron. pl.* them
lettre *f.* letter
leur *poss. adj.* their; *pron., m., f.* to them; **le/la/les leur(s)** *poss. pron. m., f., pl.* theirs
lever (je lève) to raise, lift; **se lever** to get up; to get out of bed
libérer (je libère) to liberate, free
liberté *f.* liberty, freedom
libre *adj.* free; **union** (*f.*) **libre** living together (*not married*)
licenciement *m.* dismissal
licencier to fire
lié *adj.* tied, connected, linked
lien *m.* tie; link; **lien de parenté** family relationship
lieu *m.* place; **au lieu de** *prep.* instead of; **avoir lieu** to take place; **lieu de tournage** filming location
lièvre *m.* hare
lifting *m.* face-lift
ligne *f.* line; **en ligne** *adv.* online; **service** (*m.*) **d'identification de la ligne appelante** caller ID; **grandes lignes** broad outline
limace *f.* slug; slowpoke
limaçon *m.* snail
limite *f.* end; limit
limiter to limit
Lion *m.* Leo
lire (*p.p.* **lu**) *irreg.* to read
lit *m.* bed
littéraire *adj.* literary
littéral *adj.* literal
littérature *f.* literature
livre *m.* book; *f.* half kilo; pound
local *m.* premises; *adj.* local
logement *m.* lodging(s); dwelling place
loger (nous logeons) to house
logiciel *m.* software
logique *f.* logic; *adj.* logical
loi *f.* law
loin *adv.* far away; **au loin** *adv.* in the distance; **loin de** *prep.* far from
loisirs *m. pl.* leisure-time activities
Londres London
long (longue) *adj.* long; **tout au long de** *prep.* throughout; **tout le long** *adv.* all the way
longer (nous longeons) to follow
longtemps *adv.* long; (for) a long time; **ça fait longtemps que** it was a long time ago that; **pour longtemps à la fois** for a long time (*Cajun French*)
lors *adv.* then; **dès lors** from then on; **lors de** *prep.* during
lorsque *conj.* when
loti (*p.p. of* **lotir**) *adj.*: **mal loti** badly off
loto *m.* lottery
louer to rent
loup *m.* wolf
lourd *adj.* heavy
lu (*p.p. of* **lire**) *adj.* read
lueur *f.* light
lui *pron., m., f.* he; it; him; to him; to her
lui-même *pron., m. s.* himself
lumière *f.* light
lundi *m.* Monday
lune (*f.*) **de miel** honeymoon
lutter to fight, battle; to struggle
lycée *m.* French secondary school
lycéen(ne) *m., f.* French secondary school student

M

ma *poss. adj., f. s.* my
MacDo *m.* McDonald's (*restaurant*)
madame (*pl.* **mesdames**) *f.* Madam, Mrs., Ms.
mademoiselle (*pl.* **mesdemoiselles**) *f.* Miss, Ms.
magasin *m.* store, shop
maghrébin *adj.* from the Maghreb (*Morocco, Algeria and Tunisia*)
magnétophone *m.* tape recorder
magnifique *adj.* magnificent
mai *m.* May
maigrir to lose weight
mail *m.* e-mail
main *f.* hand; **se serrer la main** to shake hands
maintenant *adv.* now
maire *m.* mayor
mairie *f.* city or town hall
mais *conj.* but
maison *f.* house, home; **à la maison** at home

maître (maîtresse) *m., f.* master, mistress; primary school teacher; **maitresse de maison** hostess (*party*)
maître-artisan *m.* master baker; recognized expert
maîtrise *f.* mastery; **Brevet** (*m.*) **de Maîtrise** advanced degree (*primarily abstract knowledge*)
majeur *adj.* major
mal *adv.* badly; poorly; *n.* bad; **au plus mal** very ill; **avoir mal à la tête** to have a headache; **ça fait mal** that hurts; **mal à l'aise** ill at ease
malade *adj.* ill, sick
maladie *f.* illness, disease
malaise *m.* indisposition
malgré *prep.* in spite of, despite
malheur *m.* unhappiness
malheureux/euse *adj.* unhappy
malheureusement *adv.* unfortunately; sadly
malhonnête *adv.* dishonest
malien(ne) *adj.* from Mali
malsain *adj.* unhealthy, unwholesome
maman *f., fam.* mom, mommy
Manche, la English Channel
manger (nous mangeons) to eat
manière *f.* manner, way
manifestant(e) *m., f.* demonstrator, protester
manifestation *f.* demonstration, protest
manifester to demonstrate, protest; **se manifester** to appear
manioc *m.* cassava root (*often grated or used for flour*)
manipuler to man ipulate
manque *m.* lack
manquer (de) to miss; to fail; to lack; to be lacking; **manquer à** to be missed (*by s.o.*)
manteau *m.* coat
maquette *f.* (scale) model
maquillage *m.* makeup; **au maquillage** in the makeup room
se maquiller to put on makeup
maraîcher/ère *m., f.* truck farmer
marchand(e) *m., f.* vendor
marchandise *f.* commodity
marche *f.* march
marché *m.* market; **au meilleur marché** at the best price; **bon marché** *adj. inv.* inexpensive; **faire le marché** to go grocery shopping
marcher to walk; to work (*device*); to go
mardi *m.* Tuesday
maréchal *m.* field marshal
mari *m.* husband
mariage *m.* marriage
marié(e) *m., f.* groom, bride; *adj.* married
marier to marry; **se marier** to get married
mariné *adj.* marinated
Maroc *m.* Morocco
marocain *adj.* Moroccan
marque *f.* brand; **marque déposée** trademark
marquer to mark; **marquer un but** to score a goal
marre: on en a marre *tr. fam.* we've had enough, we're fed up!
Marseillais(e) *m., f.* inhabitant of Marseilles
masculin *adj.* masculine; male
masque *m.* mask
masse: en masse *adv.* in a large body
massif *m.* old, rounded mountain range
match *m.* game (*sports*)
matériel *m.* equipment
mathématiques (*fam.* **maths**) *f. pl.* mathematics
matière *f.* subject (*school*); **matières grasses** fats
matin *m.* morning; **le matin** in the morning; **au petit matin** very early in the morning
matinée *f.* morning
mauvais *adj.* bad; wrong; **faire mauvais** to have bad weather; **de mauvaise foi** dishonest; **de mauvaise humeur** in a bad mood
mec *m., tr. fam.* guy
mécanicien(ne) *m., f.* mechanic
méchant *adj.* mean; naughty
mécontentement *m.* dissatisfaction, displeasure
médaillon *m.* locket
médecin *m.* doctor, physician; *adj.* **femme médecin** woman doctor
se méfier de to be wary of
meilleur *adj.* better; **le/la meilleur(e)** the best
mél *m.* e-mail
mélange *m.* mixture
se mêler de to meddle in; **de quoi te mêles-tu?** what business is it of yours?
membre *m.* member
même *adj.* same; itself; very; *adv.* even; **quand même** anyway
Mémé *f., tr. fam.* Grandma
mémoire *f.* memory
menace *f.* threat
menacer (nous menaçons) to threaten
ménage *m.* household; housework; **scène** (*f.*) **de ménage** domestic dispute
ménagère *f.* housewife
mensonge *m.* lie
menthe *f.* mint
mentionner to mention
mentir (*like* **partir**) *irreg.* to lie, tell a lie
menu *m.* fixed-price menu
mépris *m.* scorn; **au mépris de** in defiance of
mer *f.* sea
merci *interj.* thank you
mercredi *m.* Wednesday
mère *f.* mother; **fête** (*f.*) **des Mères** Mother's Day
mérite *f.* merit, virtue
mériter to deserve
merveille *f.* marvel
mes *poss. adj. pl.* my
messe *f.* mass (*church*)
messieurs *m. pl.* gentlemen
mesure *f.* measure; **sens** (*m.*) **de la mesure** sense of proportion
mesurer to measure
métier *m.* occupation, trade, profession
métissage *m.* mixing of races
métropole *f.* metropolis
mets *m.* dish (*food*)
mettre (*p.p.* **mis**) *irreg.* to put, place; to put on; to turn on; **mettre à la porte** to fire; **se mettre en grève** to go on strike; **mettre en relief** to highlight; **mettre un terme à** to put an end to
meubles *m. pl.* furniture
meurette: œufs (*m. pl.*) **en meurette** *eggs in red wine sauce*
Mexique *m.* Mexico
micro-ondes *m.* microwave; **four** (*m.*) **à micro-ondes** microwave (oven)
midi *m.* noon
miel *m.* honey; **lune** (*f.*) **de miel** honeymoon
mieux *adv.* better; **le mieux** the best; **valoir mieux** to be better
mijoter to keep simmering
mil *m.* millet
milieu: au milieu de *prep.* in the middle of
militaire *adj.* military
militant *adj.* militant, aggressive
militer to militate, fight
mille *adj.* thousand
millier *m.* thousand
mince *adj.* slender
mineur *m.* miner
minier/ère *adj.* mining; **bassin** (*m.*) **minier** mining region
ministre *m.* minister; **premier ministre** prime minister
minuit *m.* midnight
minutieux/euse *adj.* meticulous
miroir *m.* mirror
mis (*p.p. of* **mettre**)

mise *f.* putting, placing; **mise en route** getting started; **mise en scène** staging
mitaine *f.* mitten
mi-temps: à mi-temps *adv.* part-time
mitraillette *f.* machine gun
mixte *adj.* mixed
moaga *adj. ethnic group of Burkina Faso*
mobile *m.* cell phone
moche *adj.* ugly
mode *f.* fashion; *m.* method, mode; **mode** (*m.*) **de vie** lifestyle
modèle *m.* model
se moderniser to become modernized
modernité *f.* modernity
modifier to modify
moelleux/euse *adj.* smooth, velvety
moi *pron. s.* me, I; **chez moi** at my home
moindre *adj.* slightest, least
moins (de) *adv.* less; fewer; minus; **à moins de** + *inf.* unless; **à moins que** *conj.* + *subj.* unless; **au moins** at least; **du moins** at least; **le moins** the least; **plus ou moins** more or less
mois *m.* month
moitié *f.* half
moment *m.* moment; **au moment où** when; **en ce moment** now, currently
mon (ma, mes) *poss. adj.* my
monde *m.* world; people; **beaucoup de monde** lots of people; **tout le monde** everyone
mondial *adj.* world, global; **Deuxième Guerre mondiale** World War II
mondialisation *f.* globalization
monopole *m.* monopoly
monosyllabe *m.* monosyllable
monsieur (*pl.* **messieurs**) *m.* sir, Mr.; gentleman
montage *m.* film editing; **au montage** in the cutting room
montagne *f.* mountain
monter to go up; to take up; **monter dans** to go up to; to get into
montrer to show
se moquer de to make fun of
moralement *adv.* morally
morceau *m.* piece
mort *f.* death; **question** (*f.*) **de vie ou de mort** matter of life and death
mort(e) *m., f.* dead person; (*p.p. of* **mourir**) *adj.* dead
mosquée *f.* mosque
mot *m.* word
motif *m.* motive
motiver to motivate, drive
moulu *adj.* ground, crushed
mourir (*p.p.* **mort**) *irreg.* to die
mouton *m.* sheep
mouvement *m.* movement
moyen *m.* means; way
moyen(ne) *adj.* average, medium
moyenne *f.* average
muguet *m.* lily of the valley
mur *m.* wall
musée *m.* museum
musicien(ne) *m., f.* musician
musique *f.* music
musulman(e) *adj., m., f.* Muslim
mutuel(le) *adj.* mutual
mystère *m.* mystery
mystérieux/euse *adj.* mysterious

N

nain(e) *m., f.* dwarf
naissance *f.* birth
naître (*p.p.* **né**) *irreg.* to be born
narrateur/trice *m., f.* narrator
natal *adj.* native
naturel(le) *adj.* natural
navet *m.* turnip
ne (n') *adv.* no; not; **ne… aucun(e)** none, not one; **ne… jamais** never, not ever; **ne… ni… ni** neither . . . nor; **ne… nulle part** nowhere; **ne… pas** not; no; **ne… pas du tout** not at all; **ne… pas encore** not yet; **ne… personne** no one; **ne… plus** no more, no longer; **ne… que** only; **ne… rien** nothing; **n'est-ce pas?** isn't it (so)? isn't that right?
né(e) (*p.p. of* **naître**) *adj.* born
nécessaire *adj.* necessary
nécessité *f.* need, necessity
négatif/ive *adj.* negative
négocier to negotiate
neiger to snow
neige *f.* snow
nerf *m.* nerve
nerveux/euse *adj.* nervous
net(te) *adj.* clear; in focus
netteté *f.* clarity; focus
nettoyeur/euse *m., f.* cleaner
neuf (neuve) *adj.* new, brand-new
neveu *m.* nephew
nez *m.* nose
ni neither; nor; **ne… ni… ni** neither . . . nor
nièce *f.* niece
nier to deny
niveau *m.* level; **niveau de vie** standard of living
Noël *m.* Christmas
noir *adj.* black; **faire noir** to be dark out
nom *m.* name; noun; **nom de plume** pen name
nombre *m.* number
nombreux/euse *adj.* numerous
nommer to name
non *interj.* no; not; **non plus** neither, not . . . either
nord *m.* north; **Amérique** (*f.*) **du Nord** North America; **mer** (*f.*) **du Nord** North Sea
nord-africain *adj.* North African
normalement *adv.* ordinarily
normand *adj.* of or from Normandy
Normandie *f.* Normandy
norme *f.* norm
Norvège *f.* Norway
norvégien(ne) *adj.* Norwegian
nos *poss. adj. pl.* our; **de nos jours** these days, currently
nostalgie *f.* nostalgia; **avoir la nostalgie de** to long for
notamment *adv.* notably
notation *f.* grading; grade
noter to notice; to note (down)
notion *f.* notion, idea
notre *poss. adj. s.* our
nôtre(s) (le/la/les) *poss. pron., m., f. pl.* ours; **à la nôtre** *interj.* cheers
nourrir to feed, nourish
nourriture *f.* food
nous *pron. pl.* we; us
nouveau (nouvel, nouvelle, nouveaux, nouvelles) *adj.* new; **de nouveau** (once) again; **nouveau départ** fresh start
nouvelle *f.* (piece of) news; **avoir des nouvelles de** to hear from
Nouvelle-Écosse *f.* Nova Scotia
Nouvelle-Orléans *f.* New Orleans
novembre *m.* November
se noyer (il se noie) to drown
nuire à (*p.p.* **nui**) *irreg.* to hurt
nuit *f.* night
nul(le) *adj.* stupid, incompetent; **ne… nulle part** nowhere
numérique *adj.* digital; **fracture** (*m.*). **numérique** digital gap
numéro *m.* number
nutriment *m.* nutrient

O

obéir (à) to obey
objet *m.* object
obligatoire *adj.* obligatory
obligé *adj.* obliged, required; **être obligé(e) de** to be required to
obliger (nous obligeons) (à) to oblige (to); to compel (to)
observateur/trice (*m., f.*) **d'oiseaux** birdwatcher
observer to observe

obtenir (*like* **tenir**) *irreg.* to obtain
obtenu (*p.p. of* **obtenir**)
occasion *f.* opportunity
occidental *adj.* Western
occupant(e) *m., f.* occupier
occupé *adj.* busy
occuper to occupy; **s'occuper (de)** to keep busy; to take care (of)
octobre *m.* October
odorat *m.* sense of smell
œil (*pl.* **yeux**) *m.* eye
œuf *m.* egg; **œuf dur** hard-boiled egg; **œufs en meurette** *eggs in red wine sauce*
œuvre *f.* work; artistic work
offert (*p.p. of* **offrir**) *adj.* offered
officiel(le) *adj.* official
offrir (*p.p.* **offert**) *irreg.* to offer; to give
OGM (organismes génétiquement modifiés) GMOs (genetically modified organisms)
oignon *m.* onion
oiseau *m.* bird
s'opposer à to oppose
or *m.* gold
orange *adj. inv.* orange
ordinaire *adj.* ordinary
ordinateur *m.* computer
ordonner (à) to order
ordre *m.* order; **par ordre de** in order of
oreille *f.* ear
organiser to organize
originaire (*adj.*) **de** from
origine *f.* origin; **pays d'origine** native country
orthographe *f.* spelling
os *m.* bone
oser to dare
ostensible *adj.* obvious
ou *conj.* or; either; **ou bien** or else
où *adv.* where; *pron.* where, in which, when
oublier to forget
ouest *m.* west
oui *interj.* yes; **mais oui** (but) of course
ouïe *f.* hearing
outil *m.* tool
ouvert (*p.p. of* **ouvrir**) *adj.* open; **avoir l'esprit ouvert** to be open-minded
ouvrier/ère *m., f.* worker
ouvrir (*p.p.* **ouvert**) *irreg.* to open

P

pain *m.* bread; **pain de campagne** country-style wheat bread; **petit pain** brioche-like pastry
paix *f.* peace; **Corps** (*m.*) **de Paix** Peace Corps
pamplemousse *m.* grapefruit
pan *onom.* bang
pancarte *f.* sign
paniquer to panic
panne (*f.*) **d'électricité** power outage
pantoufle *f.* slipper
papa *m., fam.* dad, daddy
papier *m.* paper; **papier-toilette** toilet paper
Pâque (*f.*) **juive** Passover
Paques *m.* Easter
par *prep.* by, through; per; **par contre** on the other hand; **par écrit** in writing; **par excellence** preeminent; **par exemple** for example; **par Internet** over the Internet; **par l'intermédiaire de** via, through the medium of; **par ordre de** in order of; **par rapport à** with regard to, in relation to
paraître (*like* **connaître**) *irreg.* to appear
parapente *m.* hang gliding
parc *m.* park
parce que *conj.* because
par-dessus *prep.* over
pardonner to forgive
pareil(le) *adj.* similar
parent(e) *m., f.* parent; relative
parenté *f.* relationship
parfait *adj.* perfect
parfois *adv.* sometimes, at times
parfum *m.* perfume
parfumé *adj.* fragrant
parisien(ne) *adj.* Parisian
parité *f.* parity, equality
parler to speak
parmi *prep.* among
parole *f.* word; *pl.* lyrics; **prendre la parole** to take the floor
parqué (*p.p. of* **parquer**) *adj.* confined
part: à part *prep.* besides
partager (nous partageons) to share
partenaire *m., f.* partner
parti *m.* (*political*) party
parti (*p.p. of* **partir**)
particularité *f.* characteristic
particulier/ère *adj.* particular
partie *f.* part; **faire partie de** to be (a) part of, belong to
partiel(le) *adj.* partial; **à temps partiel** part-time
partir (*like* **dormir**) **(à, de)** *irreg.* to leave (for, from); **à partir de** *prep.* starting from
paru (*p.p. of* **paraître**)
pas (ne… pas) not; **ne… pas encore** not yet; **ne… pas du tout** not at all
passé *adj.* last; past; *m.* past
passer to pass; to go through; to stop by; to pass; to spend (*time*); **passer un examen** to take a test; **se passer** to happen
passif/ive *adj.* passive
passionné *adj.* passionate, intense
passionner to excite, interest passionately
pâte *f.* dough; **pâte d'arachide** peanut paste
patiemment *adv.* patiently
patin *m.* skate; **patin à glace** ice skate
pâtisserie *f.* pastry
pâtissier/ère *m., f.* pastry chef
patron(ne) *m., f.* owner; boss
pause *f.* break; **pause casse-croûte** lunch break
pauvre *adj.* poor; unfortunate
pauvreté *f.* poverty
se pavaner to show off
payant *adj.* which one must pay for
payer (je paie) to pay
pays *m.* country, nation
paysage *m.* landscape, scenery
paysan(ne) *m., f.* peasant
peau *f.* skin
pêche *f.* fishing
se peigner to comb one's hair
peindre (*like* **craindre**) to paint
peine *f.* bother; emotional pain; **à peine** hardly; **valoir la peine** to be worth the trouble
peintre *m.* painter
peinture *f.* painting (*art form*)
pelouse *f.* lawn
se pencher to lean
pendant *prep.* during; **pendant que** *conj.* while
pénétrer (je pénètre) to penetrate
pénible *adj.* painful
penser to think; to reflect; to expect, intend; **penser à** to think about, of; **penser de** to think of, have an opinion about
percer (nous perçons) to pierce
perdre to lose; **(se) perdre de vue** to lose touch with (each other); **perdre la tête** to lose one's mind; **se perdre** to get lost, lose oneself;
père *m.* father
se perfectionner (dans) to improve one's knowledge of
période *f.* period, time
périphérique *adj.* outlying
permettre (*like* **mettre**) **(à)** *irreg.* to permit, allow, let
permis (*p.p. of* **permettre**)
perpétuer to perpetuate
personnage *m.* character
personnalité *f.* personality
personne *f.* person; *pl.* people; **ne… personne (personne ne…)** nobody, no one; **personne aimée** loved one
personnel(le) *adj.* personal

perte *f.* loss
peser (je pèse) to weigh
pétanque *f. type of lawn bowls popular in the South of France*
pétillant *adj.* sparkling
petit(e) *m., f.* little one; *adj.* small; little; short; **au petit matin** very early in the morning; **petit ami** *m.* boyfriend; **petit déjeuner** *m.* breakfast; **petite amie** *f.* girlfriend; **petit pain** briochelike pastry
petite-fille *f.* granddaughter
petit-fils *m.* grandson
peu *adv.* little; few; not very; hardly; **un petit peu** a little (bit); **un peu (de)** a little
peuple *m.* people (*of a country*)
peur *f.* fear; **avoir peur (de)** to be afraid (of); **avoir peur que** + *subj.* to be afraid (that) **faire peur à** to scare, frighten
peut-être *adv.* perhaps, maybe
photo *f., fam.* photo
photographe *m., f.* photographer
phrase *f.* sentence
physique *adj.* physical
pichet *m.* pitcher
pièce *f.* room (*in house*); **pièce de théâtre** play
pied *m.* foot; **être bête comme ses pieds** to be too stupid for words
piège *m.* trap
piquant *adj.* prickly
pique-nique *m.* picnic
piratage *m.* pirating
pire *adj.* worse; **le/la/les pire(s)** the worst
piste *f.* lead
pittoresque *adj.* picturesque
place *f.* place, position; square; seat; **à la place de** in place of; **réserver une place** to reserve a seat
plage *f.* beach
se plaindre (*like* **craindre**) *irreg.* to complain
plaine *f.* plain, plains
plaire (*p.p.* **plu**) **(à)** *irreg.* to please; **s'il vous (te) plaît** *interj.* please
plaisanter to joke
plaisanterie *f.* joke
plaisir *m.* pleasure
plan *m.* plan; level; shot; **au premier plan** in the foreground; **en arrière plan** in the background
planifier to plan
plante *f.* plant; **Jardin** (*m.*) **des Plantes** Botanical Garden (*in Paris*)
planté *adj.* down (*computer, system*)
planter to plant; **se planter** to crash (*computer, system*)
plat *m.* dish; **plat cuisiné** precooked dish; **plat du jour** daily special; **plat principal** entrée, main course; *adj.*: **eau minérale plate** non-fizzy, mineral water
plateau *m.* set (*for filming*)
plein *adj.* full; **à plein temps** full-time; **en plein air** outdoor(s); open-air; **en pleine campagne** in the countryside; **en pleine forme** in good health; **plein de** a lot of
pleurer to cry; to mourn
pleuvoir (*p.p.* **plu**) *irreg.* to rain
plu (*p.p. of* **plaire** *and* **pleuvoir**)
pluie *f.* rain
plupart: la plupart de most (of)
pluriculturel(le) *adj.* multicultural
pluriel *m.* plural; **pluriel(le)** *adj.* plural
plus (de) *adv.* more; more . . . than, (-er); plus; **au plus mal** very ill; **de plus** moreover; **de plus en plus** more and more; **le/la/les plus** + *adj. or adv.* the most; **le plus de** + *n.* the most; **non plus** neither, not . . . either; **ne... plus** no longer, not anymore, no more; **plus... que** more . . . than; **plus tard** later
plusieurs (de) *adj., pron.* several (of)
plus-que-parfait *m., gram.* pluperfect
plutôt *adv.* instead; rather
pluvieux/euse *adj.* rainy
pneu *m.* tire
poche *f.* pocket; **argent** (*m.*) **de poche** pocket money, allowance
poème *m.* poem
poésie *f.* poetry
poète *m.* poet
poids *m.* weight
point *m.* point; **point de départ** starting point
pois (*m. pl.*) **chiches** chick-peas
poisson *m.* fish; **poisson rouge** goldfish; **Poissons** *m. pl.* Pisces
poissonnier/ère *m., f.* fish merchant
poivrer to pepper
poli *adj.* polite
police *f.* police; **agent** (*m.*) **de police** police officer
policier/ère *m., f.* police officer; *adj.* detective; crime
politesse *f.* courtesy, good manners
politicien(ne) *m., f.* politician
politique *f.* politics; *adj.* political
polluer to pollute
Polonais(e) *m., f.* Polish person
pomme *f.* apple; **pomme de terre** potato
pompier *m.* firefighter
ponctualité *f.* punctuality
pont *m.* bridge
populaire *adj.* popular
porc *m.* pork; **jarret** (*m.*) **de porc** ham hock
portable *m.* laptop; cell phone; *adj.* portable; **téléphone** (*m.*) **portable** cell phone
porte *f.* door; **mettre à la porte** to fire
porter to wear; to carry; to bear
porteur/euse *m., f.* bearer
Portugais(e) *m., f.* Portuguese (*person*)
poser to pose; **poser sa candidature** to apply for a job; **poser un lapin à** to stand (*s.o.*) up; **poser une question** to ask a question; **se poser en** to claim to be
positif/ive *adj.* positive
posséder (je possède) to own, possess
possible *adj.* possible; **le plus vite possible** as quickly as possible
postal *adj.* postal, post; **carte** (*f.*) **postale** postcard
poste *m.* job; position; radio set; *f.* post office
poule *f.* hen
poulet *m.* chicken
pour *prep.*, for; *conj.* + *inf.* in order to; **être pour** to support; **pour cent** percent; **pour que** *conj.* + *subj.* in order that, so that
pourcentage *m.* percentage
pourquoi *adv., conj.* why
pourriel *m.* spam
poursuite *f.* continuation
poursuivre (*like* **suivre**) *irreg.* to continue, go on with
pourtant *adv.* however, yet, still, nevertheless
pousser to push; **pousser un soupir** to heave a sigh
pouvoir (*p.p.* **pu**) *irreg.* to be able; can; *m.* power
pratique *f.* practice; *adj.* practical
précédent *adj.* preceding
précéder (je précède) to precede
se précipiter to happen suddenly
précis *adj.* precise, fixed, exact, specific
précisément *adv.* precisely
préciser to specify
précision *f.* preciseness; *pl.* exact details, specifics
préférer (je préfère) to prefer
préjugé *m.* prejudice; **avoir des préjugés** to be prejudiced

premier/ère *adj.* first; **du premier choix** first quality; **premier ministre** *m.* prime minister **premier plan** *m.* foreground
prendre (*p.p.* **pris**) *irreg.* to take; to have (*to eat*); **prendre à gauche** to bear left; **prendre la parole** to take the floor; **prendre un billet** to buy a ticket; **prendre une décision** to make a decision
préparer to prepare; **préparer un examen** to study for an exam; **se préparer** to prepare (*oneself*), get ready; to train
près *adv.* nearby, close; **près de** *prep.* near, close to; **de près** closely
présence *f.* presence; **en présence de** in the presence of
présenter to present; to introduce; **se présenter** to present oneself; to introduce oneself; to arise; **se présenter à une élection** to run for election
préserver to preserve, conserve
presque *adv.* almost, nearly
pression *f.* pressure
prestigieux/euse *adj.* prestigious
prêt *adj.* ready
prêter to lend; **se prêter à** to be suitable for
prétendre to claim, maintain
prétendu *adj.* would-be
prétexte *m.* pretext
prêtre *m.* priest
preuve *f.* proof; **faire preuve de** to prove
prévenir (*like* **venir**) *irreg.* to warn; to prevent
prévision *f.* expectation; prediction
prévoir (*like* **voir**) *irreg.* to foresee, anticipate
prier to pray
prière *f.* prayer
primaire *adj.* primary
prince *m.* prince; **prince charmant** prince charming
princesse *f.* princess
principal *adj.* principal, main
principe *m.* principle
printemps *m.* spring
pris (*p.p. of* **prendre**) *adj.* taken
prise *f.* take (*filming*)
prisonnier/ère *m., f.* prisoner
privé *adj.* private; **en privé** in private
prix *m.* price; prize
problème *m.* problem
procédé *m.* procedure
prochain *adj.* next
proche *adj.* close; **futur** (*m.*) **proche** *gram.* near future
producteur/trice *m., f.* producer
produire (*like* **conduire**) *irreg.* to produce; **se produire** to arise, appear
produit *m.* product; **produit surgelé** frozen food
produit (*p.p. of* **produire**) *adj.* produced
prof *m., f., fam.* professor
professeur *m.* professor
profiter de to take advantage of, profit from; **bien profiter de** to enjoy
profondément *adv.* deeply
profondeur *f.* depth
programmation *f.* programming
programme *m.* program
progrès *m.* progress
projet *m.* plan, project
promenade *f.* walk; **faire une promenade** to take a walk
promener (je promène) to walk; **se promener** to walk, take a walk
promesse *f.* promise
promettre (*like* **mettre**) *irreg.* to promise
promis (*p.p. of* **promettre**)
pronom *m., gram.* pronoun
prononcer (nous prononçons) to pronounce
proposition *f., gram.* clause; **proposition principale** main clause
propre *adj.* own; clean
propriétaire *m., f.* owner
protéger (je protège, nous protégeons) to protect
protestation *f.* protest
prouver to prove
provenant de *pres. p.* coming from
provoquer to provoke; to bring about, give rise to
prudemment *adv.* carefully
prudent *adj.* careful
psychologue *m., f.* psychologist
pu (*p.p. of* **pouvoir**)
public (publique) *m.* public; audience; *adj.* public
publicité *f.* advertisement
publicitaire *adj.* publicity
publié (*p.p. of* **publier**) *adj.* published
puce *f., tr. fam.* sweetie
puis *adv.* then, next, besides; *variant of* **peux (pouvoir): puis-je... ?** may I . . . ?
puisque *conj.* since, as, seeing that
puits *m.* well; **puits de mine** mine shaft
purement *adv.* purely

Q

quai *m.* dock, wharf; (train) platform
qualité *f.* (good) quality; characteristic
quand *adv., conj.* when; **quand même** anyway
quantité *f.* quantity; **des quantités de** a lot of
quarante *adj.* forty
quart (*m.*) **d'heure** quarter of an hour
quartier *m.* neighborhood, quarter
quatrième *adj.* fourth
que (qu') *conj.* that; than; *pron.* whom; that; which; what; **ne… que** only; **parce que** because; **qu'est-ce que** what? (*object*); **qu'est-ce qui** what? (*subject*)
québécois *m.* Quebecois (*language*); *adj.* Quebecois; **Québécois(e)** *m., f.* person from Quebec
quel(le)(s) *interr. adj.* what, which; what a
quelque(s) *adj.* some, any; a few; somewhat; **quelque chose** *pron.* something; **quelque chose de nouveau** something new
quelquefois *adv.* sometimes
quelques-un(e)s *pron., m., f.* some, a few
quelqu'un *pron. neu.* someone, somebody; **quelqu'un d'autre** someone else
quémande *f.*: **à la quémande** begging for money
question *f.* question; **poser une question** to ask a question
quête *f.* quest
queue *f.* tail; **faire la queue** to wait in line
qui *pron.* who, whom; **qu'est-ce qui** what? (*subject*)
quinze *adj.* fifteen
quitter to leave (*s.o. or someplace*)
quoi *pron.* which; what; **à quoi tu joues?** what are you up to? **de quoi te mêles-tu?** what business is it of yours? **en quoi?** in what way?
quoique *conj.* + *subj.* although
quotidien(ne) *adj.* daily

R

racines *f. pl.* roots
raconter to relate, tell
radical *m., gram.* root (*verb*)
radieux/euse *adj.* splendid
radin *adj.* stingy
raffiné *adj.* refined
rafle *f.* round-up
ragoût *m.* stew
raisin *m.* grape; **raisin sec** raisin
raison *f.* reason; **avoir raison** to be right
raisonnable *adj.* reasonable; rational

ralentir to slow down
ramper to crawl
randonnée *f.* hike; **faire une randonnée** to go on a hike
ranger (nous rangeons) to put (away); to keep; to tidy
râpé *adj.* grated
rapide *adj.* fast, rapid
rapidité *f.* speed
rappel *m.* reminder
se rappeler (je me rappelle) to recall, remember
rapport *m.* connection; *pl.* relationship; **par rapport à** concerning, regarding; **rapport d'amitié** friendship
rapporter to report
rapprochement *m.* reconciliation
rapprocher to bring closer; to draw together; **se rapprocher (de)** to draw nearer (to)
se raser to shave
rater to miss; to fail
ravi *adj.* delighted
ravissant *adj.* lovely, delightful
ravitaillement *m.* resupplying, provisioning
rayon *m.* ray
réagir to react
réalisateur/trice *m., f.* film director, film maker
réaliser to realize; to achieve, bring about (*a dream, project*); **se réaliser** to fulfill oneself
réaliste *adj.* realistic
réalité *f.* reality; **en réalité** in reality
rebeu *m., f., tr. fam.* Arab (*verlan of* **Beur**)
récemment *adv.* recently
récepteur *m.* satellite box
recette *f.* recipe
recevoir (*p.p.* **reçu**) *irreg.* to receive
recherche *f.* search; research
rechercher to seek out
réciproque *adj.* reciprocal
récit *m.* account, story, narrative
réclamer to demand
recommander to recommend
recomposé *adj.*: **famille** (*f.*) **recomposée** blended family
réconciliation *f.* reconciliation
se réconcilier to reconcile, get back together
reconnaître (*like* **connaître**) *irreg.* to recognize
reconnu (*p.p. of* **reconnaître**)
reconstituer to restore
récréation *f.* recess
recréer to re-create
récrire (*like* **écrire**) *irreg.* to rewrite
reçu (*p.p. of* **recevoir)**
recueil *m.* collection, anthology
recyclage *m.* recycling
recycler to recycle; to change professions
rédacteur/trice *m., f.* editor
rédaction *f.* (*piece of*) writing, draft
redevenir (*like* **venir**) *irreg.* to become again
rédiger (nous rédigeons) to write
redouter to dread, fear
réduire (*like* **conduire**) *irreg.* to reduce
réduit (*p.p. of* **réduire**) *adj.* reduced
réel(le) *adj.* real
référence *f.* reference; **faire référence à** to refer to
refermer to close again
réfléchi *adj. gram.* reflexive
réfléchir to reflect, think
refléter (je reflète) to reflect (*mirror*)
réflexion *f.* thought; remark
réfugiés *m. pl.* refugees
refus *m.* refusal
se régaler to enjoy oneself
regarder to look (at); to watch
régie *f.* control room
régime *m.* diet; **suivre un régime** to be on a diet
régionalisme *m.* regionalism (*sense of belonging to a specific region*)
registre *m.* register
règle *f.* rule
regretter to regret; to be sorry; to miss
regricher le courant to fight against the current (*Quebec and Cajun French*)
régularisation *f.* regularization
régulariser to give papers to, legalize (*immigrants*)
régulier/ère *adj.* regular
reine *f.* queen
rejeter (je rejette) to reject
rejoindre (*like* **craindre**) *irreg.* to (re)join; to meet up with
relancer (nous relançons) to begin again
relatif/ive *adj.* relative; **pronom** (*m.*) **relatif** *gram.* relative pronoun
relation *f.* relationship; relation
relaxe *adj.* relaxed, casual
relever (je relève) des défis to meet challenges
religieuse *f.* nun; **religieux/euse** *adj.* religious
relire (*like* **lire**) *irreg.* to reread
remarquer to notice
remercier to thank
remettre: s'en remettre (*like* **mettre**) *irreg.* to get over it; to recover
remise *f.* handing out (*homework*)
remonter to go up again; to get back in
remplaçant(e) *m., f.* replacement, substitute
remplacer (nous remplaçons) to replace
remplir to fill out; to fill in
remporter to achieve (success)
renard *m.* fox
rencontre *f.* meeting, encounter
rencontrer to meet; to encounter
rendre to give back, return; to make, render (+ *adj.*); **rendre visite à** to visit (*s.o.*); **se rendre (à, dans, en)** to go to; **se rendre compte de** to realize; to become aware of; **se rendre compte que** to realize (that)
renforcer (nous renforçons) to reinforce
renoncer (nous renonçons) à to give up, renounce
renouveau *m.* renewal
renseigné (*p.p. of* **renseigner**) *adj.* informed
renseignement *m.* (piece of) information
se renseigner to get information; to inquire
rentrée (des classes) *f.* beginning of the school year
rentrer to return (*to a place*); to go home; to put away
réparer to repair
reparler to speak again
repartir (*like* **partir**) *irreg.* to start off again; to go back; **repartir à zéro** to start over from scratch
répartition *f.* distribution
repas *m.* meal
repérer (je repère) to scout
répéter (je répète); to repeat; to rehearse
réplique *f.* line of dialogue
répondre (à) to answer; to respond
réponse *f.* answer; response
reportage *m.* report; commentary
reporter *m.* video reporter
repos *m.* rest
reposant *adj.* restful
se reposer to rest
reprendre (*like* **prendre**) *irreg.* to resume, to take (up) again
représailles *f. pl.* reprisals
représentant(e) *m., f.* representative
représenté *adj.* presented; represented
représenter to represent; to present
reprocher à to reproach
république *f.* republic
réputé (*p.p. of* **réputer**) *adj.* considered
réquisitionner to requisition
réseau *m.* network; **jeu** (*m.*) **en réseau** online game
réserver to reserve; **réserver une place** to reserve a seat

se résigner to resign oneself
résistant(e) *m., f., adj.* resistor; resistant
résister (à) (contre) to resist
résolu (*p.p. of* **résoudre**) *adj.* resolved; resolute
résoudre (*p.p.* **résolu**) *irreg.* to solve; to resolve
respecter to respect, have regard for
respectueusement *adv.* respectfully
respiratoire *adj.* respiratory
responsabilité *f.* responsibility
responsable (de) *adj.* responsible (for); in charge (of)
ressembler à to look like, resemble
ressenti (*p.p. of* **ressentir**)
ressentir (*like* **partir**) *irreg.* to feel (*an emotion*)
ressources *f. pl.* resources; funds
restau *m., fam.* restaurant
reste *m.* rest, remainder
rester to stay
résultat *m.* result
résulter to result, follow
résumé *m.* summary
se résumer: il se résume en it boils down to, can be summed up as
rétablir to reestablish, restore
retard *m.* delay; **en retard** late
retarder to delay, hold up
réticence *f.* reticence
se retirer to withdraw
retour *m.* return
retourner to go back, return
retracer (nous retraçons) to recall, recount
retraite *f.* retirement
retravailler to work again
retrouver to find (again); to regain; to meet up with; **se retrouver** to meet up with each other
réunion *f.* reunion
réunir to call together, convene; to reunite; to bring together
réussir (à) to succeed, be successful (in); to manage (*to do s.th.*); **réussir (à) un examen** to pass an exam; **réussir dans la vie** to be successful; **réussir sa vie** to have a happy life
revanche: en revanche *adv.* on the other hand
rêve *m.* dream
réveil *m.* alarm clock; waking, awakening
réveiller to wake, awaken (*s.o.*); **se réveiller** to wake up
révélateur/trice *adj.* revealing
révéler (je révèle) to reveal
revenir (*like* **venir**) *irreg.* to come back; to return (*someplace*)
revenu (*p.p. of* **revenir**)
rêver (de) to dream (about)
revoir (*like* **voir**) *irreg.* to see again; **au revoir** good-bye
révolte *f.* uprising, rebellion
se révolter to rebel; to rise up
révolutionner to revolutionize
revivre: faire revivre to revive
revu (*p.p. of* **revoir**)
ri (*p.p. of* **rire**)
riche *adj.* rich, wealthy
richesse *f.* riches, wealth
rideau *m.* curtain
ridicule *adj.* ridiculous
rien (ne… rien; rien ne…) *pron.* nothing; (not) anything; *m.* trifle, mere nothing; **rien à voir avec** nothing to do with; **rien que** nothing but, merely
rigoler *fam.* to laugh; **tu rigoles!** you're joking!
rime *f.* rhyme
rire (*p.p.* **ri**) *irreg.* to laugh; *m.* laugh
risque *m.* risk
risquer to risk
rite *m.* ritual
rivaliser to compete
rivière *f.* river (*that feeds into another river*)
riz *m.* rice
robe *f.* dress
roi *m.* king
rôle *m.* role, part; **à tour de rôle** in turn; **jouer le rôle de** to play the part of
rollers *m. pl.* rollerskates
roman *m.* novel
romantique *adj.* romantic
romantisme *m.* romanticism
rompre (*p.p.* **rompu**) *irreg.* to break; **rompre (avec)** to break up (*with s.o.*)
ronfler to snore
rôti *m.* roast; **rôti de porc** pork roast
rouge *adj.* red; **poisson** (*m.*) **rouge** goldfish
rouler to travel (*by car*); to drive; to roll
route *f.* road, highway; **accident** (*m.*) **de la route** traffic accident; **mise** (*f.*) **en route** starting off
roux (rousse) *adj.* red (*hair*)
royaume *m.* kingdom
rubrique *f.* column, section (*newspaper*)
rude *adj.* hard, arduous; uncouth
rue *f.* street
rumeur *f.* rumor
rupture *f.* breakup; breach
rusé *adj.* sly
rythme *m.* rhythm
rythmique *adj.* rhythmic

S

sa *poss. adj., f. s.* his, her, its, one's
sac *m.* bag; sack; handbag; **sac à dos** backpack
sacré *adj.* sacred; *fam.* damned
sacrifier to sacrifice; **se sacrifier** to sacrifice oneself
sage-femme *f.* midwife
sagement *adv.* wisely
sagesse *f.* wisdom
Sagittaire *m.* Sagittarius
sain *adj.* healthful, healthy
sainement *adv.* healthfully; **manger sainement** to eat well (*in a health sense*)
saisir to seize, grasp
saison *f.* season
saisonnier/ère *adj.* seasonal
salaire *m.* salary, wage
salaud *m., vulg.* bastard
saler to salt
salle *f.* room; hall; **salle de classe** classroom; **salle de séjour** living room, family room
salon *m.* living room
saluer to greet
salut *interj. fam.* hi, bye
salutation *f.* greeting
samedi *m.* Saturday
samsar *m.* professional middleman (*Maghreb*)
sanglant *adj.* bloody
sans *prep., conj.* without; **sans arrêt** unceasingly, nonstop; **sans domicile fixe (SDF)** homeless person; **sans doute** *adv.* probably, doubtless; **sans que** *conj.* + *subj.* without
santé *f.* health
sapeurs-pompiers *m. pl.* fire brigade
satiété *f.* satiety; **à satiété** until one is satisfied
satisfait (*p.p. of* **satisfaire**) *adj.* satisfied; pleased
saucisse *f.* sausage
sauf *prep.* except
saumon *m.* salmon
sauter to jump; **faire sauter** to blow up
sauvage *adj.* wild; uncivilized; savage
sauvegarder to protect; to save (*electronic file*)
sauver to rescue, save; **sauver la vie à** to save the life of (*s.o.*); **sauve-toi!** run! (*literally, save yourself!*)
saveur *f.* taste, flavor
savoir (*p.p.* **su**) *irreg.* to know; to know how to; to find out; *m.* knowledge
scénario *m.* screenplay; script
scène *f.* scene; **mise** (*f.*) **en scène** staging; **scène de ménage** domestic dispute
scientifique *m., f.* scientist; *adj.* scientific
scolaire *adj.* school
scripte *m., f.* script coordinator

sculpteur *m.* sculptor
SDF (sans domicile fixe) *m., f.* homeless person
se (s') *pron.* oneself; himself; herself; itself; themselves; to oneself, etc.; each other
séance *f.* film showing
sec (sèche) *adj.* dry; **raisin** (*m.*) **sec** raisin
secondaire *adj.* secondary
secret *m.* secret; **secret/ète** *adj.* secret, private; **en secret** in secret
secrétaire *m., f.* secretary
sécurité *f.* safety, security; **ceinture** (*f.*) **de sécurité** seat belt; **être en sécurité** to be safe
séducteur/trice *m., f.* seducer
séduit (*p.p. of* **séduire**) *adj.* charmed, won over
séjour *m.* stay, sojourn
séjourner to stay
selon *prep.* according to; **selon le cas** as the case may be; **selon vous** in your opinion
semaine *f.* week
semblable *adj.* similar
sembler to seem; to appear
semoule (*f.*) **de blé dur** semolina (*durum wheat flour*)
sénateur *m.* senator
sens *m.* meaning; sense
sensation *f.* feeling
sensibilité *f.* sensitivity
sensible *adj.* sensitive
senti (*p.p. of* **sentir**)
sentiment *m.* feeling
sentir (*like* **partir**) *irreg.* to feel; to sense; to smell (of); **se sentir (bien, mal)** to feel (good, bad); **se sentir (mal) à l'aise** to feel (un)comfortable
séparer to separate
sept *adj.* seven
septembre *m.* September
sergent *m.* sergeant
série *f.* series
sérieux/euse *adj.* serious
se serrer la main to shake hands
serveur/euse *m., f.* waiter, waitress
serviable *adj.* helpful
service *m.* favor; service; **feuille** (*f.*) **de service** call sheet; **service d'identification de la ligne appelante** caller ID
servir (*like* **partir**) *irreg.* to serve; **servir à** to be used for; to serve to; **servir de** to serve as; **se servir de** to use
ses *poss. adj. pl.* his; her; its; one's
sésame, ouvre-toi! *interj.* open, sesame!
seul *adj., adv.* alone; single; only; lonely; **se sentir seul** to feel lonely
seulement *adv.* only
si *adv.* so; so much; yes (*response to negative*); *conj.* if; whether; **même si** even if; **s'il vous (te) plaît** please
siècle *m.* century
sien(ne)(s) (le/la/les) *pron., m., f., pl.* his, hers
signe *m.* sign; **faire un signe de tête** to nod
signer to sign
signification *f.* meaning
signifier to mean
silencieux/euse *adj.* silent
similaire *adj.* similar
similarité *f.* similarity
simplement *adv.* simply
simplicité *f.* simplicity
simultané *adj.* simultaneous
simultanéité *f.* simultaneity
singulier/ère *adj.* singular
sinon *conj.* otherwise
situer to situate; to place; **se situer** to be located
sixtine *adj.* Sistine
skate *m.* skateboarding
sketch *m.* skit
ski *m.* skiing; **faire du ski** to go skiing
skier to ski
SMIC (salaire minimum interprofessionnel de croissance) *m.* minimum wage
SMS *m.* text message
société *f.* society; company; **vie** (*f.*) **en société** life in society
sœur *f.* sister
soi *pron. neut.* oneself
soigner to take care of; to nurse
soigneux/euse *adj.* careful, painstaking
soin *m.* care; **prendre soin de** to take care of
soir *m.* evening; night; **ce soir** tonight; **hier soir** last night
soirée *f.* evening; party
soixante *adj.* sixty
soixante-dix *adj.* seventy
solaire *adj.* solar; **crème** (*f.*) **solaire** suntan lotion
soldat *m.* soldier
soleil *m.* sun; **faire du soleil** to be sunny
solidarité *f.* solidarity
solitaire *adj.* solitary
sombre *adj.* somber
somme *f.* amount, sum
sommeil *m.* sleep
somptueux/euse *adj.* sumptuous
son (sa, ses) *poss. adj.* his; her; its; one's
son *m.* sound
sondage *m.* opinion poll
sonner to ring; to sound
sonore *adj.*: **effets** (*m. pl.*) **sonores** sound effects
sonorité *f.* sonority; tone; resonance
sorte *f.* sort, type; **toutes sortes de** all types, sorts of
sorti (*p.p. of* **sortir**)
sortir (*like* **partir**) *irreg.* to go out; to leave; to take out; **laisser sortir** to let out; **sortir (de)** to take (*s.th.*) (out of)
sottise *f.*: **dire des sottises** say foolish things, nonsense
souche *f.* origin
soucis *m. pl.* worries
soudain *adv.* suddenly
soudainement *adv.* suddenly
souffert (*p.p. of* **souffrir**)
soufflé (*p.p. of* **souffler**) *adj.* blown
souffrance *f.* suffering
souffrir (*like* **offrir**) **(de)** *irreg.* to suffer (from)
souhaiter to wish, desire
souk *m.* market (*in Arab countries*)
soulevé (*p.p. of* **soulever**) *adj.* raised
souligner to underline; to emphasize
soumettre (*like* **mettre**) *irreg.* to submit
soupir *m.* sigh
souri (*p.p. of* **sourire**)
sourire (*like* **rire**) *irreg.* to smile; *m.* smile
sous *prep.* under, beneath
sous-sol *m.* basement
soutenir (*like* **tenir**) *irreg.* to support
soutien *m.* support
souvenir *m.* memory
se souvenir (*like* **venir**) **de** *irreg.* to remember
souvent *adv.* often
spécialisation *f.* major
spécialisé *adj.* specialized
se spécialiser (en) to major (in)
spécificité *f.* characteristics
spécifier to specify
spectacle *m.* (live) performance
spectaculaire *adj.* spectacular
spectateur/trice *m., f.* audience member
sportif/ive *m., f.* athletic person; *adj.* athletic; sports
squatter to trespass
stade *m.* stadium
stage *m.* internship; **faire un stage** to do an internship
star *f.* star; **star de cinéma** movie star
station *f.* resort; station; **station balnéaire** seaside resort
stationner to park
stigmate *m.* stigma; stigmata
stratégie *f.* strategy
stressé *adj.* stressed (out)
strictement *adv.* strictly
strophe *f.* stanza
su (*p.p. of* **savoir**)

subir to experience; to undergo
subjectif/ive *adj.* subjective
subjonctif *m., gram.* subjunctive (*mood*)
subordonné *adj., gram.* subordinate; **proposition** (*f.*) **subordonnée** subordinate clause
substituer to substitute
subtile *adj.* subtle
subvention *f.* subsidy
subventionner to support (*financially*)
succéder (je succède) à to succeed, follow after
succomber to succumb
sucre *m.* sugar
sud *m.* south
sud-est *m.* southeast
suffi (*p.p. of* **suffire**)
suffire (*p.p.* **suffi**) *irreg.* to suffice, be enough
suggérer (je suggère) to suggest
se suicider to commit suicide
Suisse *f.* Switzerland
suite *f.* continuation; follow-up; **et ainsi de suite** and so on; **tout de suite** immediately, right away
suivant *adj.* following
suivi (*p.p. of* **suivre**) *adj.* followed
suivre (*p.p.* **suivi**) *irreg.* to follow; **suivre un cours** to take a class; **suivre un régime** to be on a diet
sujet *m.* subject
super *adj. inv., fam.* super, great, terrific
supérieur(e) *adj.* superior; upper; advanced; *m., f.* superior
superlatif *m., gram.* superlative
supermarché *m.* supermarket
superposer to superimpose
supplémentaire *adj.* supplementary, additional
supporter to put up with; to stand; to bear; to be able to eat or tolerate (*for health reasons*); to support, sustain
suppression *f.* stoppage, discontinuance
sur *prep.* on; in; on top of; out of; about
sûr *adj.* sure, certain; **bien sûr** of course
surf (*m.*) **des neiges** snowboarding
surgelé *adj.* frozen; **produit** (*m.*) **surgelé** frozen food
surmonter to overcome
surpopulation *f.* overpopulation
surprendre (*like* **prendre**) *irreg.* to surprise; to overhear
surpris *adj.* surprised
surtout *adv.* above all; especially
surveiller to watch over, supervise
survie *f.* survival
survivant(e) *m., f.* survivor
survivre (*like* **vivre**) *irreg.* to survive
syllabe *f.* syllable
symbole *m.* symbol
symboliquement *adv.* symbolically
symboliser to symbolize
sympathique (*fam., inv.* **sympa**) *adj.* nice
syndicaliste *m., f.* trade unionist
système *m.* system

T

ta *poss. adj. fam., f. s.* your
tableau *m.* painting (*individual*); **tableau noir** blackboard
taille *f.* size
tailleur *m.* women's suit
se taire (*like* **plaire**) *irreg.* to be quiet
talonné (*p.p. of* **talonner**) *adj.* followed
tandis que *conj.* while; whereas
tant *adv.* so, so much; so many; **en tant que** as; **tant de** so many, so much
tante *f.* aunt
taper to type; to tap, hit
tapis *m.* rug
tapisserie *f.* tapestry
taquiner to tease
tard *adv.* late; **plus tard** later
tarif *m.* fare
tarte *f.* pie
tasse *f.* cup
tchin, tchin *interj.* cheers
te (t') *pron. fam.* you; to you
technique technique; *adj.* technical
technologique *adj.* technological
télé *f., fam.* TV
télécharger (nous téléchargeons) to download
télé-guichet *m.* virtual self-service window, kiosk
téléphone *m.* telephone; **au téléphone** on the telephone; **coup** (*m.*) **de téléphone** telephone call; **téléphone cellulaire/portable** cell phone
téléphoner (à) to phone, telephone
téléviseur *m.* television set
télévision (*fam.* **télé**) *f.* television; **à la télévision** on television
tel(le) *adj.* such; **tel(le) que** such as
tellement *adv.* so; **tellement de** so many, so much
témoin *m.* witness
temps *m.* time; era; weather; *gram.* tense; **à plein temps** full-time; **à temps partiel** part-time; **avoir le temps de** to have time to; **de temps en temps** from time to time; **emploi** (*m.*) **du temps** schedule; **en même temps** at the same time
ténacité *f.* tenacity
tendance *f.* tendency; **avoir tendance à** to tend to, have a tendency to
tendre *adj.* tender; fond, affectionate
tendu *adj.* tense
tenir (*p.p.* **tenu**) *irreg.* to hold; to keep; **tenir à** to value; to be attached to; to care about
tente *f.* tent
tenter to tempt
terme *m.* term; **mettre un terme à** to put an end to
terminaison *f., gram.* ending
terminer to end; to finish; **se terminer** to end; to be finished
terrain *m.* lot
terre *f.* earth; land; **par terre** on the ground; **pomme** (*f.*) **de terre** potato; **terre d'accueil** land of welcome:
terreau *m.* compost
se terrer to hide out
tes *poss. adj. fam., s. pl.* your
tête *f.* head; **faire un signe de tête** to nod; **perdre la tête** to lose one's mind; **venir en tête** to lead the way
texte *m.* text; passage
texto *m.* text message
théâtre *m.* theater; **faire du théâtre** to act in the theater; **pièce** (*f.*) **de théâtre** (*theatrical*) play
thématique *adj.* thematic
thème *m.* theme, subject
théorique *adj.* theoretical
thon *m.* tuna
tien(ne)(s) (le/la/les) *pron. fam.; m., f., pl.* yours; **à la tienne!** *interj.* to your health!
tiens *interj.* hey; how about that?
tigre (tigresse) *m., f.* tiger
tirer (de) to draw (from); to pull
tiret *m.* dash
titre *m.* title
togolais *adj.* of or from Togo
toilette *f.* grooming; **faire sa toilette** to wash up; to get ready
tomate *f.* tomato; **sauce** (*f.*) **tomate** tomato sauce
tombe *f.* tomb, grave
tomber to fall; **laisser tomber** to drop, leave out; **tomber**

amoureux/euse (de) to fall in love (with); **tomber malade** to become ill
ton (ta, tes) *poss. adj., fam.* your
ton *m.* tone
tort *m.* wrong; **avoir tort** to be wrong
tortue *f.* tortoise; turtle
tôt *adv.* early; **plus tôt** earlier
toucher to touch; *m.* sense of touch
toujours *adv.* always; still
tour *f.* tower; *m.* turn; **à son tour** in his/her turn; **à tour de rôle** in turn
tourisme *m.* tourism; **faire du tourisme** to do some sightseeing
touriste *m., f.* tourist
tournage *m.* filming
tournant *m.* turning point
tournée *f.* round
tourner (à) to turn; to turn into; to film; **se tourner** to turn over; **se tourner vers** to turn toward
tournure *f.* expression, phrasing; **tournure de phrase** turn of phrase
tout(e) (*pl.* **tous, toutes**) *adj., pron.* all; every; everything; each; any; **tout** *adv.* wholly, entirely, quite, very, all; **à toute allure** at top speed; **avant tout** above all; **en tout** in all; **en tout cas** in any case; **(ne...) pas du tout** not at all; **tout à coup** suddenly; **tout à fait** completely, entirely; **tout au long de** throughout; **tout de même** all the same, for all that; **tout de suite** immediately, right away; **tout d'un coup** all at once; **tout en** + *pres.p.* while . . . -ing; **toutes sortes de** all types, sorts of; **tout le monde** everyone, everybody; **tout le temps** all the time; **tous les ans** every year; **tous (toutes) les deux** both (of them); **tous les jours** every day; **voilà tout** that's all
trace *f.* trace; trail
traditionnel(le) *adj.* traditional
traducteur/trice *m., f.* translator
traduction *f.* translation
traduire (*like* **conduire**) *irreg.* to translate
tragédie *f.* tragedy
tragique *adj.* tragic
trahir to betray
trahison *f.* treason, betrayal
train *m.* train; **être en train de** to be in the process of
se traîner to move with difficulty; to crawl
trait *m.* trait, characteristic
traitement *m.* processing
traiter (de) to treat; to call; to speak about (*in a speech or formal document*); **traiter quelqu'un de** to call someone a
traître (traîtresse) *m., f.* traitor
trajet *m.* trip, journey
tramway *m.* streetcar (*light rail system*)
tranche *f.* slice
tranquille *adj.* quiet, calm
transformer to transform; to change; **se transformer** to be transformed, changed
transmettre (*like* **mettre**) *irreg.* to pass on; to convey; to transmit
transmission *f.* passing on, imparting
transport *m.* transportation; **moyen** (*m.*) **de transport** means of transportation
traumatisant *adj.* traumatic
travail (*pl.* **travaux**) *m.* work; job; employment; project; **chercher du travail** to look for work
travailler to work; **travailler dur** to work hard
travailleur/euse *m., f.* worker; *adj.* hardworking
travers: à travers *prep.* through; **au travers de** through
traverser to cross; to pass through
trente *adj.* thirty
très *adv.* very; most; very much; **très bien** very well (good)
tribu *f.* tribe
tricher to cheat
triompher to triumph
triste *adj.* sad
troisième *adj.* third
tromper to fool; **se tromper (de)** to be mistaken (about)
trop *adv.* too; **trop de** too much of; too many of
tropique *adj.* tropical
trottoir *m.* sidewalk
trou *m.* hole
trouble *m.* trouble, worry
troubler to trouble, disturb
troupeau *m.* herd
troupes *f. pl.* troops, forces
trouver to find; to deem, consider; **se trouver** to be; to be located
truc *m.* thing, thingamajig
truqué (*p.p. of* **truquer**) *adj.* faked
tu *pron., fam., s.* you
tu (*p.p. of* **taire**)
tuer to kill
Turquie *f.* Turkey
tutoiement *m.* use of the pronoun **tu**
tutoyer (je tutoie) to address as **tu**, to address familiarly
tuyau *m.* pipe
type *m.,* type, sort, kind; *fam.* guy
typique *adj.* typical

U

un (une) *art.* a, an; *adj.; pron.* one; **un(e) autre** another; **l'un(e)... l'autre** each other; **une fois** once
uni *adj.* united; **États-Unis** *m. pl.* United States
unième: vingt et unième *adj.* twenty-first
uniforme *m.* uniform
universel(le) *adj.* universal
universitaire *adj.* university
université *f.* university
urbain *adj.* urban
urgence *f.* urgency; emergency
usage *m.* use, usage
user de to use; to make use of
usine *f.* factory
utile *adj.* useful
utiliser to use, utilize

V

vacances *f. pl.* vacation
vache *f.* cow
vagabond *adj.* roving
vainqueur *m.* winner
vaisselle *f.* dishes; **faire la vaisselle** to do the dishes
valable *f.* valid, good
valeur *f.* value; worth
valise *f.* suitcase; **faire sa valise** to pack
vallée *f.* valley
valoir (*p.p.* **valu**) *irreg.* to be worth
valorisant *adj.* rewarding, gratifying
valoriser to give value to
vapeur *f.* steam; **cuisson à la vapeur** steam cooking; **cuit à la vapeur** steamed
varier to vary
vécu (*p.p. of* **vivre**) *adj.* lived; experienced
vécurent (*p.s. of* **vivre**)
vedette *f.* star
végétalien(ne) *m., f.* vegan
végétarien(ne) *m., f.* vegetarian
véhicule *m.* vehicle
veille *f.* the day (evening) before; eve
vélo *m.* bicycle
vendange *f.* grape harvest
vendeur/euse *m., f.* vendor; seller
vendre to sell; **à vendre** for sale
vendredi *m.* Friday
venir (*p.p.* **venu**) *irreg.* to come; **venir de** + *inf.* to have just (*done s.th.*); **venir en tête** to lead the way

vent *m.* wind; **faire du vent** to be windy
vente *f.* sale; selling
venu (*p.p. of* **venir**)
vérifier to verify, check
véritable *adj.* true; real
vérité *f.* truth
verre *m.* glass; **prendre un verre** to have a drink
vers *prep.* toward, to; about; around, about (*with time*); *m.* line (*of poetry*)
Verseau *m.* Aquarius
verso *m.*: **voir au verso** turn over (*referring to documents*)
vert *adj.* green
veste *f.* jacket
vestimentaire *adj.* pertaining to clothing
vêtement *m.* garment; *pl.* clothes, clothing
vétérinaire *m., f.* veterinarian
vêtir to dress
viande *f.* meat
victime *f.* victim
victoire *f.* victory
vidéo *adj. inv.* video
vie *f.* life; **mode** (*m.*) **de vie** lifestyle; **niveau** (*m.*) **de vie** standard of living; **question** (*f.*) **de vie ou de mort** matter of life or death; **réussir dans la vie** to be successful; **réussir sa vie** to have a happy life; **vie en société** life in society
vieillard *m.* elderly person
vieillir to get old, grow older
vietnamien(ne) *adj.* Vietnamese
vieux (vieil, vieille) *adj.* old; *m. pl.* old people
vignoble m vineyard
ville *f.* city; **ville-dortoir** *f.* bedroom community
vin *m.* wine
vingt *adj.* twenty; **vingt et unième** twenty-first
vingtième *adj.* twentieth
violemment *adv.* harshly
Vierge *f.* Virgo
virgule *f.* comma
virtuel(le) *adj.* virtual
visage *m.* face
visite *f.* visit; **rendre visite à** to visit (*a person*)
visiter to visit (*a place*)
visiteur/euse *m., f.* visitor
visuellement *adv.* visually
vite *adv.* fast, quickly, rapidly
vitesse *f.* speed
vivant *adj.* alive; living
vivre (*p.p.* **vécu**) *irreg.* to live; **faire vivre** to support; **joie** (*f.*) **de vivre** zest for life; **vivre en union libre** to live together (*not married*)
vocabulaire *m.* vocabulary
vocal *adj.* vocal; **boîte** (*f.*) **vocale** voice mail
vœux *m. pl.*: **carte** (*f.*) **de vœux** greeting card
voie *f.* way; **voies de chemin de fer** railroad tracks; **voies de communication** lines of communication
voilà *prep.* there is/are; *interj.* there; **voilà tout** that's all
voile *f.* sail; *m.* veil; **voile islamique** Muslim headscarf
voir (*p.p.* **vu**) *irreg.* to see; **rien à voir avec** nothing to do with
voisin(e) *m., f.* neighbor
voisinage *m.* neighborhood
voiture *f.* car
voix *f.* voice; **à haute voix (à voix haute)** aloud
volaille *f.* poultry
voler to fly
voleur/euse *m., f.* robber
volontairement *adv.* deliberately
volonté *f.* will; **à volonté** at will
volontiers *adv.* willingly, gladly
vos *poss. adj. pl.* your
votre *poss. adj., s.* your
vouloir (*p.p.* **voulu**) *irreg.* to wish, want; to demand; **j'ai voulu** I decided; **je n'ai pas voulu** I refused; **vouloir bien** to be willing, glad to; **vouloir dire** to mean
voulu (*p.p. of* **vouloir**)
vous *pron.; s., pl.* you
vouvoiement *m.* use of the pronoun **vous**
vouvoyer (je vouvoie) to address as **vous,** to address formally
voyage *m.* trip; **faire un voyage** to take a trip
voyager (nous voyageons) to travel
voyelle *f.* vowel
voyons *interj.* let's see; come, come
vrai *adj.* true, real
vu (*p.p. of* **voir**)
vue *f.* view; sight; **(se) perdre de vue** to lose touch with (each other)

W

wagon *m.* train car
week-end *m.* weekend

X

xénophobie *f.* xenophobia, fear of strangers

Y

y *pron.* there; **y compris** including; **il y a** there is/are; ago
yaourt *m.* yogurt
yeux (*pl. of* **œil**) *m.* eyes

Z

zéro *adj.* zero; **repartir à zéro** to start over from scratch
zone *f.* zone; area
zoologue *m., f.* zoologist
zoom *m.* zoom; **zoom avant** zoom in; **zoom arrière** zoom out

Index

Grammar topics are covered in the first part of the index. The Cultural Topics index, which follows, also includes maps, readings, and vocabulary. Additional maps are found in the inside back and front covers and beginning pages of the book.

Note: No references are given to the appendices, which can be found in the Online Learning Center, at the *Bien vu, bien dit* website **(www.mhhe.com/bienvubiendit)**. **Appendice A** is a glossary that provides definitions of common grammar terms. **Appendice B** is a list of prepositions used with place names. **Appendice C** provides lists of infinitive verbs grouped according to the preposition (if any) that precedes them. **Appendice D** explains literary tenses. And **Appendice E** gives verb charts for regular and irregular verbs. The verb charts are also at the back of the *Workbook/Laboratory Manual.*

Grammar Index

Cultural Topics

Maps

Readings

Vocabulary

Credits

PHOTOS *Page 6* © Durand Florence / SIPA; *45* © Ruet Stephane / Corbis Sygma; *54* © Bruno Barbey / Magnum Photos; *67* © Peter Johnson / Corbis; *69* Courtesy of Matt McClure; *97 (right)* © Eric Robert / Corbis Sygma; *105* © David Frazier / The Image Works; *133 (top)* AP / Wide World Photos; *134 (right)* © RF / Corbis; *150 (top)* © Bruno Barbey / Magnum Photos; *161* AP / Wide World Photos; *168 (left)* © Bettmann / Corbis; *168 (bottom right)* JEAN-PIERRE MULLER/ AFP / Getty Images; *175* AP / Wide World Photos; *177* © Bettmann / Corbis; *178* © Bettmann / Corbis; *186* AP / Wide World Photos; *201 (middle)* © PhotoDisc / Getty Images; *201 (right)* © DE RUSSE AXELLE / SIPA; *227* © Thomas Craig / Index Stock; *243 (right)* © The McGraw-Hill Companies, Inc. / Erica Simone, photographer; *260* © David C. Tomlinson / Getty Images; *261* Travel Ink Photo Library / Index Stock; *270 (top left)* Notre Dame de Paris, c.1900 (oil on canvas), Raffaelli, Jean François (1850-1924) / Private Collection, Courtesy of Thomas Brod and Patrick Pilkington / The Bridgeman Art Library; *270 (bottom left)* Réunion des Musées Nationaux / Art Resource, NY; *270 (bottom right)* Erich Lessing / Art Resource, NY; *272 (top left)* © age fotostock / SuperStock; *272 (top right)* © Owen Franken / Corbis; *275 (top left)* © Daniel Barbier / Getty Images; *275 (bottom left)* © Klemmer / Caro Fotos / SIPA; *275 (top right)* © Minamikawa / SIPA; *275 (bottom right)* © Goodshoot / Punchstock; *275 (far right margin)* © Richard Passmore / Getty Images; *283* © Ron Watts / Getty Images; *298* SCHOMBURG CENTER / Art Resource, NY; *299* © Nana Productions / SIPA; *313* © Racine Pierre / B.S.P.P / SIPA; *314 (right)* © The Palma Collection / Getty Images; *314 (bottom left)* © Jean-Pierre Muller / AFP / Getty Images; *317 (top right margin)* © GoodShoot / SuperStock; *317 (top right)* © Durand Florence / SIPA; *317 (bottom right)* © Kelvin Murray / Getty Images; *321* Napoleon Bonaparte (1769-1821) in his Study, 1812 (oil on canvas) by Jacques-Louis David (1748-1825) © Kress Collection, Washington D.C., USA/ The Bridgeman Art Library; *335* © Karim Ben Khelifa / Corbis; *350* © Stephane De Sakutin /AFP/Getty Images; *351* (top left) © David Frazier / The Image Works; *351* (top right) © Cindy Charles / PhotoEdit; *351 (bottom left)* © The McGraw-Hill Companies, Inc. / Erica Simone, photographer; *351 (bottom right)* © Charles & Josette Lenars / Corbis; *352 (top right)* © Hadden Gerry / SIPA; *361* © Pierre Verdy / AFP / Getty Images; *373* © Peter Beck / Corbis; *385 (top right)* © MedioImages / SuperStock; *385 (bottom middle)* © Jonah Calinawan / Alamy; *389* © Lorne Resnick / Getty Images; *395* © Heka agence photo / Alamy; *396* © Shahn Rowe / Getty Images; *422 (far right)* © WoodyStock / Alamy; *422 (bottom left)* © Jean Gaumy / Magnum Photos; *432* © Imagno / Getty Images; *433* © Photo12

REALIA *Page 6* Centre d'Enseignement Supérieur de Technologies International d'Abidjan; *59* Courtesy of Monsieur Roger Vache, Adjoint au Maire, Ville de

Reims; *193* Courtesy of Québec Tourism; *211 Les Vacances du Petit Nicolas*, Sempé et Goscinny, Éditions Denoël, © 1962, 2003. Used by permission; *214 Les Vacances du Petit Nicolas*, Sempé et Goscinny, Éditions Denoël, © 1962, 2003. Used by permission; *215 Les Vacances du Petit Nicolas,* Sempé et Goscinny, Éditions Denoël, © 1962, 2003. Used by permission; *318* © 1952 by Les Éditions de Minuit. Courtesy of Les Éditions de Minuit; *322 La Résistance expliquée à mes petits enfants*, Lucie Aubrac, © Éditions du Seuil, 2000. Used by permission; *367* RécréaZEN, www. recreazen.com; *425* ÉTAPE SOURIRES, 2003–2004, p. 59

LITERATURE *Page 31* Le boulanger Thierry Meunier, www.boulangerie.net/meunier/p-cv.htm (6/23/2006). Used by permission; 66 "L'avare et son épouse," www.cybergriot.bf.refer.org (4/8/2005). Used by permission; *103* From *Les tutoiements* by Raymond Jean, Les Éditions Arléa, 2000. Used by permission; *139* From *Délire à deux* by Eugène Ionesco, in *Théâtre Complet*, Bibliothèque de la Pléiade, © Éditions Gallimard. Used by permission; *175* From *Les Années doubles* by Micheline Bood, Éditions Robert Laffont, 1974. Used by permission; *211 Les Vacances du Petit Nicolas*, Sempé et Goscinny, Éditions Denoël, © 1962, 2003. Used by permission; *249* Adapted from "Les graines de la mémoire" by Oliva Marsaud, January 26, 2004, http://www.afrik.com/article6986.html; *284* "Je suis Cadien" by Jean Arcenaux in *Suite de Loup*, Éditions Perce-Neige, 1998. Used by permission of the author; *322* From *La résistance expliquée à mes petits enfants* by Lucie Aubrac, © Éditions du Seuil, 2000. Used by permission; 361 From *Parle mon fils parle à ta mère* by Leïla Sebbar. © Thierry Magnier 2005. Used by permission of Actes Sud.

About the Authors

CARMEN GRACE has coordinated the Intermediate French language program and supervised teaching certification candidates at the University of Colorado for 20 years. She holds an M.A. in French from the University of Colorado at Boulder, where she teaches courses in French and Italian language, literature, civilization, and methodology. Professor Grace has received two Faculty Teaching Excellence awards from the University of Colorado and was the recipient of the Colorado Congress of Foreign Language Teachers Program Leadership Award for 2001–2002. *Bien vu, bien dit* is the third intermediate-level French textbook she has coauthored.

CHRISTIAN A. ROCHE, a French native, holds an M.A in French Literature from the University of Iowa and a Ph.D. in French Literature from the University of Colorado (Boulder) and received the University of Colorado Teaching Excellence Award. He has taught French at Colorado College in Colorado Springs and at Goucher College in Baltimore and is currently teaching at the Center for International Studies, a magnet public high school in Denver.

ANN WILLIAMS received her Ph.D. from Northwestern University and also has a Diplôme d'Études Approfondies from the Université de Lyon II. Dr. Williams is currently professor of French at Metropolitan State College of Denver, where she teaches courses in language, literature, and culture. Her contributions to the profession include articles and conference papers on contemporary French culture, and she has coauthored three other college-level French textbooks. She was the recipient of a McGraw-Hill/Glencoe Teacher of the Year Award in 2001, the Excellence in Teaching Award (Golden Key Honor Society) in 1994, and Young Educator of the Year in 1991 (Colorado Congress of Foreign Language Teachers).

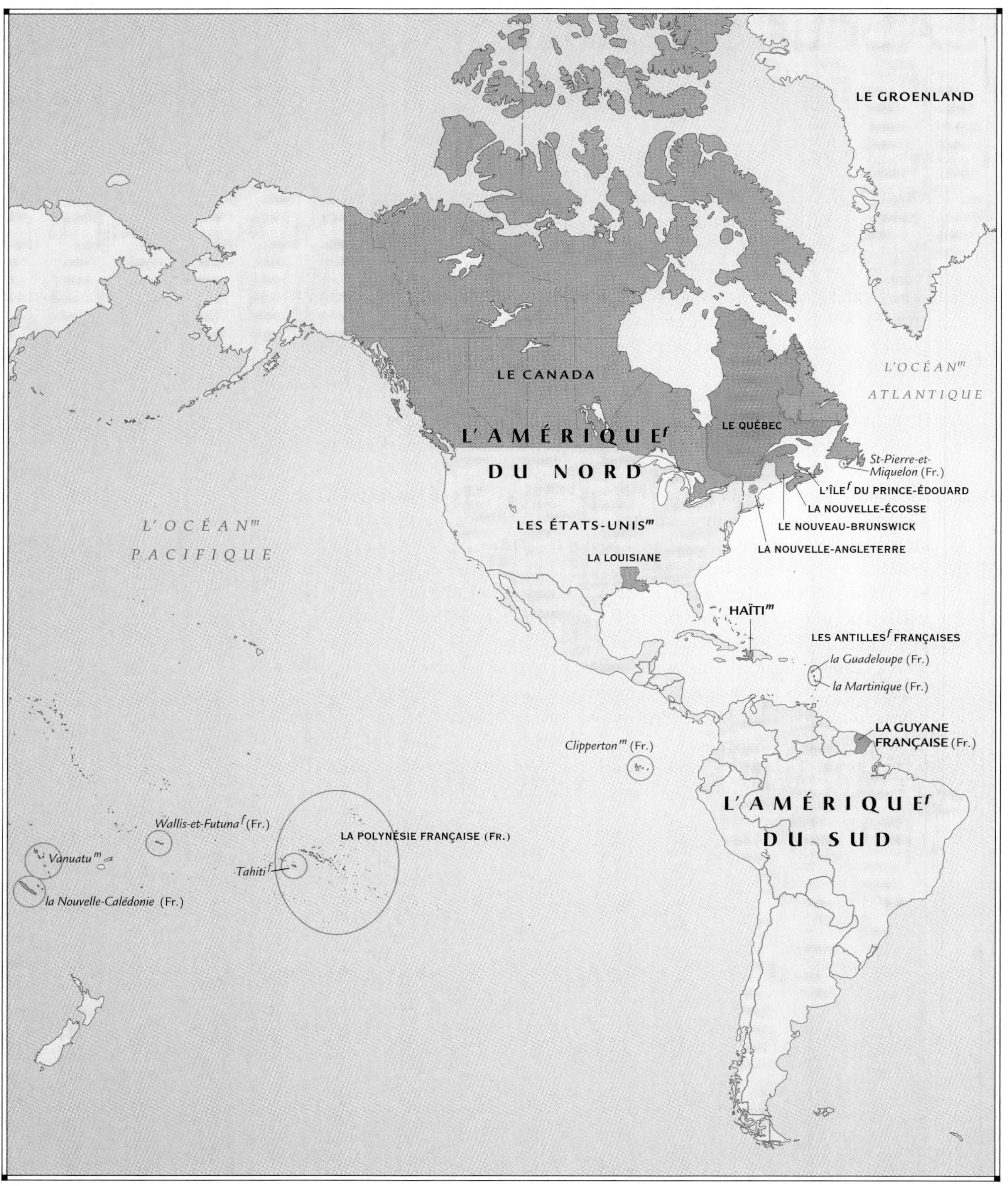

LE GROENLAND
LE CANADA
L'OCÉAN^{m} ATLANTIQUE
LE QUÉBEC
L'AMÉRIQUE^{f} DU NORD
St-Pierre-et-Miquelon (Fr.)
L'ÎLE^{f} DU PRINCE-ÉDOUARD
LA NOUVELLE-ÉCOSSE
LE NOUVEAU-BRUNSWICK
LA NOUVELLE-ANGLETERRE
L'OCÉAN^{m} PACIFIQUE
LES ÉTATS-UNIS^{m}
LA LOUISIANE
HAÏTI^{m}
LES ANTILLES^{f} FRANÇAISES
la Guadeloupe (Fr.)
la Martinique (Fr.)
LA GUYANE FRANÇAISE (Fr.)
Clipperton^{m} (Fr.)
L'AMÉRIQUE^{f} DU SUD
Wallis-et-Futuna^{f} (Fr.)
LA POLYNÉSIE FRANÇAISE (FR.)
Vanuatu^{m}
Tahiti^{f}
la Nouvelle-Calédonie (Fr.)